김수영 시의 수사학

장석원

1969년 청주 출생.
고려대학교 국어국문학과, 동대학원 문학석·박사 졸업.
2002년 《대한매일》 신춘문예 시 당선.
현재 고려대 강사.

청동거울 문화점검 39
김수영 시의 수사학

2005년 9월 10일 1판 1쇄 인쇄 / 2019년 4월 9일 1판 2쇄 발행

지은이 장석원 / 펴낸이 임은주
펴낸곳 도서출판 청동거울 / 출판등록 1998년 5월 14일 제406-2002-000128호
주소 (10881) 경기도 파주시 문발로 115(파주출판도시 세종출판벤처타운) 201호
전화 031)955-1816~7 / 팩스 031)955-1819 / 전자우편 cheong1998@hanmail.net

값 15,000원

잘못된 책은 바꾸어 드립니다.
지은이와의 협의에 의해 인지를 붙이지 않습니다.
무단 전재 및 무단 복제를 금합니다.
ⓒ 2005 장석원

Copyright ⓒ 2005 Jang, Seok Won
All rights reserved.
First published in Korea in 2005
by CHEONGDONGKEOWOOL Publishing Co.
Printed in Korea.

ISBN 89-5749-052-3

청동거울 문화점검 39

김수영 시의 수사학

장석원 지음

청동거울

머리말

내가 김수영을 만나게 된 때는 대학원 석사 과정을 마친 후였다. 현대시를 전공하겠다고 다짐하고 공부를 시작한 이후에도 김수영은 나에게 읽히지 않는 시인이었다. 그를 읽는 행위는 고통이었고, 냉혹한 어둠이었고, 불편한 검증이었다. 시를 쓰면서, 시를 연구하면서 김수영은 스쳐 지나가는 작가가 아니라는 객관적 사실 확인에도 불구하고 나는 그를 읽지 못하는 나를 인정할 수밖에 없었다.

석사논문을 마치고 박사과정을 입학하던 2000년 겨울. 동료들과 시 공부를 하면서 목록에 올라와 있는 김수영을 발견했다. 무슨 이유인지 알 수 없었다. 대뜸 나는 글을 한 번 써보겠다고 선포했다. 아직 읽어내지 못한 그를, 낙심만 안겨준 그의 시를 무슨 수로 읽어야 하는지 아무런 계산도 하지 못했다. 그냥 읽고 싶었던 것이었는지도 모른다. 그때 김수영의 시가 문을 열어주었다. 우연이었고, 치기였다. 대학원 도서관 열람실에서 그를 읽으면서 나는 새 세계를 접했다. 그것은 새로움이었고, 충격이었고, 전환이었다. 드디어 시를 발견했다.

사랑이라고 말할 수 있을까. 김수영을 사랑한다는 말이 아니다. 시를 사랑한다고 말할 수 있을 것 같았다. 김수영을 읽으면서 나는 시를 쓸 수 있다는 희망을 갖게 되었다. 시 공부를 계속 해야 한다는 명령을 받았다. 술자리에서 선배들에게 김수영을 읽고 있다고 수줍게 말했다. "이제 시 공부 시작했구나. 살아남으서……" 용기가 필요했다.

그때부터 김수영을 읽고, 연구하고, 논문을 썼다. 할 말이, 쓰고 싶은 것들이 있을 뿐이었다. 그것들이 합쳐지고 다져지면서 '수사학'으로 결집되었다. 내 공부의 결과가 이 책이다. 2004년 8월 고려대학교 박사학위 논문이었던 "김수영 시의 수사적 특성 연구"가 이 책의 원본이다. 김수영 시의 특성을 '수사학'이라는 개념으로 묶은 후, 그것을 명령법, 환유, 리듬으로 분류하였다. 김수영의 시를 메시지의 차원으로 보는 기존의 연구와 언술 차원으로 보는 나의 연구가 '수사'라는 개념에 의해 교집합을 이룬다면, 수사학이 시인과 시의 일치 나아가 시와 언어가 한 몸이라는 말을 확인시킬 것이라고 믿는다.

논문을 쓰면서, 책으로 엮기 위해 내 글을 다시 읽으면서 내가 잊지 않으려고 애썼던 말이 있다. 대학원에서 같이 공부하는 선배 시인이 말했다. "김수영의 시를 읽을 수 있으면 대한민국 시는 다 읽혀." "선배님 맞는 말이죠." 맞장구를 치고 있었지만 마음 한 구석에서 쌩한 바람이 불었다. 쓰는 일과 연구하는 일의 불일치를 겪고 있었다. 김수영이라는 꼭지점에서 분기하는 연구와 창작의 균열을 내심 참고 있던 차였다.

쓰는 마음과 읽는 마음은 하나라는 고집으로 김수영을 공부했다. 이제 나는 그와 헤어진다. 떠나보내지 않으면 새로 시작할 수 없을 것이다. 다시 만나겠지만 그를 만나는 일이 두렵다. 다시 보자고 그가 먼저 손을 내밀 것이다. 막힐 때마다, 두려울 때마다 나는 도봉산에 있는 그의 시비를 찾아가곤 했다. 거기서 김수영을 바라보았고, 시를 생각했고, 나를 움직였다. 시 쓰는 후배들과 도봉산 종점에서 막걸리를 마시고 취해 널브러지기도 했다. 나와 후배들 모두 김수영을 만나서는 할 말이 많았다. 비난하고 감탄하면서 분노했다. '자유'를 곱씹었다. 그리고는 이유 없는 슬픔, 비, 눈물에 젖어 떠올린 단어가 '비애'였다. 아직 김수영의 비애에 닿으려면 멀었다. 그보다 오래 살아남아 그보다 시를 더 많이 써야 한다.

김수영을 공부하고 쓰면서 나는 막스 플랑크의 말을 잊을 수가 없었다. "우리는 반대편에 서 있는 사람들을 결코 설득시킬 수 없다. 때문에 우리가 할 수 있는 일은 우리의 반대편에 서 있는 '적'들을 정복하는 것이 아니라 그들보다 더 오래 살아남기 위해 노력하는 것이다. 과학이 무엇인가를 잘못 가르친다면, 그것이 새로운 인식을 통해 교정되기까지는 50년의 시간이 걸린다. 왜냐하면 그것을 가르친 교수만이 아니라 그 학생들도 죽어야 되기 때문이다." 다시 도봉산에 가서 술 한잔 하고 싶다. 이제야 다시 출발할 수 있기 때문이다.

시를 후회해보지 않았다. 돌아갈 수 없기 때문이다. 돌아가지 않기 위해서 나는 그들을 떠올린다. 논문을 심사해주신 선생님들. 친형 같은 이희중 선생님, 따스한 미소의 최유찬 선생님, 시의 길을 열어주신

김명인 선생님, 대인 김인환 선생님. 이 분들은 나의 문학에 큰 그늘을 드리우셨다. 이 고유명사 넷을 적을 수 있어 행복하다. 그리고 최동호 선생님이 계시다. 1988, 가을, 현대작가론, 청년, 두려움, 일송정 푸른 솔, 안암문예창작강좌, 출판부 쪽방, 여름시인학교, 온화, 사랑, 근면, 강릉, 뻬쩨르부르그의 비, 울트라마린블루. 이 명사들이 쌓여 만든 것, 나와 나의 시. 이 책 속에 그 분들이 계시다.

나의 누나들과 형, 부모님처럼 나를 아껴주신 큰누나와 큰매형에게. 가족이 무엇인지를 가르쳐주셔서 고맙습니다. 언제나 내 곁에서 나와 함께하는 동학들. 그들은 모두가 시인이자 평론가이고, 모두가 사랑의 표본이다. 외롭다는 말이 사치라는 사실을 알려주신 분들이다. 나를 나에게 만들어준 이계윤과 장현석에게 고마움을 전한다.

이 책을 만드느라 더위에도 고생하신 청동거울의 모든 분들에게 감사드립니다.

그리고 어머니, 5월에 돌아가신 아버지께 이 책을 바칩니다.

2005년 7월
장석원

차례

머리말 • 4

제1장
서론 • 13

제2장
수사의 양상 • 43

1. 명령법의 양상 • 43
1) 부정형 명령법   2) 청유형 명령법

2. 환유의 양상 • 64
1) 반복과 열거   2) 반복과 열거에 수반되는 환유   3) 제유와 변별되는 환유

3. 리듬의 양상 • 100
1) 반복·열거와 병행되는 리듬   2) 산술적으로 배열된 리듬

제3장
의미와 수사의 관계 ● 134

1. 遂行과 명령법 ● 134
1) 遂行: 참여·불온·전위의 동시성   2) 명령법: 변화와 행동의 시적 동력

2. 轉移와 환유 ● 214
1) 轉移:산문성과 '새로움'   2) 환유: 否定의 시학

3. 運動과 리듬 ● 271
1) 運動: '나'의 소거와 의미의 유동성   2) 리듬:生成과 '온몸'의 형식

제4장
결론 ● 335

참고 문헌 ● 339

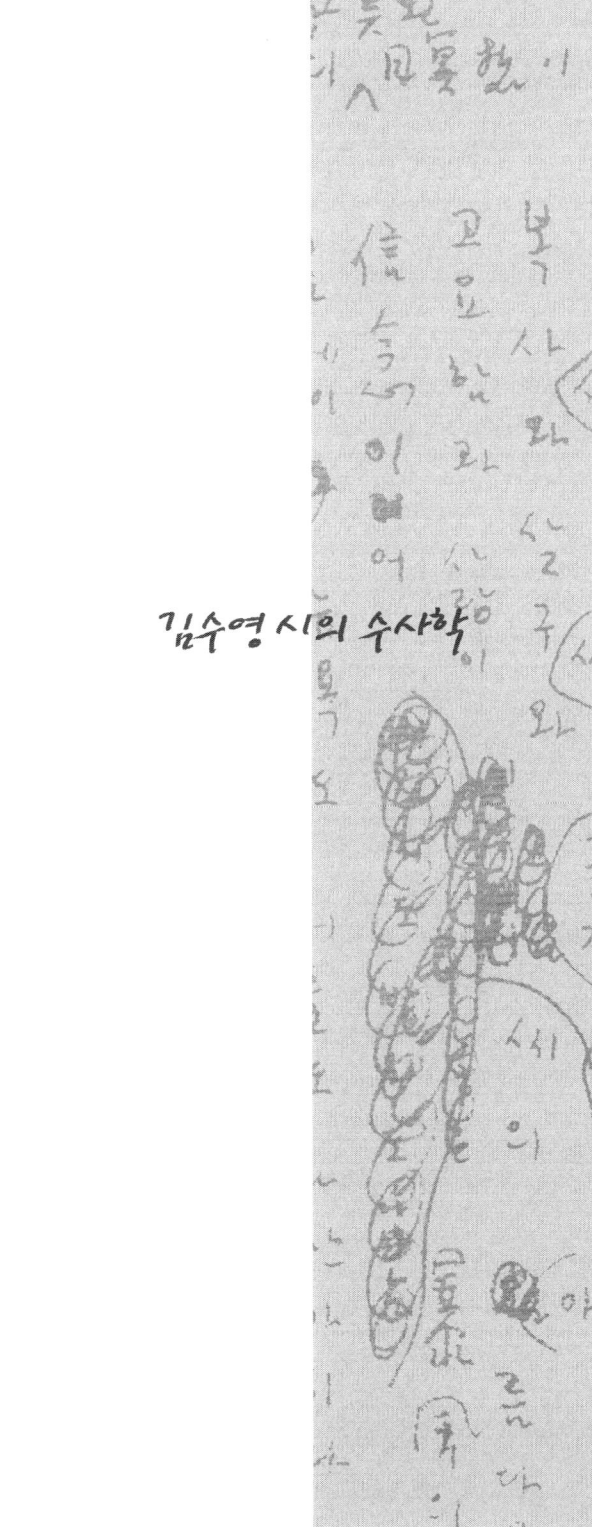

김수영 시의 수사학

제1장
서론

　시인의 언술 구성 방식은 시인이 세계와 대응하는 일정한 형태를 의미한다. 시인이 쓰는 모든 텍스트들은 세계와 대결하는 시인의 온몸의 반응을 증명한다.[1] 그것은 시인이라는 존재의 온몸을 구성하면서, 그 온몸의 언어를 작동시키는 메커니즘을 의미한다. 텍스트가 소통되는 상황의 가변성에 의해 언술의 의미는 고정되지 않는다. 외부 상황이라는 맥락에 의해서 언어 기호들의 관계는 변화될 수 있다. 기표는 텍스트 내부에서 의미를 획득하기도 하지만, 맥락이라는 텍스트 외부 요소에 의해 다른 의미로 전이될 수 있다. 의미는 이 기표에서 저 기

---

[1] 김수영에게 '온몸'은 이렇게 이해된다. "시의 형식은 내용이 되고, 내용이 형식이 된다. 시는 온몸으로, 바로 온몸으로 밀고 나가는 것이다."(『전집 2』, 민음사, 1981, 254면) 앞으로 시는 김수영 『전집 1』에서, 산문은 이 책에서 인용한다. 2003년에 간행된 개정판 김수영 전집에는 1981년판에 수록되지 않은 시 두 편(「아침의 유혹」, 「판문점의 감상」)이 수록되었다. 개정판은 시의 한자를 한글로 바꾸거나 괄호로 처리했다. 원작의 의도에서 멀어진 이러한 시도가 연구에는 부합되지 않는다고 판단한다. 이 책에서는 현행 맞춤법과 띄어쓰기를 적용한 개정판의 수정 사항을 81년판 전집에 적용한다. 아울러 1981년판 『전집 1』의 한자를 한글 표기로 바꾸지 않는다.

표로 이동하고, 이것들은 다음 단계의 의미 맥락을 지시한다. 시인은 이러한 언어 중에서 자신의 텍스트에 알맞는 것을 뽑아낸다. 시인이 선택한 언어들을 특정 텍스트에 위치시키는 일정한 방법이 언술이다. 이때 언술은 언어 체계 외부의 현실과 관련을 맺는다. 현실과 시인의 대응관계를 드러내는 언술 연구는 한 시인의 세계 인식 방식을 이해할 수 있는 가능성을 마련해준다. 시인의 세계 대응 방식은 언술 방식과 상관성을 지닌다. 시인의 특정한 언술 방식을 이 책에서는 '수사'로 집약한다.

김수영의 시 전체를 설명하는 개념으로 이 책은 김수영 시의 '수사'를 주목한다. '온몸의 시학'으로 요약되는 김수영 시의 특질을 구성하는 수사가 '움직임'이라는 구체적인 특성으로 귀속된다는 점에서 이 책은 김수영 시의 수사학을 '움직임의 수사학'으로 규정한다. 김수영은 자신의 시와 의식을 끊임없이 혁신시켰다. 그 "자기 혁신"[2]의 기제로 작동되는 어떤 계기가 있을 것이라는 가정이 가능하다. 「사랑의 變奏曲」으로 대표되는 산문적 경향의 시와 「풀」로 대표되는 비산문적 경향의 시가 병존하는 김수영 시의 특이성을, 4·19 이후에 집중적으로 쓰어진 정치적 시와 「사랑」으로 대표되는 개인의 내면을 드러내는 시의 차별적 특이성을 설명하는 개념으로 움직임은 유용하다고 판단된다. 움직임은 산문적인 김수영 시의 내재된 질서로 그의 시가 산문에 떨어지지 않게 하는 시적 율동의 기제이다. 김수영의 시력 전체를 관통하면서 김수영의 개별 시를 구축시키는 작동 원리를 일컫는 '움직임'을 이 책에서는 遂行, 轉移, 運動 등의 구체적인 용어로 바꾸어 사용한다.

---

[2] 김수영의 시가 "자족적인 서정시들과의 싸움에서 얻은 힘"으로 첨단으로 나아갈 수 있었다면서 최동호(『한국현대시사의 감각』, 고려대학교 출판부, 2004, 90면)는 김수영 시의 특성을 '자기 혁신'으로 본다.

김수영의 시 세계를 '움직임'으로 요약하면서 문광훈은 다음과 같이 언급했다. 김수영의 "시는 의미와 무의미, 삶과 죽음, 드러냄과 숨김 사이에서 부단하게 움직이면서 다른 무엇에로 이동 중에 있다. 〔…중략…〕 우리가 시와 삶, 자기와 타자, 주체와 객체, 인간과 자연의 전체를 뒤돌아보는 것은 이 움직임 속의 반성을 통해서다. 여기에서 우리는 삶의 보편적 원리로서의 시의 원리를 확인한다."[3] 김수영의 시를 '움직임의 시학'으로 평가하는 문광훈의 이러한 견해는 김수영 시의 핵심 자질을 정확하게 평가하는 것이면서, 기존 연구에서 밝혀진 김수영 시의 사유와 속도의 관계, 시론과 시의 상관성, 자유와 사랑과 참여의 동시성을 한꺼번에 아우를 수 있는 것으로서 중요한 의의를 지닌다. 문광훈의 연구는 김수영의 시를 이행의 시학으로 정립하였다. 그의 연구는 김수영의 끊임없는 반성과 자기 발전이 어떻게 시화될 수 있었던가를 구체적으로 언급하였다는 점에서 기존의 김수영 연구를 한 단계 발전시켰다. 그러나 문광훈의 연구는 김수영 시의 핵심 자질을 '움직임'으로 평가하면서도 그것이 김수영 특유의 방법론에 그치지 않고 시 일반론으로 확대되어 김수영 시의 고유성에서 벗어나는 경향이 강하다. 또한 올바른 가치 평가에도 불구하고 움직임이 김수영의 시에서 어떻게 드러나고 있는가에 대한 구체적인 시 해석이 거의 보이지 않는다는 점에서 한계를 노출하고 있다. 김수영의 시를 근거로 문학예술론 그리고 비평론 일반으로 확산되는 문광훈의 글이 지니고 있는 한계점을 극복하고, 움직임의 시학이 김수영의 작품에 어떻게 반영되어 있는가를 파악하기 위해 수사적 특성을 설명하는 개념이 필요하다.

이 책에서는 김수영 시의 수사적 특성 가운데 ① 명령법 ② 환유 ③ 앞

---

[3] 문광훈, 『시의 희생자 김수영』, 생각의나무, 2002, 139면.

의 두 특성을 포괄하는 리듬을 주목한다. '수사'는 김수영의 시에 반복 사용되는 특정한 언술 형태를 지칭하는 앞의 세 개념을 한정하는 용어로 사용될 것이다.

명령법은 화자가 누군가에게 무엇을 하라고 시키는 서법이다. 명령하는 자가 있어야 하고, 명령을 수행하는 자가 필요하다. 명령법은 화자와 청자 상호간의 행동을 필요로 한다는 점에서 움직임을 전제로 삼는다. 김수영 시의 명령법은 화자와 청자의 행동 이외에 시 텍스트를 공유하고 있는 시인과 독자의 행동을 요구한다는 점에서 김수영 시의 움직임을 설명할 수 있는 중요한 근거가 된다. 나아가 김수영이 보여준 부단한 자기 변화라는 측면에서 명령법은 변화를 추동해내는 역동적 수사로 작동된다.

명령문이 지니는 수행의 의미는 환유의 전개 양상과 맞물린다. 인접성에 의해 횡축으로 이동하는 환유는 이 곳에서 저 곳으로 이동하는 시의 동력으로 작동한다. 환유는 김수영 시의 중요한 기법의 하나인 반복·열거 기법과 맞물린다. 김수영의 시 전체에서 반복과 열거는 연속성을 발생시키는 중요한 기법으로 사용되었다. 반복과 열거가 환유와 어떤 관계를 이루어 김수영의 시를 구성하는가에 대한 논의는 김수영 시의 운동성 즉 움직임을 설명하기에 유용하다고 판단된다. 또한 환유에 대한 논의는 현대시의 구성 원리로 중요하게 부각되고 있는 환유 개념을 확장시키는 계기가 된다. 시의 핵심 구성 원리로 평가받고 있는 은유와 시의 산문성을 확장시키는 원리로 파악되는 환유가 서로 배척하는 개념이 아니라 시의 영역을 확장시키는 이원적 쌍 개념임이 김수영 시의 환유 연구에 의해 밝혀질 것이다.

앞에서 말한 움직임의 두 개념이 수사적 특성에 의존하는 개념이라면, 리듬은 언술의 수사적 특성을 포괄하면서 언술의 물리적 특성을 부각시키는 개념이라고 할 수 있다. 단순한 지시를 넘어서는 일체의 의미작용이 '수사'라고 할 때, 리듬은 시의 음악적 특성을 설명한다는 기존 개념의 확장을 요구한다. 시 텍스트에 음악성을 부여하는 리듬이라는 기존의 소극적 이해는 수사의 영역에서 수정되어야 한다. 김수영의 시에서 리듬 역시 반복·열거와 병행된다. 반복과 열거에 의해 형성되는 리듬은 환유라는 의미 전달 체계로 전이되어 시의 구성 원리로 상승하게 된다. 리듬은 이 구성 원리를 포괄하면서 김수영 시의 의미 형성에 영향을 미친다. 산문을 과감하게 시에 도입하여 시를 쇄신시킨 김수영에게 리듬은 시를 산문에 떨어지지 않게 만드는 중요한 장치로 작동된다. 산문적인 김수영 시의 대척점에는 강력한 리듬에 의해 씌어진 시들이 있다. 이러한 경향의 시에서 리듬은 시의 전면에 노출되어 시어의 의미를 분산시키고 모호함과 난해함을 배가시킨다. 「풀」로 대표되는 비산문적인 김수영의 시들에서 리듬의 역할에 대한 논의는 가장 김수영답지 않은 시로 평가받는 「풀」의 의미 해석에 기여할 뿐만 아니라, 「풀」과 비슷한 다른 짧은 시들 그리고 난해시로 여겨지는 시들의 의미 파악에 중요한 기능을 담당한다.

김수영은 "시나 소설을 쓴다는 것은 그것이 곧 그것을 쓰는 사람의 사는 방식이 되는 것"이라고 말했다. "시나 소설 그 자체의 형식은 그것을 쓰는 사람의 생활 방식과 직결되는 것이고, 후자는 전자의 敷衍이 되고 전자는 후자의 부연이 되는 법이다." 형식과 삶의 일치 관계를 김수영은 인식하고 있었다. 이러한 말은 수사적 특성이 인식과 일치한다는 점을 김수영이 알고 있었음을 확인시킨다. "독특한 시를 쓰려면 독특한 생활의 방식(즉 인식의 방법)이 선행되어야" 한다.[4] 시인의 인식 방법과 시는 일치한다.

김수영의 시에는 어떤 운동을 반복하는 형식적 메커니즘이 존재한

---

4) 『전집 2』, 145면.

다. 첫째는 명령에 의한 자발적 이동, 이에 따라 변화를 유도하는 두 번째 메커니즘인 환유, 끝으로 이동의 형식 양태인 리듬이 있다. 특정한 언술 형태인 명령문과 시의 주도적 비유인 환유 그리고 이 둘을 보편성으로 묶어내는 리듬은 순차적으로 작동하지 않는다. 김수영의 시는 이 모든 요소를 동시에 아우른다. 명령을 통해 시는 이동을 시작하고, 환유를 매개 삼아 수평적으로 확장된다. 실행된 환유가 마무리되고 다른 환유로 새롭게 이동하는 결절 단위들은 리듬으로 수렴된다.

수사학의 역사는 아리스토텔레스의 『시학』에서 시작된다. 그리스에서 시작된 수사학의 긴 역사는 낭만주의 이전까지 주로 "담화를 통하여 남을 설득시키는 기술이라고 정의"되었다.[5] 고전 수사학의 긴 역사를 서술한다는 것은 이 책의 주제에서 벗어나는 일이 되므로 여기서 다루는 '수사'라는 용어는 낭만주의 시대의 '신수사학' 이후에 사용되는 개념임을 밝힌다.[6] 수사학 연구는 크게 두 가지 대립되는 방향에서 이루어졌다.[7]

아리스토텔레스의 전통을 따르는 고전 수사학은 수사학을 설득의 기술로 본다. 19세기 이후에 부흥된 수사학은 문체(style), 정확하게 말하면 문채(figure)를 연구의 대상으로 삼는다. 전자가 수사학을 설득의 도구로 삼는 반면, 후자는 수사학을 문학 텍스트의 연구 수단으로 삼는다는 점에서 이 둘은 다르다. 이 책의 '수사'는 말로 상대방을 설득시키는 담화로서의 '수사'가 아니라, 시 텍스트를 구성하고 있는 문채

---

5) Olivier Reboul, 『수사학』, 박인철 역, 한길사, 1999, 10면.
6) 고전 수사학의 여러 개념에 대해서는 Roland Barthes, 김현 편, 「옛날의 수사학」, 『수사학』, 김성택 역, 문학과지성사, 1985, 17~116면 참조.
7) 고전 수사학의 역사는 이 밖에도 박성창의 『수사학』(문학과지성사, 2000) 3부와 Tzvetan Todorov의 『상징의 이론』(이기우 역, 한국문화사, 1995) 2장 「수사학의 흥망성쇠」 그리고 3장 「수사학의 종말」에 자세하게 서술되어 있다.

의 구체적 양상을 지시하는 '수사'를 의미한다. 신수사학에서 '문체'는 문학 텍스트의 특정한 양상을 지칭한다. 작품의 비유와 문장의 서법과 작품의 음악적 특성인 리듬은 모두 텍스트의 '수사'에 귀속된다. '수사'의 개념을 문체로 보고 있는 올리비에 르불은 문체를 다음과 같이 분류한다. ① 언어의 음성적인 재료와 관계되는 단어의 문체 ② 은유와 같은 비유법에 해당되는 의미의 문체 ③ 도치와 같은 구문의 문체 ④ 아이러니와 같은 사고의 문체. 르불의 문채 개념은 '수사'의 영역에 음성적인 재료와 관계되는 리듬, 비유법에 해당되는 환유, 서법의 하나인 명령법 등이 모두 '수사적 특성'이라는 점을 확인시킨다.[8]

작품을 이루고 있는 일정한 언술 특성이 텍스트라는 작가의 개인적 실천 속에 삽입되어 있는 경우, 작가의 개인적 실천은 수사에 의해 구조화된다고 할 수 있을 것이다. 즉 작품은 현실에 대한 구조화된 실행(반응)인 것이다. 작가의 작품은 "어떤 특정 상황에 반응하는 과정이나 구성의 단독성"이다.[9] 따라서 수사적 특징에 의해서 작품의 구조, 언어의 구성 방식, 작가의 세계대응 방식이 지니는 의미가 드러날 수 있다고 판단할 수 있다. 시인과 결합된 어떤 작품의 유일한 형태를 스타일이라고 할 수 있으며, 이러한 스타일의 집적을 이 글은 '수사적 특성'이라는 용어로 사용한다.[10] 명령법, 환유, 리듬은 '수사'라는 개념에 의해 외재적으로 통합된다. '수사적 특성'에 대한 연구를 통해 김수영의 시는 내재적으로 통합되어 수사와 상관되는 세계 대응 양상을

---

8) Olivier Reboul, 앞의 책, 51~94면 참조.
9) Paul Ricoeur, 『텍스트에서 행동으로』, 박병수·남기영 편역, 아카넷, 2002, 123면.
10) 다음의 언급에서도 전통 수사학과 신수사학의 '수사' 개념에 뚜렷한 차이가 있음을 알 수 있다. "옛날의 수사학이 이중 의미를 언어의 결함으로 취급했고, 그것을 제한하거나 제거하려고 원했던 점에 반해서, 새로운 수사학은 이것을 언어의 힘의 필연적인 결과이며, 특히 시와 종교와 같은 우리들의 가장 중요한 대부분의 발화에 있어서 필요 불가결한 수단으로 간주합니다."(I. A. Richards, 『수사학의 철학』, 박우수 역, 고려대학교 출판부, 2001, 39면)

드러낼 것이다.

화자에게 수행되기를 원하는 행위가 있고, 행위를 수행할 수 있는 청자가 있으면 명령의 발화는 가능하다.[11] 김수영의 시에 드러나는 명령법은 일상 언술의 명령법과 구분된다. 일상의 명령법에서는 명령문이 발화되는 순간 '지금, 여기'에 화자와 청자가 동시에 존재하여야만 명령의 목표인 행위의 실행이 이루어진다. 이에 반해 시의 발화는 주체가 대부분 1인칭 '나'라는 점에서, 또한 청자가 '나'의 말을 듣는 2인칭 '너'로 확정될 수 없다는 점에서 일상의 발화와 구분된다. 1인칭 화자가 주로 등장하는 시에서 명령의 대상은 일차적으로 시 텍스트 바깥에 위치하고 있는 청자 '너'이면서, 동시에 시 텍스트 안에 존재하고 있는 발화의 주체 '나'를 지향한다.[12] 텍스트 밖의 상황과 교섭하는 언술로서의 시와 텍스트 안의 '나'에게 화자 '나'가 전달하는 언술로서의 시는 분리되지 않는다. 또한 텍스트의 주체 화자와 시인은 분리되기도 하면서 분리되지 않기도 한다. 명령법은 텍스트와 독자, 시인과 화자 사이를 가로지른다. 텍스트 밖을 지향하는 명령과 텍스트 안으로 향하는 명령이 동시에 작동된다. 텍스트를 가운데에 두고 청자와 시인은 텍스트 밖의 상황에 따라 언술의 의미를 새롭게 만들어낸다. 텍스트 안의 '나'는 텍스트 밖의 '나', '너'와 동시에 관계를 맺는다.

김수영 시의 명령법은 텍스트 안의 '나'를 지향하는 내향적 명령과 텍스트 밖의 '나'와 '너'로 향하는 외향적인 명령을 동시에 작동시킨다. 명령법은 시인과 화자의 관계, 시인과 독자의 관계, 화자와 청자의 관계를 새롭게 설정한다. 주체이면서 대상인 '나'와 '너'는 '우리'가 된다. 언술을 둘러싼 상호 주체─상호 대상이 탄생한다.[13] 화자가

---

11) 고성환, 『국어 명령문에 대한 연구』, 역락, 2003, 15면.
12) 김수영의 시에서 화자 '나'가 등장하는 작품은 전체 178편 중에서 140편이고, 주어 '나'가 사용된 회수는 700여 회이다. '너'는 52편에 나오고, 회수는 220여 회 사용되었다.

발화 속에서 자신을 '나'로 지시하여 주체로 자처할 때에만 언어활동은 가능해진다. 동시에 화자 '나'는 다른 한 사람 '너'를 설정한다. '너'가 없으면 '나'의 발화는 존재할 수 없다. "주체와 객체, 내면과 외면은 그 중의 하나가 소멸하면 다른 하나도 소멸하는 맞짝 개념"[14]이다. 발화 행위의 형식적 장치로 벤브니스트는 '나―너'의 이원항을 설정하고 발화의 주체를 '나'로 단일화하는 것에 반대한다. 언어의 사유자로서 '나'는 언어를 사유하는 그 순간 '너'와 함께한다. 발화행위는 '나'와 '너'의 대화이다. 발화는 주체와 대상을 동시에 지시한다. 발화의 주체와 대상을 동시에 지시하는 기능은 명령법에서 더욱 강화된다. 행위를 수행할 자와 수행 행위를 지시하는 자가 명확하게 구분된다. 그것은 '나'와 '너'라는 상호 주체에 해당되는 일인 것이다. '나'가 명령하면 '나'의 상호 주체 '너'는 명령의 대상이 된다.

화자 '나'와 청자 '너'는 명령문이 성립되기 위한 필수 조건이다. '나―너'가 없으면 명령은 수행될 수 없다. 화자에 의해 청자의 행동이 규정되고, 청자 '나'는 화자 '너'의 명령을 행동으로 옮김으로써 명령문이 목표로 삼고 있는, 명령문의 화자가 지향하는 목적인 행동의 수행이 완결된다. 이때 '나―너'는 명령문이 성립되기 위한 상호 주체이다. 상호 주체 '나―너'는 명령문이 담고 있는 행동을 매개로 연쇄적 관계를 이룬다. '나―너'라는 명령문의 상호 주체 개념이 행위의 연속성에 의해 화자 '나'에서 청자 '너'로 이동하는 발화의 연쇄적 움

---

13) 발화 행위 자체가 '나―너'의 상호 주체 개념을 성립시킨다. '나'가 발화하기 이전에 언어는 가능성에 불과하다. 언어는 저기에 있다. '나'가 발화하지 않을 때, 그것은 언어일 뿐이지 '나'의 언어는 아니다. '나'에게 전취된 언어만이 발화가 된다. 발화를 통해 '나'라는 개인은 언어를 전취한다. 벤브니스트는 이러한 과정을 언어의 "私有 과정"이라고 한다. "화자가 자기가 화자라고 선언하고 언어를 인수하자마자, 그는 그의 면전에 '他者'를 도입"한다(Emile Benveniste, 『일반언어학의 제문제』 2권, 황경자 역, 민음사, 1992, 100면).
14) 김인환, 『한국문학이론의 연구』, 을유문화사, 1987, 20면.

직임으로 작동된다는 점에서 명령문은 김수영 시의 수사적 특성을 구성하는 첫 번째 특징으로 부각된다.

김수영의 시에서 명령법은 말하기의 대상이 아니다. 시의 명령법은 읽는 행위를 전제로 한다. 청자와 화자의 관계, 나아가 독자와 시인의 관계가 시 텍스트에서는 '나―너'의 관계를 구성한다. 따라서 명령문이라는 발화의 효과는 화자와 청자라는 말하기의 대상이 아니라 읽기 행위를 둘러싼 텍스트의 '나―너'로 전이될 수밖에 없다. 여기서 시의 화자 '나'는 청자 '너'를 새롭게 설정한다. 텍스트에서는 시간과 공간이 말하기처럼 직접적으로 연결될 수 없다는 점에서 시 텍스트의 명령법이 지니는 발화의 효과는 적극적인 해석을 전제로 하지 않을 수 없다.[15] 텍스트에서 누가 움직이는가, 누가 시라는 텍스트의 명령문에 의해 행동하는가를 살펴야 한다. 이 경우 명령문의 '나―너'는 시 텍스트의 '화자―청자'로 옮겨지고, 나아가 앞에서 지적했듯이 '시인―독자'로 확대된다. 명령문을 통해 한 사람의 행동이 다른 사람에게 이전된다. 화자는 청자에게 행동할 것을 명령한다. 화자가 요구하는 행동을 하느냐 하지 않느냐는 중요하지 않다. 행동하지 않는 것도 화자의 명령에 대한 한 가지 반응이기 때문에 명령문은 행동을 매개로 삼아 변화를 목표로 하는 특정한 수사적 양상이라고 할 수 있다.

시에 사용된 명령문에서 화자 '나'는 청자 '너'와 상호 주체로 설정된다. 텍스트 내적 상황에서 '나'는 시인이 될 수 없지만, 적극적인 해

---

15) 대화(말하기) 과정의 화자 '나'와 청자 '너'가 상호 주체라는 개념을 리쾨르는 "대화에서의 주체들의 동시 현존성"이라는 개념으로 설명한다. 리쾨르는 '주체들의 동시 현존성'이 말하기뿐만 아니라 저자에 의해 문자로 씌어지고 독자에 의해 읽혀지는 텍스트에서도 보편적으로 존재한다고 한다. 텍스트의 수용자로서 '너' 또는 다른 '나'라는 독자는 "미지의 독자, 눈에 보이지 않는 독자"가 되어 "특혜 없는 담화 수신자"로 텍스트의 해석에 적극적으로 참여하여 텍스트의 의미를 확장시키는 주체가 된다(Paul Ricoeur, 앞의 책, 236면).

석을 요구하는 텍스트 외적 상황에서 '나'를 시인과 연결시켜 해석할 가능성은 충분하다. 작품 140편의 화자로 등장하는 '나'를 김수영의 분신이라고 볼 수는 없지만, 시인과 텍스트를 직접 연결시켜 시인의 명령이 텍스트를 대상으로 실현되는 양상을, 텍스트에서 시인의 행동이 독자에게 전이되는 구체적 양상을 파악할 수 있을 것이다.

경계를 획정할 수 없는, 경계를 지우고 넘나드는 언어인 명령어는 주체와 대상을 움직이게 만든다. 멈추는 순간 명령법은 작동을 중지한다. 화자 '나'는 청자 '너'에게 명령한다. 시인은 시 텍스트에서 독자에게 명령한다. '나—너', '시인—독자'는 연쇄되면서 행동의 이전을 담당하는 상호 주체가 된다. 인접해 있는 '나—너'와 '시인—독자'는 행위의 연쇄로 연결되고, 이는 연쇄되는 언어에 의해 그 작동 양상이 파악되는 환유와 유사성을 지닌다. 김수영 시의 명령법은 행위의 연쇄에 의해 두 번째 수사 특성인 환유와 연결된다.

니체에 의해 고전 수사학의 낡은 비유 개념은 쇄신되었다. 니체에게 비유는 다르게 표현하기에 그치는 것이 아니라 진리를 전달하는 유일한 수단으로 인식된다. 니체는 인식론의 문제를 수사학의 문제로 봐야 한다고 주장했다. 인식론과 철학이 언어라는 수단에 의존해 진행되고, 언어가 본질적으로 수사학의 영역에서 벗어날 수 없기 때문에, 철학과 언어에 관련된 모든 학문은 수사학의 문제에서 벗어날 수 없다는 것이다. 니체는 가장 심오한 철학적 지식조차 언어 속에서 발견할 수 있다고 말했다. 니체에게 수사는 수사학에 대한 고전적 논의가 보여주는 것처럼 단지 문자 그대로의 사용법을 지칭하는 표준적이고 장식적인 가치에 머무르지 않는다. 오히려 니체에게 수사학은 언어적 용법의 패러다임으로 파악된다.[16] "소위 말이라고 부르는 것들이 실제

---

16) Alan D. Schrift, 『니체와 해석의 문제』, 박규현 역, 푸른숲, 1997, 235~236 참조.

로는 모두 비유인 것이다."[17] 비유란 보편적인 사회적 관행에 뿌리 박은 일정한 사고 방식을 나타낸다. 비유는 언어적, 문화적 공동체 내에서 받아들여진, 이 세계를 다루는 개념적 수단이다. 비유는 삶의 한 방식이다.[18] 비유의 이와 같은 의미 변화는 신수사학에서 비유가 어떤 역할을 차지하는가에 대한 해답이 된다. 신수사학에서 비유는 주체의 세계 이해 방식과 직결되는 중요한 언어적 발견으로 떠오른다. 신수사학에서 은유의 짝으로 자리잡은 환유는 새로운 가치를 획득한다. 니체 역시 환유를 "모든 종합적 정의의 중심에 자리잡고 있"[19]다고 말한다.

20세기에 접어들면서 제시된 은유와 환유의 새로운 관점들은 매우 복잡하게 얽혀 있다. 야콥슨은 은유가 환유나 제유를 비롯한 다른 비유법과 그 성격과 본질에서 근본적으로 다르다고 본다.[20] 라캉은 은유와 환유는 별개의 두 절차가 아니라 같은 절차의 양면으로, 에코와 뮈 그룹은 제유를 은유와 환유의 기본항으로 파악한다.[21] 구성 방식이나 효과 면에서 뚜렷하게 차이를 보이는 은유와 환유의 구분에 대해 많은 학자들이 서로 다른 견해를 보이는 이유는 각각의 비유가 일상 생

---

17) Friedrich Nietzsche, 『수사학 소개』, p. 300. 여기서는 Alan D. Schrift의 위의 책, 237면에서 재인용.
18) Jacob L. Mey, 『화용론』, 이성범 역, 한신문화사, 1996, 69면.
19) Alan D. Schrift, 앞의 책, 238면.
20) 「언어의 두 양상과 실어증의 두 유형」에서 야콥슨은 환유와 은유의 차이점을 설명한다. 야콥슨은 결합 관계 즉 인접 관계의 표현을 환유, 선택 관계 즉 유사 관계의 표현을 은유라고 했다. 인접 관계의 표현 능력을 상실한 실어증 환자는 하나의 언어 단위를 그것보다 더 복잡한 언어 단위에 통합시키지 못한다. 그는 '안경'을 '현미경'이라고 하고 '불'을 '빛'이라고 한다. 그의 언어 표현은 전부 은유가 된다. 반면에 유사 관계의 표현 능력을 상실한 실어증 환자는 사물의 명칭을 말하거나 하나의 낱말로부터 연상되어 나가는 낱말의 계열을 찾지 못한다. 문장의 구조는 보존되지만 낱말들이 자주 탈락된다. 그의 언어 표현은 모두 환유가 된다(김인환, 앞의 책, 266면 요약).
21) 이상의 구분은 박성창, 『수사학과 현대 프랑스 문화이론』, 서울대학교 출판부, 2002, 24~25면을 요약.

활이나 문학 텍스트에서 사용되는 경우 의미 소통의 여러 가지 국면(context)에 따라 단절된 개별 영역의 의미 확립 기준만으로는 정확하게 그 구분점을 설정할 수 없기 때문이다. 일상 생활과 문학 텍스트 공히 복잡한 맥락(context)에 따라 의미가 결정되기 때문에 어떤 것이 은유이고 어떤 것이 환유인지, 무엇 때문에 은유가 되고 환유가 되는지, 이러한 상황을 결정하는 인자는 무엇인지 등의 문제를 둘러싸고 있는 복잡성은 개념 항목으로서의 은유와 환유의 구분 기준을 실제로 적용시키기가 매우 어렵다는 점을 확인시킨다. 따라서 야콥슨에 의해 은유와 환유의 이항대립적 구분[22]이 시도되었다고 해도 그러한 기준을 실제 언어 사용에 직접 연결시키는 곤란하다. 야콥슨도 은유와 환

---

22) 은유와 환유의 차이점을 논하는 견해의 예는 다음과 같다.
① 김욱동, 『은유와 환유』, 민음사, 2000, 187~268면 참조. 김욱동이 밝힌 은유와 환유의 차이점을 요약하면 아래의 도표와 같다. 은유와 환유의 차이점은 두 비유가 서로 다른 언술 영역에서 각각 다른 부분을 차지하고 있다는 것이다. 은유와 환유는 대립되는 상호모순 관계에 놓여 있지 않다. 은유의 특성과 환유의 특성은 뚜렷하게 대비되는 서로 다른 비유 영역에 속한다. 은유와 환유의 기능은 대립된다는 인식, 그것이 시에 사용되는 경우 가치의 차이가 현저하다는 인식은 비유가 시에서 어떤 기능을 담당하는가를 이해하는 과정에 있어 바람직하지 않다.

은유	환유
계열	통합
선택	결합
치환	맥락
운문	산문
꿈의 상징	꿈의 응축과 치환

② J. F. Lyotard, Discours, Figure, Paris:Klincksieck, 1971, p. 252. 박성창, 앞의 책, 57면에서 재인용.

	계열체적 관계	연합체적 관계
랑그	유사성	인접성
파롤	선택	결합
전의	은유	환유
장르	시	산문(소설)
유파	낭만주의/상징주의	리얼리즘

유의 구분이 실제 시 텍스트에서는 명확하지 않다는 점을 언급한다.

시에서는 음운적 배열뿐만 아니라 의미 단위의 배열도 똑같이 등가성을 유지하려는 경향을 보인다. 유사성이 인접성 위에 중첩될 때, 시는 철두철미하게 상징적, 복합적, 다의적 본질을 표출하는데, 괴테의 "무상한 모든 것은 비유에 불과하다"는 말은 이를 적절히 암시한 것이다. 좀더 전문적으로 말한다면 모든 배열은 직유이다. 인접성에 유사성이 중첩되는 시에서는 환유는 모두가 다소는 은유적이며 은유는 모두 환유적 색깔을 갖는다.[23]

은유와 환유의 개념 자체는 명확하게 구분되지만 야콥슨의 위의 지적에서 알 수 있듯이 텍스트에서는 두 비유가 어떻게 협조하여 의미를 확장시키는가에 초점을 맞추어야 한다. 오히려 '은유/환유'의 이항대립 위반이 시 텍스트의 창조적 의미 생성에 기여한다. 시 텍스트에서 은유와 환유는 서로 결합된다. 야콥슨이 은유와 환유의 핵심 원리라고 제시한 유사성과 인접성 사이에 뛰어넘지 못할 장벽은 없는 것이다.[24] 은유와 환유는 텍스트의 의미를 쇄신하고 해석의 폭을 넓히는 데 기여하는 비유의 쌍 개념으로 텍스트 안에서 서로 협조한다. 은유와 환유의 대립 관계가 포스트모더니즘 담론에서 확장되어 그 이항대립적 특성이 더욱 부각되었다 하더라도, 시 텍스트의 해석 과정에서 두 이원적 비유가 서로를 배척하지 않는다는 사실은 달라지지 않는다.[25] 은유와 대립되는 환유의 특성[26] 검토를 통해 환유가 시 텍스트의 의미 창출에 어떻게 기여할 수 있는가를 알아본다.

환유의 수평적 이동 경로를 야콥슨은 인접성이라는 개념으로 설명

---

23) Roman Jakobson, 「언어학과 시학」, 『문학 속의 언어학』, 신문수 편역, 문학과지성사, 1989, 78면.
24) 박성창, 앞의 책, 62면 참조.

했다. 소쉬르의 빠롤은 야콥슨에 이르러 인접성을 획득하여 결합의 문제인 통합 관계로 확장되었다. 야콥슨에 의해 환유의 중요 원리로 부각된 인접성은 앞에서 살핀 명령법의 '나―너', '화자―청자', '시인―독자' 관계의 인접성과 긴밀한 공통점을 지닌다. 환유의 인접성은 광범위한 하위 항목을 거느리고 있다. 시간, 공간의 인접성뿐만 아

---

25) 이합 핫산은 모더니즘과 포스트모더니즘을 구분하면서 은유와 환유를 대립시켜 이해한다. 이러한 구분은 모더니즘과 포스트모더니즘이라는 대립 구도에 각각의 담론이 친연성을 맺고 있는 여러 항목들을 일괄적으로 분류했음을 의미한다. 그것이 이항대립하고 있다는 의미로 이해되어서는 안 될 것이다. 특히 은유와 환유가 모더니즘과 포스트모더니즘의 특성을 대표하는 비유의 한 가지로 이해될 수 있다는 점을 고려하더라도 이러한 구분이 은유가 모더니즘을 형성시켰고, 환유에 의해 포스트모더니즘이 탄생했다는 식의 전도된 이해는 은유와 환유의 상호 의존적 기능을 무시하는 결과를 가져오기 쉽다. 핫산의 구분을 표로 요약하면 아래와 같다(Ihab Hassan, 「포스트모더니즘의 개념 정립을 위하여」, 『포스트모더니즘의 이해』, 이충무 역, 문학과지성사, 1990, 69~70면).

모더니즘	포스트모더니즘
낭만주의/상징주의	다다이즘
형식	반형식
의도	우연
의미론	수사학
계열 관계	결합 관계
은유	환유
시니피에	시니피앙

26) 은유와 환유의 이항대립이 텍스트에서 무너진다는 견해에도 불구하고 은유와 환유는 뚜렷한 차이점을 지니기도 한다. 은유가 언어의 경제적 운용에 의해 압축과 절제로 세계와 자아의 통일을 구축하려고 한다면, 환유는 언어의 확장을 통해 세계에 대한 분석을 시도하고 거기서 자아와 세계의 다름을 강조한다. 은유가 일상의 언어를 관통하고 무의식의 언어를 의식의 언어로 끌어올려 자아와 무의식 사이의 긴장과 갈등, 자아와 세계의 단절을 응축된 비유로 재구성한다면 환유는 전체에 대한 부분, 부분에 대한 전체의 다름으로 자아가 사용하는 일상의 언어 속에 잠재된 세계의 질서를 드러낸다. 은유(A)는 세계(B)와 대결한다. 세계의 폭력과 정면으로 대결한다. 세계가 강해지면 은유도 강해진다. 세계의 힘과 은유의 척력은 비례한다. 은유와 세계의 대결에는 그 어떤 틈새도 존재할 수 없다. 은유가 하나(A)와 다른 하나(B)의 대결이라면 환유는 하나(A)와 하나가 아닌 것(A')의 대결이다. 환유는 현실의 어떤 것과 비슷한 것을 찾아 이동(대체)한다고 할 수 있고, 불완전한 전체 또는 완벽하지 않은 부분을 창조해낸다고 할 수 있다.

니라 의미의 인접성, 음성의 인접성 등으로 확대되기 때문에 인접성의 세부 항목을 어떻게 설정하느냐에 따라 환유의 범주는 그만큼 확장된다. 이러한 환유의 인접성에 의해 그것이 연쇄된다는 의미에서 이 책에서 사용하는 환유 개념의 확장 가능성이 마련된다. 인접과 연쇄는 서로가 서로를 필요로 하는 조건들이다. 연쇄되는 환유의 인접성은 이 책에서 사용되는 '환유'의 핵심 개념이 된다. 환유의 개념을 정리하면 아래와 같다.

① 야콥슨 : 환유는 인접성을 원리로 삼는다. 환유적 표현은 습관화된 컨텍스트의 축에서 대체와 선택의 축으로의 투사이다.[27)]

② 르 게른 : 환유는 지시 행위의 이동에 기초한다. 환유적 관계는 사물들 간의, 다시 말해서 언어 외적 실체들 간의 관계이다.[28)]

③ 르불 : 환유는 하나의 대상을 다른 대상을 나타내는 명사로 지시하는 것이다. 양자는 통상 하나가 다른 것을 환기시킬 수 있다. 따라서 전언에 하나의 의미를 부여하는 관계가 존재한다. 환유에는 인과관계, 인접관계, 상징관계 등이 있다.[29)]

두 개의 의미가 오직 인접 관계만을 지닌다. 그 두 의미는 대개 같이 제시되거나 연속적으로 제시되는데, 그 중 하나가 없어진다고 해서 다른 것도 같이 없어지는 것은 아니다. 환유의 설득력은 그것이 결국 같은 것으로 바꾸어 놓고자 하는 시니피에들 사이의 친근성 위에서 작동한다.[30)]

④ 에코 : 환유는 접촉성에 의해 대체된 것이다.[31)]

---

27) Roman Jakobson, 앞의 책, 105면.
28) M. Le Guern, *Sémiotique de la métaphore et de la métonymie*, p. 14. 여기서는 박성창의 앞의 책 77면에서 재인용.
29) Olivier Reboul, 앞의 책, 65면.
30) Olivier Reboul, 『언어와 이데올로기』, 홍재성·권오룡 역, 역사비평사, 1995, 154~155면.
31) Umberto Eco, 『기호학 이론』, 서우석 역, 문학과지성사, 1985, 306면.

⑤ 라캉 : 기표와 기표의 대체, 즉 단어와 단어의 대체가 환유에서는 끝없이 이어지고, 이것은 욕망의 과정과 유사하다.[32]

⑥ 화이트 : 환유는 환원적이다. 환유에서는 부분과 부분과의 관계 형식이 상호 연관성을 맺는다. 이 관계를 바탕으로 하여 어떤 부분의 환원이 다른 부분의 특징이나 작용에 영향을 미친다. 또한 환유적 관계는 접촉의 양식이다.[33]

⑦ 레이코프와 존슨 : 환유는 어떤 개체와 관련되는 다른 개체를 지시하기 위해서 그 개체를 사용한다. 즉 환유는 한 개체를 사용하여 다른 개체를 대신한다.[34]

⑧ 슐라이퍼 : 환유는 사물 자체를 그것과 인접하는 특징을 지니는 어떤 것으로 대체하여 표현한다. 환유의 인접성은 인과성이라는 용어로는 설명되지 않으며 연속적이고 우연적인 특성을 지닌다. 환유는 이성과 질서와 본질적 기원을 고려하지 않는 효과를 설명한다.[35]

⑨ 양명수 : 환유는 기호 차원에서 일어나고, 은유는 말 차원에서 일어난다.[36]

---

32) 박현수, 『모더니즘과 포스트모더니즘의 수사학』, 소명출판, 2003, 210면.
33) Hayden White, 『19세기 유럽의 역사적 상상력』, 천형균 역, 문학과지성사, 1991, 50~51, 376면.
34) Goerge Lakoff & Mark Johnson, 『삶으로서의 은유』, 노양진·나익주 역, 서광사, 1995, 62~64면. 레이코프와 존슨이 환유의 실례로 제시한 기준은 다음과 같다. ① 부분으로 전체를 대신함. ② 생산자로 생산품을 대신함. ③ 사용되는 물건으로 사용자를 대신함. ④ 통제자로 피통제자를 대신함. ⑤ 기관으로 책임자를 대신함. ⑥ 장소로 기관을 대신함. 레이코프와 존슨의 기준 중에서 ①은 이들이 제유를 환유의 하위 부류에 놓는 근거가 된다. 제유와 환유는 서로가 서로에게 종속될 수 없다. 제유는 전체와 부분, 종과 유의 관계로 집약된다. 이에 반해 환유는 부분과 부분으로 집약된다. 이들이 제유를 환유의 하위 범주로 인정하는 것과 다르게 많은 사람들에 의해 제유는 환유와 본질적으로 다르다는 점이 밝혀졌다. 부분을 통해 다른 부분을 지시하는 비유라는 점에서 환유와 제유는 유사하지만 그 작동 방식과 거기에 담기는 세계 인식 방식은 각각 다르다.
35) Ronald Schleifer, *Rhetoric and Death—The Language of Modernism and Postmodernism Discourse Theory*, Illinois Univ. Press, 1990, pp. 4, 65.
36) 양명수, 한국기호학회 편, 「은유와 구원」, 『은유와 환유』, 문학과지성사, 1999, 29면.

⑩ 김욱동: 환유는 한 사물이나 개념을 그것의 속성을 가지고 있거나 그 것과 연관되어 있는 다른 사물이나 개념으로 지시하는 수사법이다. 환유는 인접성에 의해 작동된다. 하나의 개념이나 하나의 의미 영역 안에서 전이 가 일어난다. 환유는 사물과 사물 사이의 관계를 통하여 그 사물을 개념화 한다. 환유는 공시성을 강조하고, 유추보다는 연상에 의존한다.[37]

환유의 개념에서 핵심 요소는 인접성, 연속성, 대체이다. 한 대상을 다른 대상으로 대체하는 방법, 즉 부분과 부분의 대체가 환유의 작동 방식이다. 대체되어 이룩되는 환유는 인접성에 의거하고, 인접하는 두 대상의 대체는 연속적으로 이루어진다. 이 책에서는 환유의 인접 성과 연속성을 김수영의 시 텍스트를 해석하는 중요 개념으로 사용한 다. 또한 환유를 설명하는 인접성을 움직임의 연쇄라는 개념으로 파 악한다.

환유는 인접성[38]에 의해 언술이 구축되는 비유의 한 종류이다. 공간 의 인접성에 의해 의미의 확대, 축소가 일어나는 경우 환유의 의미 전 달 체계는 공시적인 측면을 지니게 된다. 언술이 소통되는 당대의 의 미 맥락이 의미 소통의 중요한 배경이 되기 때문이다. 환유가 인접성 에 의해 의미를 확장시킨다[39]고 하는 경우, 사회적 맥락이 강력하게 작용한다는 점 이외에 환유가 작동되는 언술의 길이 문제를 따져봐야 할 필요가 있다. 환유가 일어나는 언술의 길이가 짧은 경우 그것은 사 회적 맥락의 소통 여부에 크게 의존할 수밖에 없다. 그러나 반복 · 열

---

37) 김욱동, 앞의 책, 187~268면 참조.
38) 쥬네뜨는 이를 '假—空間的(pseudo-spatiale)'이라는 말로 부른다(Gerard Genette, 「줄어드는 수사학」, 『수사학』, 문학과지성사, 1985, 126면).
39) 인접성은 환유에서 의미의 인접성으로 연결된다. "환유의 설득력은 그것이 결국 같은 것으로 바꾸어 놓고자 하는 시니피에들 사이의 친근성 위에서 작동하는 것이라는 사실 에서 온다."(Olivier Reboul, 앞의 책, 155면)

거에 의해 환유가 연속적으로 일어나는 경우, 작품의 의미 맥락이 뚜렷하게 사회적 맥락을 환기시키는 경우, 공간의 인접성뿐만 아니라 여타의 다른 인접성으로 연속되는 경우에 환유의 양상은 달라질 수도 있다. 이때 환유는 움직인다. 긴 언술에는 일정한 리듬이 생기고, 리듬은 환유의 이동을 가속화시킨다. 김수영의 시에서 환유는 연속되는 반복과 열거에 의해, 여기서 발생된 리듬에 의해 다음 단계로 이동하는 연속체의 특성을 지닌다. 이 '연접'(liaison) 과정[40]의 의미 변화를 환유라고 부를 수 있다.

프로이트는 '꿈—작업'에서 '꿈—사고'가 '꿈—표현'으로 변화하는 과정 중에 일어나는 꿈의 몇 가지 변형 유형을 설명하면서 압축(Verdichtung)과 전위(Verschiebung)를 상징, 동일화와 대립시켰다. 프로이트의 전위는 인접성에 기초를 둔다는 점에서 야꼽슨의 환유와 연결된다. 주변적이고 부차적인 것이 꿈에서는 중심을 차지한다. 충족되어야 할 욕망은 억압된다. 소원은 다른 것으로 변장하거나 그럴듯한 어떤 것 뒤에 위장된 채 잠복한다. 욕망은 다른 대상을 선택하고 수직적으로 이동하여 계열 관계를 형성하거나, 인접성에 의해 다른 것으로 이동하여 통합 관계를 조직해낸다. 환유는 대상을 욕망의 자리로 끌고 오지 않는다. 욕망의 대상을 끊임없이 대체하여 결락된 그 자리에 채워 넣는다. "욕망의 대상—원인으로부터 해방되기 위해서

---

[40] "영화 예술은 본질적으로 환유적이며 그런 까닭에 인접성의 유희를 밀도 있게 그리고 다양하게 사용한다"(Roman Jakobson, *Dialogues*, Flammarion, 1980, p.126. 여기서는 박성창, 『수사학』, 문학과지성사, 2000, 198면에서 재인용.)고 야꼽슨은 말했다. 야꼽슨에게 영화는 본질적으로 '환유적인' 방식으로 여겨진다. 야꼽슨은 스틸 사진의 연속 흐름인 영화를 인접성에 의해 실현되는 예술 장르로 파악한다. 필름의 흐름이라는 '연접'이 곧 영화인 것이다. 그는 '몽타쥬'를 필름의 편집에 의해 인접성을 의도적으로 파괴하고, 이전 부분과 다른 부분을 연결시켜 서로 다른 장면을 은유의 유사성으로 결합시키는 기법이라고 이해하였다(「언어의 두 양상과 실어증의 두 유형」, 『문학 속의 언어학』, 신문수 편역, 문학과지성사, 1989, 113면).

는 다른 욕망의 대상―원인에 구속되어야 한다."[41] 부분과 부분이 자리를 바꾸고, 또다른 부분이 연속된다. 욕망 자체가 움직인다. 충족되어야 할 욕망은 늘 얼굴을 바꾸고 자리를 바꾼다. 이와 비슷하게 환유는 수평으로 이동해서 인접한 대상과 대상 사이에 새로운 관계를 설정한다. 환유는 "부분과 부분과의 관계 형식이 상호 연관성을 맺고 있는 것"[42]으로 파악한다.

환유는 "한 더미의 모호하고 이질적인 연상"의 집합체가 아니다. "환유는 많은 일상의 가치관과 편견을 표현하고 인간이 세습한 지식과 문화를 나타낸다. 이것이 환유를 사실적 산문의 표시라고 하는 이유인 것이다." 환유는 의식의 수평선을 따른 이동이며 현실의 수행원칙들이 강제하는 검열을 자유로운 이동을 통해 피하고자 하는 욕망을 나타낸다. 환유는 "욕망이라는 동기에 의한 역동적인 이동"[43]이다.

환유와 작동 방식이 유사한 비유로 제유를 들 수 있다. 환유와 제유의 경계는 선명하지 않다. 전체와 부분의 관계를 따질 때, 환유와 제유의 경계는 더욱 모호해진다. 모든 환유는 상위의 전체에 의지하면 제유로 전환될 수 있고, 모든 제유는 구성 부분들의 관계에 의지하면 환유로 전환될 수 있다. 관점의 변화에 따라 환유와 제유의 구분 기준이 바뀌는 것이다.[44] 무엇을 전체로 보고 무엇을 부분으로 보느냐에 따라 관점은 달라지는데, 여기서 발화의 상황이나 텍스트의 문맥과 같은 컨텍스트의 기준이 무엇이냐를 결정하는 것이 중요하다. 텍스트

---

41) 김상환, 『니체, 프로이트, 맑스 이후』, 창작과비평사, 2002, 63면.
42) Hayden White, 앞의 책, 51면.
43) 정원용, 『隱喩와 換喩』, 新知書院, 1996, 169~171면.
44) 쥬네뜨는 부분과 전체의 관계, 부분의 나머지에 대한 관계의 기준에 따라 제유와 환유가 구분될 수 있다고 한다. 기준이 전체냐 부분이냐에 따라 제유와 환유가 서로 전환된다는 점에서 이 두 비유를 구분하는 기준이 개인의 특성에 따른 주관성에 노출되어 있다는 점을 지적하면서, 쥬네뜨는 환유의 경우 공간의 인접성으로만 그 분류 기준을 제한하는 경향이 많다고 한다(Gerard Genette, 앞의 책, 125~126면).

와 발화에서 맥락을 거세시키면 부분과 부분 중에서 어느 것이 전체에 귀속되는가를 파악할 수 없게 된다. 이런 경우 환유의 하위 영역으로 제유를 놓기도 하고 제유의 일부분으로 환유를 정의하기도 한다. 전체와 부분 중에서 어느 것에 중심을 두느냐에 따라 축소적 환유와 확장적 환유로 나뉘기도 한다. 텍스트의 의미 해석 과정에서는 전체와 부분이 텍스트 전체의 맥락에 의해 결정된다. 환유와 제유가 시 텍스트에서 작동되는 방식에 따라 텍스트의 의미는 변화될 수 있다. 시인이 세계에 대응하는 양상도 환유와 제유에 의해 크게 영향받을 수 있다. 환유와 제유의 개념 구별을 시도한다.

제유를 전체와 부분이라는 이항대립 개념으로 파악하면 환유와 구별하기가 어렵다. 부분과 전체의 상호 관계에 집중하는 제유는 '전체'가 무엇인가를 되묻게 한다. 부분이나 다른 부분이냐, 이 둘 중 어느 것이 어느 것을 귀속하느냐는 환유의 관점에서 중요하지 않다. 환유와 제유는 외적 인접성과 내적 인접성에 의해 구분된다.[45] 환유는 전체를 상정하지 않는 부분 대 부분의 대체 관계이다. 이에 반해 제유는 부분 대 나머지 전체의 치환 관계를 일컫는다. 따라서 환유에서는 A와 B 중 어느 하나가 제거된다고 해서 다른 하나의 의미가 소실되지 않는다. 제유에서는 둘 중 어느 하나가 제거되는 경우 둘 모두의 의미가 상실되고 만다. 제유에서 전체와 치환된 부분은 중요하지 않다. 제유에서는 여전히 치환된 전체가 의미의 핵심을 차지한다. 환유는 이와는 반대로 부분과 부분, 부분과 나머지 다른 부분의 관계를 환원시킬 수 있다. 프로이트의 전위가 환유에서 가능한 이유가 여기에

---

45) 정원용(앞의 책, 165면 참조)에 의하면 제유는 '구조적' 특성을 지니고, 환유는 '외적' 특성을 지닌다. 정원용의 분류에서 제유의 '구조적' 특성은 환유의 '외적' 특성과 반대되는 '내적' 특성이라고 이해해도 좋을 듯하다. 때문에 내적 특성을 지니는 제유는 부분과 부분들이 이루는 관계들의 이질적 집합을 지시하지 않는다. 제유가 포괄하는 부분과 전체, 유와 종, 재료와 사물의 관계는 단일 유형의 변종일 뿐이다.

있다. 인접성에 의해 연속적인 의미 연쇄를 일으키는 환유가 전체의 영역 안에서만 의미의 변화를 일으키는 제유와 구분되는 근거가 바로 이것이다. 환유의 작동 방식을 '대체'로, 제유의 작동 방식을 '치환'으로 설정하게 되는 동기 또한 이것이다. 제유는 A↔B의 치환으로 전체 안에서의 구체화를 작동시켜 통일성을 유지한다. 환유는 A→B→C의 역동적인 의미 전이를 일으키고, 부분과 전체의 관계에 의미의 중심을 설정하지 않는다. 환유와 제유의 차이점을 요약하면 다음과 같다.

제유는 대상들이 필연적인 관계로 연결된다는 점에서 환유와 비교된다.[46] 부분과 부분의 대체를 통해 결과와 원인이 환원될 수 있는 환유와 비교해서 제유가 지니는 이러한 필연성은 전체 내의 통합이라는 고유의 특성으로 부각된다. 환유의 두 사물은 별도로 떨어져 있는 전체를 이루며 그것들은 '외적 종속'으로 결합된다. 반면에 제유의 두 사물은 서로 합쳐져 하나의 전체를 구성하고, 그 결과 하나의 존재 또는 관념이 다른 것의 존재 또는 관념에 포함되어 '내적 종속'을 이룬다.[47]

제유에서 파악되는 유기체적 통합의 의미는 헤이든 화이트에 의해 역사 발전 단계의 변증법적 모델로 이해된다. 역사의 '발전'은 '~로부터 ~이 출현하고, 다시 ~로부터 ~이 발전한다'(제유)는 방식으로 이루어진다. 이에 비해 비변증법적 역사 '변화'는 '~이 ~을 대신하고, ~은 ~에 의해 소멸된다'(환유)는 기계론적인 부분들의 연속체로 이루어진다. 이러한 이해는 환유의 인접성과 연쇄 개념에서 비롯된다.[48] 역사 발전의 모형을 제유와 환유의 수사적 모델로 이해한 화이트의 예에서 보듯이 제유가 지니고 있는 필연성과 통일성은 환유의

---

46) Olivier Reboul, 『수사학』, 66면.
47) P. Fontanier, *Figures du discours*. 여기서는 박성창의 앞의 책 38면에서 재인용.
48) Hayden White, 앞의 책, 387면 참조.

우연성과 표면성 그리고 언어의 물질성과는 뚜렷하게 비교된다.[49]

환유의 수평적 운동 양상은 공시적이다. 환유는 그 시대의 상황과 맥락을 토대로 삼는다. 이 점에서 환유는 소쉬르의 '빠롤', 바흐찐의 '대화'로 돌아간다. 언어 소통의 관점에서는 화용론과 연결된다. 화용론은 끝없이 변화하는 언어를 대상으로 하여 화자와 청자의 중간 자리에서 이동하는 언어가 어떻게 의미를 형성하고 배반하고 새로운 의미로 변화되는가를 살핀다. 화용론에서 맥락과 상황은 텍스트의 의미를 지정하는 결정적 요소이다. 빠롤, 환유, 화용론은 역동성, 움직임, 언술과 상황의 인접성을 통약하는 상호의존성의 관점에서 공통점을 지닌다.[50] 환유에서 맥락이 중요한 이유는 환유의 화용론적 특성에서 비롯된다.

특정 사물과 언어 표현의 관계를 지칭하는 환유의 특성 중에서 지시성은 환유의 해석 과정에 화용적 상황을 고려해야 하는 근거를 제공한다. 환유는 인접성에 의거하여 단어와 단어의 연쇄에 의해 발생하지만, 많은 경우 환유는 문장이라는 확대된 문맥에 의해 지지된다. 또한 환유는 통시적 상황보다는 공시적 상황에 의존적이다. 현실과 일상의 세계에 연결되는 환유는 시대의 맥락에 따라 의미의 파악과 확장이 결정된다. 환유는 언어 바깥에 있는 경험적 여건에 의존한다. 환유에서 발생하는 대체된 지칭은 지칭 관계의 변화만으로는 설명되지 않는다. "그것을 분명히 하기 위해서는 앞뒤 문맥의 개입이 필수적으

---

49) Ronald Schleifer, 앞의 책, pp. 5~9 참조.
50) 언어는 고정된 불변체가 아니다. "언어와 그 형식은 주어진 언어 공동체의 성원들 사이에서 이루어지는 지속적인 사회적 상호관계의 산물"(Mikhail Bakhtin·V.N. Vološinov, 『바흐찐이 말하는 새로운 프로이트』, 송기한 역, 예문사, 1998, 149면)이라면서 바흐찐은 언어가 지니고 있는 역동적인 움직임의 연쇄작용이 개인과 사회, 개인과 개인, 의식과 무의식 사이에 펼쳐진 다양하고 복잡한 관계의 그물망에서 일어난다는 점을 지적한다. 불변체로서 단의성에 못박히는 것이 아니라 역동적으로 변화하여 새로운 의미를 창조해내는 것이 언어, 그것도 문학의 언어가 지니는 본질이라고 이해할 수 있다.

로 요구된다." 환유에 의해 대체된 지시 대상의 의미는 "순전히 언어학적인 문맥이건, 아니면 대화 당사자들 간의 공통적인 지식의 문맥이건, 문맥에 의해 제공된 정보소들"에 의해 결정된다. 따라서 환유는 "어떤 요소가 문맥에 통합될 때, 지칭 관계에 변화"를 가져오는 비유라고 할 수 있다.[51] 환유의 집단적 특성이나 전통에 의거하는 특성은 이렇듯 맥락 의존적이라는 점에서 다른 비유법보다 더욱 화용적이다. 즉 환유는 화자와 청자, 시인과 독자 서로가 상호 작용을 통해 동시대와 강력하게 연결된다는 점에서 맥락에 의해 그 의미가 파악되고 확장된다고 할 수 있다.

"사회적 맥락에서 인간의 언어 사용 조건"[52]을 연구하는 화용론이 환유와 긴밀하게 연결되는 이유는 환유가 지니고 있는 사회적 관습이라는 맥락 의존적 특성에 기인한다. 동시대의 사회적 의미 소통 맥락에 의존하는 환유는 당대의 일상 경험과는 뗄 수 없을 만큼 깊은 관계를 맺고 있다.[53] 김수영의 시에 드러나는 일상성은 환유의 이러한 특징과 긴밀하게 연관된다고 할 수 있다.[54]

이 책은 환유의 제 범주 중에서 인접성을 핵심 개념으로 사용한다. 인접성에 의거하여 지시 대상이 역동적으로 이동하는 환유에서는 지시 대상의 이동에 따라 의미의 변화가 일어난다. 환유를 분류하는 많은 인접성의 기준 중에서 이 책은 인접성이 반복되는 '연쇄' 현상에

---

51) 임진수, 「은유와 환유―라캉의 이론을 중심으로」, ≪현대비평과이론≫, 1996 봄, 38~39면.
52) Jacob L. Mey, 앞의 책, 312면.
53) 김욱동, 앞의 책, 201면 참조.
54) 환유가 일상어의 일반적인 현상이라는 점을 설명하기 위해 레이코프와 존슨은 다음과 같이 언급했다. "환유는 우리에게 지시되고 있는 것의 어떤 측면들에 좀더 구체적으로 초점을 맞추게 해준다. […] 환유 개념은 우리가 생각하고 말하고 행동하는 평범한 일상적인 방식의 일부이다."(George Lakoff · Mark Johnson, 앞의 책, 64면) 지시하고자 하는 것을 대체한다는 점에서 환유의 구체성이, 일상생활에서 표현하고자 하는 것을 다른 것으로 대체하여 언급하는 경우가 많다는 점에서 환유의 일상성이 드러난다.

주목한다.[55] 연쇄되는 인접성의 개념을 확장시킬 수 있는 근거에는 김수영 시의 수사적 특성인 열거와 반복이 있다. 같은 단어의 반복과 같은 의미 단위의 열거, 통사적 반복에 병행되는 서로 다른 의미의 열거, 같은 통사 단위의 반복적 열거 등으로 다양하게 시도된 김수영 시의 열거와 반복은 그것이 인접한다는 의미에서, 또 인접을 기반으로 연쇄된다는 점에서 환유의 전개 양상과 맞물린다. 열거와 반복의 연쇄에 의거하여 환유 개념은 아래와 같이 확장된다.

1행 : A → B → C → D ──── Ⅰ
　　　↓　↓　↓　↓　　　　　↓
2행 : a → b → c → d ──── Ⅱ

위의 도표를 토대로 하는 경우, 연쇄에 의해 환유가 발생하는 경우는

① A → B → C → D, a → b → c → d
② A → a, B → b, C → c, D → d
③ Ⅰ → Ⅱ

이렇게 세 가지가 된다. 전통적인 환유의 범주가 단어와 단어 사이의 대체에 주목한 것과는 다르게 이 책은 환유가 단어와 단어의 대체뿐

---

[55] 연쇄적 관계는 모든 비유를 만들기 위한 선행 조건으로 여겨지기도 한다. "연쇄적 관계는 언제나 같은 원칙에 기초하는데, 형태상의 인접성이 그것이다. 다시 말해 연쇄적 관계는 담론상으로 이웃해 있는 요소, 즉 소쉬르의 '사슬관계'에 있는 요소로 이루어진다. 이 관계의 대표적 예는 문장이다."(고미영, 「은유와 환유의 상보적 관계」, 경희대 석사논문, 1988, 44면) "라캉에 따르면, 기호 내용의 전이는 기호 표현의 연접, 즉 통사론적 배열에 의해서만 가능하다. 기호내용의 전이가 일어나기 위해서는 우선 기호표현의 배열이 가능해야 한다. 기호표현의 형식적인 연접이 기호내용의 전이에 비해 지배적인 것이다. 따라서 애초에 환유가 있었으며, 은유를 가능케 하는 것도 환유"라고 말할 수 있다(임진수, 앞의 글, 54면).

만 아니라 행 단위로도 확장될 수 있다는 가능성을 타진한다. 같은 문장 구조가 반복되는 경우, 각 문장 성분의 반복, 그리고 연쇄되는 그 문장들은 각각 환유를 이룰 수 있기 때문이다. 이상에서 예시된 세 가지 환유 범주를 김수영 시의 해석에 적용한다.

환유 양상과 공존하는 열거·반복의 구체적인 현상은 본론에서 자세하게 거론될 것이다. 인접성에 의한 연쇄 개념으로서의 환유는 열거·반복이라는 표층적 구문 단위의 연쇄와 동시에 발생한다. 이러한 현상은 김수영 시의 리듬과 연계된다.

환유의 중요한 생성 기제인 인접성의 확장된 개념에 리듬을 포함시키는 이 책에서 리듬은 김수영의 중요한 수사적 장치의 하나로 의의를 가진다. 김수영의 시 가운데 "해석하거나 분석할 수 없는 시"의 대부분은 리듬이 해석의 핵심 장치로 작동된다. 시간과 공간을 고려하지 않은 김수영의 "언어는 현실의 모사적 상관물의 자리에서 벗어나 자유로운 영역으로 들어간다. 사물을 지시하는 기능을 버리고 전혀 새로운 방식"으로 시가 재편성된다. 이러한 과정을 거쳐 김수영의 시는 리듬에 의해 전적으로 축조된다. "관념과 설화를 철저하게 배제하면서 형성되는 순수시의 전투적 정열"이 "김수영이 성취한 몇 편의 시"에서 획득된다. 리듬에 의해 씌어지는 김수영의 시는 "시적인 경험이 따로 있고 그러한 경험에 적합한 표현 양식이 뒤에 온다는 식의 시작법에 정면으로 반대한다."[56] 언어들이 차지할 자리를 리듬이 만들고, 이 틀에 맞춰 무의식에 가까운 언어들이 비어 있는 소리 단위에 맞춰 배열된다.

소리들의 모임에 반복은 의미를 부여한다.[57] 반복에 의해 형성되는 리듬은 "변화를 반복의 형태로 인식하려는 인간의 의식구조"인 것이

---

56) 김인환, 앞의 책, 14~15면.
57) 김인환, 앞의 책, 115면 참조.

다.[58] 반복에 의해 배열되는 일정한 단위의 시간 흐름은 시에서 의미 단위의 하나로 인식된다. 이것이 시에서 리듬이 지니는 의의라고 할 수 있다. 시인과 독자는 "등가적 단위의 규칙적 반복을 통해 발화의 흐름을 시간적으로 체험"[59]하게 된다. 일정한 패턴을 지닌 소리 단위 들이 반복되고, 시간이 흘러간다. 이때 물질적인 소리 단위의 시간적 흐름에 단절이 생긴다. 침묵에 의해 소리의 흐름, 시간의 흐름이 깨진 다. 개입하는 침묵이 리듬이라는 질서를 형성하는 경계의 역할을 한 다. 시는 리듬에 실려 진행되고, 시의 시간은 리듬과 함께 흘러간다. 의미는 리듬에 의해 강조되기도 하고, 희석되기도 한다. 시의 리듬은 의미 전달을 쉽게 하는 보조자인 셈이다. "리듬은 청취와 기억을 용이 하게 하고 분명한 감정을 만들어내기 때문에 사람을 설득"하기 쉽게 한다. "리듬은 사고를 집중시키고 사고와 보조를 맞추게 한다."[60] 의 미와 리듬은 상보적 관계를 형성해낸다. 의미에 의해 리듬이 변형되 기도 하고, 리듬 때문에 의미가 굴절되기도 한다.

　반복에 의해 형성되는 소리 단위인 리듬은 시의 물질적 특성을 담보 하는 장치이다. 소리 현상 자체를 빠롤이라고 부른다면, 소리의 질서 는 랑그라고 부를 수 있을 것이다. 일정하게 반복되는 소리 단위의 질 서인 리듬은 랑그에 해당하지만 그것이 음악과 시에서 실체로 작동하 는 경우는 빠롤에 해당된다. 추상적인 질서로서의 리듬은 랑그에 해 당되지만 시에서 의미와 병행하여 의미의 집중 또는 분산 효과를 발 생시키는 리듬은 빠롤이다. 구체적이고 물질적이고 간주관적이고 맥 락 의존적인 실행의 문제인 리듬은 인접성에 의해 연쇄되는 기호의 의미를 전이시키는 환유와 유사한 측면을 지닌다. '연쇄'의 측면에서

---

58) 백대웅, 『인간과 음악』, 이론과실천, 1988, 146면.
59) Roman Jakobson, 앞의 책, 62면.
60) Olivier Reboul, 『수사학』, 56면.

리듬은 '환유적'이다.
 시의 리듬은 음악의 리듬과 다르다. 음악의 리듬은 선율과 화음에 영향을 받기 때문에 음의 길이와 강세만으로는 그 특성을 확립하기 어려운 복잡성을 지닌다.[61] 시의 리듬은 선율과 화음이라는 음악 요소에 영향을 받지 않는다. 음악의 리듬보다 시의 리듬이 쉽게 정의될 수 있을 것 같지만, 음악의 선율과 화음이라는 요소가 리듬에 부여하는 객관적 특성이 시에는 존재하지 않기 때문에 음악의 리듬보다 그 개념적 정의는 더 어렵다. 음악의 리듬을 분류하는 기준과는 다르게 시의 리듬을 확정하는 개념은 거의 없다. 따라서 시의 리듬은 음악의 리듬과는 현저히 다른 용어가 될 수밖에 없다. 음악에서 곡의 빠르기와 박자를 설명하는 개념이 리듬이라면, 시에서 리듬은 텍스트를 읽는 속도를 독자가 자기화하는 방법의 하나로 설명해야 한다. 즉 시의 리듬은 시인의 리듬을 독자가 받아들이는 과정에서 발생하는 주관화된 읽기의 패턴이라고 할 수 있는 것이다. 시인이 빠른 리듬으로 작품을 썼다고 하더라도 독자가 임의로 느리게 읽을 수 있다. 이와 반대되는 상황도 있을 수 있다. 대다수의 사람들이 텍스트를 읽는 속도로 채택했다고 하더라도 '나'는 다르게 읽을 수 있기 때문에, 시의 리듬이 지니게 되는 주관성은 음악의 리듬과 시의 리듬을 변별하는 중요한 기준이 된다. 음악에서 같은 길이로 배열된 리듬은 음의 높낮이에 영향을 받아 다른 리듬으로 변형된다. 시의 리듬은 시인의 행 배치에 영향을 받으면서 동시에 구문의 문법적 배열에 따라 결정되는 의미의 강세에도 영향을 받는다. 음악에서 음의 고저가 리듬에 영향을 준다면, 시에서는 언어의 의미가 리듬에 영향을 준다.
 일정한 소리 단위의 수평적 전개 과정중 시간의 분절에 의해 발생하

---

61) 서우석, 앞의 책, 11면 참조.

는 일정한 패턴의 반복을 시의 리듬이라고 한정할 때, 시의 리듬을 나타내는 보편적 용어는 음보이다. 음보가 한국시의 호흡 단위를 지칭하는 안정적인 용어임에는 틀림없으나 2, 3, 4로 한정된 음보의 단위는 복잡한 현대시의 리듬을 포괄하기 어렵다는 점에서, 또 이 용어가 겉으로 잘 드러나는 정형적 리듬을 설명하는 용어로는 적합하지만 서로 다른 리듬이 혼합되어 사용되고 변화가 심한 현대시의 리듬 양상을 포괄하기 어렵다는 점에서 한계를 지니는 용어라고 할 수밖에 없다. 이러한 한계 때문에 이 책에서는 '음보'를 사용하지 않는다.

음보와 비슷한 개념으로 '박자'를 들 수 있다. 박자 역시 소리의 단위를 재는 계량적 용어로는 적당하지만 그 출처가 음악이라는 점, 다양한 박자의 분류를 언어로 조직되는 텍스트인 시에 적용하기 어렵다는 점을 받아들여 사용하지 않는다. '운율'과 '율격'은 소리의 물리적 특성보다는 의미 요소를 강조하는 측면이 강하다. 또한 음악의 선율적 요소를 구성하는 '운'과 '율' 역시 사용하지 않는다.

이 책에서는 그 경계가 불확정적임에도 불구하고 시와 음악에서 공통적으로 사용되고 있는 포괄적 용어인 '리듬'을 사용하기로 한다. 작품이 지니고 있는 음악성을 드러내면서 음보와 박자 개념의 한계를 아우르고 김수영 시의 특성인 속도감을 직접적으로 드러낼 수 있기에 리듬은 음보나 박자보다 그 외연이 넓다고 하겠다. 또한 시의 의미 변이와 동시에 진행되면서 변화되는 소리 단위의 질서를 지칭할 수 있다는 점에서 '리듬'은 그 내포 역시 김수영의 시를 논하는 용어로 적합하다.

김수영의 리듬을 고찰하기 위해서 이 책은 반복의 단위를 확대한다. 현대시의 리듬은 외형적 조건뿐만 아니라 잘 드러나지 않는 내재적 요소에 의해서도 형성되기 때문이다. 같은 어휘, 같은 구절, 같은 문장의 반복 같은 외부에 드러나는 요소가 리듬을 만들어낸다는 것은 확실하다. 외부에는 드러나지 않지만 시 해석 과정에서 시 전체의 맥락과 연결되는 의미 자질, 모티프, 이미지 등의 반복 역시 리듬을 형성한다. 서로 다른 표현이지만 같은 의미를 지니는 어떤 부분들이 반복되는 경우를 의미 자질의 반복에 의해 형성되는 리듬으로 볼 수 있다. 같은 모티프가 반복되는 경우, 이미지의 반복이 이루어지는 경우 역시 그것들이 일정한 패턴으로 조직되면 리듬을 형성한다고 할 수 있을 것이다. 이 경우 반복은 한 행을 넘어 초행적(超行的) 반복으로 확대된다. 시 전체의 의미 맥락을 고려해야만 이러한 내재적 리듬이 파악된다. 김수영 시의 리듬을 고찰하기 위해 지금까지 거론된 내재적 리듬 형성 요소들이 시 해석에 적극적으로 사용될 것이다.[62]

---

[62] 내재적 리듬 요소를 구성하는 세 가지 양상은 백운복의 「현대시의 리듬 실현」, 『현대시의 논리와 변명』(국학자료원, 2001)에서 거론되었다. 이 책은 백운복이 논의한 내재적 리듬 실현 요소의 세 가지 항목에 동의한다.

제2장
수사의 양상

1. 명령법의 양상

1) 부정형 명령법

　화자 '나'와 청자 '너'는 명령법이 성립되기 위한 필수 조건이다. '나—너'가 없으면 명령은 수행될 수 없다. 화자에 의해 청자의 행동이 규정되고, 청자 '나'는 화자 '너'의 명령을 행동으로 옮김으로써 명령문의 화자가 지향하는 목적인 행동의 수행이 완결된다. 이때 '나—너'는 명령문을 성립시키는 상호 주체가 된다. '나—너'라는 명령의 상호 주체는 화자 '나'에서 청자 '너'로 이동하는 발화의 연쇄적 움직임에 의해 설정된다. 명령문[1]은 김수영 시의 첫 번째 수사 특성이다. 김수영 시에 사용된 명령법 중에서 특징적인 면모로 우선 부정형 명

---

1) 명령문은 '~아/어라, ~아/어, ~지, ~(으)렴, ~(으)려무나, ~게, ~오, ~소, ~구려, ~ㅂ시오, ~소서' 등과 '~라'와 같은 형식에 의해 표현된다(고성환, 앞의 책, 17면).

령법을 들 수 있다.[2] 이 절에서는 '~지 말(아)라'로 표현되는 부정형 명령법이 사용된 대표적 작품을 살펴본다.

「記者의 情熱」은 시의 대상이 지니는 부정적 행태를 부각시키기 위해 부정형 명령법이 사용된 예이다. 이 시에서 김수영은 명령법을 통해 기자의 부정적 행태를 비판하면서, 동시에 대상이 행해야 할 바람직한 행동의 예를 제시한다.

 四面의 新聞 위에 六號 活字가 몇천개 박혀 있는지 모르지만 너의 想像
에서는 實際의 數十倍는 담겨 있으리라
 이 無數한 活字 가운데에
 新聞記者인 너의 記事도
 每日 조금씩은 끼이게 되는데
 큰 아름드리나무에 박힌 옹이처럼 너는 네가 한 新聞記事를 매일 아침 揭示板 위에서 찾아보는 버릇이 너도 모르게 어느덧 생기고 말았다
 생각하면 그것은 둥근 옹이같이 어지러웁기만 한 일이지만

---

[2] 김수영의 시에 지속적으로 등장하는 명령법을 주목한 연구는 거의 없다. 김수영 시의 언술 특성 중에서 '부정어법'과 '명령법'을 주목한 김영희의 논문이 김수영 시의 명령법을 본격적으로 연구한 첫 성과물이다. 김영희는 명령법이 "김수영 시의 3할"에 나타난다고 밝히고 있다. (김영희,「김수영 시의 언술 특성 연구」, 고려대 석사논문, 2003, 19~48면 참조. 이 밖에 김수영 시의 명령법은 졸고(「김수영 시의 '반복' 연구」,『한국근대문학연구』2001 하반기, 228~235면)을 볼 것. 김수영의 시에서 명령법이 구체적으로 "~(하)라", "~말(아)라", "~(하)자", "~시오", "~해", "~(해)요" 등 다양하게 사용되고 있음을 김영희는 제시하였다. "총 188회 사용된 김수영의 명령법"이 지니는 특성을 "특정한 상태의 '변화' 혹은 '변화에의 의지'"라고 집약하고 있는 김영희의 논문은 김수영 시의 언술 구성 방식 중에서 명령법을 구체적으로 연구하여 그 의미를 밝힌 최초의 성과라는 점에서 중요하다. 명령법이라는 언술 특성에 드러나는 변화의 의지가 김수영 시의 중요 내용이라는 점 이외에도, 김영희는 김수영 시의 형식이 담보하는 운동성 역시 이러한 언술 특성에서 그 배경을 찾아낼 수 있다고 밝히고 있다. 명령법의 주체와 대상을 화자와 청자로 양분하고, 그것을 화자 지향의 내향적 명령과 청자 지향의 외향적 명령으로 도식화하여 이해하였기에 김수영 시의 명령법이 지니고 있는 복잡한 관계 양상의 의미를 밝히지 못한 점은 아쉽다.

거기에는 焦點이 없지도 않다
그러나 이 焦點을 바라고 보는 것이 아니다
浪漫的 偉大性을 잊어버린 지 오랜 네가 人類를 위하여 산다는 것도 거짓말에 가까운 것이지만
그래도 누가 읽어줄지 모르는 新聞 한구석에 너의 피가 어리어 있는 것이
반가워서 보고 있는 것인가
記事라 하지만 네가 썼다고 알아주는 사람이 있어도 좋고 없어도 가히 무관한 것
그러기에 한결 가벼운 休息의 마음으로 쓰고 있을 수 있었던 것

오랜 疲困도 苦痛도 忍耐도 잊어버리고
새 사람 아닌 새 사람이 되어
아무도 모르고 너 혼자만이 아는
네가 쓴 記事 위에
恍惚히 너를 찾아보는 아침이여
번개같이 가슴을 울리고 가는 묵은 생명과 새 희망의 無數한 衝突 衝突……
누구의 힘보다 강하다고 믿어 오던
無色의 生活者가 네가 아니던가
自由여
아니 休息이여
어려운 休息이여
부르기 힘든 사람의 이름들
눈에는 보이지 않는 너무나 무거운
너의 짐

그리고 逸樂, 安易, 虛僞……
모두 다 잊어버리고 나와서
太陽의 다음가는 自由
自由의 다음가는 揭示板
너무나 어려운 休息이여
눈물이 흘러나올 餘裕조차 없는
揭示板과 너 사이에
오늘의 生活이 있을진대
達觀한 新聞記者여
생각하지 말아라
「結婚倫理의 挫折
　―幸福은 어디에 있나?―」
이것이 어제 午後에 써놓은 記事 대목으로
내일 朝刊分 社會面의 표독한 타이틀이 될 것이라고 해서
네가 이 두 時間의 中間 위에 서있는 것이라고 해서
어려운 休息
참으로 어려운
얻기 어려운 休息
너의 긴 時間 속에 언제고 內包되어 있는 休息
그러한 休息이 燦爛한 아침햇빛 비치는 揭示板 위에서 떠돌아다니면서
희한한 想像과 無數한 活字를
너에게 눌러주는 지금 이 순간에도
너는 아예 놀라지 말아라
너는 아예 놀라지 말아라

―「記者의 情熱」 전문

화자는 1연에서 "신문기자인 너"에게 말한다. 1행에서 화자는 신문기자를 청자로 설정하고 신문에 6호 활자가 몇 개나 박혀 있는지 모르지만 "너의 상상에서는 실제의 수십배는 담겨 있"을 것이라고 '너'의 생각을 추측한다. 5행에서 화자는 전지적인 시선으로 '너'의 행동을 묘사한다. 화자는 청자의 행동이 "너도 모르게 어느덧 생기고 말았다"는 것을 알고 있다. 기자에게는 자신이 쓴 기사를 매일 아침 '게시판' 위에서 찾아 읽어보는 버릇이 있다. 화자는 기자의 습관을 묘사하면서 기자의 기사가 지니는 가치를 폄하한다. "큰 아름드리나무에 박힌 옹이처럼" 잘 드러나지 않는 '너'의 기사는 전체 신문 기사의 일부에 불과하다고 화자는 청자에게 설명한다. 기자 '너'의 기사는 화자 '나'가 생각해보기에 "둥근 옹이같이 어지러움기만" 하지만 그 기사에 "초점이 없지도 않다"면서 화자는 기자의 기사에 대한 가치를 7행에서 인정하기도 한다. 그러나 화자는 신문기자 '너'의 습관이 지니고 있는 진의를 알고 있다. 기자는 자신이 쓴 기사의 초점을 바라보고 있지 않다. 그는 "낭만적 위대성을 잃어버린 지" 오래되었다. "인류를 위하여 산다는" 기자의 사명도 변질되었다. 화자는 이러한 기자의 속마음을 "그래도 누가 읽어줄지 모르는 신문 한구석에 너의 피가 어리어있을 것이/반가워서 보고 있다"고 표현한다. 화자는 기자가 기사를 어떻게 써냈는가를 설명한다. 이 시를 읽는 독자 '나'와 '우리'는 화자가 가르쳐주는 기자의 비밀을 알게 된다. 신문 기자가 쓴 기사는 "네가 썼다고 알아주는 사람이 있어도 좋고 없어도 가히 무관한 것"이라서 "한결 가벼운 휴식의 마음으로 쓰고 있을 수 있었던 것"이라고 화자는 말한다. 1연에서 화자는 시의 청자 '너'이자 시의 대상인 기자에게 말한다. 시를 읽는 독자에게 전달하는 말이자, 청자 '너'에게 직접 건네는 말인 1연에서 기자와 기사의 관계가 제시되었다.

  2연에서 화자는 1연에 제시된 상황을 부연한다. 기자는 "오랜 피곤도 고통도 인내도 잊어버리고/새 사람 아닌 새 사람이 되어" "너 혼자만이 아는/네가 쓴 기사 위에"서 "황홀히 너를 찾아"본다. 기자가 자신이 쓴 기사를 게시판에서 찾아보려고 게시판 앞을 서성대는 아침을 화자는 '황홀'하다고 한다. '묵은 생명'과 '새 희망'이 무수하게 충돌하는 아침의 게시판 앞에서 기자를 발견한다. 화자가 말한다. "누구의 힘보다 강하다고 믿어오던/무색의 생활자가 네가 아니던가." 신문기자 '너'의 행태를 보고 화자는 평소 자신이 바람직한 가치라고 여기던 대상을 떠올린다. 화자는 '무색의 생활자'인 '너'를 부른다. 연이어 화자에 의해 호명된 자유는 '휴식'으로, '어려운 휴식'으로 전환된다. 자유와 휴식은 "부르기 힘든 사람의 이름들"처럼 쉽게 찾아오지 않는다. 이것들은 모두 신문기자 '너'에게는 "눈에는 보이지 않는 너무나 무거운" 짐이다. 화자는 지금 게시판 앞에서 자신이 쓴 기사를 찾아서 읽고 있는 기자의 행태를 다시 설명한다. 기자에게는 자유도 휴식도 없다. 그는 안일도 안이도 허위도 잊어버렸다. 그는 자신이 무엇을 하고 있는지 알지 못한다. 그에게는 휴식할 여유도, "눈물이 흘러나올 여유조차"도 없다. 게시판과 신문기자 "너 사이에/오늘의 생활"이 있을 뿐이다. 진정한 기사를 쓴 후에 누릴 수 있는 휴식도 없고, 거짓된 기사를 쓴 후에 흘릴 눈물도 없는 기자가 긍정적 가치와 부정적 가치 그 어느 것도 마음에 두지 않는다는 점을 화자는 알고 있다. 화자는 "달관한 신문기자"를 부른다.

  화자 '나'는 기자 '너'에게 명령한다. "달관한 신문기자여/생각하지 말아라." 화자는 기자에게 생각하지 말라고 명령한다. 기사 제목 "결혼윤리의 좌절/— 행복은 어디에 있나?—"가 "내일 조간분 사회면의 표독한 타이틀"이 될 것임을 알고 있는 화자는 기자가 생각하면 안되는 것들을 구체적으로 제시한다. 오늘 아침과 내일 아침, 이렇게 "두 시간의 중간 위에" 서 있는 기자에게 휴식은 어렵게 찾아온다. "참으로 어려운/얻기 어려운 휴식"이 "기자의 긴 시간 속에 언제고 내포되어 있"었다. 게시판 앞에서 자신이 쓴 기사를 찾아 읽고 있는 지금 기자에게는 휴식이 찾아왔다. "찬란한 아침햇빛 비치는 게시판 위에" "희한한 상상과 무수한 활자"들이 있다. 화자는 기자가 찾지 못했던 휴식의 순간이 바로 지금이라고 말하면서 찾아온 휴식에 놀라지 말라고 기자에게 명령한다. 시의 마지막 행 "너는 아예 놀라지 말아라"는 기자가 수행해야 할 행위를 강력하게 지시한다. 기자의 의무를 충실히 수행하지 못하는 '너'이지만, '너'의 기사를 '너'가 찾아서 읽는 순간 '너'는 반성의 순간을 맞이한 것이다. 하지만 '너'는 그것을 반성하지도 않고, 그 순간이 반성의 시간이라는 것도 모르기에 찾아온 휴식에도 놀라지 말아야 한다고 화자는 기자에게 명령한다.

　이 시에서 화자가 내린 명령은 기자의 부정적 행태를 부각시킨다. 명령문을 통해 화자는 기자의 부정적 행태를 비판하면서 동시에 부정적 행동을 하지 말아야 한다는 점을 기자에게 요구하고 있다. 대상 스스로가 바람직한 행동을 실행하라고 화자는 청자이자 시의 대상인 신문기자 '너'에게 명령한다. 제목 '기자의 정열'은 지녀야 할 투철한 사명감 없이 허위와 안이와 안일에 빠져 있는 당대의 기자에 대한 반어인 셈이다. 명령법은 이러한 비판적 의도를 강화시키는 역할을 담당한다.

　다음 시에서 부정형 명령법의 변이 양상이 드러난다. 「書冊」에서 김수영은 부정 명령을 사용하여 명령의 대상을 청자 이외의 대상으로 확장시킨다.

　　덮어놓은 冊은 祈禱와 같은 것
　　이 冊에는
　　神밖에는 아무도 손을 대어서는 아니 된다

잠자는 冊이여
누구를 향하여 앉아서도 아니 된다
누구를 향하여 열려서도 아니 된다

地球에 묻은 풀잎같이
나에게 묻은 書冊의 熟練—
純潔과 汚點이 모두 그의 象徵이 되려 할 때
神이여
당신의 冊을 당신이 여시오

잠자는 冊은 이미 잊어버린 冊
이 다음에 이 冊을 여는 것은
내가 아닙니다

—「書冊」 전문

덮어놓은 책이 두 손을 모은 듯하게 보인다. 기도할 때 손을 마주댄 모양과 펼쳐놓았던 책을 덮어놓은 모습이 유사하다는 것을 화자는 '덮어놓은 책이 기도와 같다'는 구절로 표현한다. 기도하는 듯한 책에 손을 댈 수 있는 이는 신뿐이다. 신과 책의 긴밀한 관계가 1연에 설정되었다.

화자에게 펼치지 않은 책, 읽히지 않는 책은 잠자는 듯이 보인다. 화자는 잠든 책이 누구에게도 읽혀서는 안된다고 선언한다. 화자는 책을 호출한다. "잠자는 책이여" '너'는 "누구를 향하여 열려서도 아니된다." 책은 앉아서도 안 되고, 열려서도 안 된다. 2연 2행, 3행의 '아니된다'는 문장은 '~하지 말라'는 부정 명령문의 변이형으로 볼 수 있다. 화자는 사물인 책에게 명령한다. 책은 스스로를 펼치고 덮을 수 없다. 누군가에 의해 펼쳐지고 덮여야 한다. 책에게 명령하는 2연의 배면에 '누구'로 지칭되는 사람에 대한 명령이 숨어 있다. 책을 펼쳐서 읽지 않겠다는 '나'의 의지를 화자는 책을 향한 명령으로 표현한 것이다.

　읽지 않고서 기도하는 심정으로 화자는 왜 책을 바라보고 있을까. 3연 1행에 제시된 비유 "지구에 묻은 풀잎"은 과장의 정도가 심하다. 지구에 풀잎이 묻어 있다고 하더라도 지각될 수는 없다. 시인의 날카로운 감각이 감지한 현상이라고 할지라도 구체적인 일상의 감각으로는 쉽게 파악되지 않는 이러한 과장 섞인 비유의 대상이 책이라는 점이 중요하다. 책의 주인인 나에게 묻어 있는 것은 "서책의 숙련"이다. 지구에 풀잎이 묻어 있다고 해도 그것이 감지되지 않듯이 내 몸에 묻어 있는 서책의 숙련 또한 지구에 묻은 풀잎처럼 보잘것없다. 화자에게 서책은 숙련될 수 없는 존재인 것이다. 책보다 낮은 존재 '나'에 의해 묻은 '서책'의 "순결과 오점"은 '나'가 책에 남겨놓은 흔적에 불과하다. 읽지 않은 책은 더럽혀지지 않아서 순결하고, 읽지 않은 '나' 역시 책의 내용을 알지 못하기에 순결하다. 읽은 책은 '나'에 의해 더럽혀져 오점이 생겼고, 읽었기에 책의 내용을 알게 된 '나'에게는 새로운 지식이라는 오점이 추가되었다. 읽는 행위와 읽지 않는 행위라는 상반되는 두 현상에 혼란을 느끼고 있던 화자는 돌연 신을 호명한다. 뒤이어 화자는 신에게 "당신의 책을 당신이 여시오"라고 명령한다. 신 역시 자신의 책을 스스로 펼쳐 읽는다면 화자처럼 순결과 오점 사이에서 고민할까. 화자는 자신보다 월등한 존재인 신을 호명하고 신에게 명령함으로써 책을 읽을 수도, 읽지 않을 수도 없는 자신의 상황을 설명하고 있다. 신이 책을 열고 읽는다면 '나' 역시 신처럼 책을 펼쳐 읽겠다는 뜻을 화자는 명령문으로 표현한다. '나'의 명령이 수행되면, '나'도 그 명령을 쫓겠다는 뜻이다.

화자는 4연에서 자신이 왜 독서할 수 없는가에 대해 말한다. 지금 화자 앞에 놓여 있는 책은 잠자는 책이다. 다 읽고 덮어놓으니 잠자는 듯이 보이는 책이 "이미 잊어버린 책"이 된다. 화자는 자신이 읽고 덮어놓은 책을 잊어버리려고 한다. "이 다음에 이 책을 여는 것은/내가 아"니라고 화자는 말한다. 즉 다시는 책을 열지 않을 것이라는 점을, 책을 읽어 획득한 지금의 지식이 순결과 오점이라는 상반되는 가치로 평가되어야 한다는 점을, 그래서 책에 대한 무조건적 숭배와 가치 평가에서 벗어나야 한다는 점을 화자는 다짐한다. 이 다짐이 3연에서 수행 불가능한 신에 대한 명령으로 제시된다. 명령의 대상은 신이지만 행동해야 할 주체는 화자 '나'이다.

김수영의 시에서 명령법은 다양한 양상으로 표현된다. 부정 명령법은 시의 화자가 명령의 수행 대상이 실행해야 할 행동에 적극적인 비판의 의미를 부여하는 역할을 담당한다. 「記者의 情熱」에서 김수영은 부정형 명령을 사용하여 기자의 부정적 행태에 대한 비판에 그치지 않고, 나아가 대상 스스로가 바람직한 행동을 실행하라고 명령한다. 제목 '기자의 정열'은 지녀야 할 투철한 사명감 없이 허위와 안이와 안일을 지니고 있는 당대의 기자에 대한 반어였다. 명령법은 김수영의 비판적 의도를 강화시키는 역할을 담당한다. 「書冊」에서 명령의 수행 대상에 '너'뿐만이 아니라 주체인 '나'까지 포함되는 확장된 명령법의 예가 확인되었다. 이러한 과정에서 명령문의 행위 대상인 '너'와 명령의 주체 '나'의 행위를 동시에 요구하는 김수영 시의 특이한 양상을 알 수 있었다.

2) 청유형 명령법

청유문에서는 발화자와 청자 사이에 일종의 계약 즉 동의 관계가 전제된다. 일반적인 명령문과 달리 청유문은 화자의 요청과 청자의 대응이라는 두 주체의 대등한 동시 반응에 의해 성립된다. 발화자와 청자 사이에, 텍스트와 텍스트의 독자 사이에, 언술 주체와 언술 대상 사이에 수직적인 상하 관계를 토대로 삼아 언표 내적·외적 행위가 발동되는 일반 명령문과 달리 청유형 명령문은 화자와 청자 사이에 수평적 동의 관계가 전제될 때 그 명령이 수행된다.

김영희는 김수영 시의 명령법에 '~(하)자'의 청유문을 포함시켰다.[3] 청유문에서 발화자와 청자 사이에 일종의 계약 즉 동의 관계가 성립되어야만 언표내적행위가 실현된다는 점에 따라 김영희는 명령법의 범주를 확장시키고 있다. 오스틴은 이행발화문의 포괄적인 범주에 귀속되는 청유문이 상황에 따라 명령법이 될 수 있음을 밝히고 있고,[4] 김영희 역시 오스틴의 견해를 받아들이고 있다.

청유문은 청자의 판단에 따라 행위의 수행 여부가 결정된다는 점에서 맥락 의존적이다. 명령문에서 화자의 의지는 강요와 지시의 형태로 일방적으로 전달된다. 이에 반해 청유문은 화자의 요청과 청자의 대응이라는 두 주체의 대등한 동시 반응에 의해 성립된다.[5] 청유문 역시 화자와 청자 사이에 언표 내적·외적 행위의 수행이 일어난다. 명령문의 수직적 상하 관계보다는 그 강도가 약하지만 행위의 수행과 전이가 나타난다는 점에서 청유문 역시 명령법의 일종으로 볼 수 있다.[6]

---

3) 김영희, 앞의 글 참조.
4) 오스틴에 의해 제시된 명령문의 포괄적인 범주는 다음과 같다. "'명령문'은 명령, 허가, 요구, 요청, 간청, 제안, 추천, 경고가 될 수 있으며 또는 어떤 조건이나 양보 또는 정의 등을 표현할 수도 있다." (J. L. Austin, 『말과 행위』, 김영진 역, 서광사, 1992, 103면)
5) 설은 명령과 약속을 한 가지 개념으로 파악한다. "약속과 명령을 한데 묶을 수도 있을 것이다. 약속이란 자기 자신에 대한 명령이라든가, 명령이란 청자에게 부과된 약속이라는 식으로 생각할 수도 있을 것이다." (John R. Searle, 『정신, 언어, 사회』, 심철호 역, 해냄, 2000, 202면) 청자에 대한 화자의 요청 이외에도, 화자와 청자 사이에 어떤 약속을 교환한다는 의미로 청유문을 이해할 수도 있다는 점에서 설의 이러한 언급은 명령문의 범주에 청유문을 포함시킬 수 있는 근거를 제공한다.

돈을 버는 거리의 부인이여
잠시 눈살을 펴고
눈에서는 毒氣를 빼고
自由로운 姿勢를 취하여 보아라

여기는 서울 안에서도 가장 繁雜한 거리의 한 모퉁이
나는 오늘 세상에 처음 나온 사람모양으로 快活하다
疲困을 잊어버리게 하는 밝은 太陽 밑에는
모든 사람에게 不可能한 일이 없는 듯하다
나폴레옹만한 豪氣는 없어도
나는 거리의 運命을 보고
달콤한 마음에 싸여서
어디고 가야 할지 모르는 마음─
무한히 망설이는 이 마음은 어둠과 絶望의 어제를 위하여
사는 것이 아니고
너무나 기쁜 이 마음은 무슨 까닭인지 알 수는 없지만
確實히 어리석음에서 나오는 것은 아닐 텐데
─劇場이여
나도 지나간 날에는 俳優를 꿈꾸고 살던 때가 있었단다

無數한 웃음과 벅찬 感激이여 蘇生하여라
거리에 굴러다니는 보잘것없는 설움이여
秦始王만큼은 강하지 않아도

---

6) 청유문을 명령문의 일종으로 파악하는 다음의 견해도 있다. "청유문은 화자가 청자에게 같이 행동할 것을 요청하는 문장 종결 형식이지만, 청자에게 어떤 행위를 요구한다는 측면에서 보면 명령문과 동일하다고 할 수 있다."(고성환, 앞의 책, 38면)

나는 모든 사람의 苦憫을 아는 것 같다
　　어두운 圖書館 깊은 房에서 肉重한 百科事典을 농락하는 學者처럼
　　나는 그네들의 苦憫에 대하여만은 透徹한 自信이 있다
　　　　　　　　〔…중략…〕
　　沙漠의 한 끝을 찾아가는 먼 나라의 외국 사람처럼 나는 어디로 가야 할지 모르겠다

　　지금은 이 繁雜한 現實 위에 하나하나 幻想을 붙여서 보지 않아도 좋다
　　꺼면 얼굴이며 노란 얼굴이며 찌그러진 얼굴이며가 모두 幻想과 現實의 中間에 서서 있기에
　　나는 食人種같이 殘忍한 貪慾과 强烈한 意慾으로 그중의 하나하나를 일일이 뚫어져라 하고 들여다보는 것이지만
　　나의 마음은 달과 바람모양으로
　　서늘하다

그네, 마지막으로
돈을 버는 거리의 부인이여
잠시 눈살을 펴고
찌그러진 입술을 펴라
그네의 얼굴이 나의 눈앞에서
어린아이들이 가지고 노는 도르라미모양으로 세찬 바람에 매암을 돌기 전에

都會의 黑點―
오늘은 그것을 云云할 날이 아니다
나는 오늘 세상에 처음 나온 사람모양으로 快活하다

―코에서 나오는 쇠 냄새가 그리웁다
내가 잠겨 있는 精神의 焦點은 感傷과 鄕愁가 아닐 것이다
靜寂이 나의 가슴에 있고
부드러움이 바로 내가 따라가는 것인 이상
나의 矜持는 애드벌룬보다는 좀 더 무거울 것이며
叡智는 어느 煙筒보다도 훨씬 뾰죽하고 날카로울 것이다

暗黑과 맞닿는 나의 生命이여
거리의 生命이여
倨慢과 傲慢을 잊어버리고
밝은 대낮에라도 謙遜하게 지내는 妙理를 배우자

여기는 좁은 서울에서도 가장 번거로운 거리의 한 모퉁이
憂鬱 대신에 수많은 기폭을
흔드는 快活
잊어버린 수많은 詩篇을 밟고 가는 길가에
榮光의 집들이여 店鋪여 歷史여
바람은 면도날처럼 날카로웁건만
어디까지 明朗한 나의 마음이냐
구두여 洋服이여 露店商이여
印刷所여 入場券이여 負債여 女人이여
그리고 女人 중에도 가장 아름다운 그네여
돈을 버는 거리의 부인들의 어색한 모습이여

―「거리 2」 부분[7]

명령 대상인 "돈을 버는 거리의 부인"이 첫 연에 제시되는 이 시의

명령 내용은 "잠시 눈살을 펴고/눈에서는 독기를 빼고/자유로운 자세를 취하여 보아라"이다. 노점상 여인에게 해야 할 행동을 제시하는 화자 '나'는 지금 "서울 안에서도 가장 번잡한 거리의 한 모퉁이"에서 "오늘 세상에 처음 나온 사람 모양으로 쾌활"한 기분에 젖어 있다. 거리의 "피곤을 잊어버리게 하는 밝은 태양 밑"의 "모든 사람들에게 불가능한 일이 없는 듯하"게 보인다. 그런데 달콤한 마음에 싸인 '나'는 "거리의 운명을 보고" "어디로 가야 할지 모르는 마음"에 사로잡힌다. 화자의 이 마음은 "어둠과 절망의 어제를 위하"는 것이 아니고, 까닭은 알 수 없지만 "확실히 어리석음에서 나오는 것"도 아니다. 화자는 2연 끝 부분에서 "배우를 꿈꾸고 살던" 지나간 시절을 떠올린다. 거리

---

7) 이 작품은 판본마다 상이한 점이 많다. ① 최초 발표지(≪사상계≫, 59. 9)의 제목은 「거리」이다. ② 2연 7행의 '달큼한'이 1974년 선집 『거대한 뿌리』에는 '달콤한'으로 표기되어 있다. ③ 2연 12행의 "확실히 어리석음에서 나오는 것은 아닐텐데"가 최초 발표지, 선집 『거대한 뿌리』, 1981년 전집에는 "확실히 어리석음에서 나오는 것은/아닐텐데"로 행 구분되어 있다. ④ 2연 14행 "나도 지나간 날에는 배우를 꿈꾸고 살던 때가 있었단다"는 최초 발표지에만 "나도 지나간 날에는 俳優를 꿈꾸고/살던 때가 있었단다"로 행 구분되어 있다. ⑤ 3연 1행 "무수한 웃음과 벅찬 감격이여 소생하여라"는 최초 발표지와 선집 그리고 1981년 전집에는 "무수한 웃음과 벅찬 感激이여/소생하여라"로 행이 구분되어 있다. ⑥ 3연 4행의 "나는 모든 사람의 고민"은 최초 발표지에는 "나도 모든 사람의 苦悶"으로 표기되어 차이점을 드러낸다. ⑦ 3연 5행의 "어두운 도서관 깊은 방에서 육중한 백과사전을 농락하는 학자처럼"은 최초 발표지에 "어두운 圖書館 깊은 房에서 肉重한/百科事典을 농락하는 學者처럼"으로 행 구분되었다. ⑧ 3연 6행 "나는 그네들의 고민에 대하여만은 투철한 자신이 있다"는 최초 발표지와 선집에서는 "나는 그네들의 苦憫에 대하여만은/透徹한 自信이 있다"로 다르게 행 갈이되었다. 1981년 전집의 행 구분 역시 2003년 전집과 같다. ⑨ 6연 4행 "나의 마음은 달과 바람모양으로 서늘하다"는 1981년 전집에서 "나의 마음은 달과 바람모양으로/서늘하다"이다. 두 전집의 행 구분이 다르다. ⑩ 10연 2행 "우울 대신에 수많은 기폭을 흔드는 쾌활" 역시 1981년 전집에서는 "憂鬱 대신에 수많은 기폭을/흔드는 쾌활"로 다르게 행이 구분되었다. ⑪ 10연 10행 "돈을 버는 거리의 부인들의 어색한 모습이여"는 1981년 전집에서 "돈을 버는 거리의 부인들의/어색한 모습이여"로 행 구분되었는데, 최초 발표지와 선집의 행 구분 역시 1981년판과 같다. 1981년 전집과 2003년 전집의 행 구분 차이점은 어떤 전집이 김수영의 육필 원고에 가까운가를 따져봐야 하는 문제를 야기시킨다. 아울러 이러한 행 구분의 차이는 김수영 시의 판본 확정 작업의 중요성을 부각시킨다. ⑨~⑪ 항목은 2003년 전집의 오류로 판명될 수도 있다. ☞ 최초 발표 지면 사진 본문 126~131면.

와 거리의 사람들이 만들어내는 광경이 극장 무대에 올려진 연극 같다는 화자의 심정이 이 구절에서 드러난다.

　화자는 3연에서 명령한다. 거리의 사람들, 그 사람들의 삶이 지녀야 할 "무수한 웃음과 벅찬 감격"은 소생되어야 한다. 명령어 '소생하여라'의 목적 대상은 '웃음과 감격'이다. 화자는 자신이 바라보고 있는 대상들에게 필요한 이 가치가 반드시 소생되어야 함을 명령법으로 표현하고 있다. 이러한 명령이 필요한 이유가 3행에서 6행까지 제시된다. 거리에 벅찬 웃음과 감격이 없다는 점을 화자는 "거리에 굴러다니는 보잘것없는 설움"으로 제시한다. 화자는 거리의 "모든 사람의 고민"을 알고 있다. 화자가 알고 있는 고민은 "도서관 깊은 방에서 육중한 백과사전을 농락하는 학자"의 고민과 비슷하다. "나는 그네들의 고민에 대하여만은 투철한 자신이 있다." 도서관에서 책을 읽으며 세상 사람들의 고민을 염려하는 학자를 부정적으로 평가하는 화자의 의도는 동사 '농락하다'에 나타난다. 지금 화자는 번잡한 도시의 한 모퉁이에서 돈을 버는 거리의 부인을 쳐다보고 있다. 화자는 거리에 무엇이 없는지를 알고 있다. 거리에는 웃음과 벅찬 감격이 없다. 거리의 돈 버는 부인은 눈살을 찌푸리고 있고, 독기 서린 눈으로 바라보고 있고, 경직된 자세를 취하고 있다. 이러한 광경을 쳐다보고 있기에 화자는 도서관 안의 학자와는 다르게 생활의 진면목을 경험하고 있다는 자신감을 갖게 되었다.

　4연의 화자는 자신과 자신이 처한 현실을 파악한다. "밝은 태양 밑"의 거리를 지나가는 "모든 사람에게 불가능한 일이 없는 듯하"지만 실상은 그렇지 않음을 화자는 알고 있다. 가난한 화자와 지이프차의 주인이 비교된다. 그 사람이 지닌 권력과 거리의 돈 버는 여인의 상황이 비교된다. 이런 광경을 목격하고 있는 자신과 거리의 현실 또한 비교된다. 5연의 화자는 "사막의 한 끝을 찾아가는 먼 나라의 외국사람처럼""어디로 가야 할지 모르"고 있다. 명징한 현실과 현실 속의 초라한 자신이 극명하게 비교되자 화자는 길을 잃은 듯한 혼돈과 허탈에 빠지고 만다.

6연에서 화자는 앞 연의 상황을 부정하고 1연에서 3연까지 펼쳐졌던 환희의 순간을 다시 제시한다. 화자는 다짐한다. 화자가 바라보는 거리와 거리의 돈 버는 여인은 분명한 현실이기에 화자는 "이 번잡한 현실 우에 하나하나 환상을 붙여서 보지 않아도 좋다"고 말한다. 이웃들의 "꺼먼 얼굴이며 노란 얼굴이며 찌그러진 얼굴이며가 모두 환상과 현실의 중간"이기에 화자는 식인종의 시선처럼 잔인하고 강렬하게 거리의 광경을 뚫어져라 들여다보고 있다. 현실을 직시하려는 의지와 바라보고 있는 현실이 어쩌면 환상일지도 모른다는 추측 사이에서 화자의 마음은 "달과 바람 모양으로 서늘하다." 거리를 관찰하는 화자는 지금 냉정하다. 환상과 현실의 중간 공간인 거리, 시대의 축도인 거리를 고찰하면서 화자는 군중을 바라보고 군중 속 개인을 바라본다. 화자는 노점 부인을 다시 쳐다본다. 그리고 다시 명령한다.

1연의 명령이 7연에서 반복된다. 돈을 버는 거리의 부인은 "잠시 눈살을 펴고/찌그러진 입술을 펴"야 한다. 더 가난해지기 전에, 더 고통스러워지기 전에 명령의 수행 대상인 거리의 부인은 화자의 명령을 행동으로 옮겨야 한다. 화자는 강력하게 대상에게 명령했다. 그런데 화자의 명령은 수행될 가능성이 별로 없어 보인다. 화자는 이렇게 말한다. "그네의 얼굴이 나의 눈앞에서/어린아이들이 가지고 노는 도르라미 모양으로 세찬 바람에 매암을 돌기 전에" 그녀는 화자의 명령을 따라야 한다.

1연의 명령을 반복한 화자는 8연에서 다시 쾌활한 오늘을 말한다. 화자는 거리의 돈 버는 여인을 바라보며 현실을 탓하지 않는다. 가난한 삶을 이겨내기 위해 노점을 연 거리의 여인을 보면서 화자는 더욱 쾌활해진다. 그녀가 쾌활한 게 아니라 그녀를 발견한 화자가 쾌활하다. 때문에 오늘은 "도회의 흑점"을 운운할 날이 아니라고 화자는 강조한다. "나는 오늘 세상에 처음 나온 사람 모양으로 쾌활하"기 때문이다. 화자는 삶의 현실을 개척해나가는 거리의 여인처럼 코에서 쇠냄새가 뿜어져 나오도록 열심히 살고 싶은 욕구에 사로잡힌다. 이런 화자의 "정신의 초점은 감상과 향수"가 될 수 없다. 감상과 향수는 현실을 직시하지 못할 때 발생한다. 지금 화자는 현실을 있는 그대로 파악하고, 나아가 현실 너머를 꿰뚫어볼 수 있는 힘을 지니게 되었다. 그래서 그는 지금 몹시 쾌활하고, 그 쾌활을 즐겁게 누리고 있다. 들뜨지 않고 현실의 이면까지 파악할 줄 아는 화자의 마음은 오히려 적막할 정도로 고요하다. 단선적인 사고에서 벗어났기에 마음은 부드럽다. 화자는 긍지와 예지를 지니고 쾌활한 거리를 바라본다.

　화자에 의해 시에 불려온 부정적인 생명에게 화자는 말한다. 지금까지 가지고 있었던 "거만과 오만을 잊어버리고/밝은 대낮에라도 겸손하게 지내"는 법을 배우자고 부탁한다. 화자가 청자에게 행동의 수행을 요구하는 명령문의 한 범주인 청유문으로 화자는 자신의 부탁을 제시한다. 청유문은 일반적인 명령문과 다르게 행위 수행 대상과 행위 지시 대상, 즉 청자와 화자 모두 제시된 행위를 수행하여야만 성립될 수 있다. 화자는 '나'와 '거리'라는 두 대상에게 동시에 명령한다. 발화자 '나'는 발화의 대상인 '나의 생명'과 '거리의 생명'에게 겸손하게 사는 묘리를 함께 배우자고 한다. '나'도 해야 하고 '너'도 해야 한다. 청유문으로 제시된 화자의 명령은 주체 '나'와 대상 '너'의 동시적인 행동으로 나아간다. 생생하게 펼쳐지는 대낮의 현실에 들뜨지 않고 세계를 직시할 수 있는 겸손이라는 묘리를 배워야 한다는 것이다.

　화자는 마지막 연에서 다시 현실로 눈을 돌린다. "여기는 좁은 서울에서도 가장 번거로운 거리의 한 모퉁이"이다. 지금까지 느꼈던 우울

대신 쾌활이 화자를 찾아왔다. 가난한 현실은 우울하다는 고정 관념에서 벗어나 숨겨진 쾌활을 발견한 화자에게 "잃어버린 수많은 시편"이 찾아온다. 새로 발견한 시편에는 이전의 시보다 더 직핍한 현실이 담겨질 수 있음을 화자는 깨닫는다.[8] 면도날처럼 날카로운 바람이 불어온다. 화자는 바람 속에서 "어디까지 명랑한 나의 마음"이 지속될 것인지를 자문한다. '영광의 집들, 점포, 역사, 구두, 양복, 노점상, 인쇄소, 입장권' 등등 화자의 눈에 띄인 대상들은 모두 아름답다. 아름다워서 그것들은 또한 모두 새로운 시의 대상이라는 것을 화자는 알게 되었다. 화자는 이 모든 대상들 중에서 가장 아름다운 여인인 '돈을 버는 거리의 부인'을 다시 부른다. 그리고 화자는 그녀의 삶에 드리운 가난이라는 피할 수 없는 현실을 "어색한 모습"이라고 표현한다. 가난한 삶을 살지 않아야 하지만 가난하게 살 수밖에 없는 현재의 '어색함'을 느끼고 있는 화자에게 현실은 부정해야 할 대상도 아니고 무조건적으로 긍정해야 할 대상도 아니다. 화자에게 현실은 현실일 뿐이다. 명령문에 의해 화자의 인식 변화는 뚜렷하게 부각될 수 있었다.

다음 시에서 「거리 2」보다 명령 수행 대상이 더욱 확장되는 청유형 명령법의 경우를 살필 수 있다. 「여름 아침」에서는 수행 대상의 확장에 의해 화자가 대상에게 요구하는 행동의 중요성이 강조된다.

    여름 아침의 시골은 家族과 같다
    햇살을 帽子같이 이고 앉은 사람들이 밭을 고르고
    우리집에도 어저께는 무씨를 뿌렸다

---

[8] 김수영의 '잃어버린 수많은 시편'을 "더 이상 이 시대가 아름다운 서정시와 화해할 수 없음을 우회적으로 비판한 것"이라고 박지영(「김수영 시 연구」, 성균관대 박사논문, 2002, 83면)은 평가한다. 전 시대의 시와 현재의 시가 달라져야 한다는 것을 김수영이 알고 있었다는 뜻이다.

圓滑하게 굽은 산등성이를 바라보며
　　나는 지금 간밤의 쓰디쓴 嗅覺과 聽覺과 味覺과 統覺마저 잊어버리려고 한다

　　물을 뜨러 나온 아내의 얼굴은
　　어느 틈에 저렇게 검어졌는지 모르나
　　차차 시골 동리 사람들의 얼굴을 닮아간다
　　뜨거워질 햇살이 산 위를 걸어내려온다
　　가장 아름다운 利己的인 時間 위에서
　　나는 나의 검게 타야 할 精神을 생각하며
　　區別을 容赦하지 않는
　　밭고랑 사이를 무겁게 걸어간다

　　苦惱여

　　江물은 滔滔하게 흘러내려가는데
　　天國도 地獄도 너무나 가까운 곳

　　사람들이여
　　차라리 熟練이 없는 靈魂이 되어
　　씨를 뿌리고 밭을 갈고 가래질을 하고 고물개질을 하자

　　여름 아침에는
　　慈悲로운 하늘이 無數한 우리들의 寫眞을 찍으리라
　　단 한 장의 寫眞을 찍으리라

　　　　　　　　　　　　　　　—「여름 아침」 전문

화자는 지난 밤의 괴로움을 잊어버리기 위해 여름 아침에 산책을 나왔다. 사람들은 "햇살을 모자같이 이고 앉"아 밭을 고르고 있다. '나'는 부드러운 곡선으로 흘러내린 산등성이를 바라보며 간밤의 기억을 잊어버리려고 한다.

시골 생활을 한 지 오래되었는지 아내의 얼굴은 그을러 "차차 시골 동리 사람들의 얼굴을 닮아간다." 시간이 지나 해는 점점 높아진다. 새 아침의 광경을 차분하게 바라보고 있는 화자는 평화로운 오늘의 풍경 속에서 자신이 보내고 있는 시간이 "가장 아름다운 이기적인 시간"임을 알고 있다. 자기 자신만을 생각할 수 있는 평화로운 시간이기에 아름답지만, 생활의 요구에 응해야 하는 순간 정신은 "검게 타야 할" 것임을 화자는 알고 있다. 때문에 여름 아침의 산책 시간은 가족의 생활을 생각하지 않고 자신의 내면을 오롯이 관조할 수 있는, 아름답지만 이기적인 시간이다. 화자는 삶의 투쟁과 산책 시간의 평화를 구별할 수 없게 만드는 밭고랑 사이를 걸어서 귀가한다.

3연의 호격 "고뇌여"는 이런 화자의 심정을 집약한다. 도도하게 흘러내려가는 강물 같은 자연의 흐름은 막을 수 없다. 생활이라는 투쟁과 여름 아침 산책길의 평화가 화자의 내면에 공존한다. 화자에게는 "천국도 지옥도 너무나 가까운 곳"이다.

이러한 상황을 돌파하기 위해 화자는 5연에서 자신의 말을 들어줄 상대를 호명한다. 복수 청자를 시에 불러들이는 말 "사람들이여"를 통해 화자는 자신이 해야 할 행위를 표현한다. "차라리 숙련이 없는 영혼이 되어" 삶의 노동을 즐겁게 맞이하자고 화자는 명령한다. 복수 청자 '사람들'을 명령의 대상으로 삼으면서 화자는 자신도 명령의 대상에 포함시킨다. 나, 너, 우리들 전부 "씨를 뿌리고 밭을 갈고 가래질을 하고 고물개질을 하자"는 청유형 명령은 수행 행위의 대상을 확장시킨다. 명령문의 대상인 복수 '사람들'에는 시의 화자뿐만 아니라 시인과 독자도 포함될 수 있다. 우리 모두가 생활이 요구하는 노동에 즐겁게 참여하면 "자비로운 하늘이 무수한 우리들의 사진"을 찍을 것이라고 화자는 말한다. 그 사진은 "단 한 장의 사진"처럼 소중하다.

화자는 순수한 노동의 기쁨을 인식한 자신의 상태가 얼마나 소중한지를 청자에게 명령형 구문으로 제시한다. 청유형으로 제시된 이 명령의 대상이 '우리'이다. 모두가 마땅히 지녀야 하는 노동의 가치가 얼마나 소중한 것인가를 강조하기 위해 화자는 행위의 수행 영역을 '우리'로 확대시키고 있다. 청유형 명령문에 의해 명령의 범위가 확장되는 경우이다.

청유형 명령법은 일차적으로 화자와 청자 사이에 행위가 수행되는 일반 명령법과 다르게 명령 행위의 수행 대상을 확장시킨다. 청유형 명령법이 사용된 시에서 김수영은 명령을 통해 바람직한 가치를 제시하고, 나아가 이러한 가치를 실현시키기 위해 화자와 청자, 시인과 독자, 나아가 시 텍스트 바깥의 우리 모두가 행동해야 함을 강조한다. 수평적 동의 관계를 전제로 삼는 청유형 명령법은 김수영 시의 중요 특징 중의 하나이면서 명령 수행 대상을 확장시키는 장치이다. 김수영 시의 명령법은 행위의 수행을 요구하고, 나아가 그 행위를 연쇄시키는 수사적 특성이다.

2. 환유의 양상

1) 반복과 열거

반복과 열거가 환유와 어떤 관계를 이루어 김수영의 시를 구성하는

가에 대한 논의는 김수영 시의 움직임을 설명하는 데 유용하다. 환유의 양상을 살펴보기 전에 반복과 열거 기법이 김수영의 시에서 어떤 양상을 드러내는가를 알아본다. 김수영의 시 전체에서 반복과 열거는 연속성을 발생시키는 중요한 기법으로 사용된다.

반복과 열거의 구체적인 양상은 4·19혁명을 제재로 삼고 있는 시를 중심으로 살핀다. 이를 토대로 김수영 시의 반복·열거 양상을 확인하고, 이러한 특성이 환유를 발생시키는 중요한 수사적 특성임이 논의될 것이다.

김수영은 '반복'에 대해서 다음과 같이 말했다.[9]

처녀작 『위로하는 사람들』이후, 그녀(뮤리엘 스파크—인용자)의 소설에는 똑같은 어구와 똑같은 문장의 반복이 여간 많지 않다. 가장 최근에 쓴 『자력(資力)이 빈약한 아가씨들』같은 것에는 몇십 행의 문장이 두세 번씩 되풀이되는 곳이 여러 군데 있다. 이런 반복부분을 잘라버리면 소설의 길이가 아마 삼분지 일도 더 줄어들 것 같다. 원래가 그녀의 장편은 영국적인 표준에서 보면 약간 긴 중편 정도의 분량이기 때문에, 그것은 참말로 안하무인 격의 반복이지만 조금도 그것이 지루한 감을 주지 않는다. 오히려 극도로 간결한 인상을 준다. 물

---

[9] 우리 현대시의 "반복이 시적 언술을 구성하는 형식적 요소이자 원리가 되며 궁극적으로는 작품의 의미 구조의 생성에 기여한다"는 전제에 따라 반복의 인식 원리를 동일성의 원리로 보지 않고 "차이를 내포하고 생성하는 원리"로 파악하고 있는 이경수는 반복이 지니는 수사적 의의를 시 해석에서 귀납적으로 유형화하여 '반복'이 한국어의 문법적 특성과 부합되는 중요 원리임을 밝혔다. 조사와 어미가 발달한 한국어의 특성상 동일한 어휘의 반복뿐만 아니라 조사와 어미가 반복되는 동일 구문의 반복이나 문장 구조의 반복도 반복의 범주에 포함시키고 있는 이경수의 논문은 반복을 한 작가의 시적 인식 양상을 파악할 수 있는 수사로 확장시키고 그 구체적 근거를 귀납적으로 제시했다는 점에서 의의가 있다(이경수, 「한국 현대시의 반복 기법과 언술 구조—1930년대 후반기의 백석·이용악·서정주 시를 중심으로」, 고려대 박사논문, 44면). 이 책에서 다루고 있는 김수영의 '반복' 역시 어휘의 반복에 국한된 것이 아니라 "문장이나 언술 구성의 차원"으로 확장된 것임을 밝힌다.

제2장 수사의 양상 65

론 반복의 기술이 능란하기 때문에 그렇게 느껴진다고 볼 수 있다. 전후관계에 따라서 똑같은 문장이 번번이 뜻하지 않은 새로운 의미와 반향을 불러일으키고 있으니까. 그러나 좀더 큰 비밀은 그녀의 문장의 질 그 자체에 있는 것 같다. 그것은 반복에 견딜 수 있는 문장인 것이다.

—「죽음에 대한 해학」[10]

영국 작가 뮤리엘 스파크의 작품 해설에서 김수영은 반복 기법의 특징을 두 가지로 요약한다. 우선 반복 기법이 자주 쓰이는 경우 나타나는 '지루한 감'을 단점으로 제시한다. 다음으로 "똑같은 문장이 번번이 뜻하지 않은 새로운 의미와 반향을 불러 일으키"는 경우 반복 기법은 단점이 아니라 오히려 장점으로 작용하기도 한다는 것을 김수영은 지적한다. 이러한 반복 기법의 장·단점은 김수영의 시를 보는 관점으로도 유효하다.

반복과 열거 기법은 김수영의 "초기 시에서 후기 시에 이르기까지 폭넓게 나타나"[11]는 특징이다. 반복과—이와 동시에 진행되는—열거는 김수영 시의 주요 기법으로 거론되어 왔다.[12] 김수영 시에서 반복은 "동일한 낱말이나 시행의 반복뿐만 아니라 형태소, 어구, 어절, 종결어미 등에 이르기까지 다양하게 나타난다."[13] 김수영은 반복을 시의

---

10) 김수영, 「죽음에 대한 해학」, ≪창작과비평≫ 2001 여름, 283면.
11) 한명희, 「김수영 시의 기법」, 『전농어문연구』 제10집, 1998, 248면.
12) "김수영의 시에서는 소리 요소의 반복은 폐기되고, 주로 단어 반복이나 형태소 반복, 문법소 반복으로 실현된다. […중략…] 김수영의 시에서 형태소 반복은 수많은 시에서 실현되고 있으며 그의 시의 속도감은 형태소 반복으로 나타난 현상"이다. (김혜순, 「金洙暎 詩 硏究」, 건국대 박사논문, 1993, 138면) 김수영의 시의 기법적 특징인 반복은 단순하게 어구 반복에 그치지 않는다. 김수영 시의 반복을 병치 기법으로 보면서 병치된 양자의 관계를 변증법으로 보는 흥미로운 연구(이중, 「김수영 시 연구」, 경원대 박사논문, 1994, 45~53)도 있다.
13) 강연호, 「김수영 시 연구」, 고려대 박사논문, 1995, 133면.

기법으로 적극적, 의도적으로 사용하여 "새로운 기술"[14]의 하나로 완성한다. 특히 반복 기법은 4·19 이후 급박한 정치 환경의 변화에 대응하는 시에 눈에 띄게 사용된다. 이때 반복과 열거는 시의 길이를 연신(延伸)시키는 기능을 담당한다.

> 우리들의 敵은 늠름하지 않다
> 〔…중략…〕
> 그들은 善良하기까지도 하다
> 그들은 民主主義者를 假裝하고
> 자기들이 選良이라고도 하고
> 자기들이 회사원이라고도 하고
> 電車를 타고 自動車를 타고
> 料理집엘 들어가고
> 술을 마시고 웃고 雜談하고
> 同情하고 眞摯한 얼굴을 하고
> 바쁘다고 서두르면서 일도 하고
> 原稿도 쓰고 치부도 하고
> 시골에도 있고 海邊가에도 있고
> 서울에도 있고 散步도 하고
> 映畵館에도 가고
> 愛嬌도 있다
> 그들은 말하자면 우리들의 곁에 있다
> 　　　　　　　　　―「하…… 그림자가 없다」 1연 일부

---

14) 황동규, 「정직의 空間」, 『김수영 전집 별권』, 123면.

이 작품은 3·15 부정선거로 전국에서 국민적 저항이 일어나던 1960년 4월 3일에 씌어졌다. 전체 5연으로 구성된 이 시는 인용한 1연 말고도 적이 있는 장소(2연), 우리들이 싸우는 때(3연), 그림자가 없다는 진술(4연) 등이 반복된다. 시 전체가 반복과 열거로 구성되었다. "묘사보다는 서술 혹은 진술을 위주로 한 산문성이 두드러진다." 김수영 시의 이러한 특징 때문에 "절제된 형식미를 중심으로 시적 완성도를 파악하려는 한국시의 한 관성에 의하면, 그의 작품들 중 상당수는 확실히 완결되어 있다고 하기 어"렵다.[15]

우리들의 적은 '말하자면 우리들의 곁에 있다'로 1연의 의미는 축약될 수 있다. 적은 우리들의 생활 공간 어디에나 있다는 김수영의 진술을 뒤집으면 바로 우리들이 적일 수도 있다는 새로운 의미가 생긴다. 3행부터 7행에서 적은 정치인으로, 8행부터는 평범한 시민인 우리들이 적으로 등장한다. 적에 대한 인식의 확대 과정이 자연스럽게 이루어진다. 열거는 어떤 논리적 인과 없이 인식의 자연스런 이동과 발전 과정을 표현하는데 효과적으로 사용되고 있다.

    대한민국의 방방곡곡에 안 붙은 곳이 없는
    그놈의 점잖은 얼굴의 사진을
    洞會란 洞會에서 市廳이란 市廳에서
    會社란 會社에서
    ××團體에서 ○○協會에서
    하물며는 술집에서 음식점에서 洋靴店에서
    무역상에서 개솔린 스탠드에서
    책방에서 학교에서 全國의 國民學校란 國民學校에서 幼稚園에서

---

15) 강연호, 앞의 글, 129면.

> 선량한 백성들이 하늘같이 모시고
> 아침저녁으로 우러러보던 그 사진은
> 사실은 억압과 폭정의 방패였으니
> 썩은놈의 사진이었느니
> 아아 殺人者의 사진이었느니
> 너도 나도 누나도 언니도 어머니도
> 철수도 용식이도 미스터 강도 柳중사도
> 강중령도 그놈의 속을 모르는 바는 아니었지만
> ―「우선 그놈의 사진을 떼어서 밑씻개로 하자」 2연 부분

"억압과 폭정의" 상징이었던 이승만의 사진을 떼어내고 '상식'이 된 민주주의와 자유를 향유하자는 김수영의 직설적 선언으로 이루어진 이 시에서는 이승만의 사진이 걸려 있던 장소가 열거된다. 서술어, 주어, 목적어 등의 문장 성분이 반복, 열거된다. 사진을 떼어내는 주체가 너, 나, 누나, 언니, 어머니, 철수, 용식이, 미스터 강, 유중사, 깅중령 등 계층과 신분을 망라하여 나열된다. 그들은 "무서워서" "살기 위해서" 독재자 이승만의 사진을 "신주처럼 모셔놓"고 있었지만, 혁명이 만들어낸 자유와 민주주의가 이승만의 사진을 '밑씻개'로 쓸 수 있는 시대를 도래하게 했다는 김수영의 선언이 이어진다. 직설적인 언어로 "시인의 정서를 그대로 분출하고 있는 이 시"는 "시 전체를 통해 드러나고 있는 열거법에 의지하"여 전개된다.[16] 혁명의 환희에 감격한 시인은 언어의 축제 같은 양상으로 시를 풀어낸다.[17] 민중의 승리가 반복과 열거라는 언어의 폭발적 양상에 힘입어 역사 변혁기의 언어로 재현된다. 김수영은 "역사적 사건에 대한 냉정한 객관성을 확보할 수

---

16) 한명희, 앞의 글, 255면.

없었"기 때문에 "수준 이상의 시를 쓸 수 없었던 것"이 아니다.[18] 이 시의 반복·열거는 4·19가 가져온 시대적 에너지가 시적 에너지로 표출된 것으로 볼 수 있다.

> 지금 명수할버이가 멍석 위에 넘어져 자고 있는 동안에
> 가다오 가다오
> 명수할버이
> 잿님이할아버지
> 경복이할아버지
> 두붓집할아버지는
> 너희들이 피지島를 침략했을 당시에는
> 그의 아버지들은 아직 젖도 떨어지기 전이었다니까
> 명수할버이가 불쌍하지 않으냐

---

17) 바흐찐(『프랑수아 라블레의 작품과 중세 및 르네상스의 민중문화』, 이덕형·최건영 역, 아카넷, 2001, 240~241면)은 라블레의 소설 『가르강뛰아와 팡타그뤼엘』을 분석하면서, 르네상스 시대의 광장에서 소통되던 언어의 특성에 주목하였다. 축제의 광장은 "중세의 공식적인 세계 내부에 있는 독특한 제2의 세계였던 것이다. 여기서는 독특한 형태의 커뮤니케이션이 지배적이다. 자유롭고 거리낌없는 광장적인 교제가 지배하고 있는 것이다. 〔···중략···〕 광장에서는 특수한 말투가 울려퍼지고 있었다. 그것은 거리낌없는 말투로 〔···중략···〕 다른 장소에서는 사용할 수 없으며, 교회, 궁전, 법정, 공공의 건물에서 사용되는 언어, 공식적인 문학 언어와 지배계급(특권 계급, 귀족, 상류 또는 중류계층의 성직자, 도시부르주아의 상층부)이 사용하는 언어와도 현격히 구분되고 있었다. 그러나 광장의 말투가 가지고 있는 강력한 자연스런 힘이 일정한 조건 아래서는 지배계급의 언어에 침입할 때도 있었다."
중세의 축제가 열리던 광장의 언어적 특징은 김수영의 발화 양상에도 적용될 수 있다. 4·19를 맞이하여 김수영은 '거리낌없는 말투'로 역사 변혁이 이루어지던 거리, 즉 학생혁명이 일어나던 광장의 언어를 시어로 사용했다. 기존의 시에 쓰이지 않았던 일상어, 비속어 등의 사용은 이후 김수영 시의 전개에 깊은 영향을 미친다. 새로운 시어가 기존의 서정시나 김수영의 난해한 관념어와 대비되어 확장된 시어의 체계를 이룩하고, 민중의 세계관을 흡수하여 김수영 시에 피지배계급의 이데올로기적 요소들을 반영한다고 한다면, 이를 김수영 시의 다성성이라고 부를 수도 있을 것이다.
18) 최동호, 「시적 변증법과 전통의 뿌리」, 『김수영 다시 읽기』, 프레스21, 2000, 62면.

잿님이할아버지가 불쌍하지 않으냐
두붓집할아버지가 불쌍하지 않으냐
가다오 나가다오

―「가다오 나가다오」 4연

"명수할버이, 잿님이할아버지, 경복이 할아버지, 두붓집할아버지"는 4·19 당시의 민중들이다. 당대 민중 구성원이 나열되고 그들이 억압받고 있는 상황이 '~불쌍하지 않으냐'는 구절로 반복 설명된다. 분단과 독재의 이면에 외세가 개입되었다는 사실을 김수영은 "'미국인'과 '소련인'도 똑같은 놈들"이라는 구절에서 선명하게 드러낸다. 민주주의와 통일을 이룩하기 위해서 외세를 배격해야 한다는 인식에 도달한 김수영의 시 세계는 "4·19를 지나면서 그 주제가 '혁명'과 '사랑'으로 결집"된다. "속도감을 핵심적 자질로 삼"아서 김수영의 시는 "반복과 역설, 비약과 반전, 요설과 열거를 통해 정신적 모험을 집중적으로 감행"[19]하게 되는데, 그 과정에서 민족의 현실에 대한 인식에 가 닿는다.[20]

비숍女史와 연애를 하고 있는 동안에는 進步主義者와
社會主義者는 네에미 씹이다 統一도 中立도 개좆이다
隱密도 深奧도 學究도 體面도 因習도 治安局
으로 가라 東洋拓植會社, 日本領事館, 大韓民國官吏,

---

19) 유성호, 「타자 긍정을 통해 '사랑'에 이르는 도정」, 『작가연구』 제5호, 1998, 216면.
20) 김수영 시의 속도감은 백낙청, 김화영, 김우창, 정현종 등에 의해 간략하게 언급되었다. 이들은 모두 김수영 시의 속도감이 정신의 움직임에서 온다고 지적하였다. 이들은 김수영의 움직이는 정신을 "고통과 좌절 그리고 거기에 따르는 설움을 딛고 행하는, 정직한 느낌과 생각을 수반하는 자기 성찰과 모순된 현실에 대한 거부의 치열함"(권오만, 「김수영 시의 기법론」, 『한양어문연구』 제13집, 1995, 350~351면)이라고 규정지었다.

아이스크림은 미국놈 좆대강이나 빨아라 그러나
요강, 망건, 장죽, 種苗商, 장전, 구리개 약방, 신전,
피혁점, 곰보, 애꾸, 애 못 낳는 여자, 無識쟁이,
이 모든 無數한 反動이 좋다

─「거대한 뿌리」 4연 부분

  시인은 이사벨 버드 비숍(Isabel Bird Bishop)의 『한국과 그 이웃나라들』을 읽고 있다. 진정한 민족주의가 무엇인지를 깨닫게 된 시인은 '진보주의자와 사회주의자, 통일과 중립'으로 대표되는 민족주의 이념이 허황된 것임을 깨닫는다. 시인이 타기해야 할 대상이 3행에서 5행에 걸쳐 나열된다. 부정해야 할 대상의 열거는 욕설과 병행된다. '네에미 씹이다, 개좆이다, 좆대강이나 빨아라'는 욕설은 대상의 부정을 의도하고 있다. 부정 대상에 대한 욕설이 의도하고 있는 죽음 뒤에 새로운 역사적 주체가 탄생한다.[21] 시인은 자신이 진정한 민족의 '거대한 뿌리'로 깨닫게 된 대상을 나열한다. '무수한 반동'으로 표현된 당대 민중들과 생활 도구들이 열거된다. "이 무수한 반동들은 모두 카니발적 전복의 시공간 안에서나 존재 의미를 획득할 수 있는 버림받은"[22] 민중들의 구체적인 이름이다. '거대한 뿌리'인 전통은 '제3인도교의 철근기둥'보다 더 거대하다는 구체화된 형상으로 뚜렷하게 각인된다.

  4·19가 5·16으로 좌절된 이후의 절망을 구한말 당대인들의 삶을 통해 "놀라울 만큼 긍정적·낙관적 세계관으로 전환"[23]시키고 있음을

---

21) Mikhail Bakhtin, 앞의 책, 309면 참조.
22) 김승희, 「김수영 시와 탈식민주의적 반언술」, 『김수영 다시읽기』, 프레스21, 2000, 389면.
23) 최동호, 앞의 글, 74면.

보여주는 이 시는 김수영의 또 다른 "시적 전회(轉回)를 상징적이고 명시적으로 보여주는 작품이다."[24] 혁명의 좌절 이후 반성과 회의를 거쳐 전통이라는 '거대한 뿌리'를 깨달은 김수영의 시는 "성숙이라는 낱말에 부합되는 변모"를 "뚜렷하게 성취"한다.[25]

4·19 이후 5·16의 좌절과 회의를 거쳐 「거대한 뿌리」와 「사랑의 변주곡」을 지나 후기 시에 이르기까지 김수영은 반복과 열거 기법을 지속적으로 사용했다. 이러한 기법은 4·19혁명을 시의 제재로 삼는 시에서 두드러지게 적용되었다. 「하…… 그림자가 없다」, 「우선 그놈의 사진을 떼어서 밑씻개로 하자」, 「가다오 나가다오」 등의 시에서 같은 문장 성분의 반복과 병행되는 양상을 구체적으로 살펴볼 수 있었다. 역사의 주체가 민중임을 인식하는 과정에서 김수영은 민중의 구체적 대상을 열거 기법으로 제시했다. 이러한 인식을 표현하는 수사적 수단이었던 반복과 열거는 김수영의 시작 전기간에 걸쳐 확인되는 기법이다. 반복과 열거는 4·19를 다룬 시들에서 부정해야 할 대상들을 강조하기 위한 기법으로, 다음 절에서 살펴볼 환유 양상과 병행된다는 점에서 중요한 가치를 지닌다.

2) 반복과 열거에 수반되는 환유

환유는 김수영 시의 움직임을 설명하는 핵심 수사이다.[26] 환유를 분류하는 많은 인접성의 기준 중에서 인접성이 반복되는 '연쇄' 현상에 주목하는 이 글은 인접성의 개념을 확장시킬 수 있는 근거로 앞에서 논의된 열거와 반복을 주목하였다. 같은 단어의 반복과 같은 의미 단

---

24) 유성호, 앞의 글, 217면.
25) 김인환, 「한 正直한 人間의 成熟과정」, 『김수영 전집 별권』, 1983, 219면.

위의 열거, 통사적 반복에 병행되는 서로 다른 의미의 열거, 같은 통사 단위의 반복적 열거 등으로 다양하게 시도된 김수영 시의 열거와 반복은 그것이 인접한다는 의미에서, 또 인접을 기반으로 연쇄된다는 점에서 환유의 전개 양상과 맞물린다. 반복과 열거를 기반으로 하여 전개되는 환유의 구체적인 양상을 살펴보기로 한다. 이 과정에서 환유의 '인접성'이 환유를 구성하는 핵심 원리임이 확인될 것이다.[27]

인용할 시는 같은 통사 구문의 반복에 의해 환유가 생성되는 예를 보여준다. 다음 시에서 주어의 특성을 설명하는 두 단어 '해면'과 '문어'는 서술어 '같다'가 반복되면서 통사 구문의 반복을, 이에 따라 인접성에 의해 환유가 작동되는 예를 설명한다.

더운 날

---

26) 엄성원(「한국 모더니즘 시의 근대성과 비유 연구」, 서강대 박사논문, 2001)은 모더니즘 시의 수사로 은유·환유·제유·아이러니를 제시한다. 그는 김기림·이상·김수영·조향이 지니고 있던 근대와 탈근대의 사상적 지향을 작품의 비유가 담지하고 있는 세계관으로 도출해냈다. 엄성원은 시 텍스트에 구현된 비유적 특성을 비교·검토하여 네 시인의 시적 주체가 인식하고 있는 근대성을 비유와 인식의 상관관계를 통해 설득력 있게 제시하였다. 그러나 김수영의 특성으로 지적되는 아이러니의 수사적 특성을 언어 구성 방식이 아니라 주체의 태도, 주체와 세계의 갈등 양상 등의 주제론적 관점으로 보고 있기에 이 논문은 비유가 언어 구성 방식에 의해 결정된다는 논문의 취지를 벗어나고 말았다. 김수영의 시 해석 역시 기존의 연구 경향인 주제론적 의미 접근에서 벗어나지 못하고 있다.

27) 김수영 시의 수사적 양상을 환유에 의거하여 포스트모더니즘 담론의 구체적인 실현으로 보는 금동철의 연구(『한국 현대시의 수사학』, 국학자료원, 2001)는 김수영의 시가 보여주는 환유적 구성 방식에 대한 본격적인 연구라는 점에서 의의를 지닌다. 금동철은 김수영의 시 중에서 난해시로 불리는 작품들이 특별히 언어 유희를 많이 사용하고 있다는 점을 밝히면서, 그것이 언어의 물질성에 의한 환유적 인접성의 원리에 따라 기호가 발생되는 양상이라고 규정한다. 금동철은 김수영 시의 환유적 특성을 작품 해석을 통해 검증해냈다. 연구 성과가 김수영의 시 연구에 새로운 관점을 확립하였음에도 불구하고 환유의 구체적인 전개가 작품에서 어떻게 실현되고 있는가에 대한 개별 분석에 있어서 이 연구는 치밀함이 떨어진다. 분석된 작품 수가 10여 편에 불과하다. 또 포스트모더니즘 담론의 인식론적 가치 평가를 규정하고 포스트모더니즘 담론이 지니는 긍정적인 의의를 김수영의 시에 연역적으로 적용했기에 김수영 시의 환유가 탈의미화를 지향하여 부정의식으로 변화·발전된다는 논리의 설득력에 한계를 드러낸다.

敵이란 海綿 같다
나의 良心과 毒氣를 빨아먹는
문어발 같다

—「적」 1연

　　더운 날, 화자가 느끼는 적의 양상이 같은 구문 구조가 반복되면서 열거되고 있다. 화자는 적의 양상을 '해면, 문어발' 두 가지로 비유하고 있다. 적이 해면이고 문어발이라고 표현되고 있는 이 구절은 '~같다'가 두 번 반복된다. '해면'을 a로, '문어발'을 b로 바꾸어보자. 화자 '나'의 발화는 '더운 날의 적은 a이고 b이다'로 요약된다. 여기서 a와 b는 바다에 사는 동물이라는 인접성을 지닌다. 해면은 바닷물을 빨아들여서 먹이를 구한다. 문어발의 흡반 역시 조직을 움츠려 무엇인가를 빨아들인다. 바다에 사는 동물이라는 특성과 빨아들인다는 특성이 인접성에 의해 적을 묘사하는 환유가 된다. 화자 '나'의 표현 대상이 a→b로 이동하는 이러한 과정으로 환유는 전개된다. 다음 시에서 지금까지 언급된 인접성에 의한 환유의 예를 더욱 상세하게 알아볼 수 있다.

네 머리는 네 팔은 네 현재는
먼지에 싸여 있다 구름에 싸여 있고
그늘에 싸여 있고 山에 싸여 있고
구멍에 싸여 있고

돌에 쇠에 구리에 넝마에 삭아
삭은 그늘에 또 삭아 부스러져
거미줄이 쳐지고 忘却이 들어앉고
들어왔다 튀어나오고

제2장 수사의 양상　75

불이 튕기고 별이 튕기고 영원의

행동이 튕기고 자고 깨고

죽고 하지만 모두가 坑안에서

塹壕안에서 일어나는 일

―「먼지」 1~3연

'~은 ~에 싸여 있다'는 문장이 1연에서 반복된다. 싸여 있는 대상은 '네 머리, 네 팔, 네 현재'이고, 이것들은 '먼지, 구름, 그늘, 산, 구멍'에 싸여 있다. 싸여 있는 대상은 머리에서 팔로, 팔에서 현재로 연속적으로 이동된다. 싸여 있는 머리와 팔은 특정 대상을 어떤 부분으로 대체하는 환유의 대상이라고 볼 수 있다. 이 부분에서 머리와 팔은 사람을 지시한다.[28] 구문 구조의 반복을 따라서 명사들은 이동한다.

머리와 팔과 현재를 싸고 있는 대상은 '먼지→구름→그늘→산→구멍'으로 이동되면서 나열된다. 연상작용에 의지하는 환유의 특성이 잘 드러나는 구절이다. 먼지가 모여 구름이 되고, 하늘의 구름은 지상에 그늘을 드리운다. 다음 명사 산과 구멍은 공간의 인접성을 따르는 앞의 세 명사들과 비교할 때 비약의 정도가 심하다. 시대적 맥락이라는 현재성에 의해 가변적 의미를 획득하는 환유의 특성에 따르면 산과 구멍의 의미는 현실 상황을 지시하는 명사라고 할 수 있을 것이다. 먼지와 구름과 그늘은 가변적이다. 산과 구멍은 앞의 세 명사와 비교할 때, 변화가 가능하다는 점과 구체적 형태를 지녔다는 면에서 큰 차

---

[28] "1연의 '먼지, 구름, 그늘, 山, 구멍'은 '너'를 싸고 있는 사물을 가리키는 동위원소이고, '머리, 팔, 현재'는 '너'의 하위 개념"이라고 김혜순(앞의 글, 68면)은 지적했다. '먼지→구멍'이 같은 계열의 명사들이 열거된 것임을 확인할 수 있다. '너'를 지시하는 환유 연쇄의 부분이다.

이를 지닌다. 먼지는 구름이 되어 그늘을 만든다. 구름이 산에 걸리면 구름에 구멍이 뚫렸다고 표현할 수도 있을 것이다. 움직이는 구름을 가로막은 산이 있다. '너'는 지금 먼지, 구름, 그늘, 산, 구멍에 싸여 움직일 수 없는 상황에 처해 있다.

2연 1행은 시간의 인접성에 의해 진행된다. 1행의 서술어는 '삭다' 하나뿐이다. 1연의 서술어 '싸여 있다'는 다섯 번 반복되면서 각각의 동사들을 서로 다른 대상과 연결시킨다. 2연의 서술어 '삭다'는 두 번 반복되고, 동사 각각은 동일한 행위의 동시 발생을 나타낸다. 주어가 없는 2연의 주어를 1연의 '너'로 상정해보자. '너'는 "돌에 쇠에 구리에 넝마에" 삭고, 다시 "삭은 그늘에 또 삭아 부스러"진다. 시간적인 인접 요소는 서술어 '삭다'를 변형시킨다. '너'는 1행에서 삭는다. 2행에서 '너'는 이미 삭은 그늘에 다시 삭아 부스러진다. 1연의 환유는 2연에도 영향을 미치고 있다. 환유는 시간의 인접성으로 변형되어 2연에서 1연의 그늘이 이미 삭아버렸음을 연속적으로 제시하고 있다. '삭아'와 '삭은'의 차이는 시행의 공간적 인접 이외에 변화가 일어나는 시간의 인접을 지시한다. 연속성에 의거하여 이루어지는 환유의 양상이다.

3연의 튕기는 대상인 불과 별은 연상의 인접 정도가 매우 가깝다. 별과 영원의 행동 역시 영원의 상징으로 표현되는 별의 일반적 의미 맥락에서 그 인접의 정도는 가깝다고 할 수 있다. 인접성에 의거하여 연속적으로 변양되는 환유의 예이다. 마찬가지로 3연 3, 4행의 '항'과 '참호'는 1연의 구멍에서 연상된 환유의 결과라고 할 수 있다. 이 시에서 1연의 반복과 2연 1행의 열거는 환유와 동시에 작동되어 현실 상황을 지시한다.

"언어와 그 형식은 주어진 언어 공동체의 성원들 사이에서 이루어지는 지속적인 사회적 상호관계의 산물"[29]이라면서 바흐찐은 언어가 지니고 있는 역동적인 이동의 연쇄작용이 개인과 사회, 개인과 개인,

의식과 무의식 사이에 펼쳐진 다양하고 복잡한 관계의 그물망에서 일어난다는 점을 지적한다. 인접성에 의거하여 작동되는 환유는 연속적이다. 열거와 병행되는 김수영 시의 반복은 연속적이라는 점에서 환유적이다. 반복되는 단어, 구문, 통사는 인접성을 지니는 순간 연속적으로 변화한다. '지금, 여기'의 현재적 맥락을 끌어들이면서 새로운 의미를 형성하는 김수영 시의 환유적 양상은 반복과 열거라는 수사적 특성에 기반을 둔다. 열거되면서 언어는 다른 대상으로 이동하고, 반복되면서 언어는 다른 의미로 전이되어 대체된다.[30]

다음 시는 인접성에 의해 작동되는 환유의 예 중에서 구체적으로 공간의 인접성을 확인할 수 있는 시이다. 「참음은」은 공간이라는 구체적인 지표에 의해 화자의 연상이 연속적으로 이동되면서 이루어지는 환유를 보여준다. 이 과정에서 목적어가 열거되고, 같은 문장 성분이 반복된다.

> 참음은 어제를 생각하게 하고
> 어제의 얼음을 생각하게 하고
> 새로 확장된 서울특별시 동남단 논두렁에
> 어는 막막한 얼음을 생각하게 하고
> 그리로 전근을 한 국민학교 선생을 생각하게 하고
> 그들이 돌아오는 길에 주막거리에서 쉬는 十분 동안의
> 지루한 정차를 생각하게 하고
> 그 주막거리의 이름이 말죽거리라는 것까지도
> 무료하게 생각하게 하고

---

29) Mikhail Bakhtin · V.N. Vološinov, 『바흐찐이 말하는 새로운 프로이트』, 송기한 역, 예문사, 1998, 162면.
30) 환유의 운동 양상을 흡수하면서 김수영 시의 반복과 열거는 리듬을 생성해낸다.

奇蹟을 기적으로 울리게 한다
죽은 기적을 산 기적으로 울리게 한다

─「참음은」 전문

  이 시의 전체 주어는 '참음'이다. 참음이 '~을 생각하게 하고//~을 울리게 한다'가 전체 시의 문장을 구성하고 있다. 첫 행에서 참음은 어제를 생각하게 한다. 참음에 의해 생각나는 대상은 ① 어제 ② 어제의 얼음 ③ 새로 확장된 서울특별시 동남단 논두렁에 어는 막막한 얼음 ④ 그리(서울특별시 동남단)로 전근간 국민학교 선생 ⑤ 선생들이 퇴근하는 길의 주막거리와 차를 기다리는 지루한 시간 ⑥ 그 주막거리의 이름인 말죽거리, 이렇게 여섯 가지이다. 참음이 울리게 하는 대상은 ① 기적 ② 죽은 기적, 두 가지이다.
  ①에서 ②는 '어제'에 의해, ②에서 ③은 '얼음'에 의해, ③에서 ④는 서울시 동남단에 의해, ④에서 ⑤는 국민학교 선생에 의해, ⑤에서 ⑥은 주막거리에 의해 매개된다. 각 매개 항목은 공간의 인접성에 의해 다음 단위로 이동되는 것이다. 참음이 울리게 만드는 대상 역시 '기적'을 매개로 2연 1행에서 2행으로 이동된다. '죽은 기적'과 '산 기적'은 인접되어 죽음에서 삶으로 전이된다.
  왜 참는 일이 어제를 생각하게 하는가를 알아내기란 쉽지 않다. '어제'가 어떻게 하여 '어제의 얼음'으로 바뀌는지에 대해서도 마찬가지이다. 이 시의 화자는 인접성에 의해 연쇄되는 연상을 발화한다. 1연과 2연이 분기되면서 시는 비약한다. 참음이 기적으로 돌변한다. 참음은 다시 비약하여 죽은 기적을 산 기적으로 변화시킨다. 아무런 이유가 제시되어 있지 않다. 연속적으로 변이하고 있는 각 대상들의 인과적 매개고리를 찾을 수 없다. "의미의 관련이 없는 이미지와 이미지"

가 비약적으로 전개되고 있다.[31] 환유 연쇄가 작동되는 이 시의 각 대상들 사이에 인과 관계는 존재하지 않는다. 이동하는 환유, 멈추지 않는 환유가 죽은 기적과 산 기적을 연쇄시켜 죽음이 삶으로 전이되는 순간을 불러온다.

> 이제 나의 방은 막다른 방
> 이제 나의 방의 옆방은 自然이다
> 푸석한 암석이 쌓인 산기슭이
> 그치는 곳이라고 해도 좋다
> 거기에는 반드시 구름이 있고
> 갯벌에 고인 게으른 물이
> 벌레가 뜰 때마다 눈을 껌벅거리고
> 그것이 보기 싫어지기 전에
> 그것을 차단할
> 가까운 距離의 부엌문이 있고
> 아내는 집들이를 한다고
> 저녁 대신 뻘건 팥죽을 쑬 것이다
>
> ―「移舍」 전문

화자는 이사를 했다. 사는 곳을 옮기는 '移徙'가 아니라 사는 집을 옮기는 '移舍'이다. 공간의 이동이 강조되고 있다.[32] 방에 들어가보니 "나의 방은 막다른 방"임을 알 수 있다. 1행의 내용과 연쇄되는 2행에서 화자는 자신의 방 옆이 '자연'임을 밝힌다. 나의 방과 내 방의 옆이

---

31) 김현승, 「김수영의 시사적 위치와 업적」, 『김수영 전집 별권』, 61면.
32) 황혜경, 「김수영 시의 아이러니 연구」, 이화여대 박사논문, 1998, 28면 참조.

라는 지표는 공간의 인접성에 의해 제시된다. 3행은 화자가 바라보고 있는 자연 광경의 구체적인 묘사이다. 푸석한 암석이 쌓인 산기슭이 끝나는 지점에 위치하고 있는 그곳에는 "반드시 구름이 있"다. 구름이 흘러가는 광경이 고인 물에 비친다. "갯벌에 고인 게으른 물"에는 벌레가 떠 있다. 벌레가 움직이자 수면에 물결이 생긴다. 공간적인 인접성에 따라 풍경이 '배열'[33]되고 있다.

  화자의 시선은 공간의 인접성에 의거하여 이동된다. 공간의 연쇄적 이동에 의해 이 시는 이사온 후 화자가 새로운 생활 환경에 접해서 느끼게 되는 이질감을 극복하고 이사가 생활의 한 과정임을 인식하게 되었음을 표현하고 있다. 팥죽을 쑤어 먹을 것이라는 표현은 새로운 환경에서 화자가 새 생활을 시작할 수 있음을 뜻한다. 환유 연쇄에 의해 이사 후의 새 느낌, 새 환경, 새 생활에 대한 적응 과정이 연속적으로 전개되고 있다. 화자 '나'는 이사를 마쳤다. "이제 나의 방은 막다른 방"이지만 새 환경에 나는 쉽게 적응할 수 있다. 바깥을 둘러보고, 방을 다시 본다. 바깥과 안, 타자와 자신을 동시에 쳐다보게 된다. 화자는 자신의 방에 앉아서 새 환경에 적응해야 할 자신을 인식하고 있다. 환유의 연쇄적 이동이 이사라는 시의 제재와 어울려 화자의 속도 빠른 발화에 의해 표현되었다.

  S   거위의 울음소리는
  V1 밤에도 여자의 縞瑪색 원피스를 바람에 나부끼게 하고
  V2 강물이 흐르게 하고

---

33) 권혁웅, 「한국 현대시의 시작방법 연구」, 고려대 박사논문, 2000, 190면. '배열'이라는 용어는 열거와 반복을 아우른다. 열거·반복을 기반으로 하여 작동되는 김수영의 환유는 배열된 연속체의 이동 과정과 맞물린다. 김준오는 환유를 '언어 배열'로 파악한다. 그에 의하면 배열된 언어는 '축적의 원리'에 의해 산문성을 획득한다고 한다(김준오, 『현대시의 환유성과 메타성』, 살림, 1997, 200면).

V3 꽃이 피게 하고
V4 웃는 얼굴을 더 웃게 하고
V5 죽은 사람을 되살아나게 한다

―「거위 소리」 전문

 이 작품 역시 「참음은」과 마찬가지 방법으로 구성되어 있다. 전체 주어 '거위의 울음소리'가 '~을 ~하게 한다'는 구문이 반복되면서 열거된다. 1행에 제시된 주어는 2행부터 각 행마다 한 가지 동작을 목적 대상으로 삼는다. 거위의 울음소리는 2행에서 6행까지 다섯 동작을 불러일으킨다. 전체 주어 S의 각 서술어 V1→V5의 이동 과정에 의미의 인과는 존재하지 않는다. 거위의 울음소리가 무엇 때문에 여자의 호마색 원피스를 바람에 나부끼게 하는지는 알기 힘든 것이다.[34] 목적어 다섯을 열거해보자. ① 여자의 호마색 원피스 ② 강물 ③ 꽃 ④ 웃는 얼굴 ⑤ 죽은 사람. 열거된 다섯 가지 사물의 연관성은 희박하다. 서술어 다섯을 열거해본다. ① 나부끼다 ② 흐르다 ③ 피다 ④ 웃다 ⑤ 되살아나다. 다섯 목적어의 연관은 희박하지만 서술어 다섯은 긴밀하게 연관되어 있다. 동사 다섯 모두가 움직임 또는 변화를 의미의 공통 요소로 품고 있다.
 목적어의 우연적인 연쇄는 이 시의 내용 파악에 지장을 준다. 하지만 움직임과 변화라는 의미의 인접성은 이 시의 돌발적인 이미지 구성과 파편적 내용의 기저에 통일적 흐름을 부여한다. 거위의 울음 소

---

34) 이 시의 제재 '거위 소리'가 발생시킨 사건들의 우연성에 대해서는 다음의 글을 참조할 수 있다. "이 작품은 우연히 듣게 된 거위의 울음소리와 또한 우연히 보게 된 몇 가지 풍경을 동시성과 필연성의 맥락에서 연결한 것이다. '여자의 호마색 원피스'와 '강물'과 '꽃'과 '얼굴'은 원래 거위의 울음소리와는 아무런 연관이 없는 것들이다. 거위가 울 때 마침 바람이 불어 원피스를 나부끼게 하였다면 그것은 우연한 사태일 뿐이다."(강웅식, 「언어의 윤리와 시의 완성」, 『새로 쓰는 한국시인론』, 상허학회 편, 백년글사랑, 2003, 297면)

리를 듣자마자 떠오른 화자의 연상은 환유에 의해 연쇄된다. 귀를 자극하는 소리의 흐름이 움직여 나아가는 연속적 이미지 변이의 시발점이 된다. 화자는 사람과 사물과 자연이 멈춰 있지 않다는 것을 느낀다. 변화를 촉발시키는 어떤 힘을 화자는 순간적으로 감지한다. 죽은 사람을 되살아나게 만들 수 있을 것도 같은 움직임의 기운을 느낀 화자는 움직임이 시작되는 한 순간을 환유 연쇄를 통해 놓치지 않고 표현했다. 거위의 울음소리가 '꽥'하고 들리는 순간이 있었다. 화자는 그 순간 이동하는 이미지의 흐름을 본 것이다.

  반복과 열거에 의해 연속되는 환유 연쇄의 예를 확인할 수 있는 「눈」 역시 환유에 의해 시의 의미가 확장되는 적절한 예이다.

    눈은 살아 있다
    떨어진 눈은 살아 있다
    마당 위에 떨어진 눈은 살아 있다

    기침을 하자
    젊은 詩人이여 기침을 하자
    눈 위에 대고 기침을 하자
    눈더러 보라고 마음 놓고 마음 놓고
    기침을 하자

    눈은 살아 있다
    죽음을 잊어버린 靈魂과 肉體를 위하여
    눈은 새벽이 지나도록 살아 있다

    기침을 하자

젊은 詩人이여 기침을 하자
눈을 바라보며
밤새도록 고인 가슴의 가래라도
마음껏 뱉자

―「눈」 전문 〈1956〉

  1, 3연과 2, 4연의 두 언술 영역으로 이루어져 있는 이 시[35]는 기저 문장인 1연 1행 "눈은 살아 있다"와 2연 1행 "기침을 하자"에 다른 요소들이 첨가되면서 반복되고 있다.[36] 살아 있는 눈을 보고 있는 화자는 젊은 시인들에게 기침을 하자고 말한다. 1연의 구조를 분석해서 이 시가 어떻게 환유적인 반복으로 짜여져 있는지를 알아본다.
  각 행의 문장 성분을 구분한다. 첫 행의 주어 '눈'을 a로, 서술어 '살아 있다'를 b로 구분한다. 다음 행의 '떨어진'을 c로, 셋째 행의 '마당 위에'를 d로 구분한다. 이를 토대로 각 행의 구조를 예시하면 다음과 같다. 1행은 a→b, 2행은 c→a→b, 3행은 d→c→a→b로 진행된다. 1행의 기본 구조 'a→b'에 각 행마다 첨가되는 요소가 있다. 2연의 구조 또한 1연과 비슷하다. 1행 '기침을 하자'를 a로, 2행 '젊은 시인이여'를 b로, 3행 '눈 위에 대고'를 c로, 3행의 의미 맥락을 잇는 4행의 '눈더러 보라고'를 c´로, '마음놓고'를 d로 구분해보면 각 행이 a, b→a, c→a, c´→d→a로 구성되어 있음을 알게 된다. 1, 2연 모두 기저문장을 토대로 각 행마다 반복되는 요소들이 첨가되는 방식으로 구성되어 있다. 기저문장이 반복되면서 각 행이 진행되고 이와 동시에

---

35) 최두석(「김수영의 시세계」, 『김수영 다시 읽기』, 김승희 편, 프레스21, 2000, 29면)은 이러한 이 시의 짜임을 "견고한 형식미"가 돋보인다고 평가한다. 이 시의 구조를 abab의 병치·반복으로 보는 여태천(「김수영 시 연구」, 고려대학교 석사논문, 2000, 58면)의 견해도 있다.
36) 권혁웅, 앞의 글, 97면 참조.

의미의 첨가가 이루어진다. 기저문장의 의미가 다른 의미 영역으로 이동되는 것이다. 기저문장을 핵심 의미로 삼아 첨가된 부분들이 기저문장의 세부 의미를 구성하는 이 시의 역동적 전개 양상을 살필 수 있다. 3연에서 다시 1연의 기저문장이 반복된다. "죽음을 잊어버린 영혼과 육체를 위하여" 눈은 살아 있다. 4연에서 2연의 기저문장이 다시 반복된다. 2연 1, 2행이 반복된다. 4연 3행에서 시의 화자는 '눈을 바라보다'와 '고인 가슴의 가래를 뱉자'라는 반복되지 않는 구문을 제시한다.

　이와 같은 이 시의 의미 변화 구조는 기본되는 의미를 핵심으로 하여 시가 진행되면서 의미가 역동적으로 변화되는 양상을 설명해준다. 환유적 작동 방식이라고 할 수 있다. 특히 2연과 4연의 관계는 인접성에 의해 의미가 첨가, 확장되는 양상을 예시한다. 2연의 기침과 4연의 가래 사이의 인접성, 2연의 기침하다와 4연의 가래뱉다의 인접성은 환유에 의해 기표가 연쇄되는 과정이 이 시의 시작 방법임을 확인시킨다. 시의 제재인 눈을 '비'로 대체해보자. 이 경우 시 전체는 밤새 마당에 내린 눈과 기침해서 뱉어낸 가래의 선명한 시각 이미지 대비는 사라진다. 그러나 1연과 3연을 떼어놓고 보면 의미의 변화가 그리 크지 않음을 알 수 있다. 비가 살아 있어도 좋고, 바람이 살아 있어도 무방하다. 따라서 시의 도입부에 쓰인 기저문장 '눈은 살아 있다'(A)는 '기침을 하자'(B)와 연쇄관계로 설정되어야만 의미 맥락이 형성된다. 시 전체의 구성 방식으로 사용된 연쇄는 이 시가 환유적 방식으로 구성되어 있음을 확인시킨다. 눈과 기침은 살아 있는 정신을 구체적으로 지시하는 상관물인 것이다. 이 경우 제재 '눈〔雪〕'은 동음이의어 '눈〔目〕'의 의미를 포함하여 화자의 '바라보'는 행위를 강조하게 된다. "죽음을 잊어버린 영혼과 육체"를 자각하게 된 화자에게 '雪'과 '目'은 깨어있는 존재로서 세계를 응시하는 화자의 환유가 되는 것이다.[37]

　김수영 시의 움직임을 반영하는 비유인 환유는 반복과 열거에 의해 작동된다. 인접성이 중첩되는 '연쇄' 현상 역시 반복과 열거에 기반을 두고 있다. 이러한 반복·열거 기법은 환유의 연속성·인접성과 병행된다. 같은 단어의 반복과 같은 의미 단위의 열거, 통사적 반복에 병행되는 서로 다른 의미의 열거, 같은 통사 단위의 반복적 열거 등으로 다양하게 시도된 김수영 시의 열거와 반복에 의해 작동되는 환유는 이미지의 연속적 흐름을 표현하는 중요한 장치이면서 김수영 시의 움직임을 설명하는 핵심 수사이다.

3) 제유와 변별되는 환유

부분과 전체의 상호 관계에 집중하는 제유는 '전체'가 무엇인가를 되묻게 하지만 환유의 관점에서 이러한 요소는 중요하지 않다. 전체를 상정하지 않는 부분 대 부분의 대체 관계가 환유이다. 이에 반해 제유는 부분 대 나머지 전체의 치환 관계를 일컫는다. 따라서 환유에서는 A와 B 중 어느 하나가 제거된다고 해서 다른 하나의 의미가 소실되지 않는다. 제유에서는 둘 중 어느 하나가 제거되는 경우 둘 모두의 의미가 상실되고 만다.

이 절에서는 김수영 시의 환유가 제유와 구분되는 점을 살펴보기로 한다.[38] 서론에서 거론하였던 환유와 제유를 구분할 수 있는 요소인 '대체와 치환'의 개념을 시 분석에 적용할 수 있는 예가 이 과정에서 시도될 것이다. 이러한 과정을 통해 환유와 제유의 변별 가능성이, 텍스트의 상황과 문맥(context)에 따른 환유와 제유의 작동 방식이, 전체와 부분의 관계에서 전체를 어떻게 설정하느냐에 따라 환유인지 제유

---

37) 초행적 반복에 의해 연쇄적 환유가 구성되는 이 시는 의미 단위의 반복이라는 리듬 배치 효과를 보여주기도 한다.

인지를 결정할 수 있다는 점이 밝혀질 것이다. 환유와 제유의 유사한 속성에도 불구하고 작품의 수사법을 환유로 보느냐 제유로 보느냐에 따라 시 분석은 물론이고 대상 시인의 가치 평가 역시 달라질 수 있다. 이를 위해 김수영의 대표작 중의 하나인 「헬리콥터」에서 환유가 어떻게 작동되는가를 살펴본다. 분석 과정에서 전쟁 무기라는 전체의 속성을 구체화하는 제유적 대상 '헬리콥터'는 전체의 부분을 구성하는 환유적 대상으로 그 의미 맥락이 전이될 것이다.

> 사람이란 사람이 모두 苦憫하고 있는
> 어두운 大地를 차고 離陸하는 것이
> 이다지도 힘이 들지 않는다는 것을 처음 깨달은 것은
> 愚昧한 나라의 어린 詩人들이었다
> 헬리콥터가 風船보다도 가벼웁게 上昇하는 것을 보고
> 놀랄 수 있는 사람은 설움을 아는 사람이지만
> 또한 이것을 보고 놀라지 않는 것도 설움을 아는 사람일 것이다
> 그들은 너무나 오랫동안 自己의 말을 잊고

---

38) 비유의 구체적인 작동 방식이 적용되어 시가 어떻게 씌어지는가를 실증적으로 연구한 첫 번째 성과라는 점에서 권혁웅의 논문은 의의를 지닌다. 권혁웅은 김수영 시의 수사적 특성을 은유적 구성과 제유적 구성의 중첩으로 본다. 은유적 병렬과 제유적 구체화를 통해 김수영의 시는 하나의 언술을 그와 유사한 다른 언술로 바꾸어나가는 방식으로 구성된다는 점이 김수영 시작 방법의 특성으로 제시되어 있다. 권혁웅은 김수영의 시에서 전체 상황에 대한 개별적 표현이 제유적 구체화의 방식으로 표현된다고 한다. 이러한 방법은 사회·역사 현실을 형상화시키는 중요한 시적 장치라고 평가된다. 더불어 제유에 의해 작동되는 김수영의 시에는 환유적 구성이 드물다고 권혁웅은 언급한다. 사회·역사적 현실의 구체적 형상화에 성공한 김수영의 시작 방법이 제유의 구체화 기능에 힘입는다는 주장은 환유와 제유의 엄밀한 구분이 선행되지 않고는 설득력에서 한계를 드러낼 수밖에 없다. 김수영이 사회 역사적 현실의 형상화에 성공했다는 연역적이고 규정적인 전제가 제유의 구체화 방식에 직결된다는 점에서, 또 제유와 환유의 구체적인 작동 방식에 대한 비교와 이를 토대로 삼는 시 해석이 없다는 점에서 이 논문은 아쉬움을 남긴다.

남의 말을 하여 왔으며
그것도 간신히 떠듬는 목소리로밖에는 못해 왔기 때문이다
설움이 설움을 먹었던 時節이 있었다
이러한 젊은 時節보다도 더 젊은 것이
헬리콥터의 永遠한 生理이다

一九五〇년 七月 以後에 헬리콥터는
이 나라의 비좁은 山脈 위에 姿態를 보이었고
이것이 처음 誕生한 것은 勿論 그 以前이지만
그래도 제트機나 카고보다는 늦게 나왔다
그렇지만 린드버그가 헬리콥터를 타고서
大西洋을 橫斷하지 않았기 때문에
우리는 지금 東洋의 諷刺를 그의 機體 안에서 느끼고야 만다
悲哀의 垂直線을 그리면서 날아가는 그의 설운 모양을
우리는 좁은 뜰 안에서뿐만 아니라
심지어는 항아리 속에서부터라도 내어다볼 수 있고
이러한 우리의 純粹한 痴情을
헬리콥터에서도 내려다볼 수 있을 것을 짐작하기 때문에
「헬리콥터여 너는 설운 動物이다」

―自由
―悲哀

더 넓은 展望이 必要 없는 이 無制限의 時間 위에서
山도 없고 바다도 없고 진흙도 없고 진창도 없고 未練도 없이
앙상한 肉體의 透明한 骨格과 細胞와 神經과 眼球까지

보조리 露出 落下시켜 가면서
　　　안개처럼 가벼웁게 날아가는 果敢한 너의 意思 속에는
　　　남을 보기 전에 네 자신을 먼저 보이는
　　　矜持와 善意가 있다
　　　너의 祖上들이 우리의 祖上과 함께
　　　손을 잡고 超動物 世界 속에서 營爲하던
　　　自由의 精神의 아름다운 原型을
　　　너는 또한 우리가 發見하고 規程하기 전에 가지고 있었으며
　　　오늘에 네가 傳하는 自由의 마지막 破片에
　　　스스로 謙遜의 沈默을 지켜가며 울고 있는 것이다

　　　　　　　　　　　　　　　　　—「헬리콥터」 전문

　　헬리콥터는 1연 5행에서 환유의 대상이다. 상승하는 것들의 부분으로 헬리콥터는 풍선과 비교되고 있다. 부분 대 부분 관계로 설정되어 헬리콥터와 풍선은 환유를 구성한다. 헬리콥터는 상승하는 것이라는 전체에 종속된 부분이 아니다.
　　가볍게 상승하는 헬리콥터가 있다. 한국이라는 어두운 대지를 박차고 이륙하는 헬리콥터를 보면서 화자는 자신의 우매함을 느끼고 서러워한다. 어두운 현실 너머로 비상하고 싶은 열망이 강하면 강할수록 현실을 벗어날 수 없다는 것을 깨닫기에 화자는 더욱 서러움을 느낀다. 우매한 나라의 어린 시인들은 현실에서 벗어나기가 헬리콥터의 이륙처럼 쉽다고 생각하지만 실상은 그렇지 않다는 점을 화자는 알고 있다. 한국의 시인들이 처한 현실을 헬리콥터의 비상과 비교하면서 화자는 "설움이 설움을 먹었던 시절"을 언급한다. 과거의 '나'와 지금의 '나' 사이에 헬리콥터가 있다. 1950년 7월 이후에 이 땅에 나타난 헬리콥터는 과거의 '나'와 현재의 '나'를 확연하게 비교한다. 문제는

달라진 것이 별로 없다는 데 있다.

　가볍게 상승하는 헬리콥터의 자유를 화자는 부러워한다. 린드버그는 가볍게 날아오르는 헬리콥터 없이도 대서양을 횡단했는데, 동양의 '나'는 헬리콥터가 있어도 지상에서 날아오를 수 없다. 자유를 얻기 위해서는 어두운 대지를 박차고 이륙해야 하는데, '나'는 그럴 수 없다. 화자는 헬리콥터가 "비애의 수직선을 그리면서 날아가는 그의 설운 모양"이라는 구절에 자신의 심정을 투영한다. 자유로워지고 싶지만 자유로울 수 없는 화자에게 헬리콥터는 비애의 대상이다. 가볍게 날아오르는 헬리콥터를 "우리는 좁은 뜰 안에"서 바라본다. 좁은 뜰이라는 우리의 처지는 '항아리'에 비교된다. '좁다'는 의미를 매개로 하여 뜰은 환유로 연쇄된다. '좁다'로 인접되어 뜰이 항아리로 변화되는 환유에 의해 화자의 현재 상황은 더욱 부각된다.

　자유를 획득하기 위해서는 비애를 피할 수 없다. 낙후된 현실을 살고 있는 화자는 헬리콥터를 바라보면서 "헬리콥터여 너는 설운 동물이다"라고 외친다. 상승하여 자유를 획득한 헬리콥터와 척박한 현실을 벗어날 수 없기에 비애에 젖어 있는 화자 사이의 간극이 3연에 드러나 있다. 화자는 '자유'와 '비애'를 소리높여 부른다.

　더 높은 전망, 현실을 타개해나갈 어떤 전망도 보이지 않는 상황에 처한 화자는 부정적 인식에 다다른다. 가볍게 날아가는 헬리콥터의 생리와 비교되는 무거운 대상들이 열거된다. '없다'의 반복에 의해 '산→바다→진흙→진창→미련'이 연쇄된다. 헬리콥터가 비상하면서 버린 대상이 뒤이어 열거된다. 앙상한 육체의 '투명한 골격→세포→신경→안구'가 연쇄된다. 헬리콥터가 낙하시킨 것들을 지시하는 부분들이다. 연속되는 부분과 부분은 유기적인 인과관계로 엮여 있지 않다. 이미지의 인접성에 의해 전개되는 환유의 예이다. 연속되는 부분들은 전체를 구성하는 다른 부분으로 대체될 수 있다. '골격'은 뼈로 바꾸어도 그 의미가 달라지지 않는다. 이 자리에 두개골이나 대퇴골이 온다 해서 시의 의미는 크게 변하지 않는다.

　헬리콥터의 긍정적 측면과 비교되는 현실의 '나'가 처한 부정적 상황을 부각시키는 환유들은 이 시의 현재적 의미를 확장시킨다. 헬리콥터는 "자신을 먼저 보이는/긍지와 선의"를 가지고 있다. 비애 없이는 자유도 없고 자유 없이는 참된 비애도 없다는 인식의 상징인 헬리콥터는 비애와 자유가 분별되지 않고 하나의 대상으로 영위되던 '초동물세계'를 환기시킨다. '우리'의 처지를 인식할 수 있게 한 헬리콥터를 찬탄하면서 화자는 '너'를 규정한다. 헬리콥터는 자유의 아름다운 원형을 "우리가 발견하고 규정하기 전에 가지고 있었"다. 자유가 없었던 전후 1955년의 상황을 상기시키는 환유에 의해「헬리콥터」에 나타나는 자유와 비애의 필연적 상관 관계는 부각된다.

　　모두 다 마음에 들지 않아라
　　이 黃昏도 저 돌벽 아래 雜草도
　　담장의 푸른 페인트빛도
　　저 고요함도 이 고요함도

　　그대의 정의도 우리들의 纖細도
　　行動이 죽음에서 나오는
　　이 욕된 郊外에서는
　　어제도 오늘도 내일도 마음에 들지 않아라

　　그대는 반짝거리면서 하늘 아래에서
　　간간이
　　자유를 말하는데

우스워라 나의 靈은 죽어 있는 것이 아니냐

─「死靈」 3~5연

　화자는 자신의 마음에 들지 않는 대상을 열거한다. 화자가 마음에 들지 않는다고 제시하는 대상은 3연의 ① 이 황혼 ② 저 돌벽 아래 잡초 ③ 담장의 푸른 페인트 빛 ④ 저 고요함 ⑤ 이 고요함, 4연의 ⑥ 그대의 정의 ⑦ 우리들의 섬세, 이렇게 일곱 가지이다. 3연에서 마음에 들지 않는 화자의 대상은 4연 1행의 ⑥과 ⑦까지 이어진다. 4연 4행의 마음에 들지 않는 대상은 ⑧ 어제 ⑨ 오늘 ⑩ 내일, 이렇게 세 가지이다. 4연의 구문 구조를 보면 4연의 서술어 '마음에 들지 않어라'는 2, 3행 "행동이 죽음에서 나오는/이 욕된 교외에서는"에 의해 의미상 단절되어 있음을 알게 된다. 즉 ⑥과 ⑦은 3연 1행의 대상이 되는 것이다. 따라서 열거된 열 가지는 모두 마음에 들지 않는 대상이지 고요함의 구체적 속성을 지시하는 제유적 요소는 아니라고 볼 수 있다. 담장의 푸른 페인트 빛이 어떻게 해서 고요함을 구체적으로 표현하는지는 알 수 없는 것이다. 4연 1행의 정의와 섬세 역시 화자의 마음에는 들지 않는다. 행동하지 않는 영혼 같은 책의 활자라면 그것이 정의와 자유를 부르짖는다한들 죽은 영혼에 불과할 뿐이라고 화자는 말한다. 화자가 열거한 대상들은 모두 부정해야 할 대상들의 부분이다. ①②③의 자리에 '황혼, 잡초, 푸른 페인트 빛'이 아닌 다른 대상이 대체되어도 시의 의미는 변화되지 않는다. 문자로 씌어진 정의가 실행되지 않는 여기 "이 욕된 교외"에서 화자는 과거와 현재와 미래마저 부정한다.
　5연에서 화자는 더욱 강한 부정의 태도를 보인다. 활자는 "반짝거리면서 하늘 아래에서/간간이/자유를 말하"지만 활자를 읽고 있는 자신은 그 단어의 의미마저도 망각하고 있지 않냐고 말한다. 자신이 우습다고 말하는 화자의 태도는 자유와 정의가 없는 현실을 개탄하고, 그 현실을 타개해나기 위해 행동하지 않는 자신에 대한 부정의 열도를 드러낸다. 실천할 수 없는 화자의 눈에 보이는 대상들이 고요하고, 화자 자신도 고요하다. 화자는 '이 고요와 저 고요' 모두 마음에 들지 않는다고 말한다. 고요함의 구체적인 대상이 마음에 들지 않는 것이 아니다. 자신이 처한 상황의 고요함이 싫어 눈에 보이는 대상들도 마음에 들지 않는 것이다. 따라서 고요함에서 벗어난다면 시에 제시된 황혼과 잡초와 푸른 페인트와 어제와 오늘과 내일은 마음에 드는 대상이 될 수도 있을 것이다. 이 시의 열 가지 부정 대상은 고요함이라는 전체의 부분을 구성하는 것이 아니라 화자가 마음에 들어하지 않는 대상의 부분을 지칭하는 환유의 연쇄이다.

새로운 目標는 이미 나타나고 있었다
　　〔…중략…〕
이러한 目標는 劇場 議會 機械의 齒車
船舶의 索具 등을 呪詛하지 않는다
사람이 지나간 자국 위에 서서 부르짖는 것은
개와 都會의 詐欺師뿐이 아니겠느냐
모든 觀念의 末端에 서서 생활하는 사람만이 이기는 법이다
새로운 目標는 이미 作業을 시작하고 있었다
驛을 떠난 汽車 속에서
능금을 먹는 아이들의 머리 위에서
설명이 필요하지 않은 喜悅 위에서
四十年間의 組版 經驗이 있는 近視眼의 老職工의 가슴속에서
가장 深刻한 나의 愚鈍 속에서
새로운 目標는 이미 나타나고 있었다
죽음보다도 嚴肅하게

귀고리보다도 더 가까운 곳에
　　종소리보다도 더 玲瓏하게

—「玲瓏한 目標」³⁹⁾ 부분

　새로운 목표는 영롱하다고 화자는 말한다. 새 목표를 지닌 화자는 극장, 의회, 기계의 톱니바퀴, 배를 묶는 로프를 저주하지 않는다. 화자의 새롭고 영롱한 목표의 내용이 무엇인지는 알 수 없다. 그리고 왜 그 목표 때문에 하필 극장과 의회와 톱니바퀴와 로프를 저주할 필요가 없는지도 알 수 없다. 연상의 고리를 따라가기가 쉽지 않다. 연상되는 이미지를 자유롭게 열거하고 있기 때문에, 열거된 대상의 연관성을 찾기 힘들기 때문에 화자가 말하고자 하는 의미가 무엇인지를 확인할 수 없다. "사람이 지나간 자죽 우에 서서 부르짖는 것"이 왜 개와 도시의 사기꾼인지를 파악하려고 해도 이 시의 의미 정보는 박약해서 시의 통일적 의미를 찾아내기가 어렵다. 화자는 11행에서 "모든 관념의 말단에 서서 생활하는 사람만이 이기는 법"이라고 말한다. 이 구절은 화자가 관념에서 벗어나 생활의 구체적 양상을 주목하겠다는 뜻으로 읽을 수 있다.⁴⁰⁾

　구체적인 대상을 주목하겠다는 화자는 '관념의 말단'을 나타내는 부분들을 열거한다. ① 역을 떠난 기차 ② 능금을 먹는 아이들의 머리 ③ 설명이 필요하지 않은 희열 ④ 40년간 조판 경험이 있는 근시안의 노직공 ⑤ 가장 심각한 나의 우둔. ①에서 ⑤까지 열거된 대상들의 연관성을 찾기란 어렵다. 관념의 말단에 해당하는 구체적인 대상들의 예라는 점 말고는 다른 공통점이 없다. 화자는 환유 연쇄로 관념의 말

---

39) 8행의 '呪詛'가 김수영이 펴낸 유일한 시집 『달나라의 장난』에는 '咀呪'로 표기되어 있다.
40) 김혜순은 이 작품을 관념과 생활의 대비를 통해 '생활'에 긍정적인 평가를 내린 시로 평가한다(김혜순, 앞의 글, 39면).

단, 곧 구체적인 삶의 양상이 담보하는 "설명이 필요하지 않은 희열"을 제시한다. 관념에 빠져서 구체적인 생활 실상을 인식하지 못했던 '나의 우둔함'을 화자는 비판한다. 달라진 화자는 1행부터 4행의 내용을 다시 반복한다. 화자는 시의 초반에 새로운 목표를 제시하고, 중간에 구체적 내용을 예시한 후, 마무리에서 첫 네 구절을 반복했다. 화자 '나'의 변화 양상이 환유에 의해 표현되었다.

  詩를 쓰는 마음으로
  꽃을 꺾는 마음으로
  자는 아이의 고운 숨소리를 듣는 마음으로
  죽은 옛 戀人을 찾는 마음으로
  잃어버린 길을 다시 찾은 반가운 마음으로
  우리가 찾은 革命을 마지막까지 이룩하자

  물이 흘러가는 달이 솟아나는
  평범한 大自然의 法則을 본받아
  어리석을 만치 素朴하게 성취한
  우리들의 革命을
  배암에게 쐐기에게 쥐에게 살쾡이에게
  진드기에게 악어에게 표범에게 승냥이에게
  늑대에게 고슴도치에게 여우에게 수리에게 빈대에게
  다치지 않고 깎이지 않고 물리지 않고 너럽히지 않게
            〔…중략…〕
  이번에는 우리가 배암이 되고 쐐기가 되더라도
  이번에는 우리가 쥐가 되고 살쾡이가 되고 진드기가 되더라도
  이번에는 우리가 악어가 되고 표범이 되고 승냥이가 되고 늑대가 되더

라도

　이번에는 우리가 고슴도치가 되고 여우가 되고 수리가 되고 빈대가 되더라도

　아아 슬프게도 슬프게도 이번에는
　우리가 革命이 성취되는 마지막날에는
　그런 사나운 추잡한 놈이 되고 말더라도

　나의 罪 있는 몸의 억천만 개의 털구멍에
　罪라는 罪가 가시같이 박히어도
　그야 솜털만치도 아프지는 않으려니

―「祈禱」 1, 2, 4, 5연

　부제가 '4·19 순국학도위령제에 붙이는 노래'인 시이다. 부제에서 알 수 있듯이 이 시는 4·19 당시에 순국한 학생들을 추모하고, '노래'에 걸맞는 화자의 고양된 감정을 리듬에 싣기 위해 시 전체가 반복과 열거로 짜여 있다.

　1연에서 화자는 "우리가 찾은 혁명을 마지막까지 이룩"하기 위해 필요한 마음가짐을 열거한다. ① 시를 쓰는 마음 ② 꽃을 꺾는 마음 ③ 자는 아이의 고운 숨소리를 듣는 마음 ④ 죽은 옛 애인을 찾는 마음 ⑤ 잊어버린 길을 다시 찾은 반가운 마음. 열거된 다섯 가지 마음가짐은 모두 혁명을 완성하기 위해 요구되는 긍정적인 자세를 표현한다.

　2연에서 화자는 혁명의 완수에 걸림돌이 되는 대상을 열거한다. 혁명의 걸림돌은 될 수 없지만 혁명 반대 세력의 특징을 지시하는 대상이라고 볼 수 있다. ① 배암 ② 쐐기 ③ 쥐 ④ 살쾡이 ⑤ 진드기 ⑥ 악어 ⑦ 표범 ⑧ 승냥이 ⑨ 늑대 ⑩ 고슴도치 ⑪ 여우 ⑫ 수리 ⑬ 빈대. 열거된 대상 열셋은 전부 부정적인 성향을 지시한다는 점에서 공통점

을 지니지만 필연적 연관성으로 묶여 있지는 않다. 혁명 방해 세력들에게 "다치지 않고 깎이지 않고 물리지 않고" 더럽혀지지 않으려면 혁명이 완수되어야 한다. 3연에서는 혁명이 딛고 넘어서야 하는 현실의 구체적인 양상이 열거된다.

2연에서 혁명의 대비 개념으로 제시된 열세 가지 동물들이 4연에서는 혁명을 완수하기 위해 '우리'도 마땅히 그렇게 되어야 하는 대상으로 바뀐다. 혁명을 끝내기 위해서는 혁명을 불러왔던 적들처럼 우리도 잔혹해져야 하고, 그러한 마음가짐이 희생된 학생들의 영혼을 진정으로 추모하는 방법이라는 것이다. 연 단위의 반복에 의해 의미의 변화가 일어난다. 하나는 부정적 대상으로, 다른 하나는 부정성을 더욱 배가시켜 큰 목표를 위해서 마땅히 그렇게 되어야 하는 대상으로 작동한다. 같은 대상이 서로 다른 의미로 쓰인다. 제시된 각각의 동물들이 지니는 부정적 특성은 중요하지 않다. 다른 동물이 그 자리에 들어가도 무방하다. 뱀과 승냥이와 늑대가 이리와 하이에나와 상어로 바뀐다 해서 시의 의미에 큰 변화가 일어나지는 않는다. 마찬가지로 4연에서 우리가 이리가 되고 하이에나가 되고 상어가 된다고 해서 혁명을 완수해야 하는 우리의 마음가짐이 더 강력하게 표현된다고 할 수는 없다. 부정적인 대상들을 지시하는 환유의 사실적인 특성이 드러난다. 환유에서 부분은 다른 어떤 부분으로 대체될 수 있다. 어떤 한 부분이 전체에 귀속되어야 하는 '바로 그것'이 아니기 때문이다. '환유의 전체'는 제유의 그것과는 다르게 부분과 부분을 유기적으로 통합시키지 않는다. 환유는 연쇄되고 끝없이 이동한다.

여편네의 방에 와서 起居를 같이해도
나는 이렇듯 少年처럼 되었다
興奮해도 少年

計算해도 少年
愛撫해도 少年
어린 놈 너야
네가 성을 내지 않게 해주마
네가 무어라 보채더라도
나는 너와 함께 성을 내지 않는 少年
      〔…중략…〕
여편네의 방에 와서 起居를 같이해도
나는 점점 어린애
나는 점점 어린애
太陽 아래의 단 하나의 어린애
죽음 아래의 단 하나의 어린애
언덕 아래의 단 하나의 어린애
愛情 아래의 단 하나의 어린애
思惟 아래의 단 하나의 어린애
間斷 아래의 단 하나의 어린애
點의 어린애
베개의 어린애
苦悶의 어린애

—「여편네의 방에 와서」 1, 3연

5·16 이후에 씌여진 「新歸去來」 연작의 첫 번째 작품이다. 이 시 역시 반복과 열거 기법이 시 전체에 사용된다. 화자는 1연에서 여편네의 방에 와서 기거하게 된 자신이 소년처럼 변했다고 말하면서 그 양상을 열거한다. 화자는 흥분하고, 계산하고, 애무해보지만 여전히 소년 같은 자신의 모습을 발견한다. 행과 행 사이의 반복 구문에 의해

'흥분'과 '계산'과 '애무'는 화자 '나'의 심리 상태를 대변하는 말로 기능한다.

3연의 화자는 다시 여편네의 방에 와서 기거하게 된 자신의 상황을 반복하여 표현한다. '나'는 점점 어린애가 되어 간다. '나'는 ① 태양 아래의 ② 죽음 아래의 ③ 언덕 아래의 ④ 애정 아래의 ⑤ 사유 아래의 ⑥ 간단 아래의 어린애이다. 나는 또한 ⑦ 점의 ⑧ 베개의 ⑨ 고민의 어린애이다. 같은 통사 구조가 반복되면서 ①에서 ⑨까지 화자의 상태를 나타내는 명사들이 연속된다. 태양→죽음→언덕→애정→사유→간단(→)점→베개→고민으로 이어지는 명사의 계열 관계를 파악하기란 쉽지 않다. 여름의 태양과 죽음의 관계, 언덕과 애정의 관계, 사유와 간단의 관계 등이 서로 대립되는 의미 맥락을 형성한다는 것 말고는 그것들 사이의 유기적 통일성을 찾아낼 수는 없다. 환유의 연속적 이동이 우연성에 의거하여 자유로운 연상으로 표현되는 양상이다. 연쇄된 명사 아홉은 화자의 심리 상태를 연속적으로 표현하는 환유이다. 각각의 번호에 해당하는 명사들은 특정한 의미를 지니고 있지만 다른 명사로 대체된다고 해서 시의 내용이 크게 바뀌지는 않는다. 역동적인 환유는 5·16 이후 화자가 겪고 있는 심리적 동요 양상을 담아낸다. 화자 '나'의 고민 내용을 구체적으로 지시하는 환유들이 시를 이끌고 있다.

「헬리콥터」, 「死靈」, 「玲瓏한 目標」, 「祈禱」, 「여편네의 방에 와서」 등에서 환유 연쇄는 전체와 부분의 종속적 가치 체계를 부정한다. 환유와 제유는 유사한 원리에도 불구하고 전체라는 중심 설정과 이에 따른 전체 대 부분이라는 유기적 종속 관계의 유무에 따라 확연하게 분리되는, 서로 다른 원리가 작동되는 수사 양식이다. 김수영 시의 특성인 역동성과 부정성은 환유의 수사적 특성에 기인된다.

3. 리듬의 양상

1) 반복·열거와 병행되는 리듬

리듬은 시에서 소리의 흐름에 일정한 단속을 부여하고, 시의 시간이 어떻게 분절되어 패턴을 형성하는가를 읽는 사람이 인식하게 만든다. 반복에 의해 형성되는 소리 단위인 리듬은 김수영 시의 물질적 특성을 담보하는 장치이다.[41]

김수영의 리듬을 고찰하기 위해서 반복의 단위를 확대한다. 같은 어휘, 같은 구절, 같은 문장의 반복 같은 외부에 드러나는 요소가 만들어내는 리듬은 물론이고, 외부로 드러나지 않지만 시 해석 과정에서 시 전체의 맥락과 연결되는 의미 자질, 모티프, 이미지 등의 반복에 의해 형성되는 리듬이 있다. 서로 다른 표현이지만 같은 의미를 지니는 어떤 부분들이 반복되는 경우를 의미 자질의 반복에 의해 형성되는 리듬으로 볼 수 있다. 같은 모티프가 반복되는 경우와 같은 이미지의 반복에 의해 형성되는 경우 역시 그것들이 일정한 패턴을 이루면 리듬을 형성한다고 할 수 있을 것이다.

---

41) 반복은 김수영 시 텍스트의 전체 체계를 이루는 특성이라고 할 수 있다. 강연호는 "반복성만이 김수영 시의 운율을 지탱하는 형식적 특징"이라고 지적하면서도 "일정한 음보의 확보를 통한 리듬의 성취는 거의 보이지 않는다"고 김수영의 시를 평가한다.(「김수영 시 연구」, 앞의 글, 132면) 김수영 시의 리듬을 본격적으로 언급한 서우석에 의해서도 반복에 의한 리듬의 발생은 지적되었다. 서우석은 음보 개념을 사용하지 않고 박자 개념을 통해 김수영의 시가 지니고 있는 빠른 리듬이 김수영의 신념과 정직성을 표현하고 있다고 하면서, 김수영의 시에 음악적 특성이 희박하지 않음을 밝히고 있다.(『시와 리듬』, 문학과지성사, 1993, 142~160면) 김수영 시의 배면에 강한 리듬이 숨겨져 있다는 점을 밝힌 서우석의 연구는 이후 김수영 시의 리듬을 고찰하는 연구의 기준이 되고 있다. 소리의 물리적 자질이 리듬에 어떠한 영향을 미치는가를 고려하고 있는 그의 연구는 김수영의 시가 지니고 있는 음성적 질서를 밝혀냈다는 점에서 의의가 크다. 그러나 서우석이 대상으로 삼은 김수영의 시 편수가 매우 적다는 것과 함께 그의 연구는 리듬의 효과가 시의 의미 파악과 잘 연결되지 않는다는 점에서 문제가 노출된다.

마지막의 몸부림도

마지막의 洋服도

마지막의 神經質도

마지막의 茶房도

기나긴 골목길의 巡禮도

〈어깨〉도

虛勢도

방대한

방대한

방대한

模造品과

막대한

막대한

막대한

模倣도

아아 그리고 저 道峰山보다도

더 큰 憎惡도

屈辱도

계집애 종아리에만

눈이 가던 稚氣도

그밖의 무수한 잡동사니 雜念까지도

깨끗이 버리고

깨끗이 버리고

깨끗이 버리고

깨끗이 버리고

깨끗이 버리고
깨끗이 버리고
깨끗이 버리고
農夫의 몸차림으로 갈아입고
석경을 보니
땅이 편편하고
집이 편편하고
하늘이 편편하고
물이 편편하고
앉아도 편편하고
서도 편편하고
누워도 편편하고
都會와 시골이 편편하고
시골과 都會가 편편하고
新聞이 편편하고
시원하고
버스가 편편하고
시원하고
下水道가 편편하고
시원하고
펌프의 물이 시원하게 쏟아져 나온다고
어머니가 감탄하니 과연 시원하고
무엇보다도
내가 정말 詩人이 됐으니 시원하고
인제 정말
진짜 詩人이 될 수 있으니 시원하고

시원하다고 말하지 않아도 되니
이건 진짜 시원하고
이 시원함은 진짜이고
自由다

―「檄文」전문

  5·16 이후에 씌어진 「신귀거래」 연작의 두 번째 작품이다. 짧고 급박한 리듬으로 시 전체가 짜여져 있다. 연의 구분 없이 짧은 행 단위가 길게 나열되어 있는 이 시는 행 배치에 걸맞게 짧은 호흡과 휴지를 연속시켜 읽어야 한다.
  첫 행에서 시작하여 환유적으로 연쇄되는 4행의 몸부림, 양복, 신경질, 다방은 그 반복되는 구조 안에 필연적 인과 관계를 포함하고 있지 않다. 그것이 어떤 전체를 상정하지 않는다는 점에서 제유적이지 않은 이러한 연쇄는 같은 리듬으로 묶이면서 다분히 환유의 부분 대 부분의 대체 효과를 부각시킨다. 몸부림과 양복과 신경질과 다방은 다른 단어로 대체되어도 무방한 것이다. 여기에 남아 있는 것은 같은 구조의 반복에 의해 발생하는 리듬뿐이다. 1행에서 4행은 '마지막의'에 의해 이끌리는 반복이다. 조사 '도'에 의해서도 반복이 형성된다. 조사 '도'의 반복은 1행부터 7행까지 이어진다. 이후에는 수식어 '방대한'이 반복된다.
  이 시의 반복되는 요소들을 정리해본다. '~도'를 a로, '방대한'을 b로, '막대한'을 c로, '깨끗이 버리고'를 d로, '편편하고'를 e로, '시원하고'를 f로, 반복 사이에 끼어드는 요소를 (a)로, 마지막 행의 '자유다'를 A로 바꾸어 시 전체를 행 단위로 도해하면 아래와 같다.

    a a a a a a a b b b a c c c c a a a a (a) a a d d d d d d (a)

(a) e e e e e e e e e e f e f e f (a) f (a) f (a) f (a) f (a) A

시 전체가 반복으로 이루어져 있음을 알 수 있다. 반복으로 형성되는 리듬 양상 역시 뚜렷하게 드러난다. a는 목적어이고, d e f는 서술어이고, b c는 수식어이다. b(방대한)와 c(막대한)는 '모조품'과 '모방'을 강조한다. 따라서 이 시는 드러나지 않는 화자 '나'가 깨끗이 버려야 하는 대상, 깨끗이 버리자 새롭게 편편해진 대상, 편편해져서 시원한 대상의 열거로 이루어진 시임을 알 수 있다. 마지막 행에서 화자가 느끼는 가장 강렬한 시원함은 '자유'임이 밝혀진다. 요약해보자. '깨끗이 버리면 편편해질 것이고, 편편해지면 시원해질 것인데, 그때 자유가 찾아온다.'

화자는 고향에 돌아왔다. 도시 생활의 양상이었던 '몸부림도, 양복도, 신경질도, 다방도' 버렸고 '기나긴 골목길의 순례도, 어깨도, 허세도, 모조품과 모방도, 증오와 굴욕과 치기'도 버렸다. 그 밖의 '무수한 잡념'도 버렸다. 고향에 와서 "농부의 몸차림으로 갈아입고/석경을 보니" 모든 것이 편편하게 보인다. 심지어 버리고 떠나온 도시도 편편하게 보인다. 편편해진 자신이 시원해진다. 편편함과 시원함이 교차된다. 돌아와서 달라진 생활을 경험하니 화자는 자신이 진정한 시인이 된 듯하다. 시인이 되어서 시원함의 진미를 맛보니 시원하다는 말조차 필요하지 않게 되었다. 화자는 말한다. "이건 진짜 시원하고/이 시원함은 진짜이고/자유다"라고.

짧고 급박한 호흡으로 짜여진 '격문' 형식이 이 시의 리듬을 만든다. 두 어절 또는 한 어절이 주로 반복되면서 동일한 리듬 단위들이 나열된다. 독자는 동일한 리듬의 반복을 경험한다. 중간 중간 긴 리듬이 배치되면서 변화가 생긴다. 시의 후반부에서 두 어절과 한 어절이 교대로 반복되지만 한 어절이 주도하는 짧고 강한 리듬의 효과가 지배석이다. 중간에 나오는 (a)의 긴 행도 통사적 단절에 의해 행이 배치되면서 리듬의 변화를 크게 불러오지는 않는다. 빠르게 몰려가는 리듬에 의해 독자는 시의 마지막 행 '자유'에 쉽게 도달한다. 그 끝에서 독자는 무엇이 자유인지를 되새기게 된다. 추상적이고 관념적인 자유의 개념을 화자는 급박한 리듬에 실어 희석시킨다. 자신이 체험하고 있는 자유란 도시를 떠나 농촌에서 노동하는 자유임을 화자는 박력이 느껴지는 빠른 리듬으로 쏟아낸다.[42] 제목 '격문'은 이 시의 의미를 전달하는 형식에 대한 규정이면서 또한 이 시에 담겨 있는 내용이 모든 사람들이 느껴봐야 할 바람직한 기쁨임을 강력하게 지시하고 있다.

같은 구절의 반복에 의한 리듬 형성 방법은 다음 시에서도 사용된다. 「모르지?」에서는 화자의 물음을 표현하는 구절 '모르지?'와 모르는 '이유'가 교차되면서 반복된다.

> 李太白이가 술을 마시고야 詩作을 한 理由,
> 모르지?
> 구차한 문밖 선비가 벽장문 옆에다
> 카잘스, 그람, 슈바이처, 엡스타인의 사진을 붙이고 있는 理由,
> 모르지?
> 老年에 든 로버트 그레이브스가 戀愛詩를 쓰는 理由,
> 모르지?
> 우리집 食母가 여편네가 외출만 하면

---

42) 김주연은 이 시의 리듬이 의미와 결합하여 시원한 느낌을 준다고 한다. "부정과, 부정의 부정을 통한 긍정, 그것의 또 부정, 이런 논리가 말장난의 느낌을 전혀 주지 않고 시인의 자기혁파를 그야말로 시원스럽게 보여준다."(「교양주의의 붕괴와 언어의 범속화」, 『김수영 전집 별권』, 275면)

나한테 자꾸 웃고만 있는 理由,
모르지?
그럴 때면 바람에 떨어진 빨래를 보고
내가 말없이 집어 걸기만 하는 理由,
모르지?
함경도 친구와 경상도 친구가 外國人처럼 생각돼서
술집에서 반드시 標準語만 쓰는 理由,
모르지?
五月 革命 이전에는 백양을 피우다
그 후부터는
아리랑을 피우고
와이셔츠 윗호주머니에는 한사코 색수건을 꽂아 뵈는 理由,
모르지?
아무리 더워도 베와이셔츠의 에리를
안쪽으로 접어넣지 않는 理由,
모르지?
아무리 혼자 있어도 베와이셔츠의 에리를
안쪽으로 접어넣지 않는 理由,
모르지?
술이 거나해서 아무리 졸려도
의젓한 포즈는
의젓한 포즈는 취하고 있는 理由,
모르지?
모르지?

―「모르지?」 전문[43]

반복되는 구절은 2행에 제시된 "모르지?"이다. 반복되는 '모르지'가 기준이 되어 이 시는 화자가 '~에 대해' 모르는 이유를 청자(독자)와 자신에게 묻는 형식으로 구성되었다. '~한 이유'를 a로, '모르지?'를 b로, 바꾸어보면 다음과 같은 구성 양상이 보인다.

a b/a a b/a b/a a b/a a b/a a b/a a a a b/a a b/a a b/a a a a b/b

이렇게 반복되는 'a와 b' 한 단위를 A로, 'a a b'를 B로, 'a a a a b'를 C로 바꾸면 이 시의 구성은 마지막 행을 제외하면 'A B/A B/B B/C B/B C'가 된다. B가 기준이 되어 A와 C가 번갈아 놓인다. 작은 단위 a와 b의 구성상의 반복에 의한 리듬은 물론이고 여덟 개의 큰 단위들의 짝이 반복되면서 만들어내는 리듬도 존재한다.

리듬의 선적 흐름 위에서 독자는 화자가 말하는 내용에 집중하지 못한다. 화자 역시 자신이 무엇을 말하고 있는지 '모르'는 듯하다. 화자는 자신에게, 청자에게, 독자에게 '모르지?'라고 묻는다. 화자의 생활을 구축하고 있는 대상들이 지니는 의미를 화자는 알 수 없다고 말한다. 작은 반복 단위 a는 화자의 일상을 꾸밈없이 드러내는 대상들이다. 화자는 이러한 대상들과 자신의 관계가 어떤 의미를 지니는지, 그것이 그런 의미를 갖게 되는 이유를 알지 못하는 듯하다. 그런데 의문 부호가 사용된 '모르지?'의 반복 과정이 적층을 이루면서 이상하게도 화자가 정말로 그 이유를 모르는지 의심이 든다. 화자의 일상을 지시하는 a를 연속 반복하면서 화자는 이 모두를 '모르지?'라고 의심하고

---

43) 이 작품의 제목은 최초 발표지(≪현대문학≫ 1961. 12)에서는 「신귀거래 5편」의 네 번째 작품으로 명기되었으나, 선집 『거대한 뿌리』와 1981년 전집에는 「新歸去來 5/모르지?」로, 2003년 전집에는 「모르지?—신귀거래 5」로 표기되어 있다. ☞ 최초 발표 지면 사진 본문 132~133면.

있다. 마지막 행에서 한번 더 '모르지?'를 강조한다.

　화자는 시의 마지막 부분에서 "술이 거나하게" 취해 있다. 술에 취해 몽환에 젖어든다. 그렇지만 그는 "아무리 졸려도/의젓한 포오즈는" 놓치지 않는다. 이 이유를 화자는 청자에게, 독자에게, 자신에게 모르냐고 묻는다. 화자는 이유를 알고 있다고 말하지 않는다. 청자나 독자 역시 이러한 이유를 텍스트의 내용을 통해서는 알 수 없다. 화자는 '누가 무엇을 어떻게 하는 이유'를 모른다고 한다. 어미의 어조를 올려 읽는 순간 화자의 의도가 노출된다.[44] 모호한 물음이 연속된다. 열거된 '~이유'의 인과 관계가 뚜렷하지 않은 점도 '모르지?'의 의미가 희석되는 이유이다. 청자는 왜 화자가 "아무리 더워도 베와이샤쓰의 에리를/안쪽으로 접어넣지 않는"가를 알 수 없다. 인과 관계를 파악할 수 있게 만드는 근거는 또 있다. 이 시의 리듬은 길게 나열되는 '이유'의 구체적 내용과 그 내용을 모르냐고 묻는 화자의 반복 사이에 단절을 둔다. 각 '이유'마다 쉼표가 붙어 있다. 쉼표에 의해 휴지의 간격을 뚜렷하게 자각하는 청자는 '모르지'의 어조 상승에 더욱 집중하게 된다. 또한 긴 행과 짧은 행의 연속에 의해 '모르지?'의 효과가 배가된다. '이유'의 의미는 희미해지고 '모르지'가 부각된다.[45] 화자와 청자 모두 '모르고 있다'는 사실을 중심에 놓지만 정말로 그 이유를 화자가 모르는지를 의심할 수밖에 없다.

　반복되는 '모르지?'에 의해 리듬이 형성되고, 이 리듬은 '모르지'가 지니고 있는 의미에 변화를 불러온다. 모르기도 하고, 알기도 한다는 이중 의미가 리듬에 의해 배태된다. 특히 시의 마지막 두 행에서 반복

---

44) 황혜경(앞의 글, 49면)은 이 시의 어조가 "인생의 단면 단면을 짧은 문장으로 나열하고 있는 주된 목소리와, '모르지'라는 말만 되풀이하고 있는 또 다른 목소리"로 이중화되어 있다고 보고, 이 두 목소리의 갈등이 아이러니 효과를 지닌다는 점을 밝혔다.
45) 반복되는 '모르지'가 의미를 강조하지 않고 '의미의 지연' 효과를 가져오는 '기표의 반복'이라는 견해가 있다(박수연, 「김수영 시 연구」, 충남대 박사논문, 1999, 146면).

되는 '모르지'는 자신과 청자(독자)를 비아냥거리는 화자의 태도를 슬며시 드러낸다. '너'도 모르고 '나'도 이유를 모르게 된 상황을 '모르지?'의 반복을 통해 전복시키고 있는 이 시에서 리듬은 의미 변화를 유발하는 장치로 쓰인다.

    電燈에서 消燈으로
    騷音에서 라디오의 中斷으로
    模造品 銀丹에서 仁丹으로
    남의 집에서 내 방으로
    勞動에서 休息으로
    休息에서 睡眠으로
    新築工場이 아교공장의 말뚝처럼 일어서는
    시골에서
    새까만 발에 샌들을 신은 여자의 시골에서
    무식하게 사치스러운 공허의 서울의
    幹線道路를 지나
    아직도 얼굴의 輪廓이 뚜렷하지 않은
    발목이 굵은 여자들이 많이 사는 나의 마을로
    地球에서 地球로   나는   왔다
    나는 왔다   억지로   왔다

                                  —「X에서 Y로」 전문

'~에서 ~(으)로'는 제목뿐만 아니라 시의 대부분을 구성하는 중요한 문장이다. 반복되는 요소들의 양상이 앞의 시들과는 다르다. 이 시는 동일한 구조의 문장이 시 전체의 반복 구조를 형성한다는 점에서는 앞의 시들과 비슷하지만 시의 중간 부분에 반복되는 구문을 수식하는 구절이 길게 삽입되어 있다는 점에서 앞의 시들과는 다른 양상을 보인다.

　제목 'X에서 Y로'에서 알 수 있듯이 반복되는 요소들은 대개가 대립하고 있으나 그렇지 않은 것도 있다. 첫 행의 '점등'과 '소등'은 불을 켜놓은 등불에서 불을 끄다는 의미로 이동하고 있다. 라디오의 전원을 올리자 들려오는 '소음'과 라디오를 꺼버렸다는 '중단'이 서로 대립한다. 모조 은단이 '은단'의 잘못된 말 '인단'으로 변한다. '남의 집'에서 '내 방'으로 공간이 바뀐다. 일하다가 '휴식'한다. 휴식하다가 '수면'에 빠진다. 6행까지 연속되는 '~에서 ~으로'의 이동 또는 변화 과정이었다. 그런데 7행부터는 동일 구문 구조의 반복으로 이어지던 시의 전개에 변화가 생긴다. 7행에서 13행에 걸쳐 반복 구문 '~에서 ~로'가 한 번 사용되었다. 7행의 '시골에서'가 8행에서 반복된다. 9~11행은 12행의 '나의 마을로'를 수식하고 있다. 13행에서 '~에서 ~로'가 다시 반복된다. 13, 14행은 '왔다'는 서술어가 세 번 사용된다.

　1행에서 6행까지 '~에서 ~으로'는 행마다 반복된다. 빠른 리듬을 형성한다. 화자 '나'는 쉴 사이 없이 빠르게 X에서 Y로 이동해왔다. 좌표축의 어떤 물체처럼 멈추지 않고 이동해온 화자의 전력(前歷)이 빠른 리듬에 실려 제시된다. 화자는 불을 끄고, 라디오의 전원을 내리고, 모조 은단을 인단이라고 여기고, 남의 집에서 자신의 방으로 와서는, 노동을 끝내고 휴식하고, 휴식하다가 잠드는 과정을 연속적으로 표현한다. 움직여 변화된 자신의 상태를 반복 구문을 연쇄시켜 빠른 속도로 제시하고 있다. 7행부터 리듬은 갑자기 달라진다. 화자는 움직임의 기준점이 되는 'X'와 움직임의 귀결점이 되는 'Y' 앞에 긴 수식구를 부착시키면서 앞 행의 연속성을 단절시킨다.

　반복되는 구문으로 이루어진 행의 연쇄에서 발생하는 리듬은 물론이고 이 시는 같은 행에서도 반복에 의해 리듬이 형성되는 양상을 보여준다. 또한 초행적 간격을 둔 반복에 의해 발생되는 리듬도 있다. '~에서 ~(으)로'의 반복이 만들어내는 리듬이 바로 이러한 구조에서 비롯된다. 아울러 14, 15행에 나오는 '나는 왔다' 역시 리듬 형성에 중요한 역할을 담당한다. '~에서 ~(으)로'의 반복과 상응하는 '나는 왔다'는 의미뿐만 아니라 리듬의 효과면에서도 반복의 균형을 유지하는 기능을 갖는다. 그런데 '지구에서 지구로' 이동해온 화자는 14행에서 시의 다른 부분과 변별되는 시각적 배치로 시구를 강조하고 있다. '나는'과 '왔다' 사이에 여백이 있고, 14행과 15행 사이의 행 구분에 의한 여백이 있다. 15행에서는 '왔다'와 '억지로'와 '왔다' 사이에 여백이 있다. 이러한 서기적(書記的) 지표[46]는 리듬의 흐름에 완급을 부여한다. 숨가쁘게 X에서 Y로 달려온 화자는 14행에서야 처음으로 서술어 '왔다'를 발화한다. 마지막으로 표현된 공간 지표인 '지구에서 지구로'를 발화한 이후의 휴지를 시각적으로 표현한 것이다. 그리고 화자는 15행에서 다시 '왔다'를 말한다. 휴지가 반복되고 '억지로' '나의 마을로' 돌아온 화자의 상태가 부연된다. 길게 띄어쓴 서기적 지표는 리듬의 변화 요소일 뿐만 아니라 '억지로'에 의미의 강조를 두는 요소이기도 하다.[47]

급박했다가 갑작스럽게 느려진 리듬, 보통의 띄어쓰기보다 넓은 여백에 의해 발생되는 휴지의 효과가 시대의 변화를 성찰하고 부정적 대상의 가치를 인식한 후 현실에 육박해들어가는 화자의 행동에 동력

---

46) 書記的 지표는 기록된 시 텍스트의 시각적인 배치에 의해 드러나는 특징을 말한다. 로트만은 시의 서기적 특징이 시 의미의 해석에 중요한 기능을 담당한다는 점을 다음과 같이 언급한다. "순문학적 텍스트의 구연적 존재가 그것의 수행(낭독)에 의해 규정되는 것처럼 쓰여진 텍스트는 적절한 조직화의 표시를 가져야 한다. 書記的 체계는 이 역할을 담당한다. 〔…중략…〕書記論에서 의도적 조직화를 찾는 경우 시 속에 조직화된 모든 것이 의미심장하게 된다는 점에서 그들의 시적 의미에 대해 말하는 것이 정당화된다."(Jurij Lotman, 『詩 텍스트의 분석;詩의 구조』 유재천 역, 가나, 1987, 130면)

을 부여한다.

  김수영의 시 중에서 더욱 복잡한 반복 양상을 확인할 수 있는 시가 있다. 「꽃잎 3」은 리듬의 복잡한 양상이 시 전반에 걸친 다양한 반복· 열거에 의해 성립된다는 사실을 확인하게 만드는 작품이다. 이 시에서는 동일한 문장 구조의 반복뿐만 아니라 리듬 형성 모델 중의 하나인 모티프의 반복 양상도 확인된다.

> 순자야 너는 꽃과 더위져 가는 화원의
> 초록빛과 초록빛의 너무나 빠른 변화에
> 놀라 잠시 찾아오기를 그친 벌과 나비의
> 소식을 완성하고
>
> 우주의 완성을 건 한 字의 생명의
> 귀추를 지연시키고
> 소녀가 무엇인지를
> 소녀는 나이를 초월한 것임을
> 너는 어린애가 아님을
> 너는 어른도 아님을
> 꽃도 장미도 어제 떨어진 꽃잎도
> 아니고

---

47) 제시된 좌표인 X에서 Y로 이동한 화자가 '억지로'라고 말하는 이유는 무엇인가. 산업화와 도시화가 시대의 대세라는 사실을 화자는 알고 있다. 화자는 농촌에서 도시로 이동하는 현실의 움직임을 부정한다. 시대가 Y에서 X로 이동한다면, 화자는 X에서 Y로 이동한다. 억지로 화자는 사치와 공허를 거부하고 시대의 조류를 거스른다. '억지로'에 의해 변화의 지표가 되는 'X에서 Y로'의 방향이 역전된다. 시대는 X에서 Y로 움직이지만 화자는 오히려 Y에서 X로 움직이려고 한다. "사치스러운 공허의 서울"을 떠나 시골로 돌아온 화자가 "억지로   왔다"고 말하는 이유가 여기에 있다.

떨어져 물 위에서 썩은 꽃잎이라도 좋고
썩는 빛이 황금빛에 닮은 것이 순자야
너 때문이고
너는 내 웃음을 받지 않고
어린 너는 나의 전모를 알고 있는 듯
야아 순자야 깜찍하고나
너 혼자서 깜찍하고나
　　　　〔…중략…〕
너는 열네 살 우리집에 고용을 살러 온 지
3일이 되는지 5일이 되는지 그러나 너와 내가
접한 시간은 단 몇 분이 안 되지 그런데
어떻게 알았느냐 나의 방대한 낭비와 넌센스와
허위를
나의 못 보는 눈을 나의 둔갑한 영혼을
나의 애인 없는 더러운 고독을
나의 대대로 물려받은 음탕한 전통을

꽃과 더워져 가는 화원의
꽃과 더러워져 가는 화원의
초록빛과 초록빛의 너무 빠른 변화에
놀라 오늘도 찾아오지 않는 벌과 나비의
소식을 더 완성하기까지

캄캄한 소식의 실낱 같은 완성
실낱 같은 여름날이여
너무 간단해서 어처구니없이 웃는

너무 어처구니없이 간단한 진리에 웃는
너무 진리가 어처구니없이 간단해서 웃는
실낱[48] 같은 여름 바람의 아우성이여
실낱 같은 여름 풀의 아우성이여
너무 쉬운 여름 풀의 아우성이여

―「꽃잎 3」 부분

「꽃잎」 연작의 마지막 작품인 이 시에서 화자는 청자 '순자'를 부른다. '너'는 "꽃과 더워져 가는 화원의/초록빛과 초록빛의 너무나 빠른 변화에/놀라 잠시 찾아오기를 그친 벌과 나비의/소식을 완성"한다. 문장의 통사적 분절에 의한 일반적인 행 배치에서 어긋나 있는 1연의 자연스러운 분절은 다음과 같다. '순자야 너는 꽃과/더워져가는 화원의 초록빛과/초록빛의 너무나 빠른 변화에 놀라/잠시 찾아오기를 그친/벌과 나비의 소식을 완성하고'로 끊어읽는 경우 리듬은 시행의 전개에 따라 안정감을 획득한다. 화자는 이러한 자연스러움을 거스르고 인위적인 시행 배치를 시도한다. '더워져 가는 화원의 초록빛'에서 통사적으로 연쇄되는 '화원의 초록빛'을 갈라 놓는다. 독자는 이 구절을 읽는 순간 호흡의 부자연스러운 단절에 의해 거부감을 느끼면서 동시에 단절된 다음 구절에 집중하게 된다. 독자는 화원의 '초록빛'에 관심을 갖는다. 벌과 나비의 '소식'에 집중한다. 일반적인 리듬의 흐름을 의도적으로 거부하는 시행엇붙임 기법이 사용된 예이다.[49]

---

48) 최초 발표지(《현대문학》, 67. 7)와 선집 『거대한 뿌리』에서 이 단어는 '실날'로 표기되어 있다. 1981년과 2003년 전집에서 '실낱'으로 바뀌었다.
49) 기존 논의의 '앙장브망'을 '시행엇붙임'으로 바꾼다. 이 용어는 황정산의 연구에서 차용한다. '시행엇붙임' 기법에 한정되어 김수영 시의 리듬이 논의되었지만 황정산(「김수영 시의 리듬」, 『김수영』, 새미, 2002)의 연구는 김수영 시의 리듬을 단일 주제로 삼아 리듬의 실현 양상을 구체적으로 검토했다는 데에 의의가 있다.

1연의 시행엇붙임 기법은 2연의 1행과 2행에도 사용된다. '생명의 귀추'가 '생명의/귀추'로 제시되었다. 자연스럽게 독자는 '귀추'에 의미의 중점을 두게 된다. 통사적인 흐름이 2연까지 지속된다. 리듬의 자연스러운 흐름을 거스르는 이러한 예는 3행부터 동일한 문장 구조의 반복이 만드는 리듬에 의해 자연스러운 질서를 되찾는다. 그러나 통사적으로는 여전히 혼란스러운 양상을 보인다. 3행부터 반복되는 목적절 "소녀가 무엇인지를/소녀는 나이를 초월한 것임을/너는 어린 애가 아님을/너는 어른도 아님을"의 서술어가 무엇인지 확연하게 드러나지 않기 때문이다. 1연의 시행엇붙임이 이어지면서 생명의 '귀추'와 '지연시키고'가 동시에 강조된다. 리듬의 강제적 분산과 연속적 형성이 맞붙어 있다. 리듬에 의해 문장의 통사적 완결이 저해되고, 또한 완결되지 않은 문장이 자연스럽게 흘러간다. 이러한 흐름에 휩쓸려 "소녀가 무엇인지를/소녀는 나이를 초월한 것임을"에 호응되는 주체가 무엇인지 잘 분간되지 않는다. 순자에 대해 말하는 화자의 발화에 '나'의 말이 삽입된 것이라는 가정도 가능하다. 순자를 지칭하는 2인칭 '너'가 나오는 5행부터 시는 다시 순자의 이야기로 전환된다. 순자는 '어린애도 아니고, 어른도 아니고, 꽃도 장미도 어제 떨어진 꽃잎도 아니다.' 한 어절이 한 행을 차지하는 8행은 리듬의 단절을 일으킨다. 리듬의 변화는 9행부터 다른 양상을 보인다. 9행에서 제시된 '썩은 꽃잎'은 10행에서 '썩다'를 이어받아 "썩는 빛"으로 이어진다. 10행에서 순자를 호명하여 리듬의 변화를 꾀한 화자는 다음 행에서 '너'를 말하고, 12행에서는 호명된 '너'를 모티프로 하여 연속적으로 발화한다. 모티프의 반복에 의해 리듬이 형성되는 예이다. "떨어져 물 위에서 썩은 꽃잎이라도 좋"은 화자는 "썩는 빛이 황금빛에 닮은 것"이 '순자' 때문이라고 했다. 호명된 순자는 "내 웃음을 받지 않고," 어린 순자는 "나의 전모를 알고" 있다. 화자는 이런 순자에게 말한다.

"야아 순자야 깜쩍하고나/너 혼자서 깜쩍하고나." "깜쩍하고나"가 반복되면서 다시 한번 리듬을 강화시킨다.

4연에서는 화자의 부정적인 내면이 고발되고 있다. 화자는 순자를 통해 자신의 부정적 경향을 고발한다. 한 어절 한 행으로 처리된 5행 '허위를'이 리듬의 변화를 일으킨다. 목적절의 반복에 의해 리듬이 형성되는 다음 행부터 리듬은 이전 행의 빠르기를 회복한다. 5행은 순자가 알고 있는 화자 '나'의 부정적 내면의 세목에 읽는 이의 관심을 집중시킨다. 독자는 화자의 '허위를, 못 보는 눈을, 둔감한 영혼을, 더러운 고독을, 음탕한 전통을' 주목한다.

자신의 부정적 내면을 고발한 화자는 1연의 모티프를 5연에서 반복한다. 모티프의 초행적 반복에 의해 리듬이 다시 형성된다. 1연 1행에 제시된 "꽃과 더워져가는 화원"이 반복된다. 이는 다음 행에서 '더워져가는'과 '더러워져가는'의 말장난에 의한 리듬으로 변한다. 5연은 마지막 부분에서 1연의 모티프와 달라진다. 1연의 "찾아오기를 그친"이 5연에서는 "오늘도 찾아오지 않는"으로 변화되었다. 1연의 "소식을 완성하고"는 "소식을 더 완성하기까지"로 바뀌었다. 순자를 통해 자기 폭로를 실행한 화자는 순자가 완성의 주체인 1연과 다르게 5연에서 자신이 소식을 '더' 완성하는 주체로 나서게 된다.

6연의 리듬은 5연 끝 행의 모티프가 반복되면서 형성된다. 화자가 이룰 완성은 "캄캄한 소식의 실낱 같은 완성"이다. 2행은 1행의 '실낱'을 이어받는다. 호격으로 의미의 진행이 시작되고 일단락되는 이 시의 구성에 맞게 3행은 새로운 의미 단위로 전이된다. 화자 자신의 부정적 성향 때문에 여름날인데도 '벌과 나비'가 찾아오지 않는다. 그 이유를 확인할 수 있는 소식이 완성되기까지 화자는 기다리기로 한다. 그런데 그 소식은 벌과 나비가 전해주는 것이 아니라 화자 스스로 완성하는 것임을 화자는 알게 된다. 화자는 "너무 간단해서 어처구니

없이 웃"고 만다. 화자의 깨달음은 앞 행의 일부를 모티프 삼아 반복·변이되면서 리듬을 형성해낸다. 3행에 진리가 첨가되어 4행이 된다. 5행은 4행의 어순을 바꾸어 내용의 변화를 일으킨다. 3, 4, 5행은 모두 '~ 웃는'으로 수식되는 동일 구조의 구문이다. 행 단위의 반복이 리듬의 동인이 된다. 6행과 7행은 2행의 모티프를 이어받는다. "실낱 같은 여름날"은 "실낱 같은 여름 바람의 아우성"으로 전환되고, 이는 "실낱 같은 여름 풀의 아우성"으로 바뀐다. 5연의 완성에 '실낱 같다'가 추가되고, 실낱에 '여름날'이 추가된다. '너무 간단해서 어처구니 없어 웃다'에는 '진리'가 추가된다. 다시 '실낱 같은 여름'에는 '바람의 아우성'과 '여름풀의 아우성'이 연쇄된다. 끝으로 '여름풀'에는 '너무 쉽다'가 덧붙는다. 모티프의 연쇄에 의해 반복이 일어나고, 이 반복이 리듬을 형성하는 예가 제시되었다. 화자의 부정적인 내면을 폭로하려는 의지가 빠른 리듬에 의해 효과적으로 전달되고 있는 이 시의 리듬은 시행엇붙임, 동일 구문 구조의 반복, 모티프의 반복 등이 사용되어 형성되었다.

김수영은 동일한 단어와 구문의 반복뿐만 아니라 동일 통사 구조의 반복과 모티프의 반복 등을 복합적으로 사용하여 복잡한 리듬을 구현한다. 리듬은 김수영 시의 강력한 음악성을 설명할 수 있는 핵심 개념이다.

2) 산술적으로 배열된 리듬

다양한 반복에 의해 형성되는 김수영 시의 리듬 양상을 논의하는 과정에서 반복되는 요소들 간에 일정한 패턴이 있음을 확인할 수 있었다. 이러한 패턴은 김수영의 시에서 리듬 형성의 일정한 질서를 형성한다. 아래의 시에서 김수영은 일정한 단위의 소리 덩어리로 시의 행과 연을 배분하여 리듬을 만들어낸다.

  조그마한 용기가
  필요할 뿐이다

  힘은 손톱 끝의
  때나 다름없고

  時間은 나의 뒤의
  그림자이니까

  거리에서는 고개
  숙이고 걸음 걷고

  집에 가면 말도
  나지막한 소리로 걸어

  그래도 정 허튼소리가
  필요하거든

  나는 대한민국에서는
  제일이지만

  以北에 가면야
  꼬래비지요

         —「허튼소리」 전문

이 시의 리듬 양상은 단순해보인다. 각 연이 모두 2행으로 분절되어 있다. 한 행으로 처리해도 무리가 없어 보이는 발화를 두 행으로 분리시켜 연으로 배치한 시인은 독자에게 작품 읽는 속도를 조절하라고 요구하고 있는 듯하다.

화자는 지금 "조그마한 용기가/필요할 뿐이다." 이 문장을 한 행으로 읽어보자. '조그마한 용기가 필요할 뿐이다.' 두 행으로 분절하여 읽는 방법과 한 행으로 읽는 방법에는 차이가 있다. 두 행으로 분절시켜 읽는 경우 읽는 속도가 현저하게 느려진다. 행 배치에 의해 독자는 '조그마한 용기가'를 읽고 한 호흡 쉰 후 '필요할 뿐이다'를 읽게 된다. 이 경우 독자는 화자에게 필요한 것이 용기인데, 그것이 '조그마하다'는 의미에 강조점을 둔다. 자신에게 조그마한 용기가 필요하다는 점을 화자는 강조하려고 한다. 독자는 호흡의 단절을 경험하고 화자의 의도에 맞게 읽는다. 행의 배치에 의해 시각적으로 자극을 받아 시행의 오른쪽 빈 공간이 호흡의 휴지를 지시하는 경우이다.

2연 역시 의미 단위가 통사적으로 분절되는 한 단위이다. 화자가 지니고 있는 "힘은 손톱 끝의/때나 다름 없"다. 1연의 구성과 마찬가지로 2연 역시 한 행으로 배치한다고 해서 읽기에 큰 무리가 따르지는 않는다. '힘은 손톱 끝의 때나 다름 없고'로 읽는 경우 읽기의 속도는 행을 분절한 경우보다 빨라진다. 화자의 의도적인 분절은 빠른 읽기를 방해한다. 독자는 2연 1행을 읽으면서 화자의 힘이 단절된 1행의 '손톱 끝'처럼 작다는 의미를 감지한다. 2행에서 독자는 다시 그 힘이 손톱 끝의 때와 비슷하다는 사실을 알게 된다. 비슷한 의미를 의도적으로 분절하여 의미를 강조하고 있다. 화자는 자신이 전달하고자 하는 의미를 강조하기 위해 시행을 일정한 단위로 배분한다.

3연에서 화자는 2연과 동일한 방법으로 의미를 전달한다. 느리게 시행이 읽힌다. 시간은 화자의 뒤에 있다. 그 시간은 화자의 그림자이다. 3연에서 의미는 완결된다. 화자 '나'에게는 조그만 용기가 필요할 뿐인데, 그 이유는 '나'의 힘은 손톱 끝의 때처럼 작고 시간은 내 뒤의 그림자이기 때문이다. '나'는 "거리에서는 고개/숙이고 걸음 걷"는다. 일반적으로 목적어 '고개'와 이에 호응하는 서술어 '숙이다'는 붙여 읽는다. 그런데 화자는 목적어와 이에 연쇄되는 서술어를 분리시켜 배치했다. 시의 리듬에 맞게 시의 의미 단위들을 배치하고 있는 것이다. 독자는 이러한 리듬에 의해 '숙이다'에 집중하게 된다. 화자는 거리에서 고개를 숙이고 걷는 습관이 있다. 독자는 화자의 행동에 집중하게 된다. '고개 숙이고'보다 '고개/숙이고'가 화자의 동작 '숙이다'를 더 강조한다.

　5연의 의미 전달 체계 또한 4연과 같다. 거리에서 돌아와 집에 들어오면 "말도/나즈막한 소리로" 거는 화자의 행동이 제시된다. 독자는 화자가 집에서도 말을 조심스럽게 건넨다는 것을 알게 된다. 화자는 리듬에 의해 규정된 소리의 단위에 맞춰 일반적인 호흡으로 구성되는 문장 발화에 균열을 낸다. '나는 집에 가면/말도 나지막한 소리로 건다'가 일반적인 호흡 단위의 행 배치가 될 것인데, 화자는 1연의 "조그마한 용기가/필요할 뿐이다"에서 제시된 리듬에 다른 연의 리듬을 통일시키고 있다. 1연에서 5연까지 각 연 각 행에는 한 번의 휴지가 존재한다. 각 연의 휴지는 다음과 같다. 조그마한∨용기가∨∨필요할∨뿐이다∥힘은∨손톱 끝의∨∨때나∨다름 없고∥시간은∨나의 뒤의 ∨∨그림자이니까∥거리에서는∨고개∨∨숙이고∨걸음 걷고∥집에 가면∨말도∨∨나즈막한 소리로∨걸어.[50] 3연 2행만 한 호흡이다. 이를 숫자로 표시하면 다음과 같다. 2-2∥2-2∥2-1∥2-2∥2-2. 3연을 중심으로 1, 2연과 4, 5연이 대칭 구조를 이룬다.

---

[50] '∨'는 한 행 안에서 음보 단위로 분절되는 호흡의 휴지를 표시한다.

6연에서 화자는 리듬에 변화를 준다. 접속사 '그래도'가 의미의 변화뿐만 아니라 리듬의 변화에도 관여한다. 6연을 분절시켜보자. "그래도∨정∨허튼소리가∨∨필요하거든"으로 구성된 6연은 앞의 연과 다르게 1행에 두 번의 휴지가 있다. 6연은 '3-1'로 구성되어 있다. 화자는 6연에서 자신에게 정말로 허튼소리가 필요하다는 것을 피력한다. 세 호흡 단위로 빠르게 읽어야 하는 이 부분에서 시의 리듬은 급박해진다. 그리고 다음 행에서 리듬은 느려지고 '필요하다'에 독자는 집중하게 된다. 7연과 8연은 동일하게 배치되었다. "나는∨대한민국에서는∨∨제일이지만∥이북에∨가면야∨∨꼬래비지요." 6연에서 8연까지 두 번째 행은 한 호흡으로 읽어야 한다. 이를 숫자로 표시하면 '3-1∥2-1∥2-1'이 된다. 이 시의 전체 호흡 단위를 종합하면 다음과 같다.

1연	2연	3연	4연	5연	6연	7연	8연
2-2	2-2	2-1	2-2	2-2	3-1	2-1	2-1
4	4	3	4	4	4	3	3

숫자의 크기를 독자가 작품을 읽는 속도라고 가정해보자. 이때 형성되는 읽기의 빠르기는 이 시의 리듬이 된다. 가장 많은 경우를 보이는 '2-2'를 표준 리듬이라고 하면, 이 시의 리듬이 중간 빠르기에서 시작해서 3연에서 느려졌다가 4연부터 다시 상승하고 6연에 이르러 최고로 빨라졌다가 7, 8연에서 다시 3연의 속도로 느려져서 종결되는 구조로 짜여져 있음을 알 수 있다. 위 표의 두 번째 항목은 호흡 단위의 합이다. 이를 보면 네 호흡과 세 호흡으로 구성된 이 시가 6연 1행을 세 호흡 단위로 배치해서 속도를 증가시키고 있음을 파악하게 된다.
6연 1행의 일탈적 리듬 배치를 통해서 화자는 자신에게 진정으로

'허튼소리'가 필요함을 강조하고 있다. 또한 '나'가 대한민국에서는 제일이지만 북한에 가면 꼬래비에 불과한 존재라는 허튼소리를 통해 남북한의 체제 차이에 의해 발생하는 상반된 가치 평가의 간극을 비판한다.

  동일 구문 구조의 반복에 의해 형성되는 리듬 양상이 산술적인 배분에 의해 일정한 질서를 형성하고 있는 양상은 다음 작품에서 더욱 확연하게 드러난다.

    삶은 계란의 껍질이
    벗겨지듯
    묵은 사랑이
    벗겨질 때
    붉은 파밭의 푸른 새싹을 보아라
    얻는다는 것은 곧 잃는 것이다

    먼지 앉은 석경 너머로
    너의 그림자가
    움직이듯
    묵은 사랑이
    움직일 때
    붉은 파밭의 푸른 새싹을 보아라
    얻는다는 것은 곧 잃는 것이다

    새벽에 준 조로의 물이
    대낮이 지나도록 마르지 않고
    젖어 있듯이

묵은 사랑이
뉘우치는 마음의 한복판에
젖어있을 때
붉은 파밭의 푸른 새싹을 보아라
얻는다는 것은 곧 잃는 것이다

—「파밭 가에서」 전문

이 시 역시 동일 구조의 반복으로 이루어져 있다. '~이 ~듯'을 a로, '~이 ~때'를 b로, "붉은 파밭의 푸른 새싹을 보아라/얻는다는 것은 곧 잃는 것이다"를 c로 한다. 세 연은 모두 'a/b/c' 형태를 취한다. 1연의 a는 2행, 2연의 a는 3행, 3연의 a는 3행으로 구성되었다. 1연의 b는 2행, 2연의 b는 2행, 3연의 b는 3행이다.

	1연	2연	3연
a	2행	3행	3행
b	2행	2행	3행
c	2행	2행	2행

위 표의 세로줄을 보자. 각 연의 행수는 '1연 2—2—2, 2연 3—2—2, 3연 3—3—2'이다. 2연에서는 a의 수가, 3연은 a b의 행 수가 하나씩 증가하는 점층적 구성임을 알 수 있다. 가로줄을 보자. a는 각 연에서 '2—3—3, b는 2—2—3, c는 2—2—2'로 배치되어 있다. 위 표의 왼쪽 위에서 오른쪽 아래 대각선 방향으로 2행이 배치되어 있고 그것을 기준으로 아래 부분에는 2행이, 위 부분에는 3행이 배치되어 있다. 이와 같은 일정한 질서는 이 시의 리듬 형성에 크게 이바지한다. 각 연마다 증가하는 행에 의해 읽기 속도가 조금씩 증가된다. 같은 문장

구조에 의해 전체가 반복되는 일정한 패턴의 리듬에 물리적인 소리 단위들이 점증된다. 따라서 독자는 동일한 리듬 구조 속에 포섭되는 의미의 양을 같은 것으로 받아들인다. 각 연마다 반복되는 묵은 사랑은 리듬에 의해 의미의 유사성을 부여받는다. 묵은 사랑의 껍질은 '삶은 계란의 껍질이 벗겨지듯이' 벗겨지고 있다. 이때 독자는 "붉은 파밭의 푸른 새싹을 보아"야 한다는 화자의 명령을 받는다. 그리고 "얼는다는 것은 곧 잃는 것"임을 깨닫게 된다. '먼지 않은 석경 뒤로 너의 그림자가 움직이듯이' 묵은 사랑이 움직인다. '새벽에 뿌려준 조로의 물이 대낮이 지나도록 마르지 않듯이' 묵은 사랑은 젖어 있다. 그것도 "뉘우치는 마음의 한복판에"서 묵은 사랑은 젖어 있다.

'묵은 사랑'에 대한 표현만을 따로 분리하면 다음과 같다. '묵은 사랑은 벗겨지고, 움직이고, 젖어 있다.' 화자가 지니고 있는 오래되어 낡은 사랑의 껍질을 벗기고 새로운 사랑을 만들 때 붉은 파밭에는 새싹이 틀 것이다. 새 사랑을 얻는 것은 그런데 잃는 것이다. 다시 새 사랑이 필요할 뿐이다. 사랑은 움직인다. 묵은 사랑 역시 움직여서 새로운 사랑이 되어야 한다. 그때 붉은 파밭에 푸른 새싹이 피어오를 것이다. 이렇게 얻은 새 사랑이지만 잃는 것은 당연하다. 그것이 사랑의 순리이기 때문이다. 사랑은 늘 움직여야 한다. 낡아버린 사랑은 새벽에 준 조로의 물이 마르지 않은 것처럼 변하지 않은 채로 남겨져 있다. '나'는 이런 사랑을 뉘우치고 있다. 변하지 않은 사랑을 인식하고 어떻게 해서 사랑에 변화가 생기지 않았는가를 반성할 때, 붉은 파밭에 새싹이 터오른다. 그리고 이 사랑 역시 다시 잃어버려야 한다는 것을 알아야 한다. 이와 같은 사랑의 변화 양식을 이 시는 점증하는 리듬에 실어 표현한다.

화자는 파밭 가에서 돋아난 푸른 새싹을 보고 있다. 사랑의 양식, 사랑의 운동을 체감하면서 화자는 노래부른다. 화자의 노래는 동일 구문을 후렴처럼 반복한다. 노래가 진행되면서 후렴구 앞에 새 구절이 첨가된다. 행수가 늘어나고, 호흡의 단위가 늘어나고, 리듬이 조금 빨라진다. 독자는 리듬의 변화를 눈치채지 못한다. 변화하는 리듬이 포섭하고 있는 의미 단위의 추가를 파악하지 못한다. 그렇다고 전체 시의 의미 파악에 장애가 생기지는 않는다. 리듬 때문에 시의 의미는 강력하게 전달된다. 사랑을 얻는다는 것이 왜 잃는 것인지를 독자는 리듬의 운동 양상과 사랑의 운동 양상을 통합시키면서 자연스럽게 깨닫는다. 김수영 시의 리듬이 산술적 균형을 이룰 만큼 치밀하게 짜여져 있는 양상을 확인할 수 있었다.

김수영 시의 주도적 기법인 반복·열거에 의해 리듬은 생성된다. 반복·열거는 의미의 강조뿐만 아니라 리듬 형성을 위해 김수영이 의도적으로 활용한 기법이다. 반복·열거에 의해 생성되는 김수영 시의 리듬은 행 단위에서 반복되는 동일 어휘뿐만 아니라 조사의 반복, 이미지와 모티프의 반복, 같은 통사 구조의 반복에 의해서도 형성된다. 반복·열거와 더불어 시행 엇붙임 기법 역시 김수영 시의 리듬을 강화시키는 중요한 요소이다. 리듬은 김수영의 시가 획득하고 있는 음악성의 근거이며, 완결된 형식미와 내적 통일성을 부여하는 장치이다.

거 리

金 洙 暎

돈을 버는 거리의 부인이여
잠시 눈살을 펴고
눈에서는 毒氣를 빼고
自由로운 姿勢를 취하여보아라

여기는 서울 안에서도 가장 繁雜한 거리의 한 모퉁이
나는 오늘 세상에 처음 나온 사람모양으로 快活하다
疲困을 잊어버리게하는 밝은 太陽밑에는
모든 사람에게 不可能한 일이 없는듯하다
「나포레온」만한 豪氣는 없어도

「거리」 최초 발표 지면

나는 거리의 運命을 보고
달콤한 마음에 싸여서
어디로 가야할지 모르는 마음──
무한이 망서리는 이 마음은 어둠과 絕望의 어제를 위하여
사는것이 아니고
너무나 기쁜 이 마음은 무슨 까닭인지 알수는 없지만
確實히 어리석음에서 나오는것은
아닐렌데
──劇場이여
나도 지나간 날에는 俳優를 꿈꾸고
살던 때가 있었단다
無數한 우슴과 벅찬 感激이여
蘇生하여라
거리에 굴러다니는 보잘것 없는 서름이여

秦始王 만큼은 강하지 않아도
나도 모든 사람의 苦憫을 아는것같다
어두운 圖書館 같은 房에서 肉重한
百科辭典을 농락하는 學者처럼
나는 그네들의 苦憫에 대하여만은
透徹한 自信이 있다

「지―프」차를 타고가는 어느 젊은 사람이
愉快한 表情으로 活潑하게 길을 건너가는 나에게
인사를 한다
옛날의 同窓生인가 하고 고개를 기웃거려 보았으나
그는 그 사람이 아니라
○○부의 어마어마한 자리에 앉은
課長이며 名士이다

沙漠의 한 끝을 찾아가는 먼 나라의
외국사람처럼 나는 어디로 가야할지 모르겠다

지금은 이 繁雜한 現實우에
하나하나 幻想을 붙여서 보지 않아도 좋다
검언 얼굴이며 노란 얼굴이며 쩌그러진 얼굴이며가 모두 幻想과 現實의
中間에 서서 있기에
나는 食人種같이 殘忍한 貪慾과 强烈한 意慾으로 그중의 하나하나를
일일이 뚫어서라하고 더펴다보는 것이지만
나의 마음은 달과 바람모양으로 서늘하다

그네, 마지막으로
돈을 버는 거리의 부인이여
잠시 눈살을 펴고
쩌그러진 입술을 펴라

그녀의 얼굴이 나의 눈 앞에서

어린아이들이 가지고 노는 도르라미 모양으로 세찬 바람에 매암을 돌기 전에

都會의 黑點——

오늘은 그것을 云云할 날이 아니다

나는 오늘 세상에 처음 나온 사람 모양으로 快活하다

——코에서 나오는 쳐 냄새가 그리웁다

내가 잠겨있는 精神의 焦點은

感傷과 鄕愁가 아닐것이다

靜寂이 나의 가슴에 있고

부드러움이 바로 내가 딸아가는 것인이상

나의 矜持는「아드바룬」보다는 좀더 무거울것이며

叡智는 어느 煙筒보다도 훨씬 뾰죽하고 날카로울것이다·

暗黑과 맛닿는 나의 生命이여

거리의 生命이여
倨慢과 傲慢을 잊어버리고
밝은 대낮에라도 謙遜하게 지내는 妙理를 배우자

여기는 좁은 서울에서도 가장 번거로운 거리의 한 모롱이
憂鬱대신에 수많은 기폭을 흔드는 快活
잊어버린 수많은 詩篇을 밟고 가는 걸가에
榮光의 집들이여 店舖여 歷史여
바람은, 면도날처럼 날카로울 전만
어디까지 明朗한 나의 마음이야
구두여 洋服이여 露店商이여 印刷所여 入場券이여 負債여 女人이여
그리고 女人 중에도 가장 아름다운 그녀여
돈을 버리는 거리의 부인들의
어색한 모습이여

『꼬오꼬 꼬꼬오 꼬꼬 꼬꼬』
두줄기로 뻗어 올라가던 놈이
한줄기가 더 생긴 것이 며칠 전이었나

四

李太白이가 술을 마시고야 詩作을 한 理由、
모르지?
구차한 문밖 선비가 벽장 문 옆에다
카사르스、그람、쉬바이써、에프스타인의 사진을 붙이고 있는 理由、
모르지?
老年에 든 로버트·그레브스가 戀愛詩를 쓰는 理由、
모르지?
우리집 食母가 여편네가 외출만 하면
나한테 자꾸 웃고만 있는 理由、
모르지?
그런 때면 바람에 떨어진 빨래를 보고
내가 말없이 집어 걸기만 하는 理由、
모르지?
함경도 친구와 경상도 친구가 外國人처럼 생각돼서

「모르지?」 최초 발표 지면

술집에서는 반듯이 標準語만 쓰는 理由,
모르지?
五月革命 이전에는 백양을 피우다
그후부터는 아리랑을 피우고
와이샤쓰 윗호주머니에는 한사코 색수건을 꽂아 뵈는 理由,
모르지?
아무리 더워도 배 와이샤쓰의 에리를 안쪽으로 접어 넣지 않는 理由,
모르지?
아무리 혼자 있어도 배 와이샤쓰의 에리를 안쪽으로 접어 넣지 않는 理由,
모르지?
술이 거나해서 아무리 졸려도
으젓한 포오즈는 취하고 있는 理由,
모르자?
모르지?

제3장
의미와 수사의 관계

1. 遂行과 명령법

1) 遂行: 참여·불온·전위의 동시성

 김수영은 시의 참여를 주장했다. 시인이 정치적 행동에 참여해야 한다는 말이 아니다. 시인은 시를 통해, 시인의 정신을 통해 시에 참여해야 하고 현실에 참여해야 한다는 것이다. 움직이는 김수영의 정신과 시는 시에 참여하고 현실에 참여한다. 참여할수록 그의 시는 더욱 불온해지고 전위로 치닫는다. 의식의 전위는 시의 전위적 면모로 귀결되고, 그 시는 불온한 상상력으로 시의 혁신을 이룩한다.
 시에 "더 많은 형식의 자유"와 "더 많은 내용의 자유"가 필요하다고 역설하는 김수영이 시의 자유를 획득하기 위해 필요하다고 판단한 대상은 정치적인 자유이다. "민주주의가 없는 나라에서는 작가의 책무가 이행될 수 없"고, "민주주의 사회는 말대답을 할 수 있는 절대적인 권리가 있는 사회"[1]라고 김수영은 말했다. 정치적 자유에 도달하기 위해서 김수영이 꼽았던 선결 조건은 '언론의 자유'였다. 비판이 허용되지 않는 사회, 획일주의가 만연한 사회, 하나만이 강요되는 사회에는 문학의 발전도 있을 수 없다. 김수영은 문학의 참된 임무가 무엇이라고 따지기 이전에 언론의 자유, 정치적인 자유가 필요하다고 말한다.

> 일단 상실된 정치적 자유는 그렇게 쉽사리 회복될 수 있는 간단한 문제가 아니다. 〔…중략…〕 무서운 것은 문화를 정치사회의 이데올로기와 동일시하는 것이 아니라, 문화를 단 하나의 이데올로기와 동일시하는 것이다. 그리고 우리나라의 경우의 문화의 위험의 所在도 바로 여기에 있는 것이다. 나치스가 뭉크의 회화까지도 퇴폐적이라는 이유로 그 전위성을 인정하지 않았듯이, 하나의 정치사회의 이데올로기만을 강요하는 사회에서는 「문예시평」자가 역설하는 응전력과 창조력―나는 이것을 문학과 예술의 전위성 내지 실험성이라고 부르고 싶다―은 제대로 정당한 순환작용을 갖지 못하는 것이 원칙이다.
>
> ―「實驗的인 문학과 정치적 자유」

정치적 자유가 상실되었을 때, 시인이 해야 할 일이 무엇인가에 대한 김수영의 답변으로 생각할 수 있는 인용문은 1968년에 씌어졌다. 김수영은 당시의 상황에 정치적 자유가 없음을 알고 있었다. 정치적 자유를 위해 문학이 무엇을 어떻게 해야 하는가라는 질문에 앞서 김수영은 문인들의 사고에 대해 경계한다. 사회 현실을 개혁하기 위해 문학이 '참여'해야 한다고 주장하기 전에, 정치적 참여나 직접적 참여 말고 다른 방법도 있을 수 있다며, 현 상황이 갑론을박할 상황이 아니

---

[1] 「히프레스 文學論」, 『전집 2』, 205면.

라고 김수영은 주장한다. 문학을 "정치사회의 이데올로기와 동일시하는 것"보다 더 위험한 것은 문학에 "단 하나의 이데올로기"만이 있다는 독단이다. 하나의 정치 이데올로기만이 횡행하는 사회에서 문학은 창조적인 역할을 맡을 수 없다. 하나의 이데올로기를 깨뜨리기 위해서, 정치의 자유를 위해서 문학이 현실에 참여해야 하느냐는 김수영에게 당위에 해당하는 문제이다. 김수영이 중요하게 여기는 점은 참여의 방법이다. 문제를 해결하는 방법에는, 참여하는 방법에는 단 하나만이 있다는 사고에 빠진 문학은 그러한 이데올로기를 강요하는 권력보다 나을 바가 없다고 김수영은 생각한다. 시대 상황에 따라 참여의 의무가 부여되어 있을 때, 문학이 필요로 하는 것은 "전위성 내지 실험성"이다. 이를 위해서 정치적인 자유가 필요하고, 정치적인 자유를 위해서는 사회 현실에 참여해야 하고, 이 모든 상황에 선행되어야 할 것이 정치적인 자유라는 순환적 사고는 해답을 회피하는 환원주의에 노출되어 있다. 김수영은 정치적 자유와 문학의 참여 문제, 이에 따른 문학의 응전 방법을 분리시키지 않는다. 김수영은 모든 문제를 '동시에' 생각한다.[2] 원인과 결과가 얽혀 있기 때문에 분간할 수 없다는 점을 김수영은 명확히 인식한다. 무엇을 먼저 해야 한다는 결정은 중요하지 않다. 시급한 현실을 앞에 두고 가장 먼저 해야 할 일은 그 현실에 '참여'하는 것임을 알고 있기 때문에, 김수영은 문학의 자유와 정치의 자유가 동전의 양면처럼 서로 분리될 수 없다고 말한다. "문학

---

[2] 김수영의 '온몸'과 '동시에'는 분리될 수 없다. '동시에'라는 개념에 '이원성/이중성' 또한 포함되어 있다. 현상의 인과관계의 인식과 행동의 실천은 '동시에' 진행된다. 우열이 없고 순차가 없다. 이는 김수영의 사고 체계가 유기적인 속성을 지니고 있다는 해석도 가능하게 한다. 생명체의 모든 조직과 기관은 '동시에' 살아 있다. "어떤 존재의 성장을 그 존재의 한 부분만이 주도할 때 균형이 깨지고 모양이 우습게 된다. (…중략…) 균형 있고 아름다우려면 몸 전체가 동시에 성장해야 하며, 그 성장이 한 축을 따라 이루어져야 한다."(Pierre Teihard de Chardin, 『인간 현상』, 양명수 역, 한길사, 2000, 173면) 김수영의 시론은 유기적 총체성이라는 측면에서도 의미가 있다.

의 전위성과 정치적 자유의 문제가 얼마나 밀착된 유기적인 관계를 가진 것인가"라는 발언은 이러한 인식을 명확하게 보여준다.[3]

김수영은 문학이 현실에 참여해야 한다고 했지만 어떻게 해야 한다는 방법까지 규정하지는 않았다. 김수영에게는 시의 참여가 문제였지 시인의 정치적 참여는 중요하게 생각되지 않았다. 현실에 참여하는 시를 언급하면서 김수영이 "계급문학을 주장하고 노동조합이나 협동조합의 문화센터운동을 생경하게 부르짖을 만큼 필자(김수영-인용자)는 유치하지 않다"[4]고 말하는 이유는 "단 하나의 이데올로기"에 내포된 위험성을 강조하기 위해서이다. "현실 참여의 시라고 해서 무조건 비참한 생활만 그려야 하는 것같이 생각하는"[5] 경향에 대한 언급 역시

---

[3] '유기적'이라는 말 역시 김수영의 '동시성'을 부각시킨다. 원인과 결과가 뒤엉켜 있는 현실 상황에서 '나'는 원인이자 결과이다. '나'는 상황의 원인으로 작용할 수도 있고, 상황의 결과에 영향받을 수도 있다. 어디까지가 원인이고 어디까지가 결과인지를 분간해내기란 어렵다. 양자물리학에서, 관찰 행위에는 관찰되는 대상이라는 객관적 요소 이외에도 관찰하는 주체인 '나'의 주관적 요소가 개입될 수밖에 없다. 양자는 자연에 존재하지만 불연속적으로, 순간적으로 존재하기 때문에 실험자이자 관찰자인 '나'가 목격한 양자는 있는 것일 수도 있고 존재하지 않는 것일 수도 있다. 따라서 '나'가 본 양자라는 실체는 '나'가 봤을 때는 있지만 '나'가 보지 않았을 때는 존재하지 않을 수도 있다. '나'가 보지 않을 때에는 분명 존재했지만, '나'가 보려 했을 때는 존재하지 않는 실체일 수도 있다. 확률파에 가까운 양자일수록 관찰될 경우의 수가 많다. 관찰자가 목격한 양자는 실제로 양자가 존재할 수 있는 확률의 흔적이라는 개념은 관찰자와 관찰 대상, 주관과 객관, 인간과 자연의 관계가 각 부분이 분리되면 존재할 수 없는 생명체처럼 유기적인 성질을 지니고 있다는 점에 맥락이 닿는다. 김수영의 '유기적'이라는 말 역시 전체를 부분으로 분리시킬 수 없다는 뜻으로 이해할 수도 있고, 이원적인 두 요소가 분리되어서는 안된다는 뜻으로 좁혀서 이해할 수도 있다. '동시에'와 '유기적'이라는 두 단어는 이렇게 연결된다. "우리는 공간 및 시간 속에서 […중략…] 여러 감각적 대상들의 세계 내부에 존재하는 것처럼 생각된다. 우리 자신도 우리가 지각하는 다른 사물들과 꼭 마찬가지로 이 세계의 구성 요소인 것처럼 보인다"(A. N. Whitehead, 『과학과 근대세계』, 오영환 역, 서광사, 1989, 141면)는 언급 역시 김수영의 '동시성'과 유기체가 지닌 '동시성' 사이에 의미의 맥락이 연결될 수 있음을 시사한다. 이 세계를 파악하려는 '나'가 목적을 관철시키기 위해 관찰하고 실험한다는 객관적 타당성을 고려하는 한, '나' 역시 파악하려는 세계의 구성 요소 중의 하나라는 사실을 '나'는 전제로 삼아야 한다. 결국 '나'를 파악하는 행위와 세계를 파악하는 행위는 '동시에' 이루어진다.
[4] 「詩의 뉴 프런티어」, 『전집 2』, 176면.
[5] 「生活現實과 詩」, 『전집 2』, 196면.

하나의 이데올로기에 의해 문학의 다양성이 위축되는 상황과 참여시의 전범은 이래야 한다는 교조적 분위기가 팽배한 당대 상황에 대한 김수영의 예리한 비판이라고 할 수 있다.

김수영이 주장하는 시는 전위적인 시이다. 전위적인 시는 '불온하다'는 지적을 받을 수밖에 없지만 진정으로 전위적인 시는 '불온'하기 때문에, 자유를 향한 중단없는 전진의 실천임을 다음에서 알 수 있다.

모든 실험적인 문학은 필연적으로는 완전한 세계의 구현을 목표로 하는 진보의 편에 서지 않을 수 없게 되는 것이다. 모든 전위문학은 불온하다. 그리고 모든 살아 있는 문화는 본질적으로 불온한 것이다. 그것은 두말할 것도 없이 문화의 본질이 꿈을 추구하는 것이고 불가능을 추구하는 것이기 때문이다.

—「實驗的인 문학과 정치적 자유」

前衛的인 문화가 불온하다고 할 때, 우리의 머리에 떠오르는 것은 재즈음악, 비트族, 그리고 60년대의 무수한 앤티예술들이다. 우리들은 재즈음악이 소련에 도입된 초기에 얼마나 불온시 당했던가를 알고 있고, 추상미술에 대한 후루시초프의 유명한 발언을 알고 있다. 그리고 또한 암스트롱이나 베니 굿맨을 비롯한 전위적인 재즈맨들이 모던 재즈의 초창기에 자유국가라는 미국에서 얼마나 이단자 취급을 받고 구박을 받았는가를 알고 있다.

그리고 이런 재즈의 전위적 불온성이 새로운 음악의 꿈의 추구의 표현이었다는 것을 알고 있다. 이러한 예는 재즈에만 한한 것이 아닌 것은 물론이다. 베토벤이 그랬고, 소크라테스가 그랬고, 세잔느가 그랬고, 고호가 그랬고, 키에르케고르가 그랬고, 마르크스가 그랬고, 아이젠하워가 해석하는 샤르트르가 그랬고, 에디슨이 그랬다.

—「'不穩'성에 대한 비과학적인 억측」

실험적인 문학과 전위문학 사이에는 등식이 성립된다. '실험적인 문학/전위문학'은 살아 있기 때문에 "본질적으로 불온"하다. 불온한 전위문학은 "꿈을 추구하"고 "불가능을 추구하는 것이기 때문에" 실험성을 필요로 한다. 실험성과 전위성과 불온성을 논의하면서 김수영은 '동시적' 사고 양태를 보여준다. 어느 것이 먼저랄 수 없다. 모든 요소가 동시에, 한꺼번에 실행된다. 실험적인 문학, 완전한 세계의 구현, 전위문학, 불온성, 살아 있음, 꿈의 추구, 불가능의 추구, 이 모든 요소들이 꼬리를 물고 있다. 김수영은 이러한 연쇄적인 흐름을 '온몸'으로 느끼고 있다. 역동적인 환유의 흐름과 유사한 사고의 연속적 흐름에는 '자유'라는 김수영의 궁극적 목표가 놓여 있다. 자유를 추구하는 김수영에게 '불온'은 "꿈의 추구의 표현"으로 인식된다.

김수영은 "전위적인 문화가 불온하다고" 생각하면서 "재즈음악, 비트族, 그리고 60년대의 무수한 앤티예술들"을 떠올린다. 불온한 문화가 받을 수밖에 없었던 박해와 오해를 "암스트롱과 베니 굿맨을 비롯한 전위적인 재즈 맨들이 모던 재즈의 초창기에 자유국가라는 미국에서 얼마나 이단자 취급을 받고 구박을 받았"냐는 구절로 김수영은 표현한다. 소수의 전위적 예술가들이 박해 받고 있는 상황을, 전위와 불온에 대한 자신의 언급에 따른 '억측'을 김수영은 강력하게 비판한다. 전위적이기 때문에 김수영은 대중음악가인 베니 굿맨과 클래식 음악가인 베토벤을 함께 거론한다. 전위라는 공통점이 있다면 철학자와 화가와 혁명가와 발명가는 구별되지 않는다. 데생과 색채가 서로 별개가 아님을 주장했던 세잔느가 사후에야 20세기 회화의 아버지로 평가받은 경우 역시 당대에는 그림의 규범에서 벗어난 화가라고 오해되었던 전위적인 예술가가 겪어야 했던 운명이었다.[6] 김수영은 이러한

---

6) Emile Bernard, 『세잔느의 회상』, 박종탁 역, 열화당, 1999, 52면 참조.

상황을 철저하게 인식하고 있었던 것으로 보인다. "불온성은 예술과 문화의 원동력이 되는 것"이지만 "인류의 문화사와 예술사가 바로 이 불온의 수난의 역사"였음을 김수영은 알고 있었다.

김수영에게 '전위/불온'은 온갖 박해와 구박에도 불구하고 모든 예술이 참여를 위해, 자유의 본질에 가닿기 위해 갖춰야 할 전제 조건이었다. 이때 '새로움'은 '전위/불온'의 여부를 판단할 수 있는 가치 평가의 기준이 된다. 김수영이 "우리나라 詩壇은 썩었다"[7]고 과감하게 판단하는 이유는 진정으로 새로움을 추구하지 못하고 포즈에만 그치는 거짓 난해시가 판을 치는데도 무엇이 진정한 새로움인지를 알지 못하는 비평가들과 시인들의 무능에 대한 분노 때문이었다.

> 우리의 생활현실이 담겨있느냐 아니냐의 기준도, 진정한 난해시냐 가짜 난해시냐의 기준도 이 새로움이 있느냐 없느냐에서 결정되는 것이다. 새로움은 자유다, 자유는 새로움이다.
>
> ―「生活現實과 詩」

> 이 시인들의 새로움들은 새로움 없는 시인들을 지나서/역시 새로움의 힘으로 날으고 있다
>
> ―「새로움의 摸索」

시인이 "이미 존재하는 현실에다가 상상의 세계를 더해줌으로써 우리의 세계를 풍부히 해주"는 직무를 지니고 있다고 할 때,[8] 시인의 작품이 세계를 풍부하게 할 수 있는가의 여부는 그 상상이 얼마나 새로운

---

7) 「世代交替의 延手票」, 『전집 2』, 183면.
8) Jose Ortega y Gasset, 『예술의 비인간화』, 박상규 역, 미진사, 1991, 76면.

가에 달려 있다. 김수영에게 시의 가장 중요한 판단 기준은 새로움이다. 새로움이 새로움 없는 시인들을 통과하여 더 멀리 나아갈 수 있기 위해서는 더욱 새로워져야 한다는 인식에 도달한 김수영은 새로운 세계를 창조하기 위해 시인에게 필요한 것이 자유의 추구라고 주장한다.

새로움만이 자유를 획득할 수 있다는 위의 인용에서 전위와 불온과 새로움이 사고의 한 축선 상에 놓여 있음이 발견된다. 이와 같은 연쇄적 사고는 김수영의 가치 판단이 단계적이지 않다는 사실을 일깨워준다. 새로운 시는 전위적이고, 전위적이기 때문에 불온하다. 불온한 시는 전위적이고, 전위적이기 때문에 새롭다. 전위적인 시는 불온하고, 불온하기 때문에 새롭다. 부정의 연속체로서의 전위 의식은 김수영이 '새로움'이라는 가치를 미적 판단에 있어서 최선의 규범으로 삼게 되는 직접적인 동인이 된다.

> 그(시인-인용자)는 언제나의 시의 현시점을 이탈하고 사는 사람이고 또 이탈하려고 애를 쓰는 사람이다. 어제의 시나 오늘의 시는 그에게는 문제가 안된다. 그의 모든 관심은 내일의 시에 있다. 그런데 이 내일의 시는 未知다. 그런 의미에서 시인의 정신은 언제나 미지다. 고기가 물에 들어가야지만 살 수 있듯이 시인의 미지는 시인의 바다다. 그가 속세에서 愚人視되는 이유가 거기 있다. 기정사실은 그의 적이다. 기정사실의 정리도 그의 적이다.
> ―「詩人의 情神은 未知」

규정된 현시점의 시, 일반적으로 받아들여지는 시에서 탈주하기를 꿈꾸는 김수영에게 시인은 언제나 탈주자로 인식된다.[9] 탈주자인 시인에게 어제의 시는 물론 오늘의 시마저 부정하게 되는 상황은 당연하게 여겨진다. 시인의 모든 관심은 오로지 "내일의 시"에 있다. 규정되지 않은, 부정의 운동체인 시인의 정신은 알려지지 않은, 아직 알 수 없는 미지의 상태에 머물게 된다. 김수영에게 기정 사실은 적으로 간주되고, 기정 사실의 정해져 있는 이치 역시 적이 된다. 김수영은 또한 "현대의 획일주의", "부르좌의 획일주의에 의식적으로 반대"한다.[10] 기정사실은 독사(doxa)이며, 기정사실을 거부하고 새로움으로 나아가려는 시인에게 일반적인 것, 정상적이라고 간주되는 것, 금기라고 여겨지는 것은 거부해야 할 대상이 된다.[11] 부정의 태도는 구체적으로 표명된다. 국민가요운동에는 "철두철미한 下剋上의 정신"이 필요하고[12], "민주주의 사회의 (내지는 文化의) 모든 방법이 그렇듯이" 시인들에게도 "하극상의 운동"이 필요하다.[13] 김수영은 여기서 멈추지 않고 다시 부정한다. 김수영은 "한층 더 말수가 많아지고, 더 즐겁다는 등의 '한층 더한 것'을 도착이 산출해낸다는 사실을, 게다가 이 '한층 더한 것' 속에 차이"가 형성된다는 사실을 깨닫는다.[14]

남자도 그렇고 여자도 그렇고 죽음이라는 전제를 놓지 않고서는 온전한 형상이 보이지 않는다. 그리고 이러한 눈으로 볼 때는 여자에 대한 사랑이

---

9) 끊임없이 탈주하는 김수영의 이러한 측면은 김수영 미학의 핵심인 '비애'와 '설움'을 설명할 수 있는 가능성을 포함하고 있다. "오늘날 문학이 역설적으로 자신의 이론적 정체성과 제도적 정체성을 전복하는 가운데 자신의 가능성을 확장해 가고자 한다면, 이론과 제도 또한 그런 전복과 위반을 수용하는 여유를 길러왔다. 이론은 반이론적 사유를 자신의 일부로 통합함으로써 무한한 변신의 가능성을 꾀한다. 제도는 반제도적 실험을 자신의 일부로 내면화함으로써 노쇠현상을 이겨내고자 한다. 이런 변증법적 논리가 먹혀들어 갈 때, 전위는 언제까지 이론의 바깥, 제도의 바깥에 있을 수 없다."(김상환, 「물신과 아우라」, ≪세계의문학≫, 2000 겨울, 208면) 김수영은 끊임없이 부정하고 다시 부정한다. '바깥'이라는 개념은 실제의 패배 또는 다가올 패배를 포함한다. 다시 바깥으로 나가야만 자신의 정체성을, 자신의 시가 지니는 의의를 확인할 수 있기에 탈주자, 아웃사이더, 노마드인 김수영에게 비애는 부정 행위처럼 운명적으로 나타난다. 이런 자신의 운명을 직시하고 수용하는 순간에 김수영의 마지막 시 「풀」이 위치한다.
10) 「멋」, 『전집 2』, 93면.
11) Roland Bathes, 『롤랑 바르트가 쓴 롤랑 바르트』, 이상빈 역, 강, 1999, 63면 참조.
12) 「大衆의 詩와 國民歌謠」, 『전집 2』, 185면.
13) 「難解의 帳幕」, 『전집 2』, 207면.
14) Roland Barthes, 앞의 책, 88면.

니 남자에 대한 사랑이나 나를 게 없다. […중략…] 나의 여자는 죽음 반 사랑 반이다. 나의 남자도 죽음 반 사랑 반이다. 죽음이 없으면 사랑이 없고 사랑이 없으면 죽음이 없다.

―「나의 戀愛詩」

죽음과 사랑이 동의어가 되고, 남자와 여자가 동의어가 된다. 두 상황이 동시에 일어난다. 죽음이 삶의 반을 이루고 있고, 남자에 대한 사랑이나 여자에 대한 사랑이나 차이가 없다. 남자와 여자, 삶과 죽음, 사랑과 죽음이 교호하는 도착적 단계에서 김수영은 전위의 끝으로 한 발 더 다가가 혼돈까지 용인한다.

   나의 시에 대한 思惟는 아직도 그것을 공개할만한 명확한 것이 못된다. 그리고 그것을 조금도 부끄럽게 생각하고 있지 않다. 이러한 나의 모호성은 詩作을 위한 나의 정신구조의 上部 중에서도 가장 첨단의 부분을 차지하고 있는 것이고, 이것이 없이는 무한대의 혼돈에의 접근을 위한 유일한 도구를 상실하는 것이 되기 때문이다.

―「詩여, 침을 뱉어라」

모호성이라는 말은 김수영에게 혼돈과 동의어로 여겨진다. 동일한 언어에 두 가지 의미가 모두 성립될 때 모호함은 발생한다.[15] 김수영의 혼돈은 의미의 거부가 아니라 의미의 양립을 의미한다. 김수영은 단의성을 지향하지 않는다. 열린 의미 체계, 한 가지 의미에 고정되지 않는 다의적 시를 추구한다는 뜻으로 그의 '혼란'을 이해할 수 있다. 혼란은 부정의 대상인 기존의 체계와 권력과 '독사'들이 지니는 강력

---

15) Sigmund Freud, 『창조적인 작가와 몽상』, 정장진 역, 열린책들, 1998, 282면 참조.

한 힘 앞에서 패배할 수밖에 없는 소수의 전위적 시인들이 겪어야 하는 운명을 일컫는 말이다. "제아무리 언어의 권력에 맞서 외로운 투쟁을 시작한 작가라 할지라도, 그 권력에 회수되는 것을 피할 수도 없었고, 또 피할 수도 없"는 상황의 김수영에게는 "이동하든가 혹은 고집하든가, 아니면 동시에 이 두 가지를 수행하는 길" 이외의 "다른 길이 없"다. 부정을 "고집한다는 것은 문학의 비환원성을 긍정하고, 마치 문학이 비교할 수 없는 불멸의 것인 양 행동하는 것을 의미" 한다.[16] 동시에 존재하는 모호성과 혼돈의 '사이'에서 김수영은 부정이라는 최후의 수단을 택할 수밖에 없다. 김수영은 부정의 주체인 자기 자신마저 부정·배반한다. "끊임없이 자아의 부정으로 귀착될" 이 부정의 운동이 "진실로 부정하는 것, 그것은" 부정하고자 하는 김수영 자신의 "욕구 자체이다."[17]

다음 시는 김수영의 이러한 의식의 단초를 보여주는 작품이다. 풍자와 해탈이라는 두 대상을 동시성으로 포섭하는 김수영 시의 전위적 양상이 이 작품에서 파악된다. 5·16 군사쿠데타가 일어난 1961년 8월에 쓰어진 시 「新歸去來 7」에서 혁명의 좌절 이후에 현실에 절망하고 있던 김수영의 상황을 확인할 수 있다.[18]

누이야
諷刺가 아니면 解脫이다
너는 이 말의 뜻을 아느냐

---

16) Roland Barthes, 『텍스트의 즐거움』, 김희영 역, 동문선, 1999, 129면.
17) 김상환, 『풍자와 해탈 혹은 사랑과 죽음』, 민음사, 2000, 155면.
18) 김수영은 "5·16이 일어난 뒤 대엿새 동안 온데간데 없었"다. "5·16은 그의 자유를 본질적으로 뒤엎어 버리는, 그에게는 반혁명적인 사건"이었다. 1961년 "6월 3일부터 8월 25일 새에 쓰어진 「신귀거래사」라는 제목의 연작시에는 5·16을 의식하는 싯귀가 여럿 나온다."(최하림 편저, 『김수영』, 문학세계사, 1993, 209면)

너의 방에 걸어놓은 오빠의 寫眞
나에게는 「동생의 사진」을 보고도
나는 몇번이고 그의 鎭魂歌를 피해왔다
그전에 돌아간 아버지의 진혼가가 우스꽝스러웠던 것을 생각하고
그래서 나는 그 사진을 십년만에 곰곰이 正視하면서
이내 거북해서 너의 방을 뛰쳐나오고 말았다
十년이란 한 사람이 준 傷處를 다스리기에는 너무나 짧은 歲月이다

누이야
諷刺가 아니면 解脫이다
네가 그렇고
내가 그렇고
네가 아니면 내가 그렇다
우스운 것이 사람의 죽음이다
우스워하지 않고서 생각할 수 있는 것이 사람의 죽음이다
八月의 하늘은 높다
높다는 것도[19]
이렇게 웃음을 자아낸다

누이야
나는 분명히 그의 앞에 절을 했노라
그의 앞에 엎드렸노라
모르는 것 앞에는 엎드리는 것이
모르는 것 앞에는 무조건하고 숭배하는 것이

---

19) 최초 발표지인 ≪창작과비평≫(1968 가을)에는 '것이'로 표기되어 있음.

나의 習慣이니까
동생뿐이 아니라
그의 죽음뿐이 아니라
혹은 그의 失踪뿐이 아니라
그를 생각하는
그를 생각할 수 있는
너까지도 다 함께 숭배하고 마는 것이
숭배할 줄 아는 것이
나의 忍耐이니까

「누이야 장하고나!」
나는 쾌활한 마음으로 말할 수 있다
이 광대한 여름날의 착잡한 숲속에
홀로 서서
나는 突風처럼 너한테 말할 수 있다
모든 산봉우리를 걸쳐온 突風처럼
당돌하고 시원하게
都會에서 달아나온 나는 말할 수 있다
「누이야 장하고나!」

―「누이야 장하고나!」 전문

    김수영은 "풍자가 아니면 해탈"이라고 선언하면서 시를 시작한다. '풍자냐 해탈이냐'는 시의 의미를 파악할 수 있는 중요한 물음이다. "선언은 곧바로 이분법을 강제한다."[20] 김수영은 두 가지 중에서 풍자

---

20) 김정환, 「벽의 변증법」, 『김수영 다시 읽기』, 프레스21, 2000, 267면.

를 선택할 수 있고, 해탈을 선택할 수도 있다. 두 대상 전부를 선택하지 않는 경우와 두 대상 전부를 선택할 경우 또한 가능하다.

이 시의 관찰에서 제외된 부수적인 시어는 "뛰쳐나오고 말았다"이다.[21] 누이동생은 실종된 오빠의 사진을 방에 걸어놓고 있는데, 김수영은 그 사진을 "십년만에 곰곰이 정시"한다. 십 년 세월이 "한 사람이 준 상처를 다스리기에는 너무나 짧은 세월"임을 알고 있기 때문에 김수영은 동생의 진혼가를 부를 수 없었고, 그래서 그는 동생의 사진이 걸려 있는 방을 그만 "뛰쳐나오고 말았다." 김수영에게 동생의 실종은 아직도 현실로 받아들여지지 않는다. 어쩌면 동생의 실종이라는 문제를 회피하고 있는지도 모른다. 현실로 받아들이지 않았기에, 또는 실종된 동생을 기억하고 싶지 않았기에 김수영은 "거북해"한다. 방을 뛰쳐나온 그는 2연에서 다시 "풍자가 아니면 해탈"이라고 말한다. 1연 3행에서 제시된 질문의 답은 아직 알 수 없다.

2연 3행부터 김수영은 누이와 자신이 모두 풍자와 해탈 중에서 하나를 선택해야 한다고 말한다. 2연 6행에서 김수영은 잠정적으로 답을 선택한다. "우스운 것이 사람의 죽음"이고, 그 죽음을 받아들여야

---

[21] 정신분석의 방법―예를 들어 작가가 유년시절에 성적 억압을 받았고, 그의 작품에 유년시절의 무의식이 욕망의 작동으로 인해 은폐되지 않고 어떤 식으로든 표현되었다는 식의 결론이나, 분석 결과 그 작가의 작품이 오이디푸스 콤플렉스로 귀결된다는 식―을 차용해서 문학 작품을 분석해야 할 필연성은 존재하지 않는다. 어떤 작품이 작가가 지닌 오이디푸스 콤플렉스의 결과물이다, 이로써 작가의 정신 구조가 규명되었다는 언급은 작품 이해의 선결 조건이라고 할 수 없다. 정신분석적 방법은 "사람들이 고려하지 않거나 혹은 소홀히 취급하는 특징들에서 출발하여, 나아가서는 관찰에서 제외된 찌꺼기들―즉 '거부된 것들'―에서 출발해 숨겨져 있는 은밀한 것들을 간파해"낸다.(Sigmund Freud, 『예술과 정신분석』, 정장진 역, 열린책들, 1998, 138면) 중심 의미축에서 벗어나 있는 시어에 관심을 기울이고, 그것으로부터 시의 다른 측면으로 이해의 방향을 전환해서 얻어낸 결과가 작품의 의미를 풍부하게 만든다면 정신분석적 방법을 충분히 이용했다고 할 수 있을 것이다. '스투디움'이 작품의 표면적 의미를 지시한다면 '푼크툼'은 스투디움에 가려 있는, 소외되거나 고려되지 않는 '거부된 것들'에 가깝다. 정신분석의 방법과 '푼크툼'에 대한 관심은 의미의 단일성에 매몰되지 않게 하고, 다양한 의미의 역동적 관계를 추구하는 열린 태도를 요구한다.

하는 살아 있는 자들에게 "우스워하지 않고서 생각할 수 없는 것이 사람의 죽음이다." 6·25라는 역사적 사건과 동생의 죽음이라는 개인적 사건은 인과관계로 설정된다. 김수영은 동생의 죽음과 역사를 연결시킨다. 김수영 역시 전쟁 중에 의용군으로 끌려갔다가 탈출한 경험이 있다. 김수영은 동생의 죽음과 자신의 전쟁 체험을 연결시킬 수밖에 없었을 것이다. 여기서 김수영의 웃음은 자신의 체험과 역사 사건, 이 두 대상을 비판의 대상으로 전이시킨다. 죽은 남동생을 추모하고 있는 여동생 때문에 동생의 죽음은 아직도 현재형이다. 살아 있을 때 사진을 찍었던 사진 속의 남동생은 지금 죽고 없다. 남동생의 현재와 미래가 사진에 녹아 있다. 누이의 방에 걸려 있는 사진에는 과거와 미래가 현재 속에 공존하고 있다. 현재의 한 순간에 집약되어 있는 과거와 과거의 미래를 목도하면서 김수영은 시간의 질서에서 벗어날 수 없음을 깨닫는다. 그가 살고 있는 한여름 "8월의 하늘은 높다." 높은 하늘의 투명함과 역사에서 자유로울 수 없는 대지의 삶 사이에는 너무나 넓은―하늘과 땅 사이의 거리 만큼―간극이 존재한다. 그는 해탈할 수 없다. 김수영은 역사와 자연을 비교한다. 역사와는 무관한 8월의 하늘, 그 높은 하늘을 보고서 풍자적인 "웃음을 자아낸"다. 그의 웃음에는 죽은 동생을 잊지 못하는 누이의 행동에 대한 비난의 뜻이 없다.[22] 그는 자신의 기억과 자신이 살고 있는 현재의 역사적 상황이 우습다. 웃으면서 그는 높은 하늘과 대비되는 왜소한 자신을 돌아본다.

  3연에서 김수영은 앞 연의 모든 상황들을 다시 한번 짚어본다. 시인은 동생의 진혼가를 부를 수 없었지만 엎드려 절을 했다. 죽은 동생을

---

22) "누이야 장하고나!"라는 김수영의 표현을 "속물적인 누이의 상투적인 삶에 대한 야유"라고, "누이는 결코 장하지 못한 속물적인 우리의 삶을 대유하고 있는 존재"라고 평가하는 이영섭의 글(「金洙暎의 「新歸去來」 연구」, 『연세어문학』 제18집, 212면)은 이 시의 중층적 의미를 파악하지 못했다고 할 수 있다.

기억하는 여동생은 자신이 해야 할 행동을 하고 있기에 김수영은 여동생을 비판할 수 없다. 자신은 죽은 동생을 떠올릴 수 없지만, 자신이 하지 못한 일을 하고 있는 여동생의 행동마저도 "숭배하고 마는 것"이 "나의 인내"라는 말 때문에, 여동생이 사진을 걸어두고 죽은 오빠를 추모하는 행위를 시인이 비판할 수 없는 상황이라는 것을 알 수 있다. 그는 동생의 사진 앞에서 절을 했다고 자백했지만 여동생처럼 추모의 진혼가를 부르지는 못했다. 진정으로 추모하면서 슬퍼하는 여동생을 숭배할 수밖에 없는 이유를 이해할 수 있다. 김수영은 죽은 동생을 추모하는 여동생까지 숭배하는 자신의 행위가 습관이라고 생각한다. 그 습관을 버리겠다는 김수영의 태도는 자신과 자신의 행위를 비판의 자세로 바로보겠다는 의미로 파악된다. '그럴 수밖에 없는' 자신의 태도와 행위를 비판하는 김수영의 부정의식은 자신에 대한 풍자의 의도를 담고 있다. 비판의 대상은 죽은 남동생을 추모하는 누이가 아니라, 누이처럼 추모하지 못하는 자신인 것이다.

4연 첫 행에는 "누이야 장하고나!"라는 감탄이 제시되어 있다. 이 구절은 4연의 마지막 행에서 반복되면서 초행적 반복 구조를 만들어낸다. 2행의 '쾌활하다' 때문에 앞 연까지의 풍자적 분위기는 탈색된다. 김수영이 "쾌활한 마음으로 말할 수 있다"고 하므로 이 행의 의미를 문맥 그대로 받아들일 때, 첫 행은 누이의 행동이 정말로 '장하다'는 의미로 전환된다. 김수영은 동생의 죽음과 자신의 기억과 역사에 대한 두려움 같은 복잡한 상황을 일거에 해소시킨 듯하다. 갑자기 김수영은 여름날이 '광대하다'고 한다. 여름날의 모든 상황을 '쾌활하게' 말할 수 있다고 한다. 화자의 감정적 의도를 강하게 드러내는 형용사의 갑작스런 등장은 의도하지 않았던, 또는 화자가 억눌렀던 감정이 제어의 의지를 비집고 표출된 것이라고 생각할 수 있다. 김수영은 쾌활하게 말하겠다고 한다.

4연에서 시는 급작스럽게 비약한다. 누이의 행동을 가치 평가하는 직접인용 구절 "누이야 장하고나!"는 누이의 행동이 자신의 행동과 비교할 때 진정 장한 면을 가지고 있다는 사실을 김수영이 수긍하고 있음을 의미한다. 이러한 긍정을 토대로 김수영은 모든 상황에서 벗어나―홀로 서서―"돌풍처럼" 말한다. 김수영은 "당돌하고 시원하게" 지금까지의 모든 상황을 말할 수 있다고 한다. 그 말이 초행적 반복인 첫 행의 "누이야 장하고나!"이다. 초행적으로 반복되는 구절은 반복 사이의 다른 구절들이 지니고 있는 의미 때문에 처음 구절과는 다른 의미를 갖게 된다. 첫 행이 해탈로 비약하는 구절이었다면, 마지막 행은 중간 행들의 활달한 분위기와 돌풍에서 연상되는 거센 이미지의 영향으로 비판의 의미를 함유한다. 초행적 반복에 의한 마지막 행의 "누이야 장하고나!"는 다시 비판적 의도를 내포한 풍자적 의미를 지향한다. 마지막 행이 풍자를 지향하면서 이 시는 전복된다. 앞 연의 풍자보다 더 강한 풍자, 해탈로 비약할 수 없는 자신에 대한 풍자, 또한 해탈하지 않겠다는 의지를 행동으로 옮긴 자신에 대한 풍자― 당돌하고 시원하게―까지도 포함하는 다층적인 풍자의 목소리를 이 구절은 담아낸다. 김수영은 풍자를 선택했지만 시의 전체적인 의미는 풍자에서 시작해서 해탈로 전이되었다가 마지막에서 더 높은 풍자로 귀결된다. 김수영은 풍자와 해탈(초월)이라는 대립적 요소에 대한 명확한 판단을 거부하고 초행적 반복으로 해탈에서 풍자라는 의미론적 폐쇄를 시도했다. 풍자와 해탈 사이에서 김수영은 풍자를 계속 하겠다고, 또한 해탈을 통해 초월하겠다고 말하지 않는다.

이 시의 의미 변화는 풍자에서 해탈, 해탈에서 다시 풍자로 이행하는 김수영의 부정 의식을 보여준다. 풍자로 끝나지만 풍자 다음에 다시 해탈이 시도된다. 의미 구조로 보면 풍자→해탈→풍자의 구조[23]이지만 김수영의 가치평가가 들어간 수식어들은 그 구조의 강한 결합 관계를 흩뜨린다.「누이야 상하고나!」는 '풍자냐 해탈이냐'는 질문에 대한 한 가지 선택으로 귀결되지 않는다.

두 줄기로 뻗어올라가던 놈이
한 줄기가 더 생긴 것이 며칠 전이었나
등나무

밤사이에 이슬을 마신 놈이
지금 나의 魂을 마신다
無休의 怠慢의 魂을 마신다
등나무 등나무 등나무 등나무

얇상한 잎
그것이 이슬을 마셨다고 어찌 신용하랴
나의 魂, 목욕을 중지한 詩人의 魂을 마셨다고
炎天의 魂을 마셨다고 어찌 신용하랴
등나무? 등나무? 등나무? 등나무?

그의 주위를 몇번이고 돌고 돌고 돌고
또 도는 졸음 같은 날개의 날것들과
甲蟲과 쉬파리떼
그리고 진드기

---

23) 김상환(앞의 책, 52면)은 다음과 같이 이 시의 의미를 파악한다. "〈풍자가 아니면 해탈이다〉가 시는 해탈이기 전에 먼저 풍자여야 한다는 것을 말하고 있다면, 혹은 풍자를 통하여 해탈로 가야 한다는 것을 말하고 있다면, 우리는 이 공식이 시와 현실 사이의 불가분한 관계를 중시하는 김수영의 생리적 직관을 다루고 있음을 알 수 있다."

「엄마 안 가? 엄마 안 가?」
「안 가 엄마! 안 가 엄마! 엄마가 어디를 가니?」
「안 가유?」
「안 가유! 하……」
「으ㅎㅎ……」

두 줄기로 뻗어올라가던 놈이
한 줄기가 더 생긴 것이 며칠 전이었나
난간 아래 등나무
넝쿨장미 위의 등나무
등꽃 위의 등나무
우물 옆의 등나무
우물 옆의 등꽃과 활련
그리고 철자법을 틀린 詩
철자법을 틀린 人生
이슬, 이슬의 合唱이다

등나무여 指揮하라 부끄러움 고만 타고
이제는 指揮하라 이카루스의 날개처럼
쑥잎보다 훨씬 얇은
너의 잎은 指揮하라
베적삼, 옥양목, 데크론,[24] 인조견, 항라
모시치마 냄새난다 냄새난다
냄새여 指揮하라

---

24) 최초 발표지(≪현대문학≫, 1961. 12), 선집『거대한 뿌리』에는 '데그롱'으로, 1981년 전집에는 '데드롱'으로 표기되어 있다.

연기여 指揮하라
등나무 등나무 등나무 등나무

우물이 말을 한다
어제의 말을 한다
「똥, 땡, 똥, 땡, 찡, 찡, 찡……?」
「엄마 안 가?」
「엄마 안 가?」
「엄마 가?」
「엄마 가?」

등나무 등나무 등나무 등나무
「야, 영희야, 메리의 밥을 아무거나 주지 마라,
밥통을 좀 부셔주지?!」
등나무? 등나무? 등나무? 등나무?
「아이스 캔디! 아이스 캔디!」
「꼬오, 꼬, 꼬, 꼬, 꼬오, 꼬, 꼬, 꼬, 꼬」

두 줄기로 뻗어올라가던 놈이
한 줄기가 더 생긴 것이 며칠 전이었나

―「등나무」전문

　9연 55행으로 이루어진 이 시는 "단시적 미학에 입각한 완벽성의 의도적인 거절"을 통해 "산문의 서술성"[25]을 드러내고 있다. 김수영의

---

25) 유종호, 「詩의 自由와 관습의 굴레」, 『김수영 전집 별권』, 245~246면.

대부분의 시가 난해하다는 평가를 받지만 위의 시는 통일적인 의미의 집합체로 시의 의미를 파악하는 시각으로는 이해되기 어려운 시이다. 의미의 중심을 찾을 수 없음은 물론이고, 시의 각 부분이 중심으로 수렴되지도 않는다. 연과 연 사이의 유기적인 맥락을 찾을 수 없다. 행과 행은 무의미하다고 판단되는 단어와 대화로 반복된다.[26]

첫 연에서 김수영은 "두 줄기로 뻗어올라가던" 등나무에 며칠 전 "한 줄기가 더 생"겼다는 사실을 깨닫는다. 마당에 심어놓은 등나무의 변화를 새삼 깨달은 김수영은 이 구절을 시에서 1연, 6연의 첫 대목과 9연의 마지막에서 반복한다. 반복되는 세 구절을 시의 형태적 분절의 지표로 삼아서 이 시를 두 부분으로 나누어 볼 수 있다. 1연에서 5연, 6연에서 9연의 두 부분으로 이 시의 구조는 분절된다. 첫 연의 1, 2행이 9연의 7, 8행에서 다시 반복되는 초행적 반복 구조를 이루고 있다.[27]

등나무 줄기가 하나 더 뻗어 오른 사실을 깨달은 김수영은 1연 끝행에서 "등나무"를 반복한다. 김수영에게는 등나무의 변화가 놀랍게 여겨진다. "밤 사이에 이슬을 마"시고서 새로운 줄기 하나를 더 뻗어올린 등나무를 관찰하던 김수영은 "無休의 怠慢의 혼"으로 가득 찬 "나의 혼"을 등나무가 빨아 마시고 있다고 생각한다. 등나무에게 빨아 먹힌 김수영의 혼은 무휴하고 태만하다. '혼'을 수식하는 관형어 두 개가 겹쳐져 있어 우리말의 문법 구조와 어울리지 않는 듯한 3행은 '무휴'가 '태만'을 수식하고, 이 전체 관형구가 '혼'을 수식하는 것으로 파악하면 쉬지 않는 태만으로 이해된다. 2연 전체 행이 세 호흡 단

---

26) 김수영 시의 형식적, 언어적 특징을 김영무는 다음과 같이 설명한다. "① 아무렇게나 써 내려가다가 생각이 나서 갑자기 행을 바꾼 듯한, 단정치 않은, 자유로운 산문식의 詩行, ② 끝도 없이 계속될 것 같은 길고 긴 무형식적인 시의 형식, ③ 욕설과 상소리와 수다와 요설의 거침없는 구사, ④ '美濃印札紙'와 '아리조나 카우보이'와 '설사'를 포함한 온갖 세상잡사의 詩化 등등"(「金洙暎의 영향」, 『김수영 전집 별권』, 324면).
27) 동시영, 「김수영의 "新歸去來 3. 등나무" 분석」, 『한양어문』 제15집, 520면 참조.

위로 이루어져 있으므로 이 구절 역시 '無休의/怠慢의 魂을/마신다'로 읽는 경우에 의미를 더 정확하게 이해할 수 있다. 김수영의 혼에는 쉼이 없었고, 또한 태만했다. 같은 통사구조를 겹쳐놓음으로써 김수영은 자신의 혼이 싸움과 싸움의 회피에서 발생하는 태만이라는 이원적인 경향을 보여왔음을 고백한다. 이 시 전체에 걸쳐 나오는 무의미하다고 생각되는 시어들은 갈등의 와중에 김수영의 의식을 비집고 솟아오른 무의식의 말이라고 생각할 수 있는 것이다. 김수영은 2연의 끝에서 다시 등나무를 쳐다본다. 네 번 반복되는 등나무는 자신의 갈등을 드러나게 한 인식의 근거였다.

  3연에서 김수영은 돌연 앞 연의 상황을 부정한다. 등나무의 잎이, "얇상한" 잎이 어떻게 이슬을 마셨는지 그는 확인하지 못했다. 등나무 잎이 "나의 혼, 목욕을 중지한 시인의 혼을 마셨"는지 역시 확인할 수 없다. 이르게 찾아온 더위마저도 마셔버렸다고 할 수 없다. 김수영은 모든 상황을 부정한다. 때문에 4행에서는 네 번 반복되는 시어 '등나무'에 물음표 네 개를 달아놓았다. 3연에 등장하는 시어 '목욕'은 더러워진 몸을 씻는다는 표면적인 의미와 더불어 늘 새롭게 자신을 갱신한다는 의미로 확장된다. 「新歸去來」 연작이 5·16 이후에 시골로 돌아와서 쓴 시들임을 염두에 둘 때, 목욕을 중지한다는 언급은 상황 변화에 따라 적극적으로 대응하지 못한 김수영 자신의 상황을 빗댄 말임을 알게 된다. 김수영은 "목욕을 중지한" 채 시골로 도피해온 것이다.

  3연의 부정적 상황은 4연에도 지속된다. 등나무 주위를 "몇번이고 돌고 돌고 돌고" 있는 "갑충과 쉬파리 떼/그리고 진드기"들을 김수영은 바라본다. 등나무 주위를 몇 번이고 돌 수 있는 것들은 "졸음 같은 날개"를 단 쉬파리뿐이지만 김수영은 날 수 있는 것들 속에 갑충과 진드기까지 포함시켜 놓았다. 통사 구조상으로 볼 때 도는 것들은 '~과'와 '그리고'로 연결된다. 구조 그대로 받아들이면 등나무 주위를 날

것들과 갑충과 진드기와 쉬파리떼 모두가 같이 돌고 있는 상황이라고 할 수 있다.

　시의 전반부 끝 연인 5연에는 전후 맥락을 알 수 없는 대화가 반복 제시된다. 엄마와 아이인 듯한 대화자는 서로 자신의 의사를 전달하지 못한다. 소통되지 않는 대화의 짝으로 1~4행은 파악할 수 있으나 5행은 대화의 맥락에서도 제외된다. 이 시의 정황을 다시 생각해보자. 김수영은 등나무와 등나무 주위를 돌고 있는 것들을 보고 있다. 이때 그의 부인과 자식으로 생각되는 어른과 아이의 말이 들려온다. 김수영은 시의 통일적 맥락과는 상관없는 대화를 삽입한다. 여기에다 김수영은 5행에서 "으흐흐흐……"라는 자신의 웃음소리를 흘려 넣고 있다. 아이는 엄마에게 가자고 하지만 엄마는 안 간다고 힘주어 반복한다. 말끝을 높이면 의문이지만 말끝을 내리고 길게 늘이면 요구를 들어줄 수 없다는 대답이 된다. 말소리가 들려온다. 이 광경을 지켜보는 김수영은 놀라움도 아니고, 그렇다고 깨달음이라고도 할 수 없는 복잡한 심정이 뒤얽힌 웃음을 흘린다. 분명한 점은 경이의 순간이라고 생각할 수도 있는 모든 광경들을 김수영이 부정적으로 바라보고 있다는 것이다. 여름날의 눈부신 생명의 상징이랄 수 있는 등나무의 새로 자라오른 푸른 잎과 그 잎 주위를 돌고 있는 곤충들과 어딜 가자고 보채는 아이와 그걸 들어주지 않는 엄마의 단편적인 대화가 오가는 한가한 시골 풍경이라고 생각할 수도 있지만, 김수영은 전원의 서정적 상황을 부정하고 있다. 5연에 침입해 있는 낯선 대화들은 김수영의 부정적 인식을 드러내는 지표가 된다. 일상 대화에서 사용되는 산문을 과감하게 도입하여 일상에 깃들어 있는 부정적 상황을 숨김없이 노출시키고 있는 이 부분에서, 김수영이 새로움을 위해서 시의 통일성을 희생시키고 있음을 알 수 있다.

　6연에서 등나무는 다시 묘사된다. 1, 2행의 초행적 반복 구절이 지표가 되어 김수영은 등나무를 처다본다. 그는 시의 "모티프"인 등나무를 다시 본다. 프로방스 액스 지방의 상징인 생 빅트와르 산을 평생 그린 세잔느가 산을 그리러 갈 때마다 '모티프'에 간다고 했던 것처럼 김수영 역시 한 시에서 대상인 '모티프'를 반복해서 그려낸다. 김수영은 등나무를 바라보면서 등나무를 자연 그대로 묘사하는 것이 아니라 자신의 내면을 투영시켜 표현한다. 6연에서 등나무가 자라고 있는 주변 환경이 제시된다. 3행부터 7행까지 등나무가 있는 정원의 풍경을 선명하게 그려 볼 수 있다. 등나무는 난간을 타고 오른다. 등나무 아래 부분에는 넝쿨 장미가 등나무의 줄기를 타고 올라가고 있다. 등나무는 지금 보랏빛 꽃을 피우고 있다. 등나무 옆에는 우물이 있다. 우물에 등꽃의 그림자가 일렁인다. 우물 옆 샘터의 웅덩이에는 활련이 있다. "그리고" 그 풍경 속에는 김수영의 "철자법을 틀린 시"와 "철자법을 틀린 인생"이 놓여 있다. 자신의 생활과 시를 풍경으로 대상화하여 관찰하고 있는 행위는 감정적인 대응이라고 할 수 없다. 표기법이 틀렸다는 인식은 기표가 틀렸다는, 그 의미를 담는 형식이 틀렸다는 뜻으로 읽힌다.

시작된 비판은 7연에서 등나무의 뻗어 오르는 습성에 의탁되어 고조된다. 나약한 자신을, 부정적 현실을 견인하여 드높게 상승하라는 뜻을 김수영은 "지휘하라"는 말로 응축시켜 표현한다. 4행에서 반복된 명령법 "지휘하라"는 김수영의 의식을 반영하고 있다. 5행에서 열거되는 옷감의 명칭들은 가볍다는 의미의 공통점을 지닌다. "이카루스의 날개"에서 제시된 상승의 이미지는 옷감의 명칭이 반복되면서 강화된다. '날개→날아오름·얇음·넓음→옷감'으로 제시되는 이미지가 환유적으로 연쇄된다. 날개의 이미지는 연쇄되는 명사들의 이미지가 중첩되어 더욱 확장된다. 7행의 모시치마 역시 모시의 얇음과 가벼움이라는 이미지 계열에 연속되어 나타나는 환유적인 표현이다. 이러한 환유 연쇄는 상승과 비약과 확산 이미지가 응축된 '후각' 이미지로 전환된다. "냄새여 지휘하라"는 시각이 인지되기 위해 필요한 거리를 소거시킨다. 휘발성의 냄새 이미지는 상승과 비약을 물질적인 감각의 영역으로 확대시킨다. 후각의 직접성을 통해 김수영은 현실을 부정하고 '이카루스처럼' 날아오른다. 끝 행에 반복되는 네 번의 '등나무'는 이와 같은 부정의 결과를 김수영이 다시 한번 인식하고 있음을 알려주는 지표이다.

 8연 1, 2행의 내용은 '우물이 어제의 말을 한다'이다. 김수영은 과거를 새롭게 인식하고 있다. 반성하고 있는 그에게 새로운 말이 들려온다. 시계 울리는 소리가 들린다. 아이 엄마와 아이가 나누었던 대화가 다시 한번 생각난다. 대화는 깨지고 말들은 순서가 바뀐 채 제시된다. 아이의 말이 두 번 연속 반복되고, 엄마의 말이 두 번 연속 뒤를 잇고 있다. 5연에서 제시되었던 아이와 엄마의 대화를 아이의 말과 엄마의 말로 따로따로 분리시켜 김수영은 두 의지가 충돌하여 소통될 수 없음을 표현한다. 부정적인 현실에서 날아올랐다가 어느새 내려와 있는 것이다. 김수영은 자신과 자신이 처해 있는 현실로 귀환해서 과거를 반추한다. 등나무를 다시 쳐다본다.

 9연 첫 행에서 김수영은 새로운 바라보기를 시도한다. 등나무를 네 번 반복해서 김수영은 등나무라는 존재를 환기한다. 마당에서 들려오는 타인의 말소리가 다시 들린다. 시의 문맥과는 상관없는 타인의 목소리가 김수영의 내면에, 시에 침입한다. 산문적인 일상의 대화들, 생활의 언어들이 시에 끼어든다. 김수영은 자신에게 들려오는 생활 현장의 생생한 언어, 현실의 언어에 눈을 뜨고, 이어 새로운 의문을 품는다. 4행의 물음표는 새로운 인식에 다다른 김수영의 상황을 상징하는 시각 지표이다. 김수영은 아이가 외치는 "아이스 캔디!" 소리와 닭의 울음 소리 같은 살아 있는 소리들을 시에 삽입시키고 있다. 음성적 현실감이 사장되지 않은 채, 화자의 의도에 굴절되지 않은 채 시 속에 자리잡았다. '꼴라쥬'를 연상시키는 김수영의 시는 전위적인 시로 논의될 수 있는 것이다. "김수영 시의 전위성"은 이러한 "문체의 혁명에서 보다 충격적으로 느낄 수 있"[28]다.

  9연의 마지막 두 행은 시의 첫 부분과 동일하다. 초행적 반복이 시를 열고 닫는 기능을 담당한다. 서두와 말미의 반복되는 행의 의미는 같지 않다. 형식적인 완결 장치이면서 시의 상황 변화에 따라 김수영의 인식 역시 변화했음을 나타내는 초행적 반복 장치는 이 시가 두 부분으로 구성되었음을 확인시킨다. 첫 번째 부분과 두 번째 부분에서 김수영이 사물을 바라보는 관점과 태도는 동일하지 않다. 한 시에 두 개의 시각이 제시되어 있다. 김수영의 말과 타인의 말이 서로 혼합된다. 하나의 시점으로 그려진 게 아니다. 각 부분마다 시점이 달라진다. 그러면서 각 부분들은 교묘하게 서로 결합된다. 한 그림 안에 여러 개의 시점이 동시에 들어 있던 세잔느와 입체파의 그림처럼 김수영의 이 시는 전통적인 시의 질서를 따르지 않는다. 전통이 시의 자유를 완강히 제약한다고 판단했을 때, 김수영은 이 시에서 볼 수 있듯이 형식 실험을 단행했다.

  통일성의 거부, 전위적 형식 실험에서 드러나는 김수영 시의 비전통적 특성이 다음 시에서는 명령법에 의해 강화된다.

    한번 잔인해봐라
    이 문이 열리거든 아무 소리도 하지 말아봐라
    태연히 조그맣게 인사 대꾸만 해두어봐라
    마루바닥에서 하든지 마당에서 하든지

---

28) 김준오, 「우리시와 아방가르드」, ≪현대시사상≫, 1994 가을, 153면.

하다가 가든지 공부를 하든지 무얼 하든지
말도 걸지 말고— 저놈은 내가 말을 걸 줄 알지
아까 점심때처럼 그렇게 나긋나긋할 줄 알지
시금치 이파리처럼 그렇게 부드러울 줄 알지
암 지금도 부드럽기는 하지만 좀 다르다
초가 쳐 있다 잔인의 초가
요놈— 요 어린 놈— 맹랑한 놈— 六학년 놈—
에미 없는 놈— 생명
나도 나다— 잔인이다— 미안하지만 잔인이다—
콧노래를 부르더니 그만두었구나— 너도 어지간한 놈이다— 요놈— 죽어라

—「잔인의 초」 전문

 김수영은 시에서 다짐을 하고 명령을 한다. 1행부터 3행까지 반복되는 '~봐라'는 명령이면서 자신에게 행하는 다짐이다. 김수영은 '너'에게 더 잔인해지라고 말한다. "문이 열리거든 아무 소리도 하지 말아" 보라고 부탁한다. 그때 "태연히 조그맣게 인사 대꾸만 해두"라고 한다. 김수영은 '너'의 행위로 인해 자신이 어떻게 반응해야 하는가를 진술한다. '너'는 지금 마루바닥에서, 마당에서 공부를 하기도 하고 놀기도 한다. 그런 '너'에게 '나'는 말을 걸지 않겠다고 다짐한다. 여기서 김수영은 독백을 삽입한다. "저놈은 내가 말을 걸줄 알지." 이 구절을 기점으로 7행부터 '너'가 '나'를 어떻게 생각하고 있을지를 추측한다. 김수영은 '너'의 생각을 읽고 있는 듯하다. 그는 '너'에게 자신이 무얼 생각하고 있는지 말한다. '아까 점심 때처럼 내가 그렇게 나긋나긋하지는 않다. 시금치 이파리처럼 부드럽지도 않다. 부드러워지기는 했지만 나는 이전과는 다르다. 내게는 초가 쳐 있다. 잔인하게도 초가 쳐

있다.' 김수영은 "부드럽기는 하지만 좀 다르다"고 말하면서 자신에게 "잔인의 초"가 있다고 말한다. 김수영은 어쩔 수 없이 부드러워졌지만 자신의 의지에 따라 일부러 초를 더 뿌릴 수 있다고 자신있게 대답한다. 6행에서 시작된 독백조의 발화는 11행부터 다른 양상으로 진행된다. 김수영은 청자 '너'에게 직접 말을 건다. 일상의 발화를 시의 전면에 내세운다. "요놈— 요 어린 놈— 맹랑한 놈"은 "에미 없는 놈"이다. 이웃집 아이인 '너'에게 말을 하다가 김수영은 갑자기 '생명'을 개입시킨다.[29] 이 단어부터 김수영은 다시 '나'를 언급한다. 자신이 잔인하다는 것을 되새긴다. 마지막 행에서 김수영은 다시 콧노래를 부르는 '너'의 행동을 묘사하고, 이에 대해 "너도 어지간한 놈"이라는 평가를 내린다. 그리고는 결론으로 이렇게 말한다. "요놈— 죽어라."

　김수영과 '요놈'으로 지칭되는 어린 '너'의 관계가 의미의 중심에 놓인다. 김수영은 잔인해야 한다고 말한다. 어린 '너'와 시인 '나' 사이에 벌어지는 나날의 생활에서 김수영은 더욱 더 잔인해져야만 한다. 그는 '저놈'의 생각을 읽고 있고, '저놈'의 생각을 앞질러 자신이 무엇을 어떻게 해야 하는가에 대해 답을 내린다. 결론은 초에 푹 절인 듯이 더 부드러워져야 한다는 것. 자신에게는 잔인한 일이지만 어쩔 수 없이 잔인의 초를 선택할 수밖에 없는 상황을 김수영은 일상어를 자유롭게 구사해서 표현한다. '너'에게 어리다, 맹랑하다, 에미 없다고 욕을 하면서 김수영은 '생명'을 떠올린다. '너'도 살아 있고, '너'를 판단하고 '너'에게 욕을 해대는 '나'도 살아 있다. 중요한 것은 생명이다. 살아 있는 '너'를 인식하고, '너'를 생각하고, '너'에게 욕을 하는

---

[29] 시작 노트 [5]에서 김수영은 '너'의 실제 모델이 이웃집 아이임을 밝히고 있다. "이 6학년 놈은 자기 집이 시끄럽다고 저녁 6시부터 9시까지 우리집에 와서 공부를 하다가 가는, 우리 여편네의 사업 관계의 친구의 조카뻘 되는 아이이다. 이 놈이 들어왔다."(『전집 2』, 296면)

'나'도 살아 있다. '너'도 '너'이고, "나도 나다." '너'와 '나' 모두가 주체라는 선명한 인식 후에 김수영은 "잔인이다"를 외친다. "미안하지만 잔인"해져야 하는 것이다. 그래야만 '나'와 대결하는 '너'도 건강해지고, 둘 모두 생명의 본질에 더욱 가까워진다. 어린 '너'는 '나'의 인식을 축하하듯 콧노래를 부르다가 '나'보다 먼저 그만두었다. 김수영은 자신을 개관하고 있는 듯한 맹랑한 '너'에게 말한다. "너도 어지간한 놈이다." 이런 '너'를 바라보면서 시인은 웃음을 띠고 "요놈 죽어라"고 명령한다.

김수영은 아이와도 대결한다.[30] 김수영은 자신의 생각을 읽고 있는 듯한 아이의 행동을 보면서 자기 자신을 바라본다. 잔인이 필요 없는 상황임에도 더 잔인해져야 한다는 말은 자신의 상황을 방관하지 않겠다는 뜻을 포함하고 있다. 더 부드러워지기 위해 초가 필요하다고 말하는 것은 자학에 가깝지만, 이런 의식을 통해 김수영은 자신을 부정하고 한 걸음 더 나아간다. 그것이 '생명'에 다다르는 길임을 알고 있는 것이다. 아이가 부르는 즐거운 콧노래가 김수영의 콧노래가 되는 이유는 부정해야 하는 상황을 일깨워준 아이가 자신보다 한 걸음 더 앞서가고 있는 것은 아니냐고 엄살을 피우는 김수영의 천진난만함 때문이다.

김수영은 일상어를 사용하여 인식의 변화된 양상, 대상과 자신의 관계를 유연하게 이끌어나갈 수 있었다.[31] 특별한 시적 장치 없이 대상

---

[30] 김수영이 쓴 시작 노트에 「잔인의 초」에 대한 다음과 같은 언급이 있다. 여기서 김수영은 '대결의식'을 언급한다. 자신의 집에 찾아와서 공부를 하고 가는 이웃집 아이 때문에 김수영은 "난도질을 당한다"고 했다. 자신을 방해하는 아이의 행동이 유발한 화를 다스린 후에 시를 쓸 수 있었던 김수영은 이러한 상황에 처한 자신과 대결하고 있다. "1대1의 대결의식이 「잔인의 초」에도 들어 있다. 〔…중략…〕 그것은 아무래도 나의 본질에 속하는 것 같고 시의 본질에 속하는 것 같다."(『전집 2』, 297면)
[31] 백낙청은 「잔인의 초」의 산문성을 이렇게 평가한다. "산문을 쓰다가 생각이 나서 행을 바꾼다는 듯이 행을 바꿔대거나 너절한 신변 이야기를 늘어놓거나 〔…중략…〕"(『김수영 전집 별권』, 42면)

과 수체의 대결적 구도를 과감한 일상적 산문의 도입으로 표현해낼 수 있었던 김수영은 더욱 적극적으로 명령법을 사용하여 전위적 의식을 드러낸다.

야 손 들어 나는 아리조나 카보이야
빵! 빵! 빵!
키크야! 너는 저놈을 쏘아라
빵! 빵! 빵! 빵!
쨔키야! 너는 빨리 말을 달려
저기 돈보따리를 들고 달아나는 놈을 잡아라
쵼 너는 저 산 위에 올라가 망을 보아라
메리야 너는 내 뒤를 따라와

이놈들이 다 이성망이 부하들이다
한데다 묶어놔라
야 이놈들아 고갤 숙여
너희놈 손에 돌아가신 우리 형님들
무덤 앞에 절을 九千六百三五만 번만 해
나는 아리조나 카보이야

두목! 나머지 놈들 다 잡아왔습니다
아 홍찐구 놈도 섞어 있구나
너 이놈 정동 재판소에서 언제 달아나왔으냐 깟땜!
오냐 그놈들을 물에다 거꾸로 박아놓아라
쨈보야 너는 이성망이 놈을 빨리 잡아오너라
여기 떡갈나무 잎이 있는데 이것을 가지고 가서

하와이 영사한테 보여라
그리고 돌아올 때는 구름을 타고 오너라
내가 구름운전수 제퍼슨 선생한테 말해 놨으니까 시간은
二분밖에 안 걸릴 거다

이놈들이 다 이성망이 부하들이지
이놈들 여기 개미구멍으로 다 들어가
이 구멍으로 들어가면 아리조나에 있는
우리 고조할아버지 산소 망두석 밑으로 빠질 수 있으니까
쨈보야 태평양 밑의 개미 길에
미국사람들이 세워놓은 자동차란 자동차는
싹 없애버려라
저놈들이 타고 가면 안 된다
야 빨리 들어가 하바! 하바!
나는 아리조나 카보이야
아리조나 카보이야

—「나는 아리조나 카보이야」 전문

〈童詩〉라고 명기되어 있는 작품이다. 김수영은 자신이 '아리조나 카보이'라고 말한다. 시인은 형식에 구애받지 않고 하고 싶은 말을 자유분방하게 내뱉는다. 총 쏠 때 들리는 의성어가 시에 도입되었고, 청자에게 직접 말을 건네는 듯한 구어가 사용된다. 시인은 자신이 하고 싶은 말을 아이의 입을 빌어 자유롭게 표출해낸다.

청자는 시인의 말에 관심을 기울인다. 보편적인 시의 화법에서 벗어나 있는 김수영의 텍스트에서 독자는 시인이 전달하고자 하는 의미의 핵심이 시가 부정의 대상으로 삼고 있는 "이성망이 부하들"에 대한 단

죄임을 쉽게 알아챈다. 김수영은 그들을 총으로 "빵! 빵! 빵!" 쏘고 싶다. 가볍게 처리하고 싶은 것이다. 아이의 말투를 빌었기에 김수영은 그들을 손쉽게 부정할 수 있었다. 1연에서 시인은 도망치는 적들을 일망타진하는 어린이들의 놀이를 흉내낸다. 독자들에게 망을 보고, 달아나는 놈을 잡고 쏘라고 명령한다. "나는 아리조나 카보이"이기 때문에 "야 이놈들아 고갤 숙여"라고 떳떳하게 명령한다. 지금 김수영과 독자는 놀이에 참여하고 있는 어린이들이다.

시인의 부하인 '우리'가 3연에서 말한다. "두목! 나머지 놈들 다 잡아왔습니다." 두목인 시인이 대꾸한다. "아 홍찐구놈도 섞여 있구나/너 이놈 정동 재판소에서 언제 달아나왔느냐 깟땜!" 재판받다가 도망친 놈을 발견하고 시인은 아리조나 카보이답게 '갓댐'이라고 욕한다.[32] 붙잡힌 적들을 "물에다 거꾸로 박아놓"으라는 명령이 떨어진다. 놀이라는 가정이 아니라면 쉽게 도입될 수 없는 국면이다. 김수영은 놀이에서나 가능한 일탈적 명령을 덧붙인다. "너는 이성망이 놈을 빨리 잡아" 와야 한다. 어서 가서 떡갈나무 잎을 하와이 영사한테 보이고 놈을 체포해오라고 말한다. "그리고 돌아올 때는 구름을 타고 오"라고 한다. '구름을 타고 오라'는 시인의 명령은 어린이들의 놀이를 가정하고 있는 김수영의 자유스러운 상상이 빚어낸 결과이다. 구름을 타고 돌아올 수 있는 '구름 운전수'는 없다. 하와이에서 한국까지 2분만에 날아올 수도 없다.

마지막 연에서 시인은 잡혀온 "이성망이 부하들"에게 다시 명령한다. "여기 개미 구멍으로 다 들어가"면 "아리조나에 있는/우리 할아버지 산소 망두석 밑"에 도달할 수 있기 때문에 시인은 "야 빨리 들어가

---

[32] '홍쩐구'는 4·19 당시 이승만 정권의 내무부장관이었던 '홍진기'를 지칭하는 것으로 판단된다. ☞ 본문 329면.

하바! 하바!"라고 명령한다. 개미만도 못한 적들이기에 개미 구멍으로 들어가야 한다는 것이다. 그들이 개미 구멍으로 들어가면 무덤 양쪽에 세워둔 돌기둥 아래에 도달할 것이라는 구절은 '이성망이 일당들'이 죽어 무덤에 묻혀야 하는 존재들임을 일깨운다. 태평양 건너 아리조나의 무덤까지 가야 하는 그들이 자동차를 타고 갈 수도 있기에 시인은 쨉보에게 "미국사람들이 새워놓은 자동차란 자동차는/싹 없애버려라"고 다시 명령한다. 가더라도 개미 걸음으로 고통스럽게 바다 밑 개미 길로 가야 한다는 것이 시인이 품고 있는 적들에 대한 생각이다. 시인은 아리조나 카보이이기 때문에 이런 명령을 내릴 수 있고, 이 모든 불가능한 상황도 만들어낼 수 있다. 아이의 무구한 상상력을 빌어 김수영은 현실에 대한 자신의 생각을 가감없이 표현할 수 있었다.

일반적인 시의 형식에서 벗어난 파격을 통해 김수영은 불온한 상상력을 선보인다. 김수영은 동시라는 형식 지표, 아리조나 카보이가 되어 놀이를 하고 있다는 연극적 상황을 설정하고는 자유롭게 상상을 펼친다. 급진적인 형식에 의해 담보된 상상은 이 시의 의미를 확장시킨다. 4월 혁명을 완수하기 위해서는 이승만 일당을 일소해야 한다는 김수영의 명령이 행동의 수행을 강조한다. 전위적 양상을 띠고 있는 시의 형식 속에서 시인은 어린이들의 놀이 대장이 되어 독자에게 명령한다. "달아나는 놈을 잡아라", "그놈들을 물에다 거꾸로 박아놓아라."

  함부로 흘리는 피가 싫어서
  이다지 낡아빠진 생활을 하는 것은 아니리라
  먼지 낀 잡초 위에
  잠자는 구름이여
  고생도 마음대로 할 수 없는 세상에서는
  철 늦은 거미같이 존재 없이 살기도 어려운 일

방 두 칸과 마루 한 칸과 말쑥한 부엌과 애처로운 妻를 거느리고
　　외양만이라도 남과 같이 살아간다는 것이 이다지도 쑥스러울 수가 있을까

　　詩를 배반하고 사는 마음이여
　　자기의 裸體를 더듬어보고 살펴볼 수 없는 詩人처럼 비참한 사람이 또
어디 있을까
　　거리에 나와서 집을 보고
　　집에 앉아서 거리를 그리던 어리석음도 이제는 모두 사라졌나 보다
　　날아간 제비와 같이

　　날아간 제비와 같이 자국도 꿈도 없이
　　어디로인지 알 수 없으나
　　어디로이든 가야 할 反逆의 정신

　　나는 지금 산정에 있다―
　　시를 반역한 죄로
　　이 메마른 산정에서 오랫동안
　　꿈도 없이 바라보아야 할 구름
　　그리고 그 구름의 파수병인 나.

　　　　　　　　　　　　　　　　　　　―「구름의 파수병」[33] 부분

　시적 진술이라고 하기에는 무리가 있는 산문을 시에 도입하고 있는 김수영 시의 특징적 면모가 확인되는 구절이다. 김수영은 자기 반성을 시도한다. "먼 산정에 서 있는 마음"가짐으로 시인은 자식과 아내와 주위의 사물들을 응시한다. "그리고 나는 이미 정하여진 물체만을

보기로 결심"한다. 김수영은 이런 자신을 꾸짖어줄 친구를 기다린다. 잘못된 꿈에서 깨어나야 하고, 그릇됨을 고쳐야 한다. 김수영은 자신의 상황을 변화시켜야 한다는 점을 잘 알고 있다. 반역된 생활에 젖어서, 일상의 안일함에 젖어서 김수영은 나태해지고 있는 것이다.

4연에서 김수영은 말한다. "함부로 흘리는 피가 싫어서/이다지 낡아빠진 생활을 하는 것은 아니"라고 하면서 김수영은 자신을 성찰한다. 고생도 마음대로 할 수 없는 일상 속에서는 자신의 존재를 숨기려 해도 숨겨지지 않는다. 그렇기 때문에 하늘에 떠 있어야 할 구름이 "먼지 낀 잡초 위에"서 잠자듯 걸려 있을 수밖에 없다. 정체에 빠진 시인의 생활을 비유하는 구절이라고 하겠다. 자신이 처한 상황을 알고 있는 김수영은 현재의 삶을 돌아본다. "방 두 칸과 마루 한 칸과 말쑥한 부엌과 애처로운 처를 거느리고/외양만이라도 남과 같이 살아간다는 것이 이다지도 쑥스러울 수가 있"느냐는 김수영의 말에서 반성의 염결성이 느껴진다. 일상의 안일함에 빠져 산다는 것은 "시를 배반하고 사는" 삶과 다르지 않다. 이 점을 알고 있기에 김수영은 자신을 비판하고, 더 나은 상황으로 나아가기 위해 반성한다. 더 뜨거운 반성으로 이행한다. "자기의 나체를 더듬어보고 살펴볼 수 없는 시인처럼 비참한 사람이 또 어디"에 있겠냐고 자문한다. 반성하고 비판할 수 없는

---

33) 이 시의 2연 1행 "먼 산정에 서 있는 마음으로 나의 자식과 나의 아내와"는 1981년 전집 및 최초 발표지인 선집 『거대한 뿌리』에는 "먼 山頂에 서 있는 마음으로/나의 자식과 나의 아내와"로 행 구분되어 있다. 또한 6연 3행 "거리에 나와서 집을 보고 집에 앉아서 거리를 그리던 어리석음도 이제는 모두 사라졌나 보다"는 선집과 1981년 전집에서 "거리에 나와서 집을 보고/집에 앉아서 거리를 그리던 어리석음도 이제는 모두 사라졌나 보다"로, 8연 3행 "이 메마른 산정에서 오랫동안 꿈도 없이 바라보아야 할 구름"은 선집과 1981년 전집에서 "이 메마른 산정에서 오랫동안/꿈도 없이 바라보아야 할 구름"으로 행이 구분되어 있다. 이러한 행 구분의 상이점은 김수영 시의 리듬을 논하는 과정에 큰 영향을 미친다. 육필 원고의 확인이 필요한 작품이다. 1981년 전집의 행 구분이 김수영 시의 음악성을 드러내는데 더 적합하다. 2003년 전집의 오류로 보인다. 이 작품의 행 구분은 1981년 전집을 따른다.

주체라면 시를 쓸 수 없다. 시를 통해서 삶을 성찰하고, 삶의 변전을 위해서 다시 시를 성찰해야 하는 시인의 운명을 김수영은 감지하고 있다. 거리에서 집을 보고, 집에서는 거리를 그리려고 하던 어리석은 자신을 발견한다. 그것이 바로 김수영이 찾고자 하던 자신의 '나체'이다. 김수영은 반성의 결과 적실하지 못했던 자신의 행동이 모두 사라졌음을 파악한다. "날아간 제비와 같이" 사라진 부정적 면모를 확인한다. 가을이 되어 강남으로 떠나간 제비처럼 아무런 흔적도 남기지 않고 일소된 과거의 자신을 확인한 김수영은 자신에게 "어디로인지 알 수 없으나/어디로이든 가야 할 반역의 정신"이 다시 필요하다는 것을 선언한다.

 어떤 상황에서도 반성하고 성찰하고 움직여서 이전과는 다른 자신이 되어야 한다는 것, '반역'을 수행하여 새로움을 개척해내야 한다는 것, 그것이 다시 '반역의 정신'에서 비롯됨을 김수영은 알고 있다. 마침내 시인은 반성의 극점에 다다른다. 그는 "지금 산정에 있다." 생활을 반역하자 시가 반역으로 치닫는다. 시를 반역하고 자신을 반역했기에 시인은 "메마른 산정에서 오랫동안/꿈도 없이 바라보아야 할 구름"을 발 아래에 두고 있다. 그리고 "그 구름의 파수병인 나"를 자각한다. 반역하고 반역하고 다시 반역할 수밖에 없는 시인의 운명을 김수영은 감지한다.

 먼지 낀 잡초 위에 있던 구름이 김수영의 발 아래에 있다. 하늘에 구름이 흘러간다. 김수영은 메마른 산정에서 자신이 걸어가야 할 길을 목도한다. 반역의 길이 놓여 있다. 그 길 끝이 어디인지는 알 수 없지만 김수영은 어디에 다다를지를 의심하지 않는다. 움직일 뿐이다. 그는 반역을 수행할 뿐이다. 정체에 빠진 자신을 타기하고, 반성하고 혁신하고 혁신하여 새로운 자신을 탄생시킬 뿐이다. 그것이 시의 운명이자 시인의 운명이다. 그러한 운명을 깨닫는 곳이 산정이다. 그 산정에서 시인은 발 밑의 구름을 지켜보는 파수병이 된다.

김수영의 시는 참여와 불온과 전위를 동시에 아우른다. 그는 참여와 불온과 전위를 순차적인 관계로 설정하지 않았다. 전위는 불온을, 불온은 전위를 동시에 수행한다. 참여하면 불온해지고, 불온해지면 전위에 이른다.

일반적인 서정시, 기존의 관행적인 시에서 벗어나기 위해 김수영은 과감한 시적 혁신을 시도했다. 시의 갱신은 의식의 갱신으로 변환되고, 새로워진 정신은 다시 시로 환원된다. 김수영의 명령법에 드러나는 상호 변화의 동시적 양상은 모호성, 일상성, 이중성을 긍정적 가치로 포섭한다.

2) 명령법: 변화와 행동의 시적 동력

김수영이 명령법을 처음 사용한 시는 1947년 작품 「이(虱)」이다.

 나는 한번도 아버지의
 수염을 바로는 보지
 못하였다

  新聞을 펴라

 이(虱)가 걸어나온다
 行列처럼
 어제의 물처럼
 걸어나온다

         ―「이」 4~6연

5연에 제시되는 명령법의 행위 주체는 둘이다. 화자는 스스로에게 신문을 펼치라고 요구한다. 펼친 신문에는 이 같은 문자들이 가득하다. 문자는 살아 있는 이처럼 꿈틀거리면서 신문 밖으로 걸어나오고 있다. 신문의 문자가 이 같다는 점을 알리기 위해 화자는 신문을 펼쳐야 한다. '신문을 펼친다'라고 말하지 않고 "신문을 펴라"고 명령한다. 사람의 피를 빨아먹고 사는 이처럼 신문의 문자들이 화자를 자극한다는 사실을 명확하게 제시하기 위해서 화자는 자신에게 명령을 부과한다. 동시에 이 명령은 독자들에게도 부과된다. 들여쓴 5연의 명령문은 독자들에게 신문을 펼쳐 거기 이 같은 검은 활자들이 꿈틀거리고 있음을 확인해보라는 권유이자 화자의 깨달은 바를 반드시 확인해야 한다는 당위적 명령이다. '나'와 '너'에게 함께 행동하기를 요구하는 명령문은 화자가 명령을 수행해야 할 텍스트 내부와 청자가 명령을 수행해야 할 텍스트 외부의 경계를 희미하게 만든다.

  아래의 시는 김수영이 '명령'의 의미를 어떻게 이해하고 있었는지를 알 수 있는 작품이다.

>나는 너무나 많은 尖端의 노래만을 불러왔다
>나는 停止의 美에 너무나 等閑하였다
>나무여 靈魂이여
>가벼운 참새같이 나는 잠시 너의
>흉하지 않은 가지 위에 피곤한 몸을 앉힌다
>成長은 소크라테스 이후의 모든 賢人들이 하여온 일
>整理는
>戰亂에 시달린 二十世紀 詩人들이 하여놓은 일
>그래도 나무는 자라고 있다 靈魂은
>그리고 敎訓은 革命은

> 나는
> 아직도 命令의 過剩을 용서할 수 없는 時代이지만
> 이 時代는 아직도 命令의 過剩을 요구하는 밤이다
> 나는 그러한 밤에는 부엉이의 노래를 부를 줄도 안다
>
> 지지한 노래를
> 더러운 노래를 生氣없는 노래를
> 아아 하나의 命令을

―「序詩」전문

너무나 많은 "첨단의 노래만을 불러왔"고, "정지의 미에 너무나 등한하였다"고 김수영은 고백한다. 모든 현인들은 성장의 주축이었고, 동족상잔을 겪은 김수영의 정리는 전란에 시달린 20세기의 다른 시인들도 실행한 행위였다. 화자는 할 일이 없다. 그런데 나무와 영혼은 성장한다. "교훈과 명령"도 자란다. "명령의 과잉을 용서할 수 없는 시대이지만" 김수영이 살고 있는 시대는 오히려 "명령의 과잉"을 요구한다. 김수영은 명령의 과잉을 요구하는 시대의 밤에는 "부엉이의 노래를 부를 줄도 안다"고 말한다. 그러한 밤에 김수영은 "지지한 노래를/더러운 노래를 생기없는 노래를/아아 하나의 명령을" 부를 줄도 안다고 선언한다.

명령의 노래를 더 부르겠다고 김수영은 말한다. 명령을 해야 한다고 자각하고 있는 것이다. 제목 '서시'는 바로 이러한 김수영의 결단을 드러낸다. 세계와 대결하려는 자신에게 필요한 덕목은 정지의 미가 아니라 더 많은 명령임을 김수영은 알고 있다. 비록 그 명령이 지지하고, 더럽고, 생기없는 노래에 그친다 하더라도 더욱 날카로운 첨단의 노래가 되기 위해서 필요한 것은 '하나의 명령'이라고 김수영은

선언한다.

이 시에서 '명령'은 현실과 대결하는 김수영의 자세를 일컫는다. 김수영은 현실과 시 사이에 명령을 위치시킨다. 시인의 명령이 세상에 어떤 결과를 미칠지에 대해 그는 따지지 않는다. 그가 자각하는 것은 시대가 필요로 하는 '명령의 과잉'뿐이다. 김수영은 명령을 통해 현실에 밀착하려고 한다. "가벼운 참새같이" 김수영은 잠시 나무의 "흉하지 않은 가지 위에 피곤한 몸을 앉"히고 쉬면서 '정지의 미'가 지니는 가치를 깨닫는다. 김수영은 정지의 미를 부정하지 않는다. 그에게 필요한 부분은 정지의 미가 아니라 더 많은 첨단이다. 명령이 첨단의 노래임을 알고 있기에 그는 다시 명령한다.

계사적 관계를 생성해내는 명령법은 멈추지 않는 김수영 시의 동적 양상을 잘 드러내는 장치라고 할 수 있다. 김수영은 스스로에게 운동을 부과하고, 그 운동을 현실로 전이시키는 명령법을 詩作의 주요 언술 장치로 삼았다. 명령법은 쉼없이 김수영과 그의 시를 밀고 나가는 동력이다.

  애타도록 마음에 서둘지 말라
  강물 위에 떨어진 불빛처럼
  赫赫한 業績을 바라지 말라
  개가 울고 종이 들리고 달이 떠도
  너는 조금도 당황하지 말라
  술에서 깨어난 무거운 몸이어
  오오 봄이여

  한없이 풀어지는 피곤한 마음에도
  너는 결코 서둘지 말라

너의 꿈이 달의 行路와 비슷한 廻轉을 하더라도
개가 울고 종이 들리고
기적소리가 과연 슬프다 하더라도
너는 결코 서둘지 말라
서둘지 말라 나의 빛이여
오오 人生이여

災殃과 不幸과 格鬪와 靑春과 千萬人의 生活과
그러한 모든 것이 보이는 밤
눈을 뜨지 않는 땅속의 벌레같이
아둔하고 가난한 마음은 서둘지 말라
애타도록 마음에 서둘지 말라
節制여
나의 귀여운 아들이여
오오 나의 靈感이여

─「봄밤」전문

 화자는 첫 행에서 "서둘지 말라"고 명령한다. "강물 위에 떨어진 불빛처럼" 뚜렷하게 부각되는 "혁혁한 업적" 또한 바라지 말라고 한다. 명령의 대상은 숨겨져 있다. 서둘지 않아야 하고, 바라지 않아야 하는 주체는 1연 5행에 제시되는 '너'이다. 2인칭 '너'는 6행과 7행에서 "술에서 깨어난 무거운 몸"과 "봄"으로 변화된다. 술에서 깨어난 무거운 몸을 견딜 수 없는 화자가 있고, 찾아온 봄이 있다. 화자는 스스로에게 계절의 변화를 담담하게 받아들이기를 명령한다. 서둘지도 당황하지도 말라고 강력하게 명령하면서 화자는 경각심을 늦추지 않고 있다. '너'로 수렴되는 대상들이 이동되면서 명령의 대상은 확장된다.

화자와 봄이 '~지 말라'는 명령의 수행 대상이 된다.

1연과 구문 구조가 비슷하게 반복되는 2연의 초반부에서 명령의 대상은 '너'로 한정되어 있다. 슬픈 기적소리가 들리고 개가 울고 꿈이 달처럼 회전한다고 해도 '너'는 서두르면 안된다. 6행의 부사 '결코'는 1연의 화자가 시도하는 명령보다 더 강한 명령이 2연에서 실행되고 있다는 점을 강조한다. 1연에는 '~지 말라'가 세 번 사용되었다. 2연에도 명령어 '~지 말라'는 세 번 제시된다. 2연 8행에 나오는 세 번째 명령 "서둘지 말라"는 1연과 초행적 반복 구조를 이루고 있다. 1연 6, 7행의 몸과 봄을 행위의 대상으로 삼는 1연의 세 번째 명령어는 1연 5행에 위치한다. 2연의 세 번째 명령어는 명령의 대상과 함께 7행에 나타난다. 1연에서는 명령의 대상이 행 단위로 구분되어 있었던 경우와 다르게 2연은 명령어와 명령의 대상이 같은 행에 제시되어 '~지 말라'는 부정 명령의 대상을 한층 강조한다. "나의 빛"과 "인생"이 병치되면서 명령의 대상이 된다.

서두르지 않는 3연의 화자에게는 세상의 "災殃과 不幸과 格鬪와 靑春과 千萬人의 生活"이 뚜렷하게 보인다. 싸워 이기기 위해서는 서두르지 말아야 한다. 화자는 지금 "눈을 뜨지 않은 땅속의 벌레같이" 기다리고 있다. "아둔하고 가난한 마음"을 지닌 화자에게 필요한 항목은 서두르지 않는 일이며 당황하지 않는 일이다. 변화하는 계절에 당황하지 말아야 한다. 변화를 따라잡기 위해 서두르면 오히려 변화를 따라잡을 수 없게 된다. 때문에 "애타도록 마음에 서둘지 말라"고 화자는 다시 한번 자세를 다잡는다.

3연의 구문 구조는 1, 2연과 같다. '너'가 등장하지 않기에 앞 연과 차이가 있다. 그래서 "절제"와 "나의 귀여운 아들"과 "나의 영감"은 명령의 대상이기는 하지만 1, 2연과는 다르게 대등한 전위(轉位) 관계로 맺어질 수 없다. 화자는 서두르지 말라고 다시 강조하면서 6행의 절제와 7, 8행의 귀여운 아들과 영감을 분리시킨다. '절제'는 서두르지 않고 참고 기다린다는 의미 맥락으로 확장되어 시의 전체 의미를 집약한다.[34] 3연 마지막에 제시되는 귀여운 아들과 나의 영감은 너로 치환되지 않는다. 청자 '너'로 귀속되지 않는다는 점에서 '나의 아들'과 '나의 영감'은 발화의 문맥을 확장시킬 것을 요구한다. 3연에 나타나지 않은 명령의 대상 '너'는 언술 주체인 화자와 텍스트 외적 존재인 시인이 연결되는 지점을 마련한다. 시인은 화자의 명령에 개입한다. 3연의 마지막에 등장하는 '나'는 텍스트에 참여하고 있는 시인을 지칭하는 인칭명사일 수 있다. 화자는 청자, 독자, 시인에게 명령한다. '너'는 이들 모두를 포함하고 있다. 외향적 청자 독자와 내향적 청자 시인은 대화하면서 텍스트의 마지막 부분에서 서두르지 말라는 명령 행위에 동참한다. '나'의 아들도 절제해야 하고, '나'도 절제해야 한다. 시인은 명령하고 명령받는다. 독자들을 향해 명령하는 외향적 명령의 주체와 자기 자신에게 명령하는 내향적 명령의 주체가 동시에 존재한다. 명령의 수행 주체는 분간되지 않고 순간적인 이동을 반복하면서 동시에 명령을 수행한다. 이와 같은 이중적 명령의 양상이 더욱 뚜렷하게 드러나는 시는 「家屋 讚歌」이다.

    무더운 自然 속에서
    검은 손과 발에 마구 상처를 입고 와서
    병든 獅子처럼
    벌거벗고 지내는
    나는 여름

---

34) 이 시의 핵심 단어는 '절제'이다. 이 시가 "안팎의 문제로부터 야기되는 절망감이나 초조감 속에서 균형을 잡으려는 절제의 의지를 노래한 작품"이라는 견해(강웅식, 『시, 위대한 거절』, 청동거울, 1998, 108면) 역시 이 시의 주제가 '절제'임을 밝히고 있다.

夕刊에 暴風警報를 보고
배를 타고 가는 사람을
習慣에서가 아니라 염려하고
三年 前에 심은 버드나무의 惡魔 같은
그림자가 뽑는 아우성소리를 들으며

집과 文明을 새삼스럽게
즐거워하고 또 批判한다

하얗게 마른 마루틈 사이에서
들어오는 바람에서
느끼는 鬪志와 愛情은 젊다

自然을 보지 않고 自然을 사랑하라
牧歌가 여기 있다고 외쳐라
暴風의 牧歌가 여기 있다고 외쳐라

牧師여 政治家여 商人이여 勞動者여
失職者여 放浪者여
그리고 나와 같은 집 없는 乞人이여
집이 여기에 있다고 외쳐라

하얗게 마른 마루틈 사이에서
검은 바람이 들어온다고 외쳐라
너의 머리 위에

너의 몸을 반쯤 가려주는 길고
　　멋진 양철 차양이 있다고 외쳐라

　　　　　　　　　　　　　―「家屋 讚歌」 전문

　"병든 사자처럼/벌거벗고 지내는" 화자가 위치하고 있는 공간은 자신의 집이다. 화자는 무더운 여름날의 저녁 풍경과 자신의 상황을 일치시킨다. 더위에 지치고 피곤에 절은 화자는 여름날의 무겁고 처진 분위기에 자신을 투영한다. "나는 여름"이라고 말하는 화자 앞에 석간신문이 놓여 있다. 일기예보 란에서 폭풍경보 소식을 읽는다. 화자는 항해에 나선 뱃사람들을 걱정한다. "습관에서가 아니다." 마당으로 시선을 돌리자 "삼년 전에 심은 버드나무의 악마 같은/그림자가 뿜는 아우성소리"가 들려오는 듯하다. 화자는 버드나무의 그림자가 커지는 어둠에 뒤섞이는 광경을 보면서 악마의 아우성 같은 환청을 느낀다.
　화자는 자연 앞에서 자신이 쉴 수 있는 곳, 피곤한 몸 뉘일 수 있는 집의 가치를 깨닫는다. 화자는 "집과 문명을 새삼스럽게/즐거워하고 또 비판한다." 집안에서 쉬고 있는 사람 '나'는 집과 문명을 즐거워하고, 여름의 자연과 일치된 '나'는 집과 문명을 비판한다. '나'는 여름 속의 사람이면서 여름 그 자체인 것이다. '나'는 여름이면서, 시를 쓰는 사람 '나'이다. 무더위를 식혀주는 한 줄기 바람이 불어온다. '나'는 시원한 바람을 맞으며 삶에 대한 "투지와 애정"을 느낀다.
　화자는 세 번 명령한다. '자연을 보지 않고 자연을 사랑하라고, 목가가 여기에 있다고 외치라고, 폭풍의 목가가 여기에 있다고 외치라'고 명령한다. 명령의 대상은 누구인가. 5연의 명령 수행 대상은 뚜렷하게 분간되지 않는다. 시원한 바람을 맞고 '투지와 애정'을 느낀 화자는 눈에 보이는 자연의 의미뿐만 아니라 그 안에 숨겨진 진정한 의미를 발견하라고 명령한다. 자연을 보지 않고도 자연의 진정한 아름

다음과 가치를 사랑해야 자연의 의미를 파악할 수 있는 것이다. 무더위에 사람을 지치게 만드는 악마 같은 자연이지만 한 줄기 저녁의 바람으로 무더위를 씻어버릴 수 있게 하기에 화자는 자연의 본질이 죽음이 아니라 삶임을 깨닫는다. 고통이 지나야 평화가 오고, 노동이 끝나야 휴식이 달콤하다. 자연 속에서 검게 그으른 "손과 발에 마구 상처를 입고 와서"야 무더위를 식혀주는 바람을 느낄 수 있다. 화자는 '목가'가 여기 있다고 외친다. 신문에 실린 폭풍경보 예보는 바닷가 사람들에게는 위협이지만 화자에게는 무더위를 제압하는 시원한 '폭풍의 목가'처럼 느껴진다. 화자는 자기 자신에게 명령한다. "자연을 사랑하라." 진정한 목가가 내가 사는 "여기 있다고 외쳐라." 폭풍 같은 "목가가 여기 있다고 외쳐라."

 화자는 6연에서 명령 수행 대상들을 호명한다. 호명된 대상들은 '나'에서 '너'로, '너'에서 '우리'로 확대된다. 화자는 자신이 앞으로 수행해야 할 명령을 '우리들'에게 전달하기 위해 명령 수행 대상을 열거한다. 화자는 '목사, 정치가, 상인, 노동자, 실직자, 방랑자, 걸인'을 부르고, 그들에게 자신의 명령을 수행하라고 요청한다. 화자는 이제까지 자신이 "집 없는 걸인" 같다고 생각해왔다. 그런데 집은 자연의 가치를 깨닫게 했다. 화자는 자신에게, 열거된 호명 대상의 집합인 '우리들'에게 명령한다. "집이 여기 있다고 외쳐라."

 7연에서 화자는 자신에게 자연의 가치를, 아울러 집의 가치를 깨닫게 만든 바람을 언급한다. "하얗게 마른 마루틈 사이"로 바람이 들어온다. 하얀 벽과 밤의 바람이 대조된다. 보이지 않는 바람의 빛깔이 선명하다. "검은 바람이 들어온다." 마치 어둠이 밀려드는 듯하다. 화자는 다시 집의 가치를 찬미한다. 머리 위에 몸을 반쯤 가려주는 길고 멋진 양철 차양이 있다. 화자는 집의 가치를 외치라고 '너'에게 명령한다. '너'는 일차적으로는 화자 '나'의 명령을 듣고 있는 청자이다.

여기에는 화자가 호명한 6연의 대상들이 포함될 수 있다. 시의 문맥으로 인입된 복수 '우리들'의 구성원 모두는 '너'가 될 수 있다. 또한 '너'는 시인이 바라보는 화자 '나'일 수도 있다. 이 시의 주체는 시인 '나'이다. 명령의 주체가 시인이기에, '너'로 지칭된 화자 '나'는 6연의 '우리들'에게 명령을 발화하는 주체이면서 시인의 명령을 수행해야 하는 대상이 된다.

이 시의 명령은 이중적이다. 청자를 대상으로 하면서 동시에 화자 자신을 명령 수행 대상에 포함시킨다. '나'는 명령하고, 그 명령을 수행한다. 시인은 자기 자신에게 명령한다. 시인과 화자와 청자와 독자, '목사와 정치가와 상인과 노동자와 실직자와 방랑자와 걸인' 즉 '우리들' 모두는 '가옥찬가'를 불러야 한다. 김수영은 우리 모두가 집의 가치를 깨달아야 한다고 말한다. 집의 가치를 인식할 수 있는 계기를 제공한 자연을 겸허하게 받아들여야 한다고 명령한다.

  비가 오고 있다
  여보
  움직이는 悲哀를 알고 있느냐

  命令하고 決意하고
  「平凡하게 되려는 일」 가운데에
  海草처럼 움직이는
  바람에 나부껴서 밤을 모르고
  언제나 새벽만을 향하고 있는
  透明한 움직임의 悲哀를 알고 있느냐
  여보
  움직이는 悲哀를 알고 있느냐

瞬間이 瞬間을 죽이는 것이 現代
現代가 現代를 죽이는 「宗敎」
現代의 宗敎는 「出發」에서 죽는 榮譽
그 누구의 詩처럼

  그러나 여보
  비오는 날의 마음의 그림자를
  사랑하라
  너의 벽에 비치는 너의 머리를
  사랑하라
비가 오고 있다
움직이는 悲哀여

決意하는 悲哀
變革하는 悲哀……
現代의 自殺
그러나 오늘은 비가 너 대신 움직이고 있다
無數한 너의 「宗敎」를 보라

鷄舍 위에 울리는 곡괭이소리
動物의 交響曲
잠을 자면서 머리를 식히는 思索家
— 모든 곳에 너무나 많은 움직임이 있다

여보 비는 움직임을 制하는 決意

움직이는 休息

여보
그래도 무엇인가가 보이지 않느냐
그래서 비가 오고 있는데!

―「비」 전문

비를 보면서 화자는 비애를 느낀다. 이러한 상황을 화자는 '움직이는 비애'라는 구절로 압축하여 보여준다. 화자는 1연에서 시의 청자 '여보'를 호명한다. 대상을 호출하여 독자에게 관심을 유도하면서 시작된 시의 첫 부분에 의문형이 쓰이고 있다. '움직이는 비애'를 알고 있느냐는 화자의 질문은 2연에서 부연된다. 화자는 "평범하게 되려는 일"을 위해 자신에게 "명령하고" 스스로 무언가를 '결의'한다. 화자가 행동하는 동안에도 비애는 "해초처럼 움직이"고 있으며, "바람에 나부껴서 밤을 모르고" 또한 "언제나 새벽만을 향하고 있"다. 끊임없는 비애의 움직임을 화자는 투명하다고 말한다. 화자는 2연 끝에서 또 한 번 여보를 호명한 후에 "움직이는 비애를 알고 있느냐"고 묻는다. 움직이는 비애의 구체적인 의미는 3연에 제시된다.

3연에서 화자는 자신이 살고 있는 현대의 속성을 제시한다. 일상의 가공할 만한 속도를 표현하고 있는 1행에서 시작된 현대에 대한 비판적 평가는 "현대가 현대를 죽이는" 과정으로 제시된다. 스스로의 삶을 제어하지 못하고 죽음에 이르게 되는 현대의 속성이 종교의 희생 개념과 비슷하다는 관점은 "출발에서 죽는 영예"를 기꺼이 맞이하겠다는 화자의 현대에 대한 부정적 인식을 한층 고조시킨다. 고조된 비판은 4연의 들여쓴 부분들에서 강조된다. 화자는 청자 여보를 다시 호명하면서 비오는 광경에 숨겨진 어떤 비밀을 감지한다. 비애를 느끼는 마음의 배후에 드리워진 숨겨진 "마음의 그림자"를 사랑하라고 화자는 청자에게 명령한다. '너'를 둘러싸고 있는 벽에 비치는 '너' 자신의 그림자를 '사랑하라'고 명령한다. 비애의 배후에 비가 오고 있다는 사실을 재확인한 화자는 비를 '움직이는 비애'라고 호명한다. 하늘에서 떨어지는 빗방울이 움직이는 비애라는 사실이 시의 전면에 노출되자 화자는 이제 비애를 정면으로 응시한다. 다음 연에 등장하는 "決意하는 悲哀/變革하는 悲哀"란 정직하고 투철한 응시 과정을 거쳐 획득된 인식의 산물인 것이다.

4연에 제시되는 명령 "사랑하라"의 수행자는 여보이다. 2인칭 '너'의 변형인 여보는 화자의 명령에 의해 사랑을 해야 한다. 시를 읽는 '나'는 비오는 날에 움직이는 마음의 그림자를 사랑해야 하고, 벽에 비친 '나'의 그림자를 사랑해야 한다. 시인은 명령문이 등장하는 부분을 들여쓰고 있다. 書記的인 지표로 명령문을 강조하고 있다. 명령문은 "비가 오고 있다"는 6행과 이어지면서 다시 한번 "움직이는 비애"로 이어진다.

움직이는 비애의 속성은 5연에서 부연 설명된다. 비애는 결의의 산물이고, 변혁의 결과이다. 5연 3행의 "현대의 자살"은 3연과 연결되면서 명령문의 전후에서 반복된다. 현대가 현대를 죽인다. 살해당하기 전에 자살하는 것이 영예로울지 모른다. 비애의 실체를 거듭 깨달은 후에 자살할 수 있는 용기를 획득한다. 출발지점으로 되돌아가 스스로 죽는 자의 영예를 화자는 부정한다. "그러나 오늘은 비가 너 대신 움직이고 있다." '나'는 현대의 의미를 알아냈는데, 그리하여 비애로 가득찬 현대의 실상을 알게 되었는데, 비는 '나'를 대신해서 지금도 내리고 있다. 비애는 비처럼 끊임없이 움직인다. 현대는 스스로에 의해 끊임없이 부정된다. 출발로 돌아가 죽은 후에 다시 태어나는 부정의 반복 운동이 비애를 불러일으키고, 이 비애를 비는 끝없이 적신다.

셀 수 없는 움직임으로 가득찬 현대의 종교, 주체 '나'를 늘 출발점으로 회귀시키는 '너'의 종교를 보라고 화자는 명령한다. 화자는 여보에게, '너'에게 움직이는 비애를 직시하라고 명령한다.

움직이는 비를 보고 비애의 운동 양태를 발견한 김수영은 현대의 실상 역시 움직임임을 깨닫는다.[35] "모든 곳에 너무나 많은 움직임이 있다"고 6연 4행에서 시인은 말한다. 시인의 개입을 시각적으로 구분하고 있는 줄표에 의해 시인과 화자는 연결된다. 시인에게 화자는 '너'이고, 화자에게 '너'는 시인이면서 읽는 '나'이다. 4연의 경우와 같이 '여보'라는 내밀한 호칭을 써서 청자와 독자를 화자의 주변으로 당겨놓은 후에야 '너'가 등장한다. 여보와 '너'의 의미적 거리와 명령의 대상이 상응한다. 여보에게는 사랑하라고 명령하고, '너'에게는 보라고 명령한다. 비오는 날 움직이는 마음의 그림자를 사랑해야 하는 행위 주체는 여보이고, 그러한 움직임을 바라보면서 비애의 주체인 자신을 사랑해야 하는 행위 주체는 '너'이다. 보기 위해서는 대상과 주체 사이에 거리가 필요하다. 주어 '나'와 2인칭 '여보'와 '너' 사이의 상대적 거리는 '보다'라는 객관적인 행위가 실현되기 위한 조건이 된다. '나'와 친밀한 여보는 사랑하라는 명령을 받고, 여보보다 덜 친밀한 '너'는 보라는 명령을 받는다. 사랑이 먼저이고 인식은 나중이다. 사랑 후에 찾아오는 인식을 시인은 지시한다. 현대의 "모든 곳에 너무나 많은 움직임이 있다."

명령의 수행 대상이 섬세하게 변별되는 이 시에서 김수영은 모든 곳의 너무나 많은 움직임을 깨닫는 주체이면서 명령 행위를 수행해야 할 또다른 대상으로 등장한다. 너무나 많은 움직임을 파악했기에 김

---

35) 여태천(앞의 글, 67면)은 비의 움직임으로 드러난 비애의 움직임이 시쓰기의 실천으로 이어진다고 본다.

수영은 "너의 「종교」"를 다시 객관적으로 바라보아야 한다. 깨달음의 주체이자 깨달은 바를 행동으로 옮겨야 하는 주체로서 김수영은 명령의 수행 대상인 '너'와 '여보'의 거리를 이격시키고 있다. 객관화된 자신을 바라보기 위해서 시인이 시에 직접 개입하는 순간 '너'는 "내가 너라고 하는 '나'의 메아리"가 된다.[36]

텍스트 안의 화자와 텍스트 밖의 시인이 '나―너'로 만나는 순간 명령의 수행 주체 역시 이동한다. 규정되지 않은 청자 '너'에서 시를 읽는 '나'로, 시를 기술하고 있는 주체 시인으로 이행된 명령은 '나―너'에게 동시에 작동된다. 시인이 명령에 참여하고 청자가 명령에 참여한다. 불특정 다수의 청자를 지향하는 외향적 명령과 명령의 주체인 화자와 텍스트의 주인인 시인을 향한 내향적 명령이 동시에 이루어진다. 여기서 변별 대상인 '너'와 '여보'는 화자와 시인의 관계를 내포한다. 화자에게 시인은 '너'이고, 시인에게 화자는 여보이다. 이 관계는 고정되어 있지 않다. 시인과 화자를 일치시키면 독자가 대상이 되고, 시인과 화자를 분리시키면 텍스트의 주체가 이중화된다. 명령법을 둘러싸고서 화자와 청자, 화자와 시인, 화자와 독자가 순간적으로 변형된다.[37] 명령하는 자의 능동성과 명령받는 자의 피동성이 서로를 묶고 푸는 과정을 되풀이한다. 명령이라는 행위를 가운데에 두고 명령 주체와 행위 주체가 연결되어 있다. 김수영의 명령법은 '나'와 '너'를 이어주는 계사적 존재 '―'라고 할 수 있을 것이다.

상호 연결된 '나―너' 사이의 명령을 기반으로 하여 7연은 새로운 의미로 확장된다. 7연 첫 행의 여보는 확장된 의미를 전달하고자 구체적으로 설정된 호칭이라고 할 수 있다. 여전히 움직이고 있으나 7연의

---

[36] Emile Benveniste, 『일반언어학의 제문제』 1권, 373면.
[37] 이러한 변화의 '순간성'을 김상환은 "접경적 이행"이라고 표현한다(앞의 책, 82면).

비는 앞 연의 비와는 다르게 움직임을 제거하려는 결의를 획득한 '나'에 의해 새로워진다. 세상에 너무나 많은 움직임이 있다는 시인의 깨달음이 시에 개입된 이후에야 "움직이는 휴식"이 표현되었다. 움직임 너머에서 휴식하고 싶지만, 그 휴식은 결코 멈춤이 될 수 없다. 휴식도 움직인다. 움직이면서 휴식해야 한다. 영원히 움직일 수밖에 없는 자신의 숙명에 대한 인식이 없다면 움직임과 휴식의 결합은 이루어지지 않는다. 휴식도 더 큰 움직임의 일부라는 확장된 "시의식의 부단한 움직임"[38]이 있기에 이 시의 마지막 연에서 화자는 다시 무엇인가 보이지 않느냐고 묻는다.

> 뮤우즈여
> 용서하라
> 생활을 하여 나가기 위하여는
> 요만한 輕薄性이 必要하단다
> 時間의 表面에
> 물방울을 풍기어 가며
> 오늘을 울지 않으려고
> 너를 잊고 살아야 하는 까닭에
> 로날드 골맨의 新作品을
> 눈여겨 살펴보며
> 피우기 싫은 담배를 피워본다
>
> 어느 賣春婦의 生活같이
> 다소곳한 분위기 안에서

---

38) 문광훈, 앞의 책, 165면.

오늘이 봄인지도 모르고
그래도 날개 돋친 마음을 위하여
너와 같이 걸어간다
흐린 봄철 어느 午後의 무거운 日氣처럼
그만한 憂鬱이 또한 必要하다
세상을 속지 않고 걸어가기 위하여
나는 담배를 끄고
누구에게든지 神經質을 피우고 싶다

물에 빠지지 않기 위한
생활이 卑怯하다고 輕蔑하지 말아라
뮤우즈여
나는 公利的인 人間이 아니다
내가 괴로워하기보다도
남이 괴로워하는 양을 보기 위하여서도
나에게는 若干의 輕薄性이 必要한 것이다
智慧의 王者처럼
눈 하나 까딱하지 아니하고
도사리고 앉아서
나의 原罪와 悔恨을 생각하기 전에
너의 生理부터 解剖하여 보아야겠다
뮤우즈여

클락 게이블
그리고 너절한 大衆雜誌
墮落한 오늘을 위하여서는

내가 〈오늘〉보다 더 깊이 떨어져야 할 것이다

그러나 사람들이 웃을까 보아
나는 적당히 넥타이를 고쳐 매고 앉아 있다
뮤우즈여
너는 어제까지의 나의 勢力
오늘은 나의 地平線이 바뀌어졌다

물은 물이고 불은 불일 것이지만
어제와 오늘이 다르고
오늘과 來日의 差異를 正視하기 위하여
하다못해 이와 같이 墮落한 新聞記者의
탈을 쓰고 살고 있단다

率直한 告白을 싫어하는
뮤우즈여
妬忌와 競爭과 殺人과 姦淫과 詐欺에 대하여서는
너에게 이야기하지 않으리라
適當한 陰謀는 세상의 것이다
이 어지러운 세상을 살아가기 위하여
나에게는 若干의 輕薄性이 必要하다
물 위를 날아가는 돌팔매질—
아슬아슬하게
세상에 배를 대고 날아가는 精神이여
너무나 가벼워서 내 자신이
스스로 무서워지는 놀라운 肉體여

背反이여 冒險이여 奸惡이여
간지러운 肉體여
表面에 살아라
뮤우즈여
너의 腹部를랑 하늘을 바라보게 하고—

그러면
아름다움은 어제부터 出發하고
너의 肉體는
오늘부터 出發하게 되는 것이다

골맨, 게이블, 레이트, 디보스,
매리지,
하우스펠 에아리아
—(英國人들은 호스피털 에아리아?)

뮤우즈여
詩人이 詩의 뒤를 따라가기에는 싫증이 났단다
고갱, 녹턴 그리고
물새

모두 다 같이 나가는 地平線의 隊列
뮤우즈는 조금쯤 걸음을 멈추고
抒情詩人은 조금만 더 速步로 가라
그러면 隊列은 一字가 된다

> 사과와 手帖과 담배와 같이
> 人間들이 걸어간다
> 뮤우즈여
> 앞장을 서지 마라
> 그리고 너의 노래와 音階를 조금만
> 낮추어라
> 오늘의 憂鬱을 위하여
> 오늘의 輕薄을 위하여

—「바뀌어진 地平線」 전문[39]

김수영의 시 중에서 난해시로 꼽히는 작품이다. 길이가 길다는 점 이외에 이 시가 난해한 시로 여겨지는 이유는 몇몇 단어의 의미가 해독되지 않기 때문이다. 특히 10연에 연속되는 외국어 시어들이 이러한 문제점을 유발시킨다. 김수영은 제목의 의미대로 '바뀌어진 지평선'에 도달하려고 한다. 삶과 시의 지평을 바꾸기 위해 명령한다. 명령의 표면적인 대상은 뮤즈이다.

화자는 뮤즈에게 용서하라고 명령한다. 용서를 비는 이유는 "생활을 하여나가기 위하여는/요만한 경박성이 필요"하기 때문이다. 화자는 지금 자신이 경박하다고 인정한다. 경박하다고 자인하는 이유가 무엇인지는 밝혀지지 않았다. 화자는 1연 8행에서 '너'를 잊고 산다고 한다. 뮤즈를 잊고 사는 화자는 용서를 받아야 한다. 화자는 뮤즈를 잊고 살고 있기 때문에 오늘을 울지 않으려고 애 쓴다. 화자의 생활에는 눈물이 가득하다. "시간의 표면에 물방울을 풍기"고 있는 화자는

---

[39] 이 작품은 개정판을 근거로 하지 않는다. 전집 1의 '에아리아'가 개정판에서는 '에어리어'라 바뀌었다. 확실한 의미가 밝혀지지 않은 시어가 개정판에서는 수정되었다.

자신의 생활이 얼마나 경박한지 알고 있다. 뮤즈를 잊고, 진정한 시를 잊고 사는 화자는 '로날드 골맨'의 신작품을 보면서 담배나 피워대고 있다. 경박한 삶이라고 화자는 단정한다. 화자는 "요만한 경박성"의 실체를 시의 전면에 드러낸다.

일상의 경박성에 젖어 사는 화자는 "매춘부의 생활같이/다소곳한 분위기"에 빠져 있다. 화자는 "오늘이 봄인지도 모르"지만 "그래도 날개 돋친 마음을 위하여" 뮤즈와 함께 걸어가고자 한다. 뮤즈와 같이 걷지만 진정한 시의 세계에 도달할 수는 없다. 흐린 봄날 어느 오후의 분위기처럼 화자는 우울해진다. "우울이 또한 필요하다"고 말하면서 화자는 자신을 비판한다. 시의 신이 옆에서 화자와 같이 걷는다 해도 생활의 혁신이 없으면 진정한 시를 쓸 수 없다는 것을 화자는 인식하고 있다. 이런 자신에게 속지 않기 위해 화자는 피우던 담배를 끄고 '왜 나는 이렇게 살고 있느냐'고 아무에게나 항의하고 싶어한다.

고통스럽게 살지 않기 위해 발버둥치는 "생활이 비겁하다고 경시하지 말아라"고 화자는 3연에서 명령한다. 경박하고 안온하게 살기 때문에 시를 못 쓰지만 그런 생활이 비겁하다고 비난하지 말라고 명령하는 화자의 태도는 강경하다. 화자는 뮤즈에게 자신이 공리적인 인간이 아니라고 말한다. 자기 자신을 위해 살 수밖에 없는 개인이라고 화자는 강변한다. 뮤즈는 화자를 비난해서는 안된다. 다른 사람들도 화자를 비난할 수는 없다.

괴로운 화자는 자신뿐만 아니라 다른 사람들도 '나'와 비슷한 삶을 살 것이라고 추측한다. "남이 괴로워하는 양을 보기 위하여서도/나에게는 약간의 경박성이 필요"하다. '나'뿐 아니라 모두가 비슷비슷하게 살고 있지 않냐고 화자는 되묻는다. 시를 잃고 너절하게 사는 우리 삶의 양태 속에서 비록 떳떳하다고는 할 수 없지만 그런대로 살아가고 있다고 화자는 말한다. 약간의 경박이기 때문에 큰 문제가 없지 않냐고 말하는 듯하다. 화자는 "지혜의 왕자처럼/눈 하나 까딱하지 아니하고/도사리고 앉아서" 생각한다. 자신의 삶이 지니고 있는 "원죄와 회한"을 파악하려고 한다. 그런데 화자는 '나'의 경박한 삶과 비교되는 지고한 뮤즈의 삶을 먼저 들여다보려고 한다. '너의 삶과 너의 생리는 도대체 어떤데 나에게 부담이 되는가'라는 물음이라고 할 수 있겠다. "너의 생리부터 해부하여 보아야겠다"는 화자는 뮤즈를 얕잡아 보고 있다. 자신의 삶에 경박성이 필요하다고 말하는 화자는 자신과 삶 양자를 장악하고 있는 '지혜의 왕자'이기 때문이다. '내가 왜 뮤즈처럼 살지 못하냐'고 물으면서 '어쩔 수 없는 거 아니냐'고 화자는 항변하고 있는 듯하다.

5연에서 이러한 화자의 태도는 갑자기 바뀐다. 화자는 미국의 유명한 영화배우 클락 게이블과 너절한 대중잡지에 빠져 있는 자신을 반성한다. "타락한 오늘을 위하여서는/내가 「오늘」보다 더 깊이 떨어져야" 한다. 타락해가는 자신을 주시해야 한다는 결의에 찬 화자의 발화에서 시가 앞 연까지의 전개 양상과는 판이하게 달라지리라는 것을 예측할 수 있다.

6연에서 다른 "사람들이 웃을까보아/나는 적당히 넥타이를 고쳐매고 앉아 있다." 타인의 시선을 의식할 수밖에 없다. 화자는 반성하고 비판하고 개선하여 생활에 도전하려고 하지만, 그래서 새로운 시의 지평에 다다르고 싶지만 그럴 용기가 나지 않는다. '뭐하는 짓이냐고, 과연 잘 될까'라고 비아냥댈 다른 사람들이 두렵다. 때문에 화자는 뮤즈를 호명한 후 현재의 자신이 어떤 상황에 도달했는가를 설명한다. "너는 어제까지의 나의 세력"이었지만 "오늘은 나의 지평선이 바뀌어졌다." 반성하고 비판해보았지만 현실은 쉽게 바뀌지 않는다. 클락 게이블과 너절한 대중잡지를 잊기란 쉽지 않다.

화자의 태도는 타락한 신문기자와 비슷하다. 화자는 자신의 상황을 잘 알고 있다. 물은 물이고 불은 불이다. 그렇지만 어제의 물과 오늘의 물이 다르고, 어제의 불과 오늘의 불 역시 같지 않다. 물은 물이지만 어제와 오늘이 다르기 때문에 어제의 물과 오늘의 물이 다르다. 그렇기 때문에 오늘과 내일 역시 다를 것이다. 어제와 오늘이 다르기 때문에 오늘과 내일도 다를 것이라는 이상한 논리를 앞세우는 '타락한 신문기자'처럼 '나'는 살고 있다. 화자는 다시 비판을 시작한다. 6연 끝 행의 "오늘은 나의 지평선이 바뀌어졌다"의 구체적 내용이 바로 7연의 이러한 자기 비판에서 드러난다.

생활의 양상을 '솔직하게 고백'하지 않는 대부분의 시들을 화자는 비판한다. 삶의 부정적 면모인 "투기와 경쟁과 살인과 간음과 사기에 대하여" 화자는 뮤즈에게 이야기하지 않겠다고 말한다. 이러한 부정적인 요소는 세상의 것이지 뮤즈가 포용할 대상이 아니라는 것이다. 화자 '나'는 이렇게 말한다. "이 어지러운 세상을 살아가기 위하여/나에게는 약간의 경박성이 필요하다." 뮤즈 '너'가 솔직한 고백을 싫어하기 때문에 '나'가 지니고 있는 삶의 부정적 양상을 '너' 뮤즈에게는 말하지 않겠다는 화자의 다짐은 '경박성'에 변화를 일으킨다. 대중문화에 젖어 살던 화자의 경박성이 삶의 부정적 양상을 인식하고 수용하려는 적극적인 태도로 변이된다. 화자는 솔직하게 고백할 줄 모르는 뮤즈를 은근히 비판한다. 뮤즈가 받아들이지 않는 삶의 부정적인 측면을 시에 수용하겠다는 화자의 태도는 뮤즈의 시각에서 보면 경박한 태도라고 할 수 있을 것이다. 경박의 내용이 달라졌다. 필요한 경박성의 대상이 바뀌었다. 경박한 화자는 오히려 경박을 축출하지 않고 적극적으로 받아들였다. 자신의 부정적 상황을 회피하지 않고 대결하려는 '나'는 "물 위를 날아가는 돌팔매질"처럼 "아슬아슬하게/세상에 배를 대고 날아가는 정신"을 본다. 수면 위를 튕겨나가는 돌맹이처럼 '나'는 세상으로 나아간다. 결국 물 속에 가라앉고 말겠지만 힘이 다할 때까지 수면을 박차고 앞으로 나아가겠다고 화자는 다짐한다. "너무 가벼워서 내 자신이/스스로 무서워지는 놀라운 육체"를 화자는 바라본다. 아슬아슬하지만 세상에 온몸으로 부딪쳐보겠다는 화자의 결의는 "솔직한 고백을 싫어하는/뮤즈"가 보기에는 '배반이고 모험이고 간약'이다. 화자는 뮤즈에게 명령한다. "간지러운 육체여/표면에 살아라." 그리고 뮤즈에게 말한다. "뮤우즈여/너의 복부를랑 하늘을 바라보게 하고." 화자는 뮤즈와 적극적으로 대결하기 시작한다. 뮤즈로 대표되는 기존의 시와 자신이 발견한 시의 차이를 화자는 알게 되었다. "그러면/아름다움은 어제부터 출발하고/너의 육체는/오늘부터 출발하게 되는 것이다." 화자는 뮤즈 '너'에게 말한다. 새로워진 '너'의 육체는 오늘 다시 새롭게 출발할 수 있다. 바뀌어진 지평선에 도달했다.

 10연에서 화자는 자신을 감싸고 있던 너절한 대중문화 요소들을 다시 바라본다. 그것들의 의미를 새롭게 파악하려고 한다. 1연의 '골맨'과 5연의 '게이블'이 반복된다. 클라크 게이블은 영화배우이다. 골맨은 누구인가. 클라크 게이블과 동시대에 활동한 영국 출신 영화배우 중에 로날드 콜맨이 있다.[40] 김수영이 일본어를 자유롭게 구사했다는 점을 참조하면 그가 '콜맨'을 '골맨'으로 읽을 가능성은 충분하다. 또한 로날드 콜맨이 1937년에 출연한 영화가 ≪잃어버린 지평선 Lost Horizon≫이라는 점에서 '로날드 골맨'이 영화배우 로날드 콜맨일 개연성은 충분하다고 하겠다.[41] '레이트'는 영어 'rate, late' 두 가지 표

---

40) Ronald Colman (1891~1958) : 영국에서 태어나 미국에서 활동한 배우. 우아한 매너와 지성미로 전통적인 영국신사를 연기하면서 40년 가까이 인기를 누렸다. 그는 1923년 ≪백인 여동생 White Sister≫(1923)의 주연으로 발탁되어 영화에 데뷔했다. ≪보게스트 Beau Geste≫(1926), ≪추첨표 Raffles≫, ≪잃어버린 지평선 Lost Horizon≫ (1937), ≪마음의 행로 Random Harvest≫(1942) 등에 출연했다(박성학 편저, 『세계영화문화사전』, 집문당, 2001, 784면 참조).

기가 가능하다. '비율, 속도' 등을 뜻하는 'rate'와 '늦다'는 형용사 'late'는 한글 표기상 똑같이 '레이트'이지만 10연이 명사와 명사의 수식어로 열거되었으므로 '레이트'를 명사 'rate'로 보는 것이 타당할 것이다. 콜맨과 게이블의 비교를 뜻한다고 볼 수 있겠다. 또한 이혼(디보스)과 결혼(매리지)의 비교를 지칭한다고도 하겠다. 10연의 여러 단어들 중에서 가장 난해한 것은 '하우스펠 에아리아'이다. '에아리아'를 'area'로 볼 수 있다. 이 경우 '에아리아'가 '지역, 범위, 지방, 면적'의 뜻이므로, 4행의 "영국인들은 호스피탈 에아리아?"는 '영국인들은 친절한 지역'이 된다. 의미가 소통되지 않는다. 그렇다면 '에아리아'를 'ariel' 즉, 아리엘 요정으로 생각해 보자. 공기의 요정 'ariel'의 영어 발음 '에어리엘'이 '에아리아'로 발음될 경우는 없을까. 일본어에서 종성 'ㄹ'을 소리내기 어렵다는 점을 참조하는 경우 김수영이 '에아리아'라고 발음할 수 있는 가능성은 충분하다. 따라서 '에아리아'를 공기의 요정을 뜻하는 'ariel'로 보는 것에 설득력이 있다. 그렇다면 'ariel'을 수식하는 '하우스펠'은 무엇인가. 10연에 배치된

---

41) 로날드 콜맨과 클라크 게이블의 외모가 매우 유사하다는 점에서 '콜맨'이 영화배우 로날드 콜맨을 지칭할 가능성은 매우 높다. 아래의 그림에서 '콜맨 수염'이라고 불리웠던 로날드 콜맨의 수염과 그를 추종해서 비슷한 외모를 꾸몄던 클라크 게이블의 비슷한 모습을 확인할 수 있다.

Ronald Colman   Clark Gable

다른 단어들과 마찬가지로 "하우스펠 에아리아"는 뒤에 이어지는 '호스피탈 에아리아'와의 연관성 아래 파악되어야 한다. '하우스펠'이 몇 단어의 결합으로 이루어졌을 가능성은 ① how spell ② how's fell ③ house fell로 생각해볼 수 있다. 발음상 '하우스펠'과 유사하지만 세 가지 경우 모두 의미 파악이 되지 않는다. '하우스펠'과 유사하게 발음되는 단어로는 'houseful'이 있다. 이 경우 '하우스펠 에아리아'는 '집에 가득한 공기의 요정'이 된다. '호스피탈 에아리아'는 '친절한 공기의 요정'이 된다.[42] '집에 가득한 공기의 요정'과 '영국인들은 친절한 요정?'이라는 뜻이 도출된다. 분석을 토대로 10연을 정리한다. '콜맨, 게이블, 비교, 이혼/결혼/집에 가득한 공기의 요정/(그렇다면 영국인들은 친절한 요정?)'[43]

왜 화자가 '하우스펠 에아리아'와 '호스피탈 에아리아'를 말하는지는 여전히 불분명하다. 화자는 자신이 침윤되었던 대중문화를 되돌아보고 영국인 배우, 로날드 콜맨의 신작품이 지니는 의미를 나름대로 정리하려고 하는 듯하다. '영국인들은 친절한 요정'일까 하는 의문이 그것이다. 물음표를 달아 화자는 영국인들이 영화에서 보여준 것들을 의심하는 태도를 견지한다. 화자는 반성을 거쳐 자신이 즐겼던 외국의 대중문화에 내재된 허위의 일면을 파악한 듯하다. 화자는 다시 현실로 돌아와 뮤즈를 부른다.

11연에서 화자는 시를 뒤따라가기에 싫증이 났다는 다른 시인의 말을 빌어온다. 시가 시인을 앞서가는 현실을 화자는 인지하고 있다. 시

---

[42] 김승희(「김수영의 시와 탈식민지적 반(反)언술」, 『현대시 텍스트 읽기』, 태학사, 2001, 181면)는 10연의 "영국인들은 「호스피탈·에아리아?」"를 "영국인들은 친절한 공기의 요정?"이라고 해석하였다.
[43] 10연에 대한 분석은 2003년 2학기 고려대학교 대학원 수업『현대문학사 특수과제 연구』시간에 한세정이 발표한 글을 참조하였다. 한세정과의 토론 조사 과정에서 웹 사이트 imdb.com의 도움을 받았다.

인이 시를 견인하지 못한다. 시가 시인을 앞질러간다. 시인은 현실을 이해하고 자신이 처한 상황에 맞춰 시를 써내지 못한다. 화자는 자신 역시 다른 시인처럼 시와 현실의 불일치, 시와 시인의 분리를 경험하고 있다는 사실을 간접인용된 시인의 말로 표현한다. 화자는 10연과 비슷한 상황을 다시 도입한다. 후기 인상파 화가 고갱과 야상곡과 물새를 연쇄시킨다. 이들 모두가 함께 전진해 나아가서 지평선의 대열을 이룬다. 새로운 예술이 시작되는 것이다. 예전의 시, 과거의 뮤즈는 조금 걸음을 멈추어야 한다. 서정시인은 조금 빠르게 나아가서 대열을 맞추어야 한다. 화자는 이들에게 명령한다. 뮤즈는 멈추어야 하고, 서정시인은 "더 속보로 가라"는 명령을 받는다. 새로운 예술에 도달하기 위해 과거의 시와 예술은 더욱 빠르게 전진해야 한다.

고갱과 녹턴과 물새가 일자 대열을 이루었다. 사과와 수첩과 담배와 인간들이 나란히 걸어간다. 신예술의 지평이 열렸다. 뮤즈는 앞장을 서면 안된다. 새로운 예술은 일상 생활의 세목에서 시작되어야 한다. 새로운 지평을 열려면 '나'가 발 디디고 사는 현실을, 너절한 대중잡지가 판치는 현재의 경박과 우울을 감싸안아야 한다. 화자의 명령 "앞장을 서지 마라"와 "노래의 음계를 조금만/낮추어라"는 생활 현실에서 유리된 기존의 예술을 대상으로 한다. 뮤즈는 화자의 명령을 따라야 한다. 새로운 지평이 열리기 때문이다. "오늘의 우울을 위하여/오늘의 경박을 위하여" 뮤즈는 지평선을 바꾸어야 한다. 새로운 예술은 현실의 경박과 우울을 감싸안을 수 있는 "아슬아슬하게/세상에 배를 대고 날아가는 정신"을 담지해야 한다.[44]

김수영은 시가 새로운 지평선으로 나아가야 한다는 의미를 명령법

---

44) 김주연 역시 이 시의 '경박과 우울'을 김수영이 '인정'하면서 동시에 넘어서고자 했다고 말한다(앞의 책, 271면).

제3장 의미와 수사의 관계 **197**

으로 강조한다. 뮤즈는 '나'를 용서해야 하고, '나'의 생활이 비겁하다고 경시하지 말아야 한다. 또한 뮤즈는 걸음을 잠시 멈추어야 하고, 앞장을 서지 않아야 하며, 노래의 음계를 조금 낮추어야 한다. 뮤즈에게 다섯 번의 명령이 내려졌다. 이에 반해 화자는 자기 자신에게 한 번 명령한다. "세상에 배를 대고 날아가는 정신"을 지녀야 하기에 화자 '나'는 "표면에 살아라"는 명령을 내린다. 삶의 부정적 측면에 눈을 뜬 화자의 변화된 내면을 의미하는 '놀라운 육체, 배반, 모험, 간악, 간지러운 육체'가 명령의 대상이라는 점에서 표면에 살아야 하는 자는 화자 '나'임이 분명하다. 시의 신이 뮤즈라는 점도 화자가 자신이 쓴 시를 명령의 수행자로 여기고 있다는 판단을 가능하게 한다. 김수영은 명령을 통해 새로운 시의 지평으로 나아가려는 의지를 표명한다. 시인 김수영이 시의 화자 '나'에게 내리는 명령이면서, 화자가 청자에게 내리는 명령이기도 하다. 시인이 독자에게 명령하는 것이다. 명령을 수행하면 지평선이 바뀐다고 김수영은 말한다. 명령대로 수행하면 새로운 뮤즈가 될 수 있다. 김수영은 명령을 이행하라고 소리높여 말한다. 김수영이, 화자가, 청자가, 독자가 그리고 다른 시인 모두가 명령을 수행해야 한다. 발화의 대상인 청자를, 텍스트의 대상인 독자를 지향하는 명령이 시에 있다. 이 명령은 발화의 주체인 화자를, 텍스트를 출발시킨 시인을 소환한다. 명령문을 사이에 두고 두 주체들이 움직인다. 목표를 향해 나아간다.

　명령 수행 대상이 '나—너'의 연쇄로 집약되어 '화자—청자', '시인—독자'로 확대되는 이러한 이중적 기능은 김수영 명령법의 핵심 양상이다. 「地球儀」에서 명령법의 두 주체 '나—너'의 관계는 더욱 확장되어 화용론 국면을 도입시킨다.

　　地球儀의 兩極을 貫通하는 生活보다는

차라리 地球儀의 南極에 生活을 박아라
苦難이 風船같이 바람에 불리거든
너의 힘을 알리는 信號인 줄 알아라

地球儀의 南極에는 검은 쇠꼭지가 심겨 있는지라—
무르익은 사랑을 돌리어보듯이
北極이 망가진 地球儀를 돌려라

쇠꼭지보다도 虛妄한 生活이 均衡을 잃을 때
酩酊한 精神이 酩酊을 찾듯이
너는 비로소 너를 찾고 웃어라

—「地球儀」전문

화자 '나'는 청자 '너'에게 생활을 박으라고, 신호인줄 알라고, 지구의를 돌리라고, 웃으라고 명령한다. 어떤 상황에서 화자가 청자에게 내리는 명령인지 파악하기 어렵다. 독자는 화자가 되어 청자에게 명령해보기도 하고, 청자가 되어 화자의 명령을 수행해보기도 한다. 왜 화자가 청자에게 지구의를 돌리라고 명령하는지 알 수 없다.

따라서 이 시의 제재이자 제목인 '지구의'의 상징과 지구의의 남북극 대비가 어떤 의미를 지니는가를 파악하기는 더욱 어렵다. 1행의 내용대로 생활이 지구의의 양극을 관통하고 있다고 해서 지구의가 생활의 직접 비유 대상이 되기에는 근거가 부족하다. 지구의는 지구를 축소시켜놓은 모형이다. 화자는 지구의를 돌리듯 자신의 생활을 돌리고 싶어하는지도 모른다. 생활을 축소시켜 지구의처럼 구체를 만든다 해서 그것이 생활일 리 만무하다. 화자는 지구의와 생활의 극단적 의미 거리를 "지구의의 양극을 관통하는"이라는 표현으로 축소시킨다. 화자는 "차라리 지구의의 남극에 생활을 박아라"고 명령한다. 청자는 화자의 명령을 받았다. 얼어붙은 남극에 생활을 박고나니 "고난이 풍선 같이 바람"에 부풀어오른다. 화자는 그것이 "너의 힘을 알리는 신호"임을 알리고 다시 명령한다. 화자는 청자에게 일방적으로 명령하고 있다. 화자의 첫 번째 명령을 따르면 두 번째 명령이 청자를 기다린다. 화자 '나'는 다 알고 있는데 청자 '너'는 아직 모르는 내용과 상황이 있다.

2연에서 화자는 지구의의 남극에 "검은 쇠꼭지가 심겨 있"다고 한다. 지구의를 지탱하고 있는 쇠꼭지가 실은 잘 보이지 않는 아래쪽에 감춰져 있음을 화자는 청자에게 알려준다. 버팅겨주는 힘 때문에 북극이 망가졌어도 지구의는 회전할 수 있다. 한쪽은 부서졌지만 여전히 회전할 수 있는 지구의를 보면서 화자는 "무르익은 사랑을 돌리어 보듯" 한 착각에 빠진다. 화자에게 생활을 버팅겨주는 쇠꼭지가 있기에 그것은 무르익은 사랑이 된다. 지구의의 남극에 검은 쇠꼭지가 심겨져 있기 때문에 '너'는 "북극이 망가진 지구의를 돌려라"는 화자의 명령을 수행할 수 있다.

지구의는 버팀대인 남극의 쇠꼭지만 있어도 돌릴 수 있다. 그런데 생활에는 지구의의 버팀대 역할을 하는 쇠꼭지가 없다. 그렇기에 "허망한 생활이 균형을 잃을 때"가 오자 화자는 '너'에게 권고한다. 명령하면서 권유한다. 생활의 균형을 잃어버렸을 때, 술 취한 정신이 술 취한 상태를 찾듯이 "너는 비로소 너를 찾고 웃"어야 한다. 생활의 균형이 상실되었을 때에야 '비로소' 참된 자신을 찾고 웃을 수 있음을 화자는 알고 있는 것이다. 청자에게 하고 싶은 말이 바로 이것이다. '너'에게 '나'는 이러한 사실을 일러주고 앞으로 닥칠지도 모르는 생활의 균형 상실을 기꺼이 받아들이라고 한다.

술 취한 정신이 술 취한 상태를 제대로 이해하듯이 균형을 상실한 생활만이 생활의 균형이 지니는 가치를 알 수 있다. 지구의의 양극을 관통하는 축을 바라보면서, 한쪽이 망가진 지구의를 돌려보면서 '나'는 생활의 질서를 예견한다. '나'는 '너'에게 명령으로 이러한 깨달음을 전달한다. 명령의 주체 '나'가 드러나지 않고 이 시에는 명령의 수행자 '너'만 제시되어 있다. 명령의 주체 '나' 없이 명령의 대상이 명령을 수행한다. '나'는 지구의의 의미를 알고 있다. '나'는 알고 있는 것을 '너'에게 알려주어야 한다. 명령의 대상자 '너'는 2연에 나오지 않는다. 2연 1행의 깨달음의 주체는 명령을 발화하는 주체 '나'이다. 어미 '~는지라'는 현재 진행되고 있는 앞 절의 상황이나 상태가 뒤 절의 행위나 상황에 대하여 이유나 원인이 됨을 나타낸다. 화자 '나'는 지구의의 남극에 쇠꼭지가 심겨져 있다는 것을 알고 있다. 화자는 이러한 사실을 청자에게 알려준다. '너'가 드러나지 않는 2연의 명령이 '너'를 지향하지 않고 '나'를 지향하는 이유가 여기에 있다. 깨달음의 주체와 명령의 주체가 '나'이다. 동시에 명령의 수행 주체 역시 '나'이다. 북극이 부서진 지구의의 남극에 버팀 쇠꼭지가 건재하고, 이것이 생활을 운행시키는 무르익은 사랑이라는 것을 깨닫는 자는 화자 '나'인 것이다.

　이 시의 명령은 '너→나→너'의 순환구조를 형성한다. 이 시의 '너'는 화자의 명령을 듣고 있는 발화 상황의 청자 '너'이기도 하고, 지구의를 통해 생활의 일면을 깨달은 화자 '나'이기도 하다. 명령의 대상이 이중적이다. 명령의 주체를 시인으로 보는 경우 명령의 범위가 확장되고, 이때 화용적 문맥의 도입이 이루어진다. 명령이 발화되고 수행되는 장을 텍스트로, 명령의 수행 대상을 청자 '너'에서 독자 '너'로 확대시켜보자. 시인 '나'는 명령을 수행해야 하는 대상을 단수 청자 '너'에서 복수 '우리'로 상정한다. 우리 모두는 '생활을 박고, 우리의 힘을 알리는 신호를 알아야 하고, 사랑을 돌리듯 지구의를 돌려야 하고, 비로소 나를 찾은 듯이 웃어야 한다.' 명령을 수행하면 획득될 것들이다. 김수영은 명령을 사용하여 행동을 권유한다. 움직이라고 명령한다.

일상 대화에서 화자의 발화는 어떤 문장에 속해 있는 단어들의 구문론적 배열에 의해 실행된다. 여기서 문장은 주어, 목적어, 서술어 등 문장 구성에 필수적으로 요구되는 문장 성분의 완결 여부에 의해 결정되는 개념을 가르키는 것이 아니라, 최소 의미 단위로 기능하는 완결된 어떤 의미의 단위를 지칭한다. 즉, 마침표로 구획되어 의미의 완결이 이루어지는 단위를 문장이라고 말할 수 있다. 이는 일반적인 언어학의 문법에는 해당되지 않는 화용론적인 개념이다. 의사 소통 관점에서 문장은 한 단어가 될 수도 있고, 폭을 넓히면 손짓이나 눈빛도 문장에 해당될 수 있다. 그러나 화용론의 대상이 언어이므로 언어로 표현된 최소의 의미 소통 단위에 손짓이나 눈빛, 혹은 시각 상징 기호 등은 포함될 수 없다. "무한히 창조되고, 끝없이 다양한 문장은 활동 중인 언어의 삶 자체이다. 이로부터 우리는, 문장과 함께 기호체계로서의 언어(langue)를 떠나게 되며, 다른 세계, 담화로 표현되는 의사 소통의 도구로서의 언어의 세계"[45] 즉, 화용론의 세계로 들어간다. 화용론의 관점으로 볼 때 문학 작품은 복잡하고 다층적인 의미를 생산해내는, 완결되지 않은―열린―텍스트이다. 작품을 이루고 있는 시적 발화의 소통 맥락이 의미 형성 과정에 가장 중요한 요소로 작용되는 것이다.

화용론에서 화자가 의사를 소통시키기 위해 전적으로 기대는 배경인 '맥락'은 화자의 발화가 차지하는 소통 단위의 관점을 단순히 넓혀 놓은 것이 아니라 화자의 발화라는 언어적 사건이 발생된 전체적인

---

45) Emile Benveniste, 앞의 책, 183면.

사회 환경을 뜻한다.[46]

김수영 시의 명령문이 지니는 화용론적 해석의 필요성을 다음 시에서 확인한다.

> 기운을 주라 더 기운을 주라
> 江바람은 소리도 고웁다
> 기운을 주라 더 기운을 주라
> 달리아가 움직이지 않게
> 기운을 주라 더 기운을 주라
> 무성하는 채소밭가에서
> 기운을 주라 더 기운을 주라
> 돌아오는 채소밭가에서
> 기운을 주라 더 기운을 주라
> 바람이 너를 마시기 전에
>
> ―「채소밭 가에서」 전문

"기운을 주라 더 기운을 주라"라는 동일 구문이 홀수 행에서 반복된다. 반복되는 구문과 對句를 이루는 짝수 행의 의미 연관이 논리적이지 않은 이 시에서 화자는 '기운을 달라'고 대상에게 명령하고 있다.

짝수 행만을 보면 대략적인 의미 관계가 파악된다. 화자는 강변에 있는 채소밭에 나갔다가 돌아오고 있다. 강바람이 불어 채소밭가에 심어놓은 달리아가 흔들리고 있다. 채소밭에서 돌아오면서 강바람에 흔들리는 식물을 발견한 화자는 바람을 견디기 위해 채소와 꽃에게 더 많은 기운이 필요하다고 말한다. 그런데 화자가 누구에게 명령하

---

46) Jacob L. Mey, 앞의 책, 3~36면 참조.

고 있는지, 누구에게 기운을 요구하고 있는지가 명확하지 않다. 또한 표면적으로는 유일하게 구체적으로 지칭된 달리아가 '너'임을 알 수 있으나 마지막 행에 기술된 "기운을 주라 더 기운을 주라"라는 반복 구문에 의해 '너'가 달리아인지가 뚜렷하지 않다. '너'가 달리아인 경우 바람이 달리아를 마시기 전에 달리아에게 기운을 주라는 명령의 동작 대상과 주체가 불분명해진다. 누가 기운을 줘야 하는지, 누가 기운을 받아야 하는지 확실하지 않다.

모호한 의미는 주체와 대상의 경계를 불확실하게 한다. 이러한 효과를 불러일으키는 수단이 바로 "기운을 주라 더 기운을 주라"는 구문의 반복이다. 명령어로 제시된 반복 구문에 의해 화자는 현실의 상황을 타개해나갈 더 큰 힘을 무엇인가에게 요구한다. 현실 상황을 타개해나가겠다는 시인의 의지를 언어의 반복에 의해 주술적으로 드러내는 이 시에서 명령어는 모호한 의미 맥락을 사회적 맥락으로 이동시키는 역할을 담당한다. '~을 주라'는 명령어는 명령의 주체와 명령의 수행 대상이라는 보다 넓은 관계, 즉 시의 문맥보다 광범위한 발화의 소통 맥락인 화용적 맥락으로 이동된다.

반복 구문의 발화자를 시인이라고 설정해보자. 이 경우 '(그들에게) 기운을 주라 더 기운을 주라'라는 문장이 된다. 누가 '그들에게' 기운을 주어야 하는가. 시인이다. 시의 의미 맥락으로 다시 돌아가면, 발화 주체 '나'가 달리아와 채소들에게 기운을 주겠다는 의미임을 알 수 있다. '주다'라는 나의 행위는 대상의 '받다'와 호응되어야 한다. 현재 흔들리고 있는 대상들이 외부의 압력에 견뎌나가게 하기 위해 '나'가 그들에게 기운을 준다. '나'가 주고, 달리아와 채소들이 기운을 받는다. 이제 반복 구문의 발화자를 시인이 아닌 제3의 '그'로 설정해보자. 이 경우 '(나에게) 기운을 주라 더 기운을 주라'라는 문장이 된다. 누군가가 수여하는 기운을 '나'가 받겠다는 뜻이다. 어떤 대상의 기운을

'나'가 받겠다는 의미가 설정되었다. 이때 마지막 행의 '너'는 다시 이중적인 의미로 확대될 수 있다. 표면적인 의미 맥락으로는 달리아와 채소들이지만, 의미의 다중화를 일으키는 명령어의 이중적 특성에 의해 '너'는 시인인 '나'로 변이될 가능성을 확보하게 되는 것이다. 물론 이 경우에도 '주다'의 행위 주체와 행위 대상이 의미상으로 호응하지 않는다는 문제점은 해결되지 않는다. 그러나 '너'를 시인 자신인 '나'로 볼 수 있는 가능성이 열리면서 이 시의 모호한 의미 맥락은 사회적 맥락으로 확장된다. '너'로 제시된 대상에 시인이 포함될 때, 그가 외부 상황에 능동적으로 대처할 수 있는 가능성이 확보된다. 바람이 시의 의미 맥락 바깥에 존재하는 화자 '나'를 마실 수 없게 하기 위해서는 지금 더 많은 기운이 필요하다는 확장된 의미 맥락은 외부 상황에 대한 시인의 대결 의지를 드러낸다.

> 이제 나는 曠野에 드러누워도
> 時代에 뒤떨어지지 않는 나를 發見하였다
>   時代의 智慧
> 너무나 많은 羅針盤이여
> 밤이 산등성이에 넘어 내리는 새벽이면
> 모기의 피처럼
> 詩人이 쏟고 죽을 汚辱의 歷史
>   그러나 오늘은 山보다도
>   그것은 나의 肉體의 隆起
>
> 이제 나는 曠野에 드러누워도
> 共同의 運命을 들을 수 있다
>   疲勞와 疲勞의 發言

詩人이 恍惚하는 時間보다도 더 맥없는 時間이 어디 있느냐
逃避하는 친구들
良心도 가지고 가라 休息도—
우리들은 다 같이 산등성이를 내려가는 사람들
   그러나 오늘은 山보다도
   그것은 나의 肉體의 隆起

曠野에 와서 어떻게 드러누울 줄을 알고 있는
나는 너무나도 악착스러운 夢想家
   粗雜한 天地여
간디의 模倣者여
여치의 나래 밑의 고단한 밤잠이여
「時代에 뒤떨어지는 것이 무서운 게 아니라
어떻게 뒤떨어지느냐가 무서운 것」이라는 죽음의 잠꼬대여
   그러나 오늘은 山보다도
   그것은 나의 肉體의 隆起

—「曠野」전문

 들여쓰기와 직접 인용이 삽입되어 있는 독특한 형식의 시이다. 전체 3연의 끝 두 행에서 "그러나 오늘은 산보다도/그것은 나의 육체의 융기"가 반복된다. 명령법은 2연에서 한 번 사용되었다. 1연과 3연에는 호격이 사용되었고, 2연에는 수사의문문이 들어 있다.
 화자 '나'는 산에서 내려와 '이제' 광야에 누웠다. 광야에 드러누워서야 '나'는 "시대에 뒤떨어지지 않는 나를 발견하였다." 화자 '나'에게는 "시대의 지혜"가 필요하다. 화자는 1연 3행에서 서기적 지표에 의해 다른 시행들과 분리되어 강조되고 있는 "시대의 지혜"를 강조한

다. 시대의 지혜가 구체적으로 어떤 것인지는 알 수 없다. 4행에서 화자는 나침반이 너무 많다고 말한다. 어디로 가야 하는지, 시대가 나아가야 할 방향이 어디인지 알지 못한다. 가야 할 방향이 어디인지 '나'는 알지 못한다. 더불어 가야 할 방향, 도달해야 할 목표가 너무 많다. '나'에게 필요한 것은 어디로 가야 하는지 결정할 수 있는 '시대의 지혜'이다. 화자는 들여쓰기를 사용하여 '시대의 지혜'가 자신의 주관적인 판단에 의해 결정될 수 있는 것이 아님을 강조한다. 시의 문면에서 이탈해 있는 3행은 화자의 발화에서 분리되어 있는 시대의 목소리에 객관성을 부여한다. 화자는 '시대의 지혜'를 자신의 발화에서, 시인은 이것을 자신의 시에서 분리시켰다. 해가 뜨자 밤이 산 아래로 밀려 내려온다. 햇빛이 어둠을 몰아내는 광경을 화자는 밤이 산등성이를 넘어내린다고 표현하였다. 새벽이 되자 "詩人"은 "모기의 피처럼" 오욕의 역사를 쏟고 죽을 것이라고 화자는 말한다. 시대가 시인에게 요구하는 지혜는 오욕의 역사에 순응하는 대신 기꺼이 죽을 용기이다. 시인의 죽음이 모기가 빨아마신 피처럼 보잘것없다 해도 요욕의 역사를 거부하고 죽음을 택하는 순간 시인은 "시대의 지혜"를 체득할 수가 있다는 것이다. 그때 산보다 더 높은 "육체의 용기"가 이루어진다.

  2연에서 '나'는 새로운 깨달음을 얻는다. "이제 나는 광야에 드러누워도/공동의 운명을 들을 수 있다." 3행은 '나'가 깨달은 공동의 운명을 지시한다. "피로와 피로의 발언"은 '우리'에게 부여된 운명이다. 4행에서 '나'는 비약을 시도한다. 공동의 운명과, "피로와 피로의 발언"과 상관되는 명제를 의문문으로 표현한다. 반어 의문문 "시인이 황홀하는 시간보다도 더 맥없는 시간이 어디 있느냐"는 물음은 답을 필요로 하지 않는다. 이 말은 '시인이 황홀해하는 시간보다 더 맥없는 시간은 없다'로 바뀔 수 있다. '나'는 시인이 해야 할 일, 시인이 짊어진 운명에 대해 말한다. 우리들은 지금 '피로하고,' 우리들에게는 '이 피로를 발언해야 할 의무'가 있다. 시인은 공동의 운명 앞에서 맥없이 황홀해하면 안된다. 그것은 도취이자 망각이다. '나'는 "도피하는 친구들"에게 명령한다. "양심도 가지고 가라." '나'와 함께 하는 동료들, 황홀에 빠지지 않은 우리들은 산정에 머무르지 않는다. 초월의 공간이자 도피의 공간인 산정에 머무를 수 없다. 우리들은 오욕의 역사가 점철되는 산 아래로 내려간다. '나'는 시인의 운명이 무엇인지, 시인의 양심이 무엇인지 알고 있다. 시인에게 참다운 휴식이 무엇인지, 황홀이 무엇인지도 알고 있다.

 3연에서 화자 '나'는 2연에서 깨달은 바를 반어적으로 표현한다. '나'는 오욕의 역사로 점철된 광야에 드러눕는 방법을 알고 있다. 시인이 무엇을 해야 하는지 알고 있다. 그런데 화자는 "나는 너무나도 악착스러운 몽상가"라고 말한다. '나'가 깨달은 바는 모두 부질없다. '나'의 생각은 몽상에 불과하다. '나'는 이런 생각을 버리지 못하는 악착스러운 인간이다. '나'는 갑자기 "조잡한 천지"를 비웃는다. 시인의 운명과 의무를 알지 못하는 타인들을 부른다. 조잡한 천지에 사는 사람들을 호출한다. 여치의 나래 밑에서 잠들어 있는 "깐디의 모방자"들을 향해 '나'는 말한다. '나'의 말에 그들은 이렇게 대답한다. "시대에 뒤떨어지는 것이 무서운 게 아니라/어떻게 뒤떨어지느냐가 무서운 것"이라고. '나'는 그들의 말이 "죽음의 잠꼬대"임을 안다. 그들은 시대에 뒤떨어질 수밖에 없다. 시대에 뒤떨어지는 것을 피할 수 없으니 뒤떨어지는 방법이 중요하다는 그들의 생각은 죽음을 수긍하는 잠꼬대에 불과하다. 시대에 뒤떨어질 수 없다는 결의가 필요하고, 이 결의를 행동에 옮길 용기가 필요하다. 시대에 뒤떨어지지 않고 "피로와 피로의 발언"을 두려워하지 않아야 한다. 시대의 나아갈 방향을 이끌어내서 시인을 휘감고 있던 오욕의 역사에서 벗어나야 한다. 민족과 나라를 구해야 한다고 말은 하지만 황홀에 빠져 시대의 핵심을 표현해

내지 못하는 시인, 시대에 도전할 용기가 없는 시인들은 모두 '간디의 모방자'에 불과하다. '나'는 "너무나도 악착스러운 몽상가"에 불과하기에, 시대를 외면하고 도피하는 친구들을 마음껏 비웃고 비판할 수 있다. 이때 '나'의 육체는 '융기'한다. 오늘은 '나'의 육체가 산보다 더 높게 융기한 날이다. 산정에서 내려왔지만 내려온 산보다 더 높은 산이 광야에 생긴다. 그것은 바로 자신의 운명을 수긍하고 시대의 지혜를 획득한 '악착스러운 몽상가'만이 세워올릴 수 있는 육체의 산이다. '나'는 시대의 지혜가 무엇인지 인식하고, 시인이 할 일이 피로의 발언임을 알게 되었다. 그렇기 때문에 '나'는 도피하는 친구들에게 옳은 길을 인도할 수 있고, 그들에게 올바른 행위를 수행하라고 명령할 수 있다. 또한 '나'는 조잡한 천지를 비난할 수 있다.[47]

나는 도피하는 친구들, 도망가는 시인들에게 명령한다. 거짓된 양심을 가지고 가라고 말한다. 나의 명령을 수행해야 하는 "도피하는 친구들"과 명백하게 대립하고 있는 시인의 명령은 도망하는 그들이 행동으로 옮겨야 할 행위를 지시하고 있다. 시인은 강력한 의지를 담아 명령을 실행한다. 명령을 듣고 있는 우리들은 시인이 비난하는 명령 수행자들—도피하는 친구들—이 되지 않기 위해서 김수영이 깨달은 시인의 운명과 책임을 받아들여야 한다. 김수영은 인식의 변화를 요구하고 자신이 행하는 명령의 당위적 가치를 반어적으로 표현한다. 마지막 연의 "나는 너무나도 악착스러운 몽상가"라는 표현은 이러한 김수영의 인식 변화 상태를 드러낸다.

---

47) 1981년 전집과 2003년 전집은 3연 8~9행의 배치 상태가 다르다. 1981년 전집에서 이 부분은 2연의 8~9행과 다르게 들여쓰기되어 있지 않으나, 2003년 전집에서는 2연 8~9행과 마찬가지로 들여쓰기 되어 있다. 발표지인 1957년 ≪현대문학≫ 12월호를 보면 이 부분의 행 배치는 2003년 전집과 같다. ☞ 최초 발표 지면 사진 본문 330~332면.

설파제를 먹어도 설사가 막히지 않는다
하룻동안 겨우 막히다가 다시 뒤가 들먹들먹한다
꾸루룩거리는 배에는 푸른색도 흰색도 敵이다

배가 모조리 설사를 하는 것은 머리가 설사를
시작하기 위해서다 性도 倫理도 약이
되지 않는 머리가 불을 토한다

여름이 끝난 壁 저쪽에 서 있는 낯선 얼굴
가을이 설사를 하려고 약을 먹는다
性과 倫理의 약을 먹는다 꽃을 거두어들인다

文明의 하늘은 무엇인가로 채워지기를 원한다
나는 지금 規制로[48] 詩를 쓰고 있다 他意의 規制
아슬아슬한 설사다

言語가 죽음의 벽을 뚫고 나가기 위한
숙제는 오래된다 이 숙제를 노상 방해하는 것이
性의 倫理와 倫理의 倫理다 중요한 것은

괴로움과 괴로움의 履行이다 우리의 行動
이것을 우리의 詩로 옮겨놓으려는 생각은
단념하라 괴로운 설사

---

48) 1974년 창비에서 펴낸 시선집 『거대한 뿌리』에서 '規制로'가 '規制도'로 표기되어 있다. 발표지인 1966년 ≪문학≫ 10월호 역시 '規制로'로 표기되어 있다. 또한 발표지와 선집 『거대한 뿌리』, 두 전집 사이에 연 배치가 다른 점이 확인된다. ☞ 최초 발표 지면 사진 본문 333~334면.

괴로운 설사가 끝나거든 입을 다물어라 누가
보았는가 무엇을 보았는가 일절 말하지 말아라
그것이 우리의 증명이다

—「설사의 알리바이」 전문

    설사 때문에 괴로운 '나'는 설파제를 먹었다. 그런데도 "설사가 막히지·않는다." 막혔나 싶더니 "다시 뒤가 들먹들먹한다." 화자 '나'가 설사하는 이유는 시에 구체적으로 나와 있지 않다. '나'는 지금 무엇 때문인지 아픈 배가 설사를 하듯이 머리가 아프다. "머리가 불을 토한다"고 말하는 '나'에게는 성과 윤리가 약이 되지 않는다. 화자 '나'의 두통을 불러일으킨 것이 성과 윤리라는 대립되는 가치 개념임을 이 대목에서 알 수 있다. '나'는 지금 윤리에 의해 규제되는 성을 고민한다. 이와 반대로 어떤 윤리도 거부하는 성에 대해서도 고민한다. 성과 윤리는 서로를 배척한다. '나'는 성과 윤리의 가치를 판단할 수 없다. 때문에 설사를 하는 듯한 통증을 느낀다.
    여름이 끝나고 있다. 다가올 가을은 벽 저쪽 너머에 있는 사람처럼 낯설다. '나'는 설사를 멈추려고 약을 먹었는데, 가을은 설사를 하려고 약을 먹는다. 내가 배설하고 싶어하는 성과 윤리를 가을은 기꺼이 먹는다. 가을은 성이라는 욕망과 윤리라는 규제를 동시에 섭취한다. 소화될지 안 될지 알 수 없다. 가을이 오면 꽃이 질 것이다. 가을은 성과 윤리를 소화시키기 위해 여름이 피운 꽃들을 거두어들인다. 꽃으로 상징되는 성과 윤리를 스스로 거두어들이는 것이다. 욕망의 실현이라는 꽃과 욕망의 억압이라는 꽃, 이 둘은 어쩌면 소화될 수 없는 것일지도 모른다.
    4연의 '문명'과 '규제'는 이런 측면에서 '윤리'에 귀속된다. "나는 지금 윤리의 규제로 시를 쓰고 있다." 그런데 그 윤리는 "타의의 규제"이다. '나'는 성으로 상징되는 욕망을 마음껏 발현하고 싶은데 타의에 의해 규제를 받고 있고, 시에서조차 그 규제를 벗어 던지지 못한다. 설사라도 마음껏 해야 하는데 그것도 제대로 되지 않는다. '나'는 설사를 하지도 참지도 못하고 있다. 문명의 하늘에 채워져야 하는 것은 규제가 아니다. 문명의 하늘을 채우기 위해서는 "언어가 죽음의 벽을 뚫고" 나아가야 한다. 시인이 시로 문명에 기여해야 한다는 책무는 오래 전에 주어졌으나 '나'는 "이 숙제를 노상 방해" 받고 만다. "성의 윤리와 윤리의 윤리"가 나를 방해한다. 성의 완전한 실현은 윤리를 배제할 때 이루어진다. 성의 윤리가 시를 방해하고, 그 윤리의 윤리가 시를 말살한다. '나'는 성의 윤리와 윤리의 윤리가 얼마나 강한 규제인지를 알고 있다. 성의 윤리를 그렇다고 거부할 수는 없다. 윤리 없는 성은 '나'를 괴멸시킬 수도 있기 때문이다. '나'에게 더 중요한 것은 "괴로움과 괴로움의 이행이다." 성과 윤리의 갈등, 욕망과 규제의 설사가 만들어내는 '괴로움'을 실제로 행하는 일이 중요하다. 괴로움의 履行이 아니라면 "우리의 행동/이것을 시로 옮겨 놓으려는 생각은/단념"해야 한다. 이행되지 않은 괴로움은 설사를 일으킨다. 괴로운 설사가 끝나면 "입을 다물어"야 한다. 아무것도 보지 못했다고, 무엇을 보았는지 모른다고, 절대로 "말하지 말"아야 한다. 괴로운 설사를 한 후에 진정한 설사를 할 수 있다면, 괴로움을 이행할 수 있는 설사를 진정으로 할 수 있다면 과거의 설사는 없었다고 말해야 한다.

이 시에서 김수영은 육체의 통증을 다룬다. 복통이 두통으로 바뀐다. 두통의 원인은 '성과 윤리'라는 대립 개념이다. 성과 대립하는 '윤리' 즉, '규제'로 시를 쓰고 있는 김수영은 시로 죽음의 벽을 뚫고 나가려고 한다. 영원한 욕망의 발현을 시에 구현하려고 한다. 그런데 윤리의 윤리에 방해를 받는다. 김수영은 성의 윤리, 윤리의 윤리에 괴로워하며 설사를 한다. 김수영은 이 괴로움을 받아들인다. 그리고 '괴로움의 이행'을 스스로에게 부과한다. 그것이 "우리의 행동"이라고 말한다. 6연 1행의 "우리의 행동"은 다음 행의 "이것을"과 의미상 연결된다. 김수영은 시행을 앞 문장에 엇붙여 의미를 강조하고 있다. 괴로움의 이행을 시로 옮겨놓으려는 생각을 "단념하라"고 명령하는 김수영은 괴로움의 이행이 시로 완수될 수 있는 것이 아니라고 말한다. '스스로 행해야 하는 대상'이 괴로움이다. 몸으로, 행동으로 실행해야 할 대상이라는 것이다. 그것이 아니라면 '괴로운 설사'에 불과할 뿐이다. "단념하라"는 명령의 대상은 바로 이러한 그릇된 행위이다. 그렇다면 이 명령의 수행자는 누구인가. 주체에 의해 발화된 명령의 수행 주체는 '우리'이다. 시를 쓰는 시인이다. 김수영은 이 시의 4연에서 "나는 지금 규제로 시를 쓰고 있다"고 말했다. 시를 쓰는 시인들 안에 김수영도 포함된다. 자신의 시쓰기에 대해, 우리의 시쓰기가 지향해야 할 방향에 대해, 목표에 도달하기 위해 무엇을 실행에 옮겨야 하는지에 대해 김수영은 명령한다. '단념하라, 입을 다물어라, 말하지 말아라'고 명령하는 '나'를 시인 자신이라고 여길 수 있는 이유가 여기에 있다.

    주체 '나'에서 시작되어 '나'와 상호주체를 이루는 '너'로 명령이 움직인다. 명령은 '나―너'를 가로지른다. 행위를 매개로 '나'와 '너'를 이어준다. 김수영의 시에서 명령은 정지에서 운동으로 옮겨가는 동력이다. 또한 이곳에서 저곳으로, 다시 그곳에서 다른 저곳으로 옮겨가게 만드는 시발점이 된다. 김수영의 명령법은 '나'와 '너'를 구분하지 않는다. 텍스트 안과 밖의 경계를 희미하게 만든다. 以前의 '나'를 以後의 '나'로 옮겨가게 한다. 김수영의 명령법은 우리의 행동을 촉발시켜 끊임없이 이전에서 이후로, 여기에서 저기로, 어제에서 내일로 우리의 履行을 요구한다.[49] 이 이행의 경계에, '나―너'의 사이에 명령법이 있다.

2. 轉移와 환유

1) 轉移 : 산문성과 '새로움'

김수영 시의 산문적 특성은 초기 시는 물론 후기 시에서도 쉽게 찾아볼 수 있다. 다음의 두 시 「시골 선물」과 「의자가 많아서 걸린다」는 1954년과 1968년에 쓰여졌다.

① 종로네거리도 행길에 가까운 일부러 떠들썩한 찻집을 택하여 나는 앉아있다

이것이 도회 안에 사는 나로서는 어디보다도 조용한 곳이라고 생각하고 있기 때문이다

그러한 나의 반역성을 조소하는 듯이 스무살도 넘을까말까한 노는 계집애와 머리가 고슴도치처럼 부수수하게 일어난 쓰메에리의 학생복을 입은 청년이 들어와서 커피니 오트밀이니 사과니 어수선하게 벌여놓고 계통없이 처먹고 있다

—「시골 선물」 1연 1~3행

② 의자가 많아서 걸린다 테이블도 많으면
걸린다 테이블 밑에 가로질러놓은
엮음대가 걸리고 테이블 위에 놓은
美製 磁器스탠드가 울린다

—「의자가 많아서 걸린다」 1연

---

49) 김수영은 시를 행동이라고 생각했다. "들어맞지 않던 행동의 열쇠가 열릴 때 나의 詩는 완료되고 나의 詩가 끝나는 순간은 행동의 계시를 완료한 순간"이라고 말하면서 김수영은 시와 행동을 일치시켰다. 김수영에게는 詩가 "행동에의 계시"였다(『전집 2』, 288면).

①은 행 갈이만 했을 뿐이지 시행 전체가 산문이라고 해도 무방하다. ② 역시 행을 무시하고 같은 제목으로 산문집에 넣으면 산문이라고 착각할 만한 작품이다. ①에서 시인은 종로의 뒷골목 한적한 찻집에 앉아 있다. 시인은 한 문장을 한 행 단위로 하여 자신이 찻집에서 본 광경을 서술하고 있다. ②의 경우 생략된 부분을 삽입해서 '(우리집에는) 의자가 많아서 (나는 자주) 걸린다. 테이블도 많으면 (역시 발에) 걸린다. (심지어는) 테이블 밑에 가로질러놓은 엮음대가 걸리고 (내가 발이 걸려 넘어지면) 테이블 위에 놓은 미제 자기스탠드가 울린다'로 읽으면 이 시의 산문적 특성은 도드라진다.

산문에 대한 김수영의 언급은 그의 대표적 시론 「시여, 침을 뱉어라」에서 보게 된다. 김수영은 "지극히 오해를 받을 우려가 있는 말"이라면서 이렇게 발언한다.

나는 소설을 쓰는 마음으로 시를 쓰고 있다. 그만큼 많은 산문을 도입하고 있고 내용의 면에서 완전한 자유를 누리고 있다.

김수영은 시에 산문을 도입하면서 극단적으로 "소설을 쓰는 마음으로 시를" 쓴다고 한다. 물론 소설을 쓰다가 안 돼서 시를 썼다거나, 소설을 축약한 것이 시라는 의미는 아니다. 주목되는 점은 김수영이 산문과 시를 구별하고 있었다는 사실이다. 이 구절은 오해받을 각오를 하고서라도 산문을 시에 도입하겠다는 뜻으로 파악된다. 또한 산문을 과감하게 도입한 자신의 시가 여러 사람들에게 오해를 불러일으키고 있음을 김수영도 충분히 인식하고 있었다고 짐작할 수 있다. 김수영이 산문을 시에 도입했던 데에는 어떤 의도와 목적이 있었다.

산문이란, 세계의 개진이다. 이 말은 사랑의 留保로서의 「노래」의 매력

만큼 매력적인 말이다. 시에 있어서의 산문의 확대작업은 「노래」의 유보성에 대해서는 侵攻적이고 의식적이다. 우리들은 시에 있어서의 내용과 형식의 관계를 생각할 때, 내용과 형식의 동일성을 공간적으로 상상해서, 내용이 반 형식이 반이라는 식으로 도식화해서 생각해서는 아니 된다. 「노래」의 유보성, 즉 예술성이 무의식적이고 隱性적이기는 하지만, 그것은 반이 아니다. 예술성의 편에서는 하나의 시작품은 자기의 전부이고, 산문의 편, 즉 현실성의 편에서도 하나의 시작품은 자기의 전부이다. 시의 본질은 이러한 개진과 은폐의, 세계와 대지의 양극의 긴장 위에 서 있는 것이다.

―「詩여, 침을 뱉어라」

산문의 확대는 시의 음악성에는 공격적으로 작용할 수 있다. 김수영에게 산문이 없는, "세계의 개진"이 없는 시는 아직 사랑이 이루어지지 않은 시이다. 내용과 형식이 분리될 수 없는 하나로 유기적으로 작용하여야만 좋은 작품이 되는 것처럼, 산문과 산문에 대립하는 '노래'가 "하나의 시작품"에서 하나의 통일체로 작용하여야만 사랑은 이루어진다. 노래는 예술성의 요소이고 산문은 현실성의 요소이다. 산문과 노래는 현실성과 예술성, 개진과 은폐로 분리되면서 각각 내용과 형식에 대응된다. 대립하는 두 개념들의 짝은 얼핏 이분법의 체계를 따르고 있는 듯이 보인다. 김수영은 시의 구성 요소가 대립되는 두 개념으로 분류되어야 함을 알고 있었다. 여기서 주목되는 점은 그가 두 대립 요소들의 선후를 가리지 않았다는 사실이다. 시의 내용과 형식은 "내용이 반 형식이 반이라는 식으로 도식화해서 생각해서는" 안 된다. 금을 긋듯이 이것은 내용의 요소이고 저것은 형식의 요소라고 시를 구분할 수는 없다. 김수영은 "세계와 대지" 사이에 서서 "양극의 긴장"을 견뎌내고, 대립하는 두 개념을 조화시킨다.

산문이 "세계의 개진"에 쓰인다는 지적에서 김수영이 "시의 내용"

에 중점을 두고 있음을 알 수 있다. 산문이 시의 내용을 확장시킨다는 뜻이다. 노래 즉 음악이 시의 은성적 측면에 해당한다는 의미와는 반대되는 의미인 이 말은 시를 열어 보인다는 뜻이다. 이때 시는 그 열린 틈을 통해 내용의 다양성과 자유를 지향하게 된다. '개진'의 결과 시의 내용에 자유가 생겼다 하더라도 시의 자유가 완벽하게 성립되지는 않는다.

「내용면에서 완전한 자유를 누리고 있다」는 말은 사실은 「내용」이 하는 말이 아니라, 「형식」이 하는 혼잣말이다. 이 말은 밖에 대고 해서는 아니될 말이다. 「내용」은 언제나 밖에다 대고 「너무나 많은 자유가 없다」는 말을 해야 한다. 그래야지만 「너무나 많은 자유가 있다」는 「형식」을 정복할 수 있고, 그때에 비로소 하나의 작품이 간신히 성립된다.

―「詩여, 침을 뱉어라」

내용의 자유는 내용 자체로 이루어질 수 없다. 형식의 자유가 내용의 자유를 선도하기도 한다는 점을 김수영은 분명히 알고 있다. 내용에 자유가 주어졌다고 하더라도 내용은 더 많은 자유를 요구해야 한다. 더 많은 자유를 획득하기 위해 내용은 더 큰 모험으로 나가야 한다. 더 많은 자유를 위해 내용이 투쟁할 때 형식의 강제를 이겨낼 수 있고, 이를 통해 새로운 형식의 자유마저 획득될 수 있다는 논리가 된다. 내용과 형식이 분리될 수 없는 하나라는 인식을 기반으로 하여 김수영은 당대의 시들이 어떻게 내용과 형식의 자유를 쟁취해야 하는지를 언급한다. 김춘수의 '무의미'에 대한 평[50]에서 김수영은 무의미에 도달하는 방법을 두 가지로 설명한다. 의미를 포기해서 무의미에 도

---

50)「변한 것과 변하지 않은 것」, 『전집 2』, 245면.

달하는 방법이 하나이고, "의미를 껴안고 들어가서 그 의미를 구제함으로써 무의미에 도달하는 길"이 두 번째 방법이다. 김수영에게 무의미에 도달한다는 말은 의미를 포기하는 것이 아니라, 의미 안에서 의미와 투쟁하여 마침내 의미를 구원하고 스스로 의미에서 자유로워지는 경지를 뜻한다. 자유에 이르기 위한 싸움에서 의미를 이루는 충동과 의미를 이루지 않으려는 충동의 "변증법적 과정이 어떤 先入主 때문에 충분한 충돌을 하기 전에 어느 한쪽이 약화될 때" 작품은 실패하게 된다는 말의 의미는, 시의 형식과 내용에 대한 논의와 마찬가지로 의미의 획득과 의미의 부정이라는 싸움에서도 두 개념이 서로 분리되거나 배척되어서는 안 된다는 뜻으로 이해할 수 있다. "사회 현실에 밀착한 시"는 "새로운 시적 현실"을 발굴해야 하고, "존재 의식을 상대로 하는 시"는 "새로운 폼의 탐구"를 시도해야 한다는 지적은 앞의 논의가 지니고 있는 논리적 흐름의 선상에 놓여 있다.

  사회 현실에 밀착한 시가 내용을 새롭게 발굴해야 함은 당연한 일이다. 그와 대립되는 시 역시 내용에 대립되는 형식을 탐구해야 한다. 김수영은 더 큰 요구를 한다. 사회 현실에 밀착한 시는 내용 발굴이 필수 요소이지만, 내용 발굴만으로는 진정한 시가 될 수 없다. 존재의식을 다루는 시 역시 시의 폼만 갖고는 진정한 시가 될 수 없다. 사회 현실을 다루는 시는 내용 발굴을 기본으로 새로운 형식에 도전해야 한다. 이 말은 존재의식에 천착하는 시에도 똑같이 적용된다. 시의 내용과 형식에 대한 김수영의 이와 같은 언급은 "온몸으로 동시에 밀고 나가는 것"이 '시'라는 말로 집약된다. "시의 형식은 내용에 의지하지 않고 그 내용은 형식에 의지하지 않는다." 새로운 내용이 새 형식이고, 새 형식이 새 내용이다. 내용과 형식은 서로를 견인한다. 내용과 형식은 분리될 수 없는 한 몸이다.

  "온몸으로 동시에 온몸을 밀고 나가는" 시의 운동이 무엇을 지향하고 있는지를 김수영은 명확하게 대답한다. 그것은 자유다.

> 정치적 자유를 인정하지 않는 사회에서는 개인의 자유도 인정하지 않는다. 「내용」을 인정하지 않는 사회에서는 「형식」의 자유도 인정하지 않는 것이다.
>
> ―「詩여, 침을 뱉어라」

정치적 자유가 시의 자유에 선행한다. 개인의 자유가 인정되어야 창작의 자유 역시 보장된다. 시의 자유가 인정되기 위해서는 개인의 자유가 선행되어야 하고, 개인의 자유가 인정되기 위해서는 정치적 자유가 선행되어야 한다. 가장 필요한 자유는 정치적 자유이다. 내용의 자유, 개인의 자유, 정치적 자유가 없는 상황에서는 시의 형식적 자유 역시 구속될 수밖에 없음을 김수영은 역설하고 있다. 그는 자유를 획득하기 위해서 더 많은 자유를 원한다. 더 많은 자유를 쟁취하기 위해서 김수영은 급진적인 자유에서 파생되는 혼란마저도 "허용되어야 한다"고 주장한다.

> 자유와 사랑의 동의어로서의 「혼란」의 향수가 문화의 세계에서 싹트고 있는 것은, 그것이 아무리 미미한 징조에 불과한 것이라 하더라도 지극히 중대한 일이다. 그리고 이러한 문화의 본질적 근원을 발효시키는 누룩의 역할을 하는 것이 진정한 시의 임무인 것이다.
>
> ―「詩여, 침을 뱉어라」

자유가 없는 사회에서 자유를 추구할 때 혼란이 일어난다 하더라도 그 혼란이 자유가 없는 상황과 비교될 수는 없다. 혼란의 끝에 새로운 문화의 발전이 있고, 그러한 발전을 위해 혼란을 무릅쓰고라도 자유를 추구해야 할 임무가 시에 주어져 있다. 이때 "자유와 사랑의 동의어로서의 '혼란'이 인정된다. 내용과 형식의 무한한 자유를 추구하기 위해 시의 내용과 형식에 어떤 모호성이 생겨도 그 모호성은 자유의 이름으로 용인되어야 한다고 김수영은 말한다.

> 나는 〔…중략…〕 모호성은 무한대의 혼돈에의 접근을 위한 도구로서 유용한 것이기 때문에 조금도 부끄러울 것이 없다는 말을 했다.
> ―「詩여, 침을 뱉어라」

혼돈에 접근하기 위해서 모호성을 일부러 고려할 수도 있다. 김수영에게 모호성은 거부되지 않는다.[51] 모호성은 어떤 하나에 규정되지 않는다는 뜻이다. 이 뜻인지 저 뜻인지 결정할 수 없는 경우는 모호함에 해당되지 않는다. 동일한 언어에 두 가지 의미가 모두 성립될 때 모호함은 발생한다.[52] 김수영의 혼란은 의미의 거부가 아니라 의미의 양립을 의미한다. 김수영은 단의성을 지향하지 않는다. 열린 의미 체계, 한 가지 의미에 고정되지 않는 다의적 시를 추구한다는 뜻으로 그의 '혼란'을 이해할 수 있다. 이때 '자유'가 詩作의 진정한 목표이자 방법이 된다.

사람이 고립된 단독의 자신이 되는 자유에 도달할 수 있는 間隙이나 구

---

[51] 김상환은 김수영의 '모호성'이 지니는 의미를 "무지의 상태"와 "무의식적인 것"으로 집약한다. 모호성을 김수영 시론의 중요 특징으로 지적하면서 「시여, 침을 뱉어라」를 "시론을 반성하는 시론, 지적 행위의 일부로서의 시론에 대한 시론"으로 평가하는 김상환은 김수영 시론의 핵심을 부정과 반성으로 본다(앞의 책, 67~68면).
[52] 하나의 의미에 고착되지 않는다는 뜻에서 꿈은 다양한 의미 해석의 장이 될 수 있다. 꿈의 언어는 한 가지 뜻으로 해석되지 않는다. 꿈의 언어는 최소한 둘 이상의 의미를 지닌다. 'A이기도 하고 B이기도 한 꿈의 의미'는 꿈의 모호성과 연관된다(Sigmund Freud,『창조적인 작가와 몽상』, 정장진 역, 열린책들, 1998, 282면 참조).

넝을 사회기구 속에 남겨놓지 않는다는 것은 더욱더 나쁜 일이다.
―「詩여, 침을 뱉어라」

자유에 도달하기 위해 필요한 것은 체제를 뚫고 나갈 수 있는 간극과 구멍이다. 세계를 개진한다는 말은 기존의 체계 너머에 닿기 위한 구체적 방법을 뜻한다. 사회 기구 속에 남겨놓은 탈출의 구멍은 기존의 사회 체계를 부정할 수 있는 가능성을 의미한다. 시에서 그것은 산문을 통해 기존의 시를 부정하여 더욱 확장된―개진된―시로 나아갈 때 달성된다. 지켜지지 않으면 안될 불문율로서의 시는 "어느 것도 결코 완결되지 않으며 어떤 언어도 종결된 것이 아니고 다른 모든 가능성들을 배제한 채 예외 없이 모든 사람이 받아들이게 될 최종적인 설명"이 될 수 없다는 인식은 '산문에 의해' 가능해진다. 그에게 '간극'과 '구멍'은 변화할 것 같지 않은 기존의 모든 체계를 넘어서기 위해 통과해야 할 "출구(loophole)"이다. 김수영은 "인간의 삶을 지배하고 있는, 절대적인 것을 간구하는 모든 그럴 듯한 요구들보다 우위에 있는 이질성과 모순을 인식"[53]하고 있었다. 자유가 달성되기 위해서는 부정이 선행되어야 한다. 부정하기 위해서 도입한 산문은 시를 모호성에 이르게 하고, 모호해진 시는 난해하다는 평가를 받을 수밖에 없다. 모호성과 난해성이 기존의 시와 대립한다고 한들, 자신의 시가 통일된 의미의 축에서 멀어지고 시의 절대적 가치라고 평가되는 서정성에서 일탈한다고 한들 김수영은 자신의 시적 모험을 포기하지 않는다. 모호성은 "대상에 접근 가능성을 의심하는 회의주의나 허무주의적 태도가 아니라, 세상을 은폐하고 존재의 의미를 왜곡하는 억압의

---

[53] Katerina Clark & Mike Holquist, 『Mikhail Bakhtin』, 강수영·이득재 역, 문학세계사, 1993, 344면.

체계를 거부하고 저항하는 자유의 이행의 근본적 출발점"[54]이다. 모호성과 난해성에서 기인되는 시의 '혼란함'은 김수영에게 "자유와 사랑의 동의어"이다. 자유와 사랑 앞에서 김수영은 대립하는 모든 개념과 가치들을 인정한다.

> 歸納과 演繹, 內包와 外延, 庇護와 무비호, 유심론과 유물론, 과거와 미래, 남과 북, 시와 반시의 대극의 긴장, 무한한 순환, 원주의 확대, 곡예와 곡예의 혈투, 뮤리엘 스파크와 스프트니크의 싸움, 릴케와 브레흐트의 싸움, 앨비와 보즈네센스키의 싸움, 더 큰 싸움, 더 큰 싸움, 더, 더, 더 큰 싸움…… 반시론의 반어.
> ―「反詩論」

김수영은 더 큰 싸움으로 나아간다. 대립하는 두 개념들은 "서로 충돌하거나 모순되지 않"[55]으며, 어느 것 하나 버려지거나 무시되지 않는다. 둘은 서로를 배척하거나 월등한 하나에 의해 다른 하나를 포섭하지 않는다. 주체가 객체를 대상화하여 대상이 주체에 의해 소거되거나, 강제에 의해 주체의 영역 안으로 인입될 경우 대립하는 주체와 객체 사이에는 그 어떤 긴장도 성립될 수 없다. 둘 사이에는 우월과 열등이라는 가치 판단이 남을 뿐이다. 객체는 주체의 종속물이고 주체는 객체의 지배자이다. '正'과 '反'은 주체 '正'을 중심으로 하여 '合'에 도달한다. '反'은 주체의 대립자로서 주체에 의해 다른 차원의 '合'에 도달하게 되는 수동적 대상이다. 이때 객체는 주체의 영역에서 벗어날 수 없는 주체의 그림자에 불과하다. 주체 '나'와 대등한 타자

---
54) 황정산, 「김수영 시론의 두 지향」, 『작가연구』 제5호, 1998, 144면.
55) 이종대, 「김수영의 시론 연구」, 『한국문학연구』 제18집, 동국대학교 한국문학연구소, 1995, 364면.

는 존재하지 않는다. 타자와 객체의 진정한 의의를 인정하지 않을 경우, 변증법적 도식이란 '폭력적 동일화'[56]의 매커니즘을 은폐하기 위한 '잘 마련된 장치'이거나, 그 어떤 대립도 쉽게 무마할 수 있는 '간편한 장치'가 될 수 있다. 주체인 나를 인식하고자 할 때, "나는 타인의 눈, 즉 내가 속한 사회 집단, 나와 같은 계급의 다른 대표자의 눈을 통해 나 자신을 바라"[57]보아야 한다. 나와 사회, 주체와 객체를 상호 인정하지 않는 경우, 많은 계기들에 의해 역동적으로 발현되는 다양성은 거세되기 쉽다. 위의 인용은 대립되는 두 개념 사이에서 자유롭게 진동하는 김수영의 시적 인식을 보여준다. 끊임없는 부정의 동력으로 충일한 정신의 긴장도를 감지할 수 있다. 그의 부정은 새로운 부

---

[56] 헤겔은 순수한 현실이 "감성적이고 외적인 대상들을 넘어선 차원에서만" 발견될 수 있다고 했다. 예술에서 "자연과 정신의 실체를 이루는 것만이 진정으로 현실적인 것"이라고 헤겔이 규정하면서 경험적인 내면 세계와 경험적인 외면 세계, 정신과 자연 등 대립하는 두 개념들을 '넘어선 차원'으로 그가 "즉자대자적으로 존재하는 것(das Anundfürsichseiende, 절대적인 것)"을 상정할 때, 이러한 "'절대적인 것'으로서의 통일자(Eines)"라는 설정에는 정신이라는 절대 개념 하에 대립자가 종속되어야 한다는, 정신이 자연보다 우월하다는 당위적 인식이 전제되어 있다. 문제는 '즉자대자적으로 존재하는, 절대적인 것'을 상정하면서 '즉자an'와 '대자für'를 폭력적으로 접합시켜놓았다는 점에 있다. 이때 접속사 'und'(Anundfürsichseiende)는 객체에 대한 주체의 억압―강제적 접합―을 상징한다. 즉자대자적인 절대 존재는 변증법적 시각 하에서는 발전을 내재한 통합 개념으로 볼 수 있으나, 동시에 거기에는 주체와 객체 사이의 폭력적 조정 과정이 은폐되어 있다고 할 수 있다.(『헤겔미학 I』, 두행숙 역, 나남, 1997, 37면 참조) 이와 같은 입장에서 김수영의 시론과 시의 관계를, 시에서 내용과 형식의 관계를, 김수영 시의 문학사적 의의를 리얼리즘과 모더니즘의 이분법에 대한 변증법으로 파악하는 김윤식(「金洙暎 변증법의 표정」, 『김수영 전집 별권』, 민음사, 1981), 최두석(「현대성론과 참여시론」, 『한국현대시론사 연구』, 문학과지성사, 1998), 조현일(「김수영의 모더니티관에 관한 연구:트릴링과의 영향 관계를 중심으로」, 『작가연구』 제5호, 1998), 하정일(「김수영, 근대성 그리고 민족문학」, ≪실천문학≫, 1998 봄)의 글은 김수영 문학의 의의를 인정하든 인정하지 않든 간에 변증법 도식에 의해 김수영의 시론과 시에서 '동시성'을 놓치고 있다. 위의 글들은 그 어느 것도 선택하지 않고 '동시에 온몸으로 밀고나간다'는 김수영의 말을 설명하지 못한다. 이에 반해 고봉준(「김수영 문학의 근대성과 전통」, 『한국문학논총』 제30집, 2002, 377면)은 김수영 시의 변증법을 "합이 없는 대립자의 통일이라는 벤야민의 정지의 변증법"으로 설명한다. '정반합'의 변증법적 과정은 김수영의 시적 인식을 설명하는 유용한 개념이 아니다.

[57] Mikhail Bakhtin · V.N. Vološinov, 앞의 책, 162면.

정의 대상을 따라 중단 없이 실행된다.

    파자마바람으로 우는 아이를 데리러 나가서/노상에서 支署의 순경을 만났더니/「아니 어디를 갔다 오슈?」/이렇게 돼서야 고만이지/어떻게든지 체면을 차려볼 궁리 좀 해야지

—「파자마바람으로」 1연

    비니루, 파리통,/그리고 또 무엇이던가?/아무튼 구질구레한 生活必需品/오 注射器/2cc짜리 國産슈빙지/그리고 또 무엇이던가?/오이, 고춧가루, 후춧가루는 너무나 창피하니까/고만두고라도/그중에 좀 점잖은 品目으로 또 있었는데/아이구 무어던가?/오 도배紙 천장紙, 茶色 白色 靑色의 모란꽃이/茶色의 主色 위에 탐스럽게 피어있는 천장지/아니 그건 천장지가 아냐 (壁紙지!)

—「마아케팅」 1~13행

    나는 왜 조그마한 일에만 분개하는가/저 王宮대신에 王宮의 음탕 대신에/五十원짜리 갈비가 기름덩어리만 나왔다고 분개하고/옹졸하게 분개하고 설렁탕집 돼지같은 주인년한테 욕을 하고/옹졸하게 욕을 하고

—「어느날 古宮을 나오면서」 1연

    그것하고 하고 와서 첫번째로 여편네와/하던 날은 바로 그 이튿날 밤은/아니 바로 그 첫날 밤은 반시간도 넘어 했는데도/여편네가 만족하지 않는다 〔…중략…〕//이게 아무래도 내가 저의 섹스를 槪觀하고/있는 것을 아는 모양이다

—「性」 1연 일부

소시민 김수영의 삶의 양상이 드러나는 위 시들의 제재는 전통의 그것과 다르다는 점에서, 자신의 감정을 숨기지 않고 욕설로 드러낸다는 점에서, 일반적으로는 시적인 제재가 될 수 없다고 여겨지는 시인 개인의 성생활이라는 제재의 파격성에서 새로움이 발생된다. 김수영 시의 새로움에 대한 증명은 시의 구체적 분석 이전에 제재의 새로움을 파악하는 방법으로도 가능하다. 그러나 제재의 새로움만으로는 새로운 시가 될 수 없다. 위의 시들 각각은 모두 개별적인 특이함과 시의 전체적 의미를 다른 자리에서 거론해야 되는 시들이다. 파격적인 제재를 다루고 있는 위의 시들이 시가 되는 이유는「性」에서 알 수 있다. 비속한 자신의 체험을 시에 숨김없이 진술하는 솔직함만으로는 시가 될 수 없다. '개관'은 부인과 자신의 성생활마저도 회의하는 김수영의 부정의식을 내포하고 있다. 김수영은 일상 생활에서 시의 소재를 채택하여 시에 비속함과 진솔함과 부정의 정열을 쏟아붓고, 더 나아가 자기 부정에 다다른다. 산문적 특성에 의해 부정의식이 강조되는 시로「꽃」을 들 수 있다.

　　深淵은 나의 붓끝에서 퍼져가고
　　나는 멀리 世界의 奴隷들을 바라본다
　　塵芥와 糞尿를 꽃으로 마구 바꿀 수 있는 나날
　　그러나 深淵보다도 더 무서운 自己 喪失에 꽃을 피우는 것은 神이고

　　나는 오늘도 누구에게든 얽매여 살아야 한다

　　도야지우리에 새가 날고
　　국화꽃은 밤이면 더 한층 아름답게 이슬에 젖는데
　　올 겨울에도 산 위의 초라한 나무들을 뿌리만 간신히 남기고 살살이 갈

라갈 동네아이들……
　　　손도 안 씻고
　　　쥐똥도 제멋대로 내버려두고
　　　닭에는 발등을 물린 채
　　　나의 宿題는 微笑이다
　　　밤과 낮을 건너서 都會의 저편에
　　　영영 저물어 사라져버린 微笑이다

――「꽃」 전문

　이 시의 화자는 "나의 붓끝"을 바라보고 있다. 무엇인가를 쓰고 있는 '나'는 붓끝에서 퍼져나가는 '심연'을, "멀리 세계의 노예들을 바라본다." 시를 쓰면서 화자는 검은 잉크의 궤적이 만들어내는 언어들을 심연이라고 생각한다. 화자에게 시 쓰기는 좀처럼 빠져나오기 힘든 구렁과 같다. 화자가 써내는 시가 있고, 시가 담아내야 할 '세계의 노예'들이 '멀리' 있다. 노예, 먼지와 쓰레기, 오줌과 똥을 "꽃으로 마구 바꿀 수 있는 나날"을 살면서 화자는 자신의 시 쓰기를 고민하고 있다. 자신이 써놓은 시가 세상의 더러운 것들을 꽃처럼 아름다운 대상으로 바꿔놓을 수 있다는 가능성을 화자는 믿는다. 화자에게 시 쓰기는 붓끝에서 퍼져나가는 '심연'이지만, 그 시 쓰기에 포함되는 것들은 '노예, 진개, 분뇨' 같은 부정적인 대상이다. 시 쓰기를 통해 화자는 세계의 어둠을 긍정한다. 시 쓰기가 또다른 어둠을 만들어낸다 해도 화자는 시 쓰기를 멈추지 않을 것이다. 그것이 "심연보다도 더 무서운 자기상실"이 될지언정 "꽃을 피우는" 신처럼 시 쓰기는 '나'의 소중한 존재 증명이기 때문이다.

　시 쓰기의 가치를 잘 알고 있는 화자는 2연에서 자신있게 말한다. "나는 오늘도 누구에게든 얽매여 살아야 한다." '나'는 시 쓰기가 '나'

의 존재를 타인에게 구속시켜야 이루어지는 일임을 알고 있다. 자유를 박탈당하더라도, 자기 상실에 빠지더라도 시를 쓸 것이라고 화자는 다짐한다. 화자에게 시쓰기는 꽃을 피우는 일이다.

3연에서 '나'는 시의 대상을 발견한다. "도야지우리에 새가 날고" 있다. 이슬에 젖는 국화꽃이 있다. 겨울이 다가오면 땔감을 마련하기 위해 "초라한 나무들을 뿌리만 간신히 남기고 살살이 갈라갈 동네 아이들"이 살고 있는 산동네를 화자는 알고 있다. 가난한 아이들은 "손도 안 씻고/쥐똥도 제멋대로 내버려두고/닭에는 발등을 물린 채" 살아갈 것이다. 화자는 가난에 찌든 이웃들의 삶을 너그럽게 바라보려고 한다. "나의 숙제는 미소이다." 빈민들이 살고 있는 "도회의 저편에/영영 저물어 사라져버린 미소"가 시의 주제가 되어야 한다.

시인에게 시는 깊은 못처럼 건너기 힘든 대상이다. 시를 쓰면 쓸수록 더 큰 어려움을 겪게 된다. 시인이 종이 위에 써 놓은 언어들은 시임에 분명하다. 시인은 그것이 주인의 명령을 충실히 수행하는 노예 같은 것이라고 생각한다. 시는 '나'가 살고 있는 세계이고, '나'의 언어는 그 세계의 노예이다. 시와 세계가 맺는 주인과 노예의 관계를 김수영은 '멀리' 바라본다. 객관적인 시선으로 바라본다. 시가 세계에서 벗어날 수 없다는 점을 깨달았기에 김수영은 세계의 "진개와 분뇨를 꽃으로 마구 바꿀 수 있는 나날"을 기다릴 수 있다. 세계의 노예가 되어야만 자유롭게 시를 쓸 수 있다는 것을 깨달았기에 김수영은 자신이 살고 있는 세계의 진상을 바로 보려고 한다. 김수영은 도회의 변두리, 빈민가의 아이들을 주시한다. 가난을 정직하게 응시할 때 가난한 시가 나온다. 시의 가난함을 정직하게 받아들일 때 비로소 시의 '미소'가 생긴다. 김수영은 시가 '꽃'이 되는 순간을 말하고 있다.

시의 올바른 방향, 시인의 바람직한 태도를 김수영은 이 시에서 산문적 발화로 서술하고 있다. 1연의 4행은 두 행으로 나누어도 무방할 정도로 길다. 2연은 한 문장이다. 3연 역시 1행, 2행을 의미 단위에 따라 한 행으로 처리했다. 특히 3연의 3행은 가난한 동네의 아이들이 취할 행동을 한 행으로 배치하였다. 한 의미 단위를 한 행으로 배치하는 이 시의 특징이 뚜렷하게 드러난다. 리듬을 고려하지 않은 듯한 이러한 시행은 산문적 요소를 과감하게 시에 도입했던 김수영 시의 특성에서 벗어나지 않는다. 김수영에게 산문성은 시에서 배제해야 하는 요소가 아니다. 김수영은 산문의 사실적 요소를 과감하게 시에 도입하였다. 이 시에서 가장 산문성이 두드러지는 3연 3행은 빈민가의 아이들이 겨울을 지내기 위해 어떻게 살고 있는지를 구체적으로 제시하고 있다. 산문의 도입이 시의 심연을 더욱 깊게 만들 수 있다고 해도, 그래서 '자기상실'을 불러오더라도 김수영은 산문을 과감하게 받아들였다. 김수영이 "나의 숙제는 미소"라고 말하는 이유는 새로운 꽃을 피울 수 있는 시의 방법이 무엇임을 알게 되었기 때문이다.

  우리 동네엔 美大使館에서 쓰는 타이프용지가 없다우
  편지를 쓰려고 그걸 사오라니까 밀용인찰지를 사왔더라우
  (밀용인찰지인지 밀양인찰지인지 미롱인찰지인지
  사전을 찾아보아도 없드라우)
  편지지뿐만 아니라 봉투도 마찬가지인지 밀용지 넉장에
  봉투 도장을 四원에 사가지고 왔으니 알지 않겠소
  이것이 편지를 쓰다 만 내력이오―꽉 막히는구료

  꽉 막히는 이것이 나의 생활의 자연의 시초요
  바다와 別莊의 용솟음치는 파도와 죠니 워커와
  죠오크와 美人과 페티 킴과 애교와 혼담과
  남자의 抱負의 미련에 대한

편지는 못 쓰겠소 妹夫돌아오는 길에
車窓에서 내다본 中央線의 複線工事에 동원된
갈대보다도 더 약한 소년들과 부녀자들의
노동의 慘景에 대한 편지도 못 쓰겠소 妹夫

〔…중략…〕

당신이 사준 북어와 오징어와 二等車票와
鏡浦臺의 선물과 도리스 위스키와 라스프베리 잼에 대해서
미안하지 않소 당신의 모든 행복과 우리들의 바닷가의
행복의 모든 추억에 대해서 미안하지 않소
살아있던 시간에 대해서 미안하지 않소
나와 나의 아내와 우리집의 온 家屋의 무게를 다 합해서
밀양에서 온 食母의 소박과 원한까지를 다 합해서
미안하지 않소―만 다만 食母를 부르는 소리가
좀 단호해졌을 뿐이요 미안할 정도로 좀―

―「美濃印札紙」부분

　　편지를 쓰기 위해 식모에게 미농인찰지를 사오라고 했던 이야기를 구어체로 서술하고 있는 이 시에서 김수영이 일상 생활을 시의 제재로 삼는 양상이 파악된다. 1연의 3~4행에서 화자는 '美濃印札紙'가 '밀용인찰지'인지 '밀양인찰지'인지 '미롱인찰지'인지 분간할 수 없다면서 말장난을 하고 있다. 편지 받을 사람이 아직은 누구인지 알 수 없지만 시인은 편지 읽을 사람이 자신의 말을 듣고 있다는 상황을 가정한 상태에서, 청자를 앞에 두고 대화하듯이 시를 전개시키고 있다. 서간체는 일상생활의 세목들을 자연스럽고 편하게 상대방에게 전달

하는 고백체 형식이다.

　화자는 편지를 쓰지 못하는 이유는 말하지 않으면서 1연의 마지막에 이르러 '꽉 막히는구료'라며 자신의 심경을 털어놓는다. 자신의 요구가 소통되지 않는 상황에서 화자는 2연 첫 행의 '꽉 막히는' 상황이 자연스러운 형편이라고 말한다. 2연 3행과 4행은 일상생활의 구체적인 양상을 드러내는 단어들의 열거로 이루어져 있다. 제시된 일상의 세목들 간에는 어떤 연관성이 없다. 5행에서 화자는 자신이 열거한 대상들을 글로 쓸 수 없다고 말한다. 6~8행에서 편지로 쓸 수 없는 대상이 다시 한번 제시된다. 첫 번째 대상들이 쓸 수 없는 대상을 지시하는 구체적인 명사와 고유명사의 나열인데 비하여, 두 번째 제시된 대상은 3행에 걸쳐 설명되는 단일한 대상이다. 화자는 매부에게 말하고 있다. 매부를 방문하고 돌아오는 길에 바라본 중앙선 복선 공사장의 소년과 부녀자들의 참담한 노동현장을 화자는 글로 쓸 수 없다. 화자는 참담한 기분이라고 말한다. 화자는 자신의 일상과 중앙선 복선 공사가 벌어지는 노동현장을 비교한다. 농담과 미인과 대중가수와 여자의 애교에 맞춰 호탕하게 내뱉는 말과 이루지 못한 포부가 남긴 미련, 이 모든 상황의 한가운데에 서 있는 화자와 먹고 살기 위해 힘든 노동을 하고 있는 "갈대보다도 더 약한 소년들과 부녀자들의/노동"은 극명하게 대비된다.

　4연의 첫 행에서 독자는 화자가 방문을 마치고 돌아올 때의 구체적 정황을 알게 된다. 매부는 '북어와 오징어'를 손에 들려서는 '이등차표'를 끊어 화자를 기차에 태워 보냈다. 강릉 사는 매부에게서 받아온 위스키와 '紙도 미안하지 않다. 화자는 3연의 미안해하지 않는 대상을 4연까지 연결시키고 있다. 4연에서 화자가 미안해하지 않는 대상은 3~8행에 걸쳐 열거되고 있다. 8행과 9행만이 편지를 못쓰게 된 상황과 편지를 쓰다가 화자가 깨달은 반성의 결과가 어떻다는 사실을 지시한다. "다만 食母를 부르는 소리가/좀 단호해졌을 뿐"이라고 화자는 말한다. 그것도 "미안할 정도로" 단호해졌다고 한다.

일상생활의 단순한 계기가 불러온 작은 깨달음의 원인과 정황을 지루할 정도로 길게 서술하고 있는 이 시는 그 길이에 의해 형성되는 산문성 때문에 오히려 부정의식의 강렬도를 확인할 수 있는 시이다. 구어체 화법은 시적인 포즈를 거부하고 생활 고백의 솔직함을 잘 드러내기 위해 시인이 의도적으로 도입한 장치라고 할 수 있다.[58] 김수영은 구어체의 직설적 산문으로 자신의 구차한 일상을, 구차함을 딛고 더 큰 깨달음으로 나아가려는 의도를 서술한다. 편지지를 사오라고 시켰더니 "밀용지 넉장에/봉투 두장을 四원에 사가지고" 온 식모 때문에 불끈 화를 냈던 시인은 자신의 속물의식을 고백한다.

독자는 고해성사를 듣는 신부처럼 김수영의 독백에 귀를 기울인다. 김수영은 자신의 행동을 반성하고 있으며, 그렇게 행동할 수밖에 없었던 자신을 부정한다. 1연의 끝 행에 제시된 "꽉 막히는구료"에서 시인은 꽉 막힌 현실의 한가운데에 모든 행동의 주체인 '나'가 서 있음을 명증하게 깨닫는다. 이 모든 반성의 결과가 4연의 끝 부분에 제시되어 있다. 반성하고 반성했지만 달라진 것은 식모를 부르는 목소리가 "좀 단호해졌을 뿐"이라는 고백에서 김수영은 자신의 치부를 속속들이 드러낸다.

> 제임스 띵의 威脅感은, 이상한 地方色 恐怖感은
> 自由黨 때와 民主黨 때와 지금의 惡政의 구별을 말살하고
> 靜寂을 빼앗긴, 마지막 靜寂을 빼앗긴

---

[58] 이은정은 구어체의 효과를 다음과 같이 제시한다(『현대시학의 두 구도—김춘수와 김수영』, 소명출판, 1999, 151면). "'~지요' '~있어' '~이오' '~라네' 등의 구어체 역시 설명적이고 일상적인 문장에 가까우며 독자를 향해 말을 건네는 효과도 갖는다."

나를 몰아세운다 어서 돈을 내라고
그러니까 그들이 요구하는 것은 신문값이 아니다

또 내가 주어야 할 것도 신문값만이 아니다
수도세, 야경비, 땅세, 벌금, 전기세 이외에
내가 주어야 할 것은 신문값만이 아니다
마지막에 沈默까지 빼앗긴 내가 치러야 할
血稅―화가 있다

눈이 내린 날에는 白羊宮의 비약이 없는 날에는
개도 짖지 않는 날에는 제임스 띵이 뛰어들어서는
아니 된다 나의 아들에게 불손한 말을 걸어서는
아니 된다 나의 思想에 怒氣를 띄우게 해서는
아니 된다

文明의 血稅를 강요해서는 아니 된다 新과 舊가
탈을 낸 돈이 없나 巡視를 다니는 제임스 띵은
讀者를 괴롭혀서는 아니 된다
나를 몰라보면 아니 된다 나의 怒氣는 타당하니까
눈은, 짓밟힌 눈은, 꺼멓게 짓밟히고 있는 눈은

타당하니까 新·舊의 交替式을 그 이튿날
꿈에까지 보이게 해서는 아니 된다
마지막 靜寂을 빼앗긴, 핏대가 난 나에게는
너희들의 儀式은 原始를 가리키고
奴隸賣買를 연상시킨다

理髮所의 화롯가에 연분홍빛 화로
깨어진 유리에 종이를 바르고
그 언 유리에 비친 내 얼굴이 제임스 띵같이
되기까지 내가 겪은, 내가 겪을
고뇌는 무한이다

언청이야 언청이야 이발쟁이야 너의
보꾹에 바른 신문지의 활자가 즐거웁구나
校正을 보았구나 나의 毒氣야
가벼운 겨울의 꿈이로구나 나의 毒氣의
꿈이로구나

쓸데없는 것이었다 저것이었다
너의 보꾹에 비친 활자이었다 거기에
그어진 붉은 잉크였다 인사를 하지 않은
나의 친구야 거만한 꿈은 사위어간다
내 잘못이 인제는 다 보인다

불 피우는 소리처럼 다 들리고
재 섞인 연기처럼 다 말한다 訂正이 필요 없는
겨울의 꿈 깨어진 유리의 제임스 띵
이제는 죽어서 불을 쬐인다
빠개진 난로에 발을 굽는다 시꺼먼 양말을 자꾸 비빈다

―「제임스 띵」 5~13연

이 시는 크게 네 부분으로 나눌 수 있다. 1연부터 4연까지는 제임스 땅이 배달하는 아이 둘을 데리고 화자를 찾아온 날에 대한 서사적 진술로 이루어져 있다. 5연과 6연은 제임스 땅 때문에 발생한 '화'의 원인이 내용이고, 7연부터 10연까지는 제임스 땅에 대한 '나'의 설명적 진술이 그 내용이다. 11연부터 마지막 13연까지는 앞의 상황에 대한 나의 감회가 서술된다.

이 작품의 산문성은 한 연을 이루는 문장의 길이에 의해 검증된다. 1연은 한 문장으로, 2연은 두 문장으로 구성되었다. 3연과 4연 역시 각각 두 문장으로 구성되었다. '나'의 이유없는 짜증에 "그 사나이는, 제임스 땅은 어이가 없어서/조그만 눈을 민첩하게 움직이면서 미소를/띄우고 섰지만" 그가 '나'의 화를 순순히 받아줄 리는 없다는 것을 '나'는 알고 있다. "고삐를 잃은 백마"처럼 감정이 날뛰고 있음을 '나'는 안다. "그와 내가 대결하고 있는" 동안 창밖에서는 "신구의 두 놈이 마적의 동생처럼/떨고 있다." 녀석들은 '나'와 다투고 있는 제임스 땅을 응원하려고 하지만 '나'는 그들에게 말할 기회를 주지 않는다. 한 녀석은 "가죽 방한모에 빨간 마후라"를 하고 있지만 "또 한 놈은 잘 안보였"다. 매일 신문을 돌리던 녀석의 "「신문요」의 목소리를 회상하며/어떤 놈이 신인지 구인지를 가려낼 틈도/없"을 정도로 '나'는 제임스 땅과 팽팽하게 맞서고 있다. "눈이 왔고 추웠고 너무 화가 났다." 1연에서 4연까지의 내용이다.

제임스 땅과 맞서고 있는 '나'의 반응이 5연에서 10연에 걸쳐 서술된다. 제임스 땅의 위협은 "자유당 때와 민주당 때와 지금의 악정의 구별"을 어렵게 한다. 밀린 신문 대금을 내라고 말하는 제임스 땅에게서 '나'는 이상하게도 공포감을 느낀다. "정적을 빼앗긴, 마지막 정적을 빼앗긴" '나'는 처음에는 방해받았다는 생각에 화가 났지만, 지금은 위협과 두려움을 느낀다. 어쩌면 그들이 요구하는 것은 신문 대금이 아닐지도 모른다고 '나'는 생각한다. 5연 1행에 등장하는 제임스 떵은 2행의 집권 정당에 대한 언급 이후에 '그들'로 바뀐다. 단수였던 제임스 떵이 '그들'로 변화되었다. 화자 '나'는 제임스 떵에서 권력자들로 발화 대상을 옮긴다. "그러니까 그들이 요구하는 것은 신문값이 아니다." "내가 주어야 할 것도 신문값만이 아니다." 6연 2행의 "수도세, 야경비, 땅세, 벌금, 전기세"와 "마지막 침묵까지 빼앗긴 내가 치러야 할/혈세"까지 그들에게 바쳐야 한다. 어쩌면 제임스 떵과 신문배달 아이들 때문이 아니라 당대의 정권 때문에 '나'는 화가 났는지 모른다.

위협 때문에 화가 난 '나'는 제임스 떵의 방문을 돌이켜본다. 제임스 떵으로 상징되는 불순한 세력이 자신과 자신의 아들을 방해하면 안된다는 내용을 '나'는 7연에서 서술한다. "나의 사상에 노기를 띄우게 해서는/아니된다." 7연에서 반복되는 '~아니된다'는 8연의 첫 행에서도 반복된다. 내용의 연관은 물론이고 연에서 연으로 이어지는 반복 구문이라는 형식의 특징 때문에 7연부터 9연을 의미상 한 단위로 묶을 수 있다. 7연과 8연을 연결시키는 '~아니된다'가 있고, 8연과 9연을 이어주는 '~타당하니까'가 있다. 제임스 떵이 일으킨 '나'의 노기는 타당하다. 문명의 혈세를 강요하는 현 시대에 대한 '나'의 노기 역시 타당하다. '나'는 제임스 떵에게 "나를 몰라보면 아니된다"고 말한다. '나'에게는 타당한 이유가 있다. 제임스 떵 같은 자들이 '눈'을 짓밟아서는 안된다. "마지막 정적을 빼앗"겨 "핏대가 난 나에게" 노예매매를 연상시키는 신구 배달 소년들의 사무 교체식이 "그 이튿날/꿈에까지" 보여서는 안된다. 업무 인수인계에 빚도 인수인계되는 상황이 노예매매 같다. "신과 구가/탈을 낸 돈이 없나" 알아보기 위해 순시를 다니는 제임스 떵, 구독자를 위협해서라도 밀린 대금은 반드시 받아야 한다면서 협박하는 방법을 가르치는 보급소 책임자 제임스 떵 때문에 생긴 노기의 원인이 이것이다.

　네 번째 부분에서 '나'는 이발소 유리창가에 서 있다. '나'는 "언 유리에 비친 내 얼굴이 제임스 땅같이/되기까지 내가 겪은, 내가 겪을/고뇌"를 생각한다. '나'는 언청이와 이발쟁이를 불러낸다. 그들의 집 천장에 바른 "신문지의 활자"를 쳐다본다. 제임스 땅에게서 배운 교훈 때문에 벽지로 바른 신문지의 글씨가 다르게 보인다. 교정을 본 듯하다. "나의 독기"는 "가벼운 겨울의 꿈"에 불과하다. 이 겨울은 "나의 독기의/꿈이로구나"라며 왜소하고 편협한 사고를 '나'는 반성한다. 제임스 땅과 맞선 후 찾아온 이발소에서 '나'는 "쓸데없는 것"을 발견한다. '나'는 중요한 것을 중요하다고 말했지만 실상 중요하다고 생각한 그것이 아무것도 아니라는 것을 깨달았을 때, '나'의 "거만한 꿈은 사위어간다." "내 잘못이 인제는 다 보인다." 이때 '나'의 잘못은 "불 피우는 소리처럼 다 들리고/재 섞인 연기처럼 다 말힌다." 고칠 필요가 없는 겨울의 꿈이 바로 이것이다. 신문 배달하는 아이들과 그 책임자 때문에 '나'는 화가 난다. 그들을 보면서 노예매매를 떠올린 '나'는 자유당 때와 민주당 때와 지금의 악정을 구별할 수 없다. 현실의 악과 과거의 악이라는 거대한 위협과 공포 앞에서 '나'는 제임스 땅 같은 이들과 설전을 벌인다. 그 때문에 화가 나고, 노여움마저 갖게 된 '나'는 알고 있다. 신문 배달하는 아이들 위에 정권을 틀어쥔 자처럼 군림하여 아이들의 노동을 착취하는 제임스 땅같이 자신이 변해가고 있음을 알고 있다. 제임스 땅에게나 화내고 현실에 대해서는 화도 내지 못하는 나약한 '나'를 발견하게 된 것이다. 자신의 삶을 교정보아야 하는 것이다. 깨진 유리에 제임스 땅의 얼굴과 '나'의 얼굴이 겹쳐져 어른거린다. 제임스 땅과 다투던 자신이 "이제는 죽어서 불을 쬐인다."

　제임스 땅과 신문 배달 아이들의 인수 인계라는 서사를 사실적으로 표현하기 위해 김수영은 산문에 가까운 시행을 길게 잇고 있다.[59] 행

바꿈을 무시하면 산문과 구별이 어려울 정도이다.

여보세요. 앨비의 아메리칸 드림예요. 절망예요.
八月달에 실려주세요. 절망에서 나왔어요.
모레면 다 되요. 二백매예요. 特種이죠.
머릿속에 特種이란 자가 보여요. 여편네하고
싸우고 나왔지요. 순수하죠. 앨비말예요.
살롱드라마이지요. 半島호텔이나 朝鮮호텔에서
공연을 하게 되요. 절망의 여운이에요.
미해결이지요. 좋아요. 만족입니다.
新聞會館 三층에서 하는게 낫다구요. 아네요.
거기에는 냉방장치가 없어요. 장소는 二백명가량
수용될지 모르지만요. 절망의 연료가 모자
란다구요. 그래요! 半島호텔같은 데라야
미국놈들한테서 입장료를 받을 수 있지요.
여편네하고는 헤어져도 되지만, 아이들이
불쌍해서요. 미해결예요.

코리안 드림이라구요. 놀리지 마세요.
아이놈은 자구 있어요. 구원이지요. 나를
방해를 안하니까요. 절망의 물방울이
튄 거지요.
내주신다면 당신 잡지의 八월호에 내주신다면,

---

59) 유종호는 이 시의 서사를 '유머러스한 리얼리즘'이라고 평가했다(유종호, 「詩의 自由와 관습의 굴레」, 『김수영 전집 별권』, 255면).

특종이니깐요, 극단도 좋고, 당신네도
좋고, 번역하는 사람도 좋고, 나도 좋은
일을 하는 폭이 되지요.
앨비예요, 앨비예요. 에이 엘 삐 이 이. 네.
네에, 그러실 겁니다. 아뇨. 아아, 그렇군요.

―「電話이야기」 1, 2연

전화기를 붙잡고 열심히 말하고 있는 시인의 모습이 눈에 선하게 떠오른다. 전화를 거는 시인의 목소리는 들리지만 전화받는 상대방의 말이 제시되어 있지 않아 통화가 어떤 맥락을 지니고 있는지를 파악하기란 불가능하다. 전화를 거는 시인의 행위라는 단일한 제재를 다루고 있지만 통일되지 않은 맥락을 드러내는 발화가 시에 삽입되어 있기 때문에 시인의 체험은 파편적인 언어의 병치로 드러난다.[60]

이 시는 통일적 맥락의 구성이 불가능할 정도로 언술이 해체되어 이해하기 어렵다. 3연을 제외하고 시를 읽는다면 이 시가 시인의 경험을 다루고 있는지, 다른 사람의 경험을 다루고 있는지 구분되지 않는다. 시인의 언어이기도 하고, 타인의 언어이기도 한 1연과 2연의 언어들은 그렇기 때문에 모호하다. 파편적인 언어의 모호성은 "관습과 습관을 통해 작용하는 평범한 언어 체계의 퇴화 과정에 대한 정화적인 동시에 치료적인 역할을 수행"한다. 현대시, 난해시, 전위적인 시, 새로운 시가 지니게 되는 "시적 모호성은 언어의 궁핍에서 벗어나 새로운 의미들의 광산과 다양하고 대립되는 다층적 의미들의 유희를 개발하고 일구려는 목적을 지닌다."[61] 떠도는 '일상어'[62]의 집합으로 이해할

---

60) 여태천, 앞의 글, 42~43면 참조.
61) Renato Foggioli, 『아방가르드 예술론』, 박상진 역, 문예출판사, 1996, 71~72면.

수 있는 「電話이야기」의 의의를 새로움과 전위성의 발현으로 이해할 때, 이상에서 시작된 시적 실험의 맥락을 이 작품이 계승하고 있다고 평가할 수 있을 것이다.

낡은 것이 상투적이고, "상투적인 것은 반성을 하지 못하게 만들고 나태와 타성으로 시인을 몰고 가"기 때문에 김수영은 늘 새로운 것을 원하면서 "시대의 첨단에 있으려"고 한다.[63] 김수영은 새로운 것을 일상 삶의 한가운데서 찾아낸다. 그에게 "일상이란 보잘것없으면서도 견고한 것이고, 당연한 이야기지만 부분과 단편들이 하나의 일과표 속에서 서로 연결되어 있는 어떤 것이다."[64] 보잘것없는 일상의 부분과 단편들을 일상의 언어로 표현하는 김수영 시의 특성은 유기적인 통일성의 결여와 이의 결과인 시의 해체 양상으로 귀결된다. 일반적이고 관습적인 견해로 볼 때, 이러한 김수영 시의 특성 때문에 그의 시를 불가해한 시, '민중적이지 않은 시', 대중을 무시한 시로 여기는 인식은 당연하다고 볼 수 있다.[65] 해체와 분열, 언어의 물질 요소와 의미 요소 사이의 미끄러짐을 조장하는 김수영 시의 일상적 특성은 일반 견해와 어긋나는 그 지점 때문에 새롭게 여겨진다. 새로움은 그의 시가 왜 전위적이고, 왜 현대적인가를 설명하는 핵심 개념이다.

이와 같은 전위적이고 난해한 시적 특성이 다음 시 「엔카운터 誌」에서 확인된다. 전위성, 난해성이 '새로움'과 연결되는 지점에서 김수영의 시는 통일성이 결여된 비관습적 면모를 획득한다.

빌려드릴 수 없어. 작년하고도 또 틀려.

---

62) 일상어에 대한 김수영의 관심은 다음과 같은 시작 노트에서 확인할 수 있다. "내가 써온 시어는 지극히 평범한 일상어뿐이다."(『전집 2』, 286면)
63) 김현, 「김수영을 찾아서」, 『상상력과 인간/시인을 찾아서』, 문학과지성사, 1993, 394면.
64) Henri Lefebvre, 『현대 세계의 일상성』, 박정자 역, 세계일보사, 1992, 58면.

눈에 보여. 냉면집 간판 밑으로ㅡ육개장을 먹으러ㅡ
들어갔다가 나왔어ㅡ모밀국수 전문집으로 갔지ㅡ
매춘부 젊은애들, 때묻은 발을 꼬고 앉아서
유부우동 먹고 있는 것을 보다가 생각한 것
아냐. 그때는 빌려드리려고 했어. 寬容의 미덕ㅡ
그걸 할 수 있었어. 그것도 눈에 보였어. 엔카운터
속의 이오네스코까지도 희생할 수 있었어. 그게
무어란 말야. 나는 그 이전에 있었어. 내 몸. 빛나는
몸.

그렇게 매일을 믿어왔어. 방을 이사를 했지. 내
방에는 아들놈이 가고 나는 식모아이가 쓰던 방으로
가고. 그런데 큰놈의 방에 같이 있는 가정교사가 내
기침소리를 싫어해. 내가 붓을 놓는 것까지
자리에서 일어나는 것까지 문을 여는 것까지 알고

---

65) 김수영 시의 다양성을 인정하면서도 정남영은 민중성만이 김수영 시의 진정한 가치라고 한다. "그 난해성에도 불구하고 민중성과 현실주의의 입장에 섰을 때 김수영의 시들에 대한 설명과 그 시들이 가진 진정한 가치에 대한 판단을 가장 잘 말할 수 있고 또 그의 한계를 가장 잘 볼 수 있다는 것이 필자의 생각이다."(『김수영 다시 읽기』, 프레스 21, 2000, 246면) 그는 김수영의 "능수능란한 기교나 번득거리는 스타일, 요컨대 그의 형식을 모방하고 그것을 '작품다운 작품'이라는 말로 포장하는 창작가는 진정한 그의 계승자가 되지 못할 것"이라고 말한다. 김수영의 시가 보여주는 현실 참여 의식, 거부와 저항 의식이 중요하다는 점에는 이의가 있을 수 없다. 그러나 정남영의 이 말을 비추어 볼 때, 김수영의 '기교와 스타일 즉, 형식'은 김수영 시의 '진정한' 민중성과 현실주의를 방해하는 요소로 파악된다. 민중성과 현실주의의 입장만이 '진정한' 시의 가치인지도 불확실하지만, 김수영 시의 다양성을 민중성과 현실주의의 틀로 재단하는 이러한 시도는 쉬운 시, 민중적인 시만이 리얼리즘 시라고 인식하는 도식적 견해에서 벗어날 수 없다. 이러한 시각을 따르면 김수영의 시가 품고 있는 민중적 요소까지도 어쩔 수 없이 배제할 수밖에 없다. 정남영의 논리에 따르면 반복과 열거를 능수능란하게 사용하여 혁명의 뜨거운 열기를 성공적으로 담아내고 있는 4·19를 다룬 일련의 시들은 그 형식적 특성 때문에 전혀 민중적이지도 않고 현실주의적이지도 않는 시가 된다.

防禦作戰을 써. 그래서 안방으로 다시 오고, 내가
있던 기침소리가 가정교사에게 들리는 방은 도로
식모아이한테 주었지. 그때까지도 의심하지 않았어.
책을 빌려드리겠다고. 나의 모든 프라이드를
재산을 연장을 내드리겠다고.

그렇게 매일 믿어왔는데, 갑자기 변했어.
왜 변했을까.·이게 문제야. 이게 내 고민야.
지금도 빌려줄 수는 있어. 그렇지만 안 빌려줄 수도
있어. 그러나 너무 재촉하지는 마라. 이 문제가 해결
되기까지 기다려봐. 지금은 안 빌려주기로 하고
있는 시간야. 그래야 시간을 알겠어. 나는 지금 시간
과 싸우고 있는 거야. 시간이 있었어. 안 빌려주
게 됐다. 시간야. 시간을 느꼈기 때문야. 시간이
좋았기 때문야.

시간은 내 목숨야. 어제하고는 틀려졌어. 틀려
졌다는 것을 알았어. 틀려져야겠다는 것을 알
았어. 그것을 당신한테 알릴 필요가 있어. 그것
이 책보다 더 중요하다는 걸 모르지. 그것을
이제부터 당신에게 알리면서 살아야겠어―그게
될까? 되면? 안 되면? 당신! 당신이 빛난다.
우리들은 빛나지 않는다. 어제도 빛나지 않고,
오늘도 빛나지 않는다. 그 연관만이 빛난다.
시간만이 빛난다. 시간의 인식만이 빛난다.
빌려주지 않겠다. 빌려주겠다고 했지만

빌려주지 않겠다. 야한 선언을
하지 않고 우물쭈물 내일을 지내고
모레를 지내는 것은 내가 약한 탓이다.
야한 선언은 안 해도 된다. 거짓말을 해도
된다.

안 빌려주어도 넉넉하다. 나도 넉넉하고,
당신도 넉넉하다. 이게 세상이다.

—「엔카운터 誌」전문

 잡지「엔카운터」를 빌려주려고 했는데 마음이 바뀌어 빌려주지 않기로 했다는 '나'의 말이 단속되면서 연결되는 작품이다. 제목과 첫 행을 이어 '엔카운터지(를) 빌려드릴 수 없어'로 읽어도 무방한 작품이다. 화자의 말이 작품 전면에 드러난다. 짧은 구어체 문장을 사용하여 화자는 왜 책을 빌려줄 수 없는가에 대해 설명한다.
 '나'는 육개장을 먹으러 냉면집에 들어갔다가 그냥 나왔다. 메밀국수 전문집으로 갔는데 거기서 젊은 매춘부들이 유부우동을 먹고 있는 광경을 봤다. 그때까지 책을 빌려주려고 했는데 그 광경을 보고 나서는 마음이 바뀌었다. 책을 빌려주는 관용의 미덕을 발휘할 수 있었고, 잡지에 실린 이오네스꼬의 글도 잠시 접어둘 수 있다고 생각했는데 갑자기 책을 빌려주지 않기로 마음먹게 되었다. 책이 중요한 게 아니다. 도대체 "그게/무어란 말이야"라고 말하면서 화자는 책보다 소중한 것이 무엇인지를 알게 된다. 중요한 책이라서 빌려주기로 했는데 잘 살펴보니 책보다 더 중요한 것이 바로 "내 몸. 빛나는/몸"이었다. 책 이전에, "나는 그 이전에 있었"기 때문이다. 그래서 화자는 "빌려드릴 수 없"다고 말한다.

2연에서 '나'는 달라지기 전의 상황을 말한다. 화자는 방을 옮겼다. 1행은 세 문장으로, 2행은 한 문장으로 구성되었다. '나'는 식모의 방으로 가고 내 방에 아들이 옮겨왔다는 사실이 빠르게 제시된다. "그런데 큰놈의 방에 같이 있는 가정교사가 내/기침소리를 싫어해"서 나를 여간 신경쓰이게 하는 것이 아니다. "그래서 안방으로 다시 오고, 내가/있던 기침소리가 가정교사에게 들리는 방은 도로/식모아이한테 주었"다. 그때까지도 책을 빌려주겠다고 생각했는데 지금은 마음이 바뀐 것이다. '나'에게 책은 "모든 프라이드"처럼 소중하고, '재산과 연장' 역할을 한다. 이렇게 소중한 책을 빌려주겠다고 다짐했는데 '나'는 "갑자기 변했"다. "왜 변했을까"라고 화자는 묻는다. 화자는 고민한다. 3연에서 "이게 문제야. 이게 내 고민이야./지금도 빌려줄 수는 있어. 그렇지만 안 빌려줄 수도/있어. 그러나 너무 재촉하지 마라. 이 문제가 해결/되기까지 기다려봐"라고 말하면서 화자는 자신의 상황을 청자에게 솔직히 고백한다. 재촉하지 말라고 명령하면서 자신의 상황을 살펴본다. 일단은 "안 빌려주기로 하고/있는 시간"이다. '나'는 말한다. "그래야 시간을 알겠어. 나는 지금 시간/과 싸우고 있는 거야." 시간과 싸우고 있기 때문에 책 대출을 유보한다는 것이다. "시간이 있었어. 안 빌려주/게 됐다. 시간야. 시간을 느꼈기 때문야. 시간이/좋았기 때문"에 빌려주려던 책을 빌려주지 않아도 좋다고 '나'는 생각한다.

책을 빌려주지 않기로 했다고 말한 '나'에게 시간은 어떤 의미인가가 4연에서 밝혀진다. "시간은 내 목숨야. 어제하고는 틀려졌어. 틀려/졌다는 것을 알았어. 틀려져야겠다는 것을 알/았어. 그것을 당신한테 알릴 필요가 있어. 그것/이 책보다 더 중요하다"는 것을 깨달았기에 '나'는 책을 빌려주지 않아도 좋다. 멈추지 않는 시간의 흐름을 알게 되었기에, 시간이 얼마나 중요한가를 알았기에, 어제와 오늘이 달라야 한다는 사실을 알았기에 '나'는 "그것을/이제부터 당신한테 알리면서 살아야겠"다고 말한다. 그러니까 어제 약속을 했지만 오늘 상황이 달라져서 책을 빌려주지 않게 되었다고 말하는 '나'는 시간이 흐르면서 변화되는 상황의 가치를 알게 되었다는 것이다. '나'의 변화를 '당신'이 알게 되면 "당신이 빛난다." 시간은 '나'와 '당신'을 변화시킨다. 시간의 흐름을 알고 변화의 가치를 아는 "당신만 빛난다." "우리들은 빛나지 않는다. 어제도 빛나지 않고,/오늘도 빛나지 않는다. 그 연관만이 빛난다." 어제와 오늘이 빛나는 게 아니라 어제와 오늘의 흐름, 과거와 현재의 유동적인 흐름, 즉 변화와 움직임만이 빛난다는 것을 '나'는 깨달은 것이다. 어제와 오늘, 과거와 현재가 빛나는 것이 아니라 그 사이에서 멈추지 않고 움직이는 "시간만이 빛난다." 이동하는 시간을 알게 된 '나'의 "시간의 인식만이 빛난다." 때문에 "빌려주지 않겠다. 빌려주겠다고 했지만/빌려주지 않겠다"고 약속을 뒤집을 수 있는 것이다. 시간의 흐름, 변화의 가치를 인식했기에 "우물쭈물 내일을 지내고/모레를 지"낼지도 모르지만 '나'는 지금 "거짓말을 해도/된다." 시간의 흐름을 알았기에 '나'는 지금 빛날 수 있다. 이런 '나'를 알고 있다면, '당신'도 빛날 것이다. '나'는 마지막 5연에서 떳떳하게 말한다. "안 빌려주어도 넉넉하다. 나도 넉넉하고,/당신도 넉넉하다. 이게 세상이다."

 시간의 흐름을, 변화하는 세상을 알고 있다면 모든 것이 넉넉하게 인식될 수 있다. 시간과 마주하고 있는 '나'에게 '엔카운터'는 시간의 의미를 깨닫게 하는 만남 또는 부딪침을 의미한다. 김수영이 1연 7행에서 "엔카운터/속의"로 시행을 엇갈리게 배치한 이유 역시 이러한 인식을 표현하기 위한 의도된 장치였다고 할 수 있을 것이다. 구어체를 사용하여 청자에게 자유롭게 말하는 형식으로 씌어진 이 시에서 김수영은 시간의 흐름과 그것의 인식이 지니는 가치를 말한다.

산문적인 발화를 마침표를 사용하여 실제 대화 단위로 분절시켰다. 한 단어를 잘라서 행으로 구성하는 과감한 시행 배치는 독자의 자연스러운 호흡을 방해한다. 시간과 '엔카운터'하고 있는 김수영이 변화하는 인식과 그것을 새로운 시 형식으로 표현한 시가 「엔카운터지」이다.

김수영의 새로운 인식은 새로운 형식으로 표현되었다. 시인에 의해 의도된 부자연스러운 읽기는 새로운 인식의 충격이 가져오는 불편함의 양식이라고 할 수 있다. 시간의 움직임, 즉 전이되는 대상에 대한 시인의 인식 변화 양상을 김수영은 자유로운 일상 어법을 사용하여 새롭게 표현하였다. 김수영에게 "가장 귀에 거슬리는 소음은 〈시간의 인식만이 빛난다〉의 〈시간의 인식〉 같은 말이다."[66] 관념어를 거부하고 일상어와 일상 어법의 가치를 깨달은 김수영에게 이 시에 쓰인 언어는 소음이 아니었다. '나'가 '나' 자신과 싸우는 소리, '나'를 둘러싼 적의 소리, '나'의 일부를 이루고 있는 생명의 소리, '나'의 영혼의 소리. 관념어의 소음이 진정한 소음이라고 생각하는 김수영에게 「엔카운터지」의 소음은 소음이 될 수 없다. 이 시에 드러나는 김수영의 언어 의식을 혁신적이라고 평가할 수 있는 계기가 여기에 있다.

김수영 시의 산문적 경향은 시의 사실성을 확립시키는 장치로 기능한다. 일상의 구체적 세목을 나열하고 자유로운 구어를 활용하는 부정의 과정은 시의 '새로움'으로 귀결되어 일상 생활이 지니는 비시적 요소에 시적 의미를 부여하는 전이적 면모를 드러낸다.

---

[66] 『전집 2』, 308면.

2) 환유: 否定의 시학

　인접성에 의해 연쇄되는 환유는 김수영 시의 의미 변화를 일으키는 중요한 수사적 특성이다. 명령법에 의해 행동의 실천을 시작한 시적 움직임은 환유에 의해 한 의미에 고정되지 않는 부정성을 획득한다. 시적 사유가 전이되는 양상을 드러내는 환유는 언어와 세계의 필연적인 대응 관계를 반영한다. 환유의 전이 양상을 살펴본다.

> 조용한 時節은 돌아오지 않았다
> 그 대신 사랑이 생기었다
> 굵다란 사랑
> 누가 있어 나를 본다면은
> 이것은 確實히 우스운 이야깃거리다
> 다리 밑에 물이 흐르고
> 나의 時節은 좁다
> 사랑은 孤獨이라고 내가 나에게
> 再肯定하는 것이
> 또한 우스운 일일 것이다
>
> 조용한 시절 대신
> 나의 白骨이 생기었다
> 生活의 白骨
> 누가 있어 나를 본다면은
> 이것은 確實히 무서운 이야깃거리다
> 다리 밑에 물이 마르고
> 나의 몸도 없어지고

나의 그림자도 달아난다

나는 나에게 對答할 것이 없어져도

쓸쓸하지 않았다

生活無限

苦難突起

白骨衣服

三伏炎天去來

나의 時節은 太陽 속에

나의 사랑도 太陽 속에

日蝕을 하고

첩첩이 무서운 晝夜

愛情은 나뭇잎처럼

기어코 떨어졌으면서

나의 손 위에서 呻吟한다

가야만 하는 사람의 離別을

기다리는 것처럼

生活은 熱度를 測量할 수 없고

나의 노래는 물방울처럼

땅속으로 向하여 들어갈 것

愛情遲鈍

―「愛情遲鈍」전문

이 시에서 눈에 띄는 기법은 반복이다. 화자가 생각하는 '애정'의 변화 양상이 구문 구조의 반복에 의해 드러난다. 변화된 부분과 변화되지 않은 부분을 정리하면 다음과 같다.

	1연	2연
1행	조용한 시절은 돌아오지 않았다	조용한 시절 대신
2행	사랑이 생기었다	백골이 생기었다
3행	굵다란 사랑	생활의 백골
4행	누가 있어 나를 본다면은	누가 있어 나를 본다면은
5행	이것은 확실히 우스운 이야깃거리다	이것은 확실히 무서운 이야깃거리다
6행	다리 밑에 물이 흐르고	다리 밑에 물이 마르고

음영이 표시된 부분에서 개별 행의 변화가 드러난다. "조용한 시절은 돌아오지 않았다"는 1연의 1행은 2연에서 "조용한 시절 대신"으로 바뀐다. 두 행 모두 조용한 시절은 아니라는 뜻이다. 1연에서는 '사랑'이, 2연에서는 '백골'이 생긴다. 1연의 사랑은 3행에서 '굵다란 사랑'으로 변하고, 2연의 백골은 '생활의 백골'로 전이된다. 각 연의 4, 5행에는 같은 구문이 반복된다. 1연 6행의 다리 밑에 물이 '흐르고'는 2연의 6행에서 다리 밑에 물이 '마르고'로 변모한다. 1연을 a로, 2연을 b로 바꾸어 표현하면 a→b의 변화가 일목요연하게 드러난다. 사랑→백골, 굵다란 사랑→생활의 백골, 흐르고→마르고. 사랑이 백골이 된다. 그 사랑은 굵다란 사랑이 되고, 백골은 생활의 백골이 된다. 바뀐 사랑과 백골을 바라보는 '나'의 상황에 따라 다리 밑에 물이 흘렀다가 마른다. 반복되는 문장 구조이지만 반복 요소와 더불어 변화하는 요소가 있다. 1연(A)과 2연(B)의 반복 구조에 담긴 각각의 a와 b는 구문 대 구문 상의 연쇄이고, 이들은 반복을 매개로 하여 인접된다고 할 수 있다. A B와 a b의 연쇄는 인접성에 의해 발생하는 환유의 예가 된다. 사랑이 백골로 전이되고, '굵다란 사랑'과 '생활의 백골'이 의미상 인접된다.

화자에게는 조용한 시절이 있었다. 가버린 조용한 시절은 "돌아오지 않았다." "그대신 사랑이 생기었다." 잃어버린 조용한 시절은 복구되지 않았지만 사랑이 조용한 시절을 대체했다. 그것도 굵은 사랑이다. 화자는 조용한 시절 대신 사랑을 얻었다. 이런 자신을 누가 본다면 확실히 우스워할 것이라고 '나'는 예상한다. 화자가 생각하기에 조용한 시절과 사랑은 대체될 수 없다. 다리 밑에 물이 흐른다. 조용한 시절을 잃어버리고 사는 "나의 시절은 좁"게 느껴진다. 사랑이 고독과 유사하다고 "재긍정하는 것이" '나'는 우습다. 화자에게는 이러한 일련의 과정이 예전에도 있었다. '나'는 조용한 시절과 사랑의 대체를 경험한 적이 있었다. 지금 다시 사랑을 인정하는 일, '재긍정'하는 일이 낯설지 않은 까닭이 여기 있다.

두 번째 연에서 화자는 다시 말한다. 이번에는 "조용한 시절 대신/나의 백골이 생기었다." 사랑이 백골로 바뀌었다. '나'는 사랑과 백골을 등치시킨다. 사랑이 사라져 백골이 되면, 사랑이 백골로 바뀌면 어떻게 되는가. '나'에게 생긴 백골은 "생활의 백골"이다. 사랑 대신 백골을 움켜쥐고 있는 '나'를 누가 "본다면은/이것은 확실히 무서운 이야기"가 될 것이다. 사랑은 '우습고', 백골은 '무섭다.' 사랑이 생기면 다리 밑에 물이 흐르고, 백골이 생기면 다리 밑의 물은 마른다. 조용한 시절과 대치된 사랑과 백골의 차이가 뚜렷하게 부각된다. 백골이 생기자 "나의 몸도 없어지고/나의 그림자도 달아난다."

1연과 2연에서 문장 구조가 반복되는 과정 'a→b'는 인접성에 의해 의미의 전이를 일으키는 환유 연쇄로 작동된다. 사랑이 백골로 전이되는 과정이 1연과 2연의 의미를 결정한다. 사랑과 백골 모두 삶의 요소임을 '나'는 깨닫는다. 사랑이 고독이라고 인정하고, 사랑이 백골이 되어 자기 자신을 잃어버려도 쓸쓸하지 않다고 '나'는 말한다. '굵다란 사랑'이 '생활의 백골'이 된다. 화자는 이러한 변화 과정을 이미 여러번 겪었다고 말한다. "나는 나에게 대답할 것이 없어져도/쓸쓸하지 않았다." '나'는 사랑과 백골의 전이 과정을 이미 경험했다는 사실을 과거형을 사용하여 제시한다.

　3연에서 화자는 자신의 생활이 과거와 다르게 전개되고 있는 양상을 빠르고 짧게 서술한다. 생활은 무한하고, 고난은 돌기하고, 백골 의복을 걸치고 있고, 삼복의 염천이 왔다. '나'의 시절은 태양 속에 있다. '나'의 사랑은 태양을 가리고 있다. 달이 태양을 가려 일식이 생기 듯 '나'의 시절과 사랑이 태양을 가려버렸다. 일식 때문에 사방이 어둡다. 첩첩이 무서운 '晝夜'이다. 어두운 낮에 애정은 떨어져 "나의 손 위에서 신음하"고 있다. "가야만 하는 사람의 이별을/기다리는 것" 같은 '나'의 생활은 "열도를 측량할 수 없"다. 애정 없이 살기에 "나의 노래는 물방울처럼/땅속으로 향하여 들어갈 것"이라고 '나'는 생각한다. 애정이 나뭇잎처럼 땅에 떨어지고, '나'의 노래도 땅속에 스민다.

　사랑에서 백골로의 이동은 인접성에 의해 작동되는데, 이 과정에서 사랑과 백골의 차이가 대조되고 두 대상은 환유에 의해 일치된다. 사랑이 백골이고 백골이 사랑이다. 사랑과 백골은 순환하고, 대체된다. 사랑은 죽음이 되었다가 다시 돌아온다. 사랑에서 죽음으로, 죽음에서 사랑으로 이동되는 삶은 자연의 순환처럼 멈추지 않는다. "가야만 하는 사람의 이별을/기다리는 것처럼" 사랑은 죽음으로 대체되지만, 그 죽음은 다시 사랑으로 대체된다. '나'가 사랑을 잃고 백골이 되어도 쓸쓸하지 않은 이유이다. 초행적 반복 구조가 만드는 환유 연쇄에 의해 사랑과 백골이 연접하게 되고, 이 대립은 삶의 양가적 속성을 획득한다. 사랑과 죽음은 삶의 환유가 되고, 이 환유는 사랑에서 백골로, 백골에서 사랑으로 의미를 전이시킨다. 고정되지 않고 의미는 역동적으로 변화한다.

　　시냇물소리 푸르고 희고 잔잔한 물소리

숲과 숲 사이의 하늘을 향해서
우는 매미
흙빛 매미여
달팽이는 닭이 먹고
구데기 바람에 우는 소리 나면

물소리는 먼 하늘을 찢고 달아난다
바람이 바람을 쫓고 生命을 쫓는다
강아지풀 사이에 가지〔茄子〕는 익고
人家 사이에서 奇蹟처럼 자라나는 무성한 버드나무
연녹색,
하늘의 빛보다도 분간 못할 놈……

버드나무 발아래의 나팔꽃도 그렇다
앙상한 연분홍,
오므라질 때는 무궁화는 그보다 조금쯤 더 길고
진한 빛,
죽음의 빛인지도 모르는 놈……

       *

拒逆하라 拒逆하라……
가을이 오기 전에는
내 팔은 좀체로 제대로 길이를 갖지 못하고

그래도 햇빛을 가리킨다

풀잎 끝에서 일어나듯이
太陽은 자기가 내린 것을 거둬들이는데
시들은 자국을 남기지만 도처에서
도처에서
卽決하는 靈魂이여
完全한 놈……
구름 끝에 혀(舌)를 대는 잎사귀처럼
몸을 떨며
귀기울이려 할 때
그 無數한 말 중의 제일 첫마디는
「나는 졌노라……」

       *

自然은 「旅行」을 하지 않는다

       *

그러나 오늘은 末伏도 다 아니 갔으며
밤에는 물고기가 물 밖으로
달빛을 때리러 나온다

永遠한 한숨이여

―「末伏」전문

 화자는 말복의 자연 풍경을 바라본다. 화자의 시선은 점진적으로 움직인다. ① 시냇물 소리가 들려온다. ② 시냇물 소리에 실려 매미의 울음이 들려온다. "숲과 숲 사이에서 하늘을 향해서/우는 매미"가 있다. 화자는 "흙빛 매미"를 부른다. ③ 달팽이를 잡아먹는 닭이 있다. ④ 구데기는 바람에 우는 소리를 실어 보낸다. 말복의 자연을 서술하는 발화는 2연으로 이어진다. ⑤ 잔잔한 물소리는 "먼 하늘을 찢고 달아난다." ⑥ 불어오는 바람이 지나간 바람을 쫓는다. 바람이 다른 생명을 쫓아간다. 바람은 말복의 생명체들을 지나 불어온다. 모든 생명들이 소리와 바람에 갇혀 있다. ⑦ 강아지풀 사이에서 가지가 익어간다. ⑧ 인가 사이에서는 버드나무가 자란다. ⑨ 버드나무의 색깔은 연녹색인데, 그 색은 하늘빛과 구분이 안된다. 화자의 시선은 계속 이동된다. ⑩ 버드나무 아래 나팔꽃이 보인다. 연분홍빛이다. 오므라들 때 나팔꽃의 길이는 무궁화보다 조금 더 짧고, 빛깔은 무궁화보다 더 짙다. 나팔꽃의 빛깔은 죽음의 빛과 유사하다.

　화자가 표현하는 열 개의 단위들은 공간의 인접성에 의해 긴밀하게 연결된다. 화자는 맨 처음 시냇물을 본다. 시냇물 소리가 들려온다. 이어 매미의 울음소리가 섞여 들린다. 시냇물 소리는 매미소리로 연쇄되고, 매미의 울음소리는 다른 곤충으로 이어진다. 곤충의 이름이 연쇄되어 달팽이와 구더기가 연결된다. 구더기의 울음은 물소리와 연결되고, 구더기의 울음을 실어온 바람이 반복된다. 바람에 흔들리는 강아지풀은 가지와 인접하고, 강아지풀 사이의 가지는 가지를 키우는 인가 사이로 이어진다. 인가 사이의 버드나무의 빛깔은 버드나무를 감고 자라는 나팔꽃으로 연쇄된다. 나팔꽃의 색깔이 버드나무의 색깔과 연접한다. 화자의 시선이 공간을 따라 이동하면서 공간의 인접성에 의해 환유가 전개된다. 말복의 풍경이 ①→⑩의 이동에 의해 전체를 구성한다. 화자가 있고, 말복의 자연을 바라보는 화자의 시선이 움직인다.

　화자는 두 번째 부분에서 "거역하라 거역하라"고 명령한다. 나팔꽃은 오므라들면 떨어진다. 그것이 꽃의 죽음이라는 것을 화자는 알고 있는데 나팔꽃은 모르고 있다. 죽음을 거역하라고 나팔꽃에게 말하면서 화자는 자기 자신에게도 명령한다. 죽음을 거역하지 못하면 "가을이 오기 전에" 자신의 팔이 "제대로 길이를 갖지 못"할 것이라고 화자는 추측한다. 그래도 그 짧은 팔로 화자는 햇빛을 가리킨다. 풀잎 끝에서 해가 떠오르는 것처럼 지금 해는 다시 풀잎 끝에 걸려 있다. "태양은 자기가 내린 것을 거둬들이"려는 듯하다. 하루가 끝나면서 태양은 뿌려놓은 모든 햇빛을 송두리째 빨아들이려는 것 같다. 살아 있는 모든 영혼들이 도처에 시들은 자국을 남기면서 즉각적인 결정을 내린다. 생명체들은 삼복 더위에 내리쬐는 강렬한 태양 밑에서도 살아 있다는 증거를 남긴다. 태양이 질 때 그것들은 시들은 자국을 남기지만 즉각적인 반응을 보여 살아 있는 영혼임을 증명하고 있다. 화자는 "완전한 놈"이라고 비아냥댄다. 풀잎은 "구름 끝에 혀를 대는" 것처럼 흔들린다. 화자는 풀잎처럼 "몸을 떨며/귀 기울이려" 한다. 살아 있는 생명들이, 화자가 바라본 모든 생명체들이 화자에게 무엇인가 말하고 있다. 그 말의 첫 마디가 "나는 졌노라"이다.

세 번째 부분은 짧은 명제로 제시되어 있다. "자연은 「여행」을 하지 않는다." 화자는 말복의 자연 풍경을 둘러보았다. 이것 저것 둘러보았지만 확인되는 것은 살아 있는 생명체들의 움직임뿐이었다. 죽음을 거역해야 하고, 살아 있는 순간의 황홀을 버리지 못하는 나약한 영혼을 거역해야 하는데 화자는 그렇게 하지 못한다. 화자는 패배했다. 이 사실을 확연하게 깨닫는다. 자연은 헛되이 여행하지 않는다. 움직임으로 가득차 있기에 움직이지 않는다. 움직임을 체험하기 위해 여행할 필요가 없다.

네 번째 부분에서 화자는 다시 말복의 저녁 풍경을 바라본다. 아직 "말복도 다 아니 갔"다. "밤에는 물고기가 물 밖으로/달빛을 때리러 나온다." 자연의 생명력을 다시 감지하게 된다. 자연은 '나'와 상관없이 지금도 움직인다. 멈추지 않는다. 자연에게 여행은 필요없다. 스스로 움직이고 변화할 수 있는 자연을 화자는 다시 한번 확인한다. "영원한 한숨"이 새어나온다. 버드나무는 하늘의 빛과 구분되지 않는다. 나팔꽃은 낙화를 죽음이라고 여기지 않는다. 자연은 삶과 죽음을 분간하지 않는다. 죽음을 거역하라고 스스로에게 명령해보았지만 자연에는 죽음과 생의 반복이 있을 뿐이다. 시들은 자국을 남기지만 현장에서 끝을 내보이는 "즉결하는 영혼"이 도처에 존재한다. '나'는 한여름 생명의 순환에 깊은 열패감을 맛본다. 영원한 한숨뿐이다.

이 시에서 김수영의 시선은 환유적으로 이동한다. 공간의 인접성에 의해 연속적으로 서술되는 자연 대상은 여름날의 풍경이라는 전체의 부분을 구성한다. 매미, 달팽이, 구데기, 강아지풀, 가지, 버드나무, 나팔꽃은 김수영이 목격한 여름 풍경의 일부를 구성한다. 말복 풍경을 예시하는 어떤 명사가 와도 이 시의 의미 맥락은 크게 달라지지 않는다. 강아지풀이 다른 풀로 대체되어도 "구름 끝에 혀를 대는 잎사귀처럼/몸을 떨며/귀 기울이려 할 때"의 의미는 달라지지 않는다.

김수영은 자연 풍경의 변화에서 생명의 운동 양상이 지니는 의미를 깨닫는다. 삶과 죽음이 연속되면서 생명은 순환한다. 환유의 연속적인 이동 양상은 자연의 변화 양상과 비슷하다. 환유에 의해 이동하는 역동적인 김수영의 시선은 자연의 운동 양상과 유사하다.

> 溫突 위에 서 있는 빌딩
> 하늘 위에 서 있는 꽃 위에로
> 하늘에서 내려오는 年齡의 餘裕
> 詩도 그런 餘裕에는 대항할 수 없고
> 智慧는 일어서 있는 너의 얼굴

宗敎의 연필 자국이 두드러진
靑春의 붉은 戱弄?

「고맙습니다, 고맙습니다」
歷史의 宿題, 발을 벗는 일,
連結의 〈使徒〉―일어선 것과 앉은 것의
不可思議에 신음하는 나

「고맙습니다, 고맙습니다」
西洋과 東洋의 差異
나는 餘裕있는 詩人―쉬페르비엘이
물에 빠진 뒤에 나는 젤라틴을 통해서
詩의 眞摯性을 본다

內容은 술집, 內容은 나, 內容은 都市,
內容은 그림자,
그림자의 秘密
宗敎의 獲得은 宗敎를 잃었을 때부터 시작되었고
나는 그때부터 차차 늙어가는 탈을 썼다

「고맙습니다, 고맙습니다」
일어서 있는 너의 얼굴은
오늘밤의
앉아 있는 내 房의 촛불 같은 財産, 寶石이여.

―「伴奏曲」3~8연

시의 화자 '나'는 지금 '너'의 얼굴을 쳐다보고 있다. "일어서 있는 너의 얼굴"을 보고 있자니 턱을 떠는 '너'의 모습이 보인다. '너'는 지금 일어서 있고, 턱을 덜덜 떨고 있다. "이것이 생활이다." 경련하는 것이 '너'의 생활이라고 '나'는 말한다.

경련하는 '너'의 생활이 있다. '나'는 "여자들의 더러운 발"을 생활의 숙제라고 생각한다. '너'와 '나'의 생활에는 이렇듯 차이가 많다. 화자와 '너'는 3연에서 더욱 날카롭게 대비된다. 동일한 문장 구조가 반복되는 1행과 2행은 화자와 '너'의 차이를 지시한다. "온돌 위에 서 있는 빌딩"과 "하늘 위에 서 있는 꽃" 위로 "연령의 여유"가 드리운다. 빌딩을 '나'로, '꽃'을 '너'로 볼 수 있다. '나'가 꽃일 수도 있고, '너'가 빌딩일 수도 있다. 동일 구문의 반복 구조에 의해 빌딩과 꽃은 환유 연쇄로 작동된다. '나'와 '너'의 비교 대상이 되는 빌딩과 꽃은 서 있는 두 대상이면서, 인위적 대상과 자연적 대상이라는 비교 항목으로 묶이는 대상이기도 하다. '나'에게도, '너'에게도 "하늘에서 내려오는 연령의 여유"가 있다. 따라서 '나'와 '너'는 비슷한 속성을 부여받는다. 둘 다 나이를 먹고 있다. '시' 역시 '우리'들처럼 나이에는 대항할 수 없다. 일어서 있는 '너'의 얼굴에서 '나'는 지혜를 본다. '너'는 지혜로운데 '나'는 그렇지 않다. '나'에게는 "종교의 연필자국이 두드러진/청춘의 붉은 희롱"만 남겨져 있다.

화자는 5연에서 갑자기 "고맙습니다"를 인용한다. 누구의 말인지 확실하지 않은 이 말의 대상은 5연의 내용이다. 화자가 기꺼이 고마워해야 하는 대상은 "역사의 숙제, 발을 벗는 일, 연결의 「사도」"이다. '나'는 '생활의 숙제'만을 해결하려고 했는데, 역사의 숙제가 부여된다. 더러운 발을 보기 위해 먼저 발을 벗어야 한다. 역사의 숙제를 해결하기 위해 발 벗고 나서야 한다. 시와 삶을 연결해야 하는 사명이 주어진다. '나'는 이 지점에서 "일어선 것과 앉은 것의/불가사의"를 풀지 못한다. "일어서 있는 너의 얼굴"을 쳐다보고 있는 '나'는 지금 '앉아 있다.' 일어선 것과 앉은 것이 어떤 차이를 불러오는지 '나'는 아직 알지 못하고 있다. 6연에서 '나'는 다시 고마워한다. "서양과 동양의 차이"를 고마워한다. 이 차이에 대면한 '나'는 자신이 "여유있는 시인"임을 밝힌다. 슈뻬르비엘의 시에서 젤라틴처럼 끈끈한 "시의 진지성"을 얻는다. 화자가 얻게 된 시의 진지성은 다음 연에서 구체적으로 나열된다.

'나'의 생활의 숙제를 역사의 숙제와 연결시키는 방법이 제시된다. 시의 내용은 술집, '나', 도시, 그림자이어야 한다. 시의 진지성이라는 전체를 구성하는 네 가지 부분은 다른 것으로 대체되어도 무방하다. 열거된 명사 넷은 구체적인 생활의 양상을 지시하는 다른 명사들과 대체될 수 있다. 환유 연쇄에 의해 예시된 시의 진지성이다. '나'는 이러한 대상의 비밀을 시로 써야 한다. 연령의 여유를 알지 못하던 청춘 시절에는 종교의 '붉은 희롱'이 두드러졌다고 말한 '나'는 여기서 종교의 가치를 깨닫는다. "종교의 획득은 종교를 잃었을 때부터 시작되었"는데 "나는 그때부터 차차 늙어가는 탈을 썼다." 잃어버리려고 했을 때 오히려 종교라는 형이상학을 얻게 되었다고 화자는 토로한다. 화자에게 종교는 청춘의 붉은 희롱이라고 여겨진다. 그것은 연령의 여유가 되지 않는다. "늙어가는 탈을" 쓰는 행위에 불과한 것이다.

화자는 다시 "고맙습니다"라고 말한다. 시의 진지성을 파악했기에 고마운 것이다. 이제 화자는 진정으로 '너'에게 고맙다고 말한다 "일어서 있는 너의 얼굴은/오늘밤의/앉아 있는 내 방의 촛불 같은 재산, 보석"이다. '나'는 여전히 앉아 있고, '너'는 일어서 있다. 어두운 방을 밝혀주는 촛불처럼 '너'는 '나'의 재산이고, 그렇기에 보석처럼 소중하다. 반복되는 구절과 변화되는 구절 사이에 의미의 전이가 일어나는 이 시의 '너'는 '나'와 대립되는 대상이다. 앉아 있는 화자와 서 있는 대상이 서로의 차이를 도드라지게 한다. 서 있는 '너'와 대결하던 화자 '나'는 시의 끝 연에서 '너'의 가치를 확인한다.

환유적 구성 양식을 통해 시의 진지성을 구체적으로 예증하면서 김수영은 자신의 시를 생각한다. 자신의 시가 지녀야 할 진지성을 고민하면서 시의 지혜란 연령의 여유에 대항하는 것이 아님을 깨닫는다. 연령의 여유는 종교가 빚어낸 '청춘의 붉은 희롱'을 받아들이고 생활과 역사의 숙제, 서양과 동양의 차이를 인정하는 것에서 얻어진다는 점을 김수영은 알게 되었다. '연결의 사도'가 되겠다는 김수영의 작시법은 일어선 것과 앉은 것의 대립을 시가 지녀야 할 두 가지 이원항으로 설정하는 것에서 드러난다. 서양과 동양의 차이를 인정하고 그 간극을 연결시키겠다는 것에서도 드러난다. 이러한 가치를 받아들인 상황에서 김수영은 일어서 있는 '너'의 진정한 얼굴을 목격하고, 이에 고마워한다. 앉아 있는 '나'와 일어서 있는 '너'의 차이마저 무화된다. 김수영이 올바른 가치를 지니고 있다고 여기는 시의 지칭이 '너'이다. 재산이며 보석인 '너'가 앉아 있는 '나'의 어둠을 밝히고 있다. 대립하는 두 요소 사이에서 시의 진지성을 발견한 김수영의 사유는 반성과 부정으로 이어진다. 대립을 뛰어넘어 다른 대상으로 이동하는 환유의 전개 양상에 따라 김수영의 사유와 시는 움직인다. 전이 대상인 '빌딩→꽃' 사이의 간극이 크게 느껴지지 않는 이유 역시 환유의 역동성에서 비롯된다.

  겨자씨같이 조그맣게 살면 돼
  복숭아 가지나 아가위 가지에 앉은
  배부른 흰 새모양으로
  잠깐 앉았다가 떨어지면 돼
  연기 나는 속으로 떨어지면 돼

구겨진 휴지처럼 노래하면 돼

가정을 알려면 돈을 떼여보면 돼
숲을 알려면 땅벌에 물려보면 돼
잔소리 날 때는 슬쩍 피하면 돼
―債鬼가 올 때도―
버스를 피해서 길을 건너서는 어린 놈처럼
선뜻 큰길을 건너서면 돼
長詩만 長詩만 안 쓰려면 돼

               *

오징어발에 말라붙은 새처럼 꼬리만 치지 않으면 돼
입만 반드르르하게 닦아놓으면 돼
아버지 할머니 고조할아버지 때부터
어물전 좌판 밑바닥에서 걸어 있던 것이면 돼
有線 合乘自動車에도 양계장에도 납공장에도
米穀倉庫 지붕에도 달려 있는
썩은 공기 나가는 지붕 위의 지붕만 있으면 돼
〈돼〉가 肯定에서 疑問으로 돌아갔다
疑問에서 肯定으로 또 돌아오면 돼
이것이 몇 바퀴만 넌지시 돌면 돼
해바라기 머리같이 돌면 돼

깨꽃이나 샐비어나 마찬가지 아니냐
내일의 債鬼를
죽은 뒤의 債鬼를 걱정하는

長詩만 長詩만 안 쓰려면 돼
샐비어 씨는 빨갛지 않으니까
長詩만 長詩만 안 쓰려면 돼
永遠만 永遠만 고민하지 않으면 돼
오징어에 말라붙은 새처럼 五月이 와도
九月이 와도 꼬리만 치지 않으면 돼

트럭 소리가 나면 돼·
아카시아 잎을 이기는 소리가 방바닥 밑까지 울리면 돼
라디오 소리도 거리의 風習대로 기를 쓰고 크게만 틀어놓으면 돼

겨자씨같이 조그맣게 살면서
長詩만 長詩만 안 쓰면 돼
오징어발에 말라붙은 새처럼 꼬리만 치지 않으면 돼
트럭 소리가 나면 돼
아카시아 잎을 이기는 소리가 방바닥 밑까지 콩콩 울리면 돼
흙 묻은 비옷이 二十四時間 걸려 있으면 돼
情熱도 豫測 고함도 豫測 長詩도 豫測
輕率도 豫測 봄도 豫測 여름도 豫測
氾濫도 豫測 氾濫은 華麗 恐怖는 華麗
恐怖와 老人은 同一 恐怖와 老人과 幼兒는 同一······
豫測만으로 그치면 돼
모자라는 永遠이 있으면 돼
債鬼가 집으로 돌아가면 돼
聖堂으로 가듯이
債鬼가 어젯밤에 나 없는 사이에 돌아갔으면 돼

長詩만 長詩만 안 쓰면 돼

― 「長詩 1」 전문

'~면 돼'가 작품 전체에 반복되는 시이다. "겨자씨같이 조그맣게 살면"서 "장시만 장시만 안 쓰려면" 된다고 화자는 말한다. '*'에 의해 구분되는 이 시는 앞 부분과 뒷부분의 의미에는 큰 차이가 없지만, 앞 부분은 화자의 다짐이라고 판단되는 '~면 돼'의 연속으로 채워진 1연, 조건절 '~면 돼'가 추가된 2연으로 구성되어 전체 시의 전제 역할을 맡고 있다. 뒷부분은 전제를 이어받는 구체적 언급이라고 할 수 있다.

1연에서 화자는 겨자씨같이 조그맣게 살겠다고 말한다. 복숭아 가지, 산사나무 가지에 잠깐 앉은 흰 새처럼 떨어지면 된다는 화자는 연기나는 곳에 떨어져 구겨진 휴지처럼 노래하겠다고 한다. 현재의 상황을 언급한 화자는 2연에서 돈을 떼이면 가정을 알 수 있고, 땅벌에 물리면 숲을 알게 된다고 한다. 빚쟁이에게 몰릴 때는 피해야 한다는 것을 화자는 강조한다. 빚쟁이에게 쫓기는 상황이 벌어지면 무엇을 어떻게 해야 하는가에 대해 화자는 말하려고 한다. 귀신같이 끈덕진 빚쟁이를 일컫는 '채귀'가 시 전체에 등장한다. 이 시가 배경으로 삼고 있는 일상 생활의 고난을 화자는 '~면 돼'를 반복하여 토로한다.

두 번째 부분, 3연부터 열거되는 '~면 돼'의 상황을 인과적으로 연결시키기는 불가능하다. 우연성이 도드라지는 각 상황들이 일상의 한 단면이라고 판단할 수는 있다. 화자는 여기서 부분과 부분의 유기적 속성을 무시하고 "「돼」가 긍정에서 의문으로 돌아갔다/의문에서 긍정으로 또 돌아오면" 된다고 말한다. 각각의 상황이 긍정과 의문을 동시에 아우르는 것, 즉 각각의 문장이 의문문이자 긍정문이라는 점을 화자는 강조한다. 이러한 화자의 태도는 '되다'와 '안되다'를 가로질러 이들 문장의 의미를 확정시키지 않는다. 긍정해야 할 대상이면서 부정해야 하는 대상이 삶이다. "깨꽃이나 샐비어나 마찬가지가 아니냐"고 말하는 화자의 태도는 그래서 정당하다.

화자는 장시를 쓰지 않아야 하는 이유를 이렇게 말한다. "샐비어 씨는 빨갛지 않으니까." 빨간 샐비어 씨와 장시 사이에는 연관이 없다. 화자에게는 "영원만 영원만 고민하지 않으면" 되는 상황이 중요하다. 화자가 긍정하는 대상이 나열된다. 긍정하지만 의문스러운 대상이기도 한 대상이 열거된다. 화자는 긍정의 대상이 의문 대상이 되고, 의문스러웠던 것들이 긍정되는 상황을 수긍한다. 빠르게 열거되는 일상의 세목들이 긍정과 의문을 넘나들면서 그 경계를 무화시킨다.

6연에서 화자는 열거된 상황을 정리·반복한다. 앞에서 제시된 장시, 오징어발, 트럭소리, 아카시아 등이 차례대로 반복된다. 화자는 이러한 상황의 전제를 "겨자씨 같이 조그맣게 살면서"라고 말한다. 겨자씨처럼 드러나지 않는 존재로 살아야 한다는 점이 강조된다. 자잘한 삶의 제 양상이 축조해내는 쇄말적 경향을 인정하는 화자는 가능한 모든 것들을 예측한다. 연속되는 동일 문장 구조에 의해 명사들의 의미가 빠르게 이동된다. 7행부터 연속되는 예측의 대상들은 '정열, 고함, 장시, 경솔, 봄, 여름, 범람'이다. 변이체들의 유기적 속성은 없다. 우연에 의해 연속되는 자유 연상적인 환유 연쇄라고 할 수 있다. 기표의 연쇄에 의해 작동되는 환유는 9행의 예측 대상 '범람'에서 다음 단어를 촉발시킨다. "범람은 화려 공포는 화려"에서 범람과 공포는 같은 의미 맥락을 지닌다. 연속되는 반복 구문에 의해 범람과 공포는 '화려하다'는 의미로 귀속된다. 일상의 범람이 화려할 정도로 공포를 유발한다는 화자의 의식이 무의식적인 기표 연쇄에 의해 드러난다. 앞 행의 공포에 연쇄되는 10행의 공포는 노인과 유아와 동일시된다. 공포가 노인이 되고, 노인이 유아가 된다. 죽음이 가까운 노인과 막 태어난 어린아이가 같은 존재가 된다. 이 모든 상황을 화자는 다시 한

번 예측의 대상으로 폄하한다. "예측만으로 그치면 돼"라고 말하는 화자는 우연에 의해 연쇄되는 대상들의 예측 불가능성을 인정한다. 삶은 예측 불가능하다. 그것은 "모자라는 영원" 같다. 영원히 계속되는 일상을 예측한다고 한들 그 예측이 실현될 가능성은 없다. 일상이라는 '채귀'가 없으면 된다. 긍정에서 의문으로, 의문에서 긍정으로 전이되는 '~돼'를 염두에 두면, "장시만 장시만 안 쓰면 돼"라는 구절에서 장시를 쓰면 안 되지만 장시를 쓰지 않는 것이 과연 잘 하는 것이냐고 묻는 화자의 태도가 확인된다. 써도 되고 안 써도 되는 상황, 부정해도 되고 부정하지 않아도 되는 상황, 나아가 부정과 긍정을 구분하지 못하는 상황에 화자는 빠르게 반응한다.

시인이 3연에서 밝혔듯이 긍정에서 의문을 오가는 '~면 돼'에 의해 이 시에 표현된 대상들은 어느 한 쪽에 고정되지 않는다. 긍정의 대상이면서 의문의 대상이 되는 일상 삶의 세목들이 채귀처럼 김수영을 쫓는다. 무엇이 시로 씌어질 수 있는지 김수영은 예상하려고 한다. 삶은 환유처럼 연속되지만 시인은 시를 써서 자신의 삶을 예측해보려고 한다. 예측의 범람은 화려하지만 그것은 곧 공포로 바뀐다. 김수영은 "예측만으로" 그쳐야 한다고 말한다. 영원은 없다고 말한다. 순간성과 우연성과 부동성에 눈을 뜬 김수영은 고정되지 않는 삶의 속성을 받아들인다. 고정되지 않은 정신으로 삶을 살아나가겠다면서 김수영은 긍정이자 의문인 '~ 돼'를 반복한다. 환유의 끝없는 이동 형식처럼 김수영의 시와 정신은 멈추지 않는다. 연속되는 '~ 돼'의 속도가 빨라질수록 삶은 긍정에서 의문으로, 다시 의문에서 긍정으로 전이된다. 환유적 전개에 의해 부분에서 부분으로 연속되는 전이가 이루어진다. 김수영의 부정적 사유가 연속된다.

누구한테 머리를 숙일까

사람이 아닌 평범한 것에
많이는 아니고 조금
벼를 터는 마당에서 바람도 안 부는데
옥수수잎이 흔들리듯 그렇게 조금

바람의 고개는 자기가 일어서는 줄
모르고 자기가 가 닿은 언덕을
모르고 거룩한 산에 가 닿기
전에는 즐거움을 모르고 조금
안 즐거움이 꽃으로 되어도
그저 조금 꺼졌다 깨어나고

언뜻 보기엔 임종의 생명 같고
바위를 뭉개고 떨어져내릴
한 잎의 꽃잎 같고
革命 같고
먼저 떨어져내린 큰 바위 같고
나중에 떨어진 작은 꽃잎 같고

나중에 떨어져내린 작은 꽃잎 같고

— 「꽃잎 1」 전문

    화자 '나'와 바람과 중심 제재 꽃잎의 관계는 이 시 해석의 핵심 열쇠가 된다. 1연은 화자의 의문으로 시작된다. '나'는 "누구한테 머리를 숙일까"라고 질문한다. "사람이 아닌 평범한 것에/많이는 아니고 조금" 머리를 숙이겠다는 화자는 "벼를 터는 마당에서" 바람도 불지 않는데 "옥수수 잎이 흔들리듯 그렇게 조금" 머리 숙이는 꽃을 본다. 바람이 없는데도 스스로 움직이는 꽃을 본다. 꽃은 지금 꽃잎을 떨구고 있다. 피었던 꽃이 수명을 다해 꽃잎을 떨구고 씨앗을 맺으려 한다. 화자는 꽃잎을 떨구는 꽃이 바람 없이도 조금 흔들리는 광경을 목격했다. 소리가 없다. 미세한 움직임이 포착되었다. 화자는 스스로 변화하는 존재를 바라보고 있다.

꽃이 흔들려서 오히려 바람이 생긴다. 없었던 바람이 생성되었다. 바람은 "자기가 일어서는 줄/모르고 자기가 가닿는 언덕을/모르고 거룩한 산에 가닿기/전에는 즐거움을 모"른다. 바람에 흔들리는 꽃이 아니다. 바람과 상관없이 독립적으로 움직일 수 있는 꽃이기에, 스스로 꽃잎을 떨구어 움직임을 만들어내는 꽃이기에 꽃과 바람은 별개의 사물이 된다. 바람은 꽃이 움직이고 있다는 사실을 모른다. 꽃에 의해 바람이 생성될 수도 있다는 것을 모른다. 바람은 움직여 가 닿을 종착지를 모르고, 거룩한 목표에 닿기까지는 움직임의 즐거움을 모른다. 2연의 행위 주체는 바람이다. 화자는 꽃과 대비되는 바람의 움직임을 표현하면서 능동적인 꽃과 수동적인 바람을 설정한다. 화자는 바람에 의해 꽃이 움직인다는 일반적 관계를 뒤집는다. 꽃은 꽃잎을 먼저 떨구고, 바람은 꽃보다 늦게 움직인다. 바람이 꽃을 따라간다. 이 작품에서 해석의 문제가 되는 부분에 다다랐다. 반복되는 '모르고'의 주체를 바람이라고 상정하는 경우 2연 4행의 마지막 시어 '조금'이 문제이다. '조금'은 1연 마지막 부분에도 사용되었다. 이것이 2연에서 반복된다. 이러한 반복 지표에 의해 "조금/안 즐거움"의 주체를 화자 '나'로 상정해볼 수 있다. 이 경우 시의 통일성에서 문제가 발생한다. 시인이 한 연에서 두 주체를 구분하지 않고 사용하는 경우는 흔하지 않다. 바람이 '알다'의 주체인 경우 바람이 꽃이 된다. 바람은 자신의 목적지를 몰랐다. 꽃 때문에 자신의 목적지를 알게 된 바람이 "꽃으로 되어도/그저 조금 꺼졌다 깨어"난다. 바람이 꽃이 된다는 이상한 비약이 생긴다. 이 부분에서 주체의 이동이 있다고 가정한다. '알다'의 주체를 화자로 보면, 꽃의 움직임과 바람의 움직임을 일별한 화자가 두 사물의 움직임을 통해 깨달은 어떤 것 때문에 즐거워한는 의미가 된다. 화자의 즐거움이 꽃이 된다. 꽃처럼 아름답고 즐거운 앎이다. '나'의 기쁨조차 피었다가 지는 꽃처럼 "조금 꺼졌다 깨어"난다. 스스로 움직여 꽃을 피우고, 스스로 움직여 꽃잎을 떨군다. 꽃의 이미지와 화자의 인식이 내포하고 있는 이미지가 일치된다. 꽃과 '나'는 동일화되고, 바람은 '꽃―나'의 대립물이 된다. 꽃은 피었다가 지고 다시 핀다. 화자 '나'는 꽃처럼 꺼졌다가 다시 깨어난다.

  3연에서 화자는 꽃이 떨군 '꽃잎'을 주목한다. 그것은 "언뜻 보기엔 임종의 생명 같"다. 3연은 '~ 같고'가 반복된다. 행 단위로 반복되는 이 부분에서 '~ 같고'의 비교 대상이 되는 명사들은 인접된다. 연속되는 반복 구조에 의해 환유 연쇄가 이루어진다.[67] 아직 떨어지지 않은 꽃잎은 "바위를 뭉개고 떨어져내릴" 것 같다. 바위를 뭉갤 것 같은 꽃잎은 "혁명" 같다. 혁명 같은 꽃잎은 "먼저 떨어져내린 큰 바위" 같다. 떨어진 꽃잎은 "나중에 떨어진 작은 꽃잎" 같다. 꽃잎이 비교 대상이 되는 3연의 주체를 2연에 나오는 화자 '나'의 즐거움으로 연결시켜 본다. 꽃과 바람의 움직임을 보고 깨달은 인식의 즐거움은 "언뜻 보기엔 임종의 생명 같고/바위를 뭉개고 떨어져내릴/한 잎의 꽃잎 같고/혁명 같고/먼저 떨어져내린 큰 바위 같고/나중에 떨어진 작은 꽃잎 같"다. '나'는 '혁명'을 기점으로 시간 층위의 전복조차도 받아들인다.

---

[67] 「꽃잎」 연작이 실현하는 반복의 미학을 복잡하고 난해한 리듬의 실현으로 보는 박수연의 글은 주목할 만하다. 그는 김수영의 반복이 지니는 정신분석학적인 죽음 본능의 의미를 논구해야 한다고 언급했다(「「꽃잎」, 언어적 구심력과 사회적 원심력」, ≪문학과사회≫, 1999 겨울, 1709~1722).

'~ 같고'에 의해 연속되는 '임종의 생명→한 잎의 꽃잎→혁명→큰 바위→작은 꽃잎'은 의미의 전이를 효과적으로 표현한다. 혁명을 가운데 두고 '임종의 생명'은 '작은 꽃잎'과 일치된다. '한 잎의 꽃잎'은 '큰 바위'가 된다. 바위를 뭉개고 '떨어져내릴' 꽃잎이 떨어져내린 '큰 바위'가 된다. 미래와 과거가 뒤섞인다. '나'의 즐거움의 상징인 꽃잎은 미래를 지향하고, '나'에게 새로운 인식의 계기가 된 꽃잎은 과거를 지향한다. 인식의 혁명을 불러온 꽃잎은 "먼저 떨어져내린 큰 바위"인데, 그 인식의 끝에서 '나'의 꽃잎은 "나중에 떨어진 작은 꽃잎"에 불과하다. 움직임과 변화가 연속된다. 꽃이 피고, 꽃잎이 떨어지고, 바람이 분다. 자연은 순환한다. '나'는 꽃과 바람의 대립에서 인식의 초점이 되는 '꽃잎'을 발견한다. 꽃잎 하나가 바위를 뭉개고, 마침내 큰 바위가 되는 혁명적인 사물의 전이 양상을 화자는 다시 확인한다. 3연 끝 행이 반복된다. 4연의 "나중에 떨어져내린 작은 꽃잎 같고"는 이러한 화자의 인식을 강조하면서 시를 마무리짓는 기능을 담당한다.

이 시에서 김수영은 대립하는 두 사물의 변화 과정을 환유 연쇄에 의해 연속적으로 표현했다. 3연의 '~ 같고'의 대상들은 꽃의 속성이면서 '나'의 인식의 구체적인 표현이다. 김수영에게 환유는 멈추지 않는 시적 사유의 운동을 실천하는 양식이다. 부분과 부분의 대체를 통해 사유의 경직과 이념화를 거부하는 김수영의 시가 환유와 만나는 접점에서 새로운 인식을 성취하는 예를 다음 시에서도 확인할 수 있다.

나는 잠자는 일
잠 속의 일
쫓기어다니는 일
불같은 일

암흑의 일

깨꽃같이 작고 많은

맨 끝으로 神經이 가는 일

暗黑에 휘날리고

나의 키를 넘어서—

병아리같이 자는 일

눈을 뜨고 자는 억센 일

短命의 일

쫓기어다니는 일

불같은 불같은 일

깨꽃같이 작은 자질구레한 일

자꾸자꾸 자질구레해지는 일

불같이 쫓기는 일

쫓기기 전 일

깨꽃 깨꽃 깨꽃이 피기 전 일

成長의 일

—「깨꽃」 전문

이 시의 구문 구조는 간단하다. '나는 ~ 일'이 시의 전체를 관통한다. 구문 구조는 반복되나 연쇄되는 일의 내용은 반복되지 않는다. 멈추지 않고 움직이면서 시인의 '~ 일'은 시의 마지막에서 '성장'으로 귀결된다. 시의 제목 '깨꽃'은 "깨꽃같이 작은 자질구레한 일/자꾸자꾸 자질구레해지는 일"에서 시인의 일이 자질구레하다는 의미를 드러낸다. 자질구레한 일이 연속되지만 "깨꽃같이 작고 많은/맨 끝으로 신경이 가는 일"에 집중하겠다면서 시인은 "깨꽃 깨꽃 깨꽃이 피기 전"

에 "성장의 일"을 완수하리라고 한다.

이 시에서 '~ 일'은 열일곱 번 반복·연쇄된다. 문제는 자질구레하다고 말하는 시인의 일이 내용상 자질구레하지 않다는 점과 1연에서 연쇄되는 '~ 일'의 내용에 필연성이 없다는 것이다. 환유의 우연성에 의해 전개되는 이 시의 특성이다. 2연에서 시인은 1연의 연쇄를 부연하여 반복하고 있다. 1연 마지막에 나오는 동사 '자다'는 2연 첫 행에서 "자는 억센 일"로 이어진다. '자다' 동사의 기표가 환유적으로 연쇄되는 부분이다.

반복·연쇄에 의해 연속적으로 전이되는 이 시의 모든 '~일'은 '성장의 일'로 수렴되지만 '~일'의 내용이 성장과 직결되지는 않는다. 성장이라는 전체에 귀속되지 않는다. 성장이라는 관념의 구체화도 아니다. 관념어 '성장'의 부분 요소로서 연속되는 '~ 일'은 '성장'을 향하여 전이되는 김수영 사유의 환유적 양상을 드러낸다. 환유의 연속으로 짜여진 이 시의 의미 전이 양상은 김수영 시의 환유가 반복에 의해 연쇄되면서 의미의 빠른 변화를 추구한다는 점을 확인하게 만든다. 아울러 이러한 부정의 수사가 리듬과 연계되는 지점이 여기서 확보된다.

김수영 시의 환유는 고정된 의미를 거부하는 김수영 시학의 핵심 장치이다. 확정된 의미를 부정하고 다시 새로운 부정을 지향하는 환유에 의해 김수영의 시는 '이곳에서 저곳'으로, '나에서 너'로, '현재에서 미래'로 움직인다.

3. 運動과 리듬

1) 運動: '나'의 소거와 의미의 유동성

화자 '나'가 김수영의 시에 사용된 경우는 극단적이라고 할 만큼 많다. 화자 '나'는 리듬이 강화되는 후기시에서 출현 빈도가 줄어든다. 나아가 화자 '나'의 존재가 사라지거나 감지되지 않는 경우의 시도 있다. 「풀」의 경우 1인칭 화자 '나'는 시의 표면에 드러나지 않는다. 김수영 시의 인칭 소거와 리듬의 상관성은 명령법, 환유의 전개 양상과 밀접한 관계를 지닌다.

> 나의 시 속에 요설이 있다고들 한다. 내가 소음을 들을 때 소음을 죽이려고 요설을 한다고 생각해주기 바란다. 〔…중략…〕 요설은 소음에 대한 변명이고, 요설에 대한 변명이 〈문학〉이 된다고 할 수 있다.
> ―「시작노우트」 7

김수영 시의 산문성을 예증할 때 거론되는 '요설'을 김수영 자신은 '소음을 죽이기 위해' 일부러 시에 도입했다고 말한다. 흥미로운 것은 소음을 없애기 위해 소음을 도입한다는 인식이다. 김수영은 소음을 죽이기 위해 시에 요설을 도입한다. 그 요설에 대한 변명이 '문학'이기 때문에 요설 없이는 문학이 성립되지 않는다. 김수영의 이와 같은 발언에 근거를 둘 때, 요설을 과감하게 도입한 4·19 이후의 시들도 음악성을 담보하고 있다는 가정이 가능하다. 요설과 침묵의 관계를 파악하고 있었기에 시의 음악이 소음을 죽이는 요설과 요설의 극점에서 발생하는 침묵의 적절한 조화에서 비롯된다는 점을 김수영은 인식할 수 있었다. 소음을 소음으로 제거하겠다는 발언에서 소음의 반대편에 자리잡고 있는 침묵의 가치를 김수영이 인식하고 있었음을 알 수 있다.

영혼의 개발은 호흡이나 마찬가지다. 호흡이 계속되는 한 영혼의 개발은 계속되어야 하고, 호흡이 빨라지거나 거세지거나 하게 되면 영혼의 개발도 그만큼 더 빨라지고 거세져야만 할 일이지 중단되어서는 안될 것이고 중단될 수도 없는 일이다.

―「讀者의 不信任」

호흡과 영혼의 상관성을 언급한 글이다. 물리적인 소리의 질서가 정신과 연관된다. 요설과 소음의 대결 과정을 거쳐 침묵으로 이행할 수 있었던 김수영은 시인의 영혼과 호흡을 일치시킨다. 영혼의 속도와 호흡의 속도를 등치 관계로 파악하는 김수영은 영혼의 움직임을 호흡의 움직임과 병행하는 것으로 파악한다. 김수영은 소리의 속도에 가치를 부여한다. 소리의 가치를 김수영은 명확하게 인식하고 있었다. 연속적인 소리의 흐름에 휴지를 발생시켜 일정한 단위를 형성시키는 침묵이 있다. 침묵에 의해 질서가 생긴 소리의 흐름을 '리듬'이라고 부를 수 있을 것이다.

시인의 헛소리가 헛소리가 아닐 때가 온다. 헛소리다! 헛소리다! 헛소리다! 하고 외우다 보니 헛소리가 참말이 될 때의 경이.

―「詩여, 침을 뱉어라」

시인이 마음놓고 헛소리를 해야지만 변화를 불러올 수 있다고 강조하는 구절이다. 변화를 불러오기 위해서 헛소리를 더 해야 한다고 김수영은 강조한다. 헛소리를 알아야 헛소리를 할 수 있고, 헛소리라는 비판을 이겨낼 수 있어야 진정한 자유를 획득할 수 있다. 그런데 김수영은 '헛소리다!'를 반복하면서 '외우다 보니'라고 말한다. '헛소리' 자체를 반복하면 외워지고, 그 헛소리가 참말이 된다. 같은 말을 반복하면 일정한 소리 질서가 생긴다. 리듬이 생긴다. 리듬이 발생하는 순간 외워지고, 외우게 된 '헛소리'는 외우는 사람에게는 더 이상 헛소리가 아니다. 일정한 소리 질서가 외우는 사람의 몸의 리듬이 된다. 몸과 소리가 일치된다. 김수영은 리듬에 의해 헛소리가 참말로 바뀌는 경이로운 순간을 인식하고 있었다.

　리듬에 대한 김수영의 의식을 토대로 시적 화자의 인칭과 리듬의 상관성을 고찰한다. 다음 시에서 김수영은 반복과 시행 엇붙임 기법을 사용하여 대화체가 지니고 있는 산문적 특성에 리듬을 부여한다.

　　VOGUE야 넌 잡지가 아냐
　　섹스도 아냐 唯物論도 아냐 羨望조차도
　　아냐―羨望이란 어지간히 따라갈 가망성이 있는
　　상대자에 대한 시기심이 아니냐, 그러니까 너는
　　羨望도 아냐

　　마룻바닥에 깐 비닐 장판에 구공탄을 떨어뜨려
　　탄 자국, 내 구두에 묻은 흙, 변두리의 진흙,
　　그런 가슴의 죽음의 표식만을 지켜온,
　　밑바닥만을 보아온, 빈곤에 마비된 눈에
　　하늘을 가리켜주는 잡지
　　VOGUE야

　　신성을 지키는 시인의 자리 위에 또 하나

넓은 자리가 있었던 것을 자식한테
가르쳐주지 않은 죄―그 죄에 그렇게
오랜 시간을 시달리면서도 그것을 몰랐다
VOGUE야 너의 세계에 스크린을 친 죄,
아이들의 눈을 막은 죄―그 죄의 앙갚음
VOGUE야

그리고 아들아 나는 아직도 너에게 할 말이
왜 없겠는가 그러나 안한다
안하기로 했다 안해도 된다고
생각했다 안해야 한다고 생각했다
너에게도 엄마에게도 모든
아버지보다 돈 많은 사람들에게도
아버지 자신에게도

―「VOGUE야」 전문

  화자는 잡지 '보그'를 '너'로 상정한다. 시행 엇붙임 기법을 사용하여 리듬에 변화를 시도하고 있는 이 작품은 '나'와 '너'의 관계가 뚜렷하게 변별된다는 점에서 김수영 시에서 인칭대명사가 시 의미의 변화에 어떤 역할을 담당하는가를 살펴볼 수 있는 계기를 마련해준다.
  화자는 미국의 잡지 '보그'를 호명한다. 1연 1행에서 호명된 보그는 곧이어 '너'로 불린다. 화자는 "넌 잡지가 아냐"라고 말한다. 화자에게 '보그'는 잡지가 아니고 섹스가 아니다. 또한 유물론도 아니고, 선망의 대상도 아니다. 2행에서 3행으로 넘어가면서 '선망조차도 아냐'가 분리된다. 한 구문으로 처리되어도 무방한 '선망조차도 아냐'를 '선망조차도'와 '아냐'로 분리하여 의미를 강조한다. 3행은 '아냐'로 시작된다. 잡지 보그를 부정적으로 여기는 화자의 생각이 행 배치에서 드러난다. 보그가 선망의 대상조차도 아닌 이유를 '나'는 이렇게 설명한다. "선망이란 어지간히 따라갈 가망성이 있는/상대자에 대한 시기심이 아니냐." '나'에게는 보그를 따라갈 가망성이 없다. 어느 정도 상대가 되어야 하는데 도대체 대적할 수가 없는 것이다. 경쟁할 수가 없다. 너무나 현격하게 차이가 나기 때문에 시기심도 생기지 않는다. "그러니까 너는/선망"도 아니다.

　2연에서 보그로 상징되는 미국 문화와 화자의 생활은 더욱 선명하게 비교된다. '나'의 생활상은 이렇다. "마룻바닥에 깐 비닐 장판에 구공탄을 떨어뜨려/탄 자국"이 있고, "구두에 묻은 흙"이 있고, "변두리의 진흙"이 있다. 비루한 '나'의 "가슴의 죽음의 표식만을 지켜온,/밑바닥만을 보아온, 빈곤에 마비된 눈"을 지닌 화자에게 "하늘을 가르쳐주는 잡지"가 바로 보그이다. 화자는 2연 마지막 행에서 '보그'를 다시 호명한다. "VOGUE야"는 3연으로 이어진다. 2연의 화자 '나'가 3연에는 없다. 화자는 보그의 가치를 알고 있다. 회자는 신성한 시인의 자리 위에 보그가 자리잡을 또다른 영역이 있다는 사실을 자식에게 가르쳐주지 않았다. 그것은 죄이다. 한국의 시가 따라갈 수 없는 미국 문화의 위력을 아들에게 가르쳐주어야 한다는 것을 화자는 깨닫고 있었다. 화자와 보그 사이에 뚜렷한 간극이 있다. 화자는 보그에게 말한다. "너의 세계에 스크린을 친 죄,/아이들의 눈을 막은 죄"를 화자는 보그에게 고백한다. 화자는 보그로 상징되는 물질문명의 세계가 명백하게 존재하고 있는데도 그것을 아들에게 가르쳐주지 않은 자신의 죄를 낱낱이 토로한다. "그 죄의 앙갚음"은 보그의 위력을 새삼 깨닫는 과정에서 드러난다. 보그와 아들 사이에서 화자는 속고 속이는 일을 되풀이한다. 3연의 끝 행에서 다시 '보그'가 호명된다. 보그와 '나'의 관계를 솔직하게 자인하는 화자가 대상을 "VOGUE야"라고 부른다.

4연에서 '나'는 다시 등장한다. 화자는 보그와 자신의 관계를 성찰하고, 보그의 가치를 아들인 '너'에게 가르쳐주려고 한다. "아들아 나는 아직도 너에게 할 말이" 많다. "그러나 안한다"고 화자는 말한다. "안하기로 했다 안해도 된다고/생각"한다. 나는 "너에게도 엄마에게도 모든/아버지보다 돈많은 사람들에게도/아버지 자신에게도" 보그의 가치를 말하지 않겠다고 다짐한다.

이 시에서 화자 '나'가 부르는 대상은 먼저 '보그'이다. 1연부터 3연까지 '너'는 보그이다. 1연과 2연에는 '너=보그'와 대비되는 '나'가 등장한다. 3연에서 '나'는 숨는다. 보그 때문에 자식에게 죄를 짓고 있는 화자의 상태가 기술된다. 화자는 자식이라는 다른 대상을 시에 개입시키면서 숨고 '보그'에게 고백하는 형식으로 자신의 죄를 밝힌다. 화자는 4연에서 '아들'을 '너'로 호명한다. 보그에서 아들로 '너'의 대상이 변화된다. 이 과정에서 화자 '나'는 보그와 상대하는 1, 2연에 나타났다가 잠복하고 아들과 상대하는 4연에 다시 나타난다. '나―너' 관계의 변화가 일어난다. '나'가 보그와 연쇄될 때는 보그와 비교되는 '나'의 가난한 생활 양상이 뚜렷하게 비교된다. '나'의 현실과 보그가 상징하는 미국 문화 사이의 차이와 간극을 인정하자 알려야 할 것을 알리지 않았다는 자책이 발화의 중심이 된다. 이때 자책의 주체 '나'는 뚜렷하게 감지되지 않는다. 이후 사실을 알리지 않아서 죄를 짓고 있다고 고백한 '나'가 아들에게 사실을 말하게 되자 '나'와 '너'의 명확한 구분이 다시 성립된다. 보그와 '나'의 관계에 따라 시의 의미가 전개된다. 요컨대 김수영의 시에서 의미는 주체 '나'와 대상 '너'라는 확연한 대립자들의 갈등 과정에서 생성된다고 할 수 있다. 여기에 주체 '나'의 인식 변화가 수반되고, '너'의 상황 변화가 뒤따른다. 김수영의 시에 등장하는 '나―너'의 관계는 주체와 대상의 상호 변화를 연쇄시킨다.

이 시의 리듬은 1연의 "VOGUE야", "~도 아냐"의 반복, 2연에 나오는 쉼표에 의한 수식구의 분절, 3연의 '죄' 모티프의 반복, 4연의 '안하다'를 기저 의미로 갖는 용언의 반복 등에 의해 성립된다. 또한 시행 엇붙임 기법이 리듬의 흐름에 변화를 불러온다. 1연 2~3행과 4~5행, 2연 1~2행에 시행 엇붙임이 사용되었다. 특히 4연 5행에 사용된 시행 엇붙임이 주목된다. "너에게도 엄마에게도 모든/아버지보다 돈 많은 사람들에게도/아버지 자신에게도"로 이어지는 부분에서 수식어 '모든'은 일단 뒷 행의 "아버지보다 돈 많은 사람들"을 수식한다. 동일한 통사 구문이 반복되는 이 행들에서 마지막 7행은 화자 '나'를 지시하는 아버지이다. 화자 '나'는 아들에게 엄마와 아버지라는 인칭을 쓴다. 일상생활에서 아버지가 자식들에게 말할 때 1인칭 대명사로 '아버지'를 사용하여 '아버지가 학생이었을 때는 잡지가 요즘처럼 많지 않았단다'라고 말하는 경우가 있다. 아버지와 자식 관계를 뚜렷하게 부각시켜 아버지의 지위를 강조하는 이러한 화법이 4연 7행에 사용되었다고 볼 수 있다. 여기서 6, 7행의 '아버지'와 '모든'은 시행 엇붙임에 의해 피수식어와 수식어 사이의 긴밀도를 상실한다. '모든 아버지'가 아니라 '모든/아버지'이다. 이러한 단절에 의해 일차적으로는 '모든'이 강조된다. 이차적으로 시인보다 '돈 많은 사람들'이 강조된다. 시인의 가난한 현실이 부각되고, 이와 비교되는 보그가 부각된다. 리듬의 자연스러운 흐름은 방해받지만 의미는 더욱 뚜렷해진다.

 '나'와 '너'의 대립 양상이 뚜렷한 부분에서 주도적으로 사용된 시행 엇붙임에 의해 리듬이 발생되었다. '나'의 존재가 표면에서 사라진 3연에서는 이 기법이 사용되지 않았다. 리듬의 변화에 의해 촉발되는 의미의 강조가 시의 의미 변화에 상응하는 예이다.

 먼 곳에서부터
 먼 곳으로

다시 몸이 아프다

조용한 봄에서부터
조용한 봄으로
다시 내 몸이 아프다

여자에게서부터
여자에게로

능금꽃으로부터
능금꽃으로……

나도 모르는 사이에
내 몸이 아프다

―「먼 곳에서부터」 전문

 동일한 구조의 문장이 반복되면서 리듬이 만들어진다. 반복되는 문장은 '~에서부터 ~(으)로/내 몸이 아프다'이다. 화자는 지금 아픔을 느끼고 있다. '나'가 아프지 않고 '몸'이 아프다. '내 몸'이 아프다.
 반복되는 문장을 중심으로 이 시의 형식을 구분한다. '~에서부터 ~(으)로'를 a로, '(내) 몸이 아프다'를 b로 치환한다. 3연과 4연은 '~에서부터 ~(으)로'만 있다. 5연은 "나도 모르는 사이에"라는 한 번 쓰인 구절에 이어 '내 몸이 아프다'만 있다. 이러한 변이 과정을 (-b)와 c로 바꾼다.

$$a\ b\ /\!/\ a\ b\ /\!/\!/\ a\ (-b)\ /\!/\ a\ (-b)\ /\!/\ c\ b$$

A /// B

 a가 네 번, b가 세 번이다. 전체 12행은 a b가 반복되는 1, 2연 여섯 행과 반복이 이루어지지 않는 나머지 3, 4, 5연의 합 여섯으로 이루어졌다. 앞 부분 A에서 a가 두 번, b가 두 번 쓰였다. 뒷 부분 B에서는 a가 두 번, b가 한 번, c가 한 번 사용되었다. 각각의 의미 단위가 네 번 사용되었다. 이러한 도해를 통해 의미 단위의 합이 앞 부분과 뒷 부분 모두 넷이라는 사실을 알 수 있다. 세 행으로 짜여진 1, 2연과 나머지 세 연은 의미 단위뿐만 아니라 호흡 단위 역시 균형을 이룬다. 뒷 부분의 구조에서 주목되는 것은 (-b)이다. 앞 부분과 다르게 4, 5연에는 b가 없다. b는 6연에 다시 나타나고, 나머지 b는 c로 변화되어 전체 균형을 맞춘다. 아픔을 느끼는 주체 '나'는 1, 2, 5연에 나온다. (-b) 상태인 3, 4연에는 '나'가 사라진다. 중간에 사라지는 '나'는 5연에서 아픔을 지각하는 주체의 상황을 강조한다.

 이 시의 a는 모두 공간의 이동을 의미한다. 어떤 지점에서 다른 어떤 지점으로 무엇인가 움직인다. 움직이는 것은 주체 '나'의 몸이다. 움직일 때마다 "다시 몸이 아프다." 예전의 조용한 봄에서 지금의 조용한 봄으로 움직여온 '나'의 몸이 아픔을 느낀다. 움직임은 곧 아픔인 것이다. 움직일 수밖에 없는 것들이 움직일 때마다, 움직여야 살 수 있는 '나'가 움직여야 할 때마다, "나도 모르는 사이에/내 몸이 아프다." 주체 '나'는 움직임 후에 아픔을 더욱 뚜렷하게 자각한다. 먼 곳에서 시작된 아픔이 다시 먼 곳으로 돌아간다. 아픔이 움직이는 주체 '나'를 통과한다. '나'가 아픈 게 아니라, '나'의 몸이 아프다. 몸의 아픔을 지각하는 '나'의 정신이 아프다고 '나'는 말하지 않는다. 다만 "내 몸이 아프다"고 말한다. 시간이 흐르고, 공간이 바뀐다. 시간, 공간 모두 멈춰 있지 않다. 움직임 속의 자각, 움직임이 내포하고 있는 통증을 자각하는 주체는 '나'가 아니라 '내 몸'인 것이다.

산술적으로 배분되어 균형을 이루고 있는 이 시의 의미와 호흡 단위들은 주체 '나'의 움직임과 같은 운동 궤적을 그린다. 아픔을 느끼는 '나'는 시간과 공간이 변이되면서 사라진다. 주체 '나'의 인식을 넘어서는 영원한 운동이 "나도 모르는 사이에" "내 몸"을 아프게 한다. '나'는 '나'의 통증을 모르나 '나의 몸'은 안다. "세계를 지각하는 주체는 내가 아니라 내 몸이다."[68] "나도 모르는 사이에 몸이 사유한다."[69] 끝없이 운동해야 하는 존재가 지닐 수밖에 없는 아픔에 대한 김수영의 동적 인식 양상이 수학적 균형을 이루는 리듬에 의해 드러나고 있다.

눈이 온 뒤에도 또 내린다

생각하고 난 뒤에도 또 내린다

응아 하고 운 뒤에도 또 내릴까

한꺼번에 생각하고 또 내린다

한 줄 건너 두 줄 건너 또 내릴까

廢墟에 廢墟에 눈이 내릴까

―「눈」 전문 〈1966. 1. 29〉[70]

---

68) 김인환, 『상상력과 원근법』, 문학과지성사, 1993, 389면.
69) 김상환, 앞의 책, 37면.
70) 김수영은 「눈」이라는 제목의 시를 세 편 남겼다. 동일한 제목이기에 작품이 씌어진 연대를 밝혀 구분한다.

'내린다'가 기저 동사로 진행되는 6연 6행의 시이다. '내린다'의 활용형 서술어가 반복되는 이 시 역시 완결된 구성 질서를 지니고 있다. '내린다'를 a로, '내릴까'를 b로 바꾸면 이 시의 구조는 a∥a∥b∥a∥b∥b가 된다. a 세 번, b 세 번 사용되었다. 평서법 '내린다'가 세 번, 의문형 '내릴까'가 세 번 사용되었다. 각각 세 번 사용된 '내린다'와 '내릴까'가 의미의 균형을 맞추고 있다. 분배된 의미 단위가 2:1, 1:2의 대응 관계를 이루어 의미의 리듬을 형성하고 있는 것이다. 내리는 현재의 눈을 바라보는 시인의 시선과 내릴 눈을 전망하는 시인의 시선이 같은 비율로 배분된다.

시인은 내린 눈 위에 다시 쌓이는 눈을 바라보고 있다. 멈췄던 "눈이 온 뒤에도 또 내린다." 시인은 잠시 눈을 생각한 후인데 다시 눈이 내린다. 시인은 새 눈을 보면서 "응아 하고 운 뒤에도 또 내릴까"라고 자문한다. 생각할 여유도 없다는 듯이 눈은 또 쏟아진다. 시인은 눈을 생각한다. 생각은 내리는 눈과 연결된다. '울다'와 '건너다'라는 행위가 전제되면 시인의 눈은 '내릴까'가 된다. 쌓인 눈 위에 내리는 눈은 시인의 생각을 알고 있다는 듯이 더 쏟아진다. 하늘에서 땅으로, 수직으로 낙하하는 눈을 시인은 인식한다. 시인의 인식 위로 눈이 내려 쌓인다. 움직이는 눈처럼 행동하면 계속 눈이 내릴지 아니면 멈출지 시인이 묻는다. 눈은 생각을 건너 계속 내릴까라고 시인이 묻는다. 시인은 생각하고 있고, 눈은 움직이고 있다. 움직이지 않고 생각하는 시인이 있고, 생각하지 않고 움직이는 눈이 있다. 시인은 행동하지 않는 자신의 상황을 폐허라고 여긴다. 시인은 다시 묻는다. "폐허에 폐허에 눈이 내릴까." 이러한 시인의 물음에는 답이 없다. 눈이 낙하하고 있다. 시인이 눈을 바라보고 있다. 눈은 움직이고 시인은 멈춰있다. 시인의 사유는 움직이지만, 그 움직임이 눈의 운동과 비교될 수는 없다.

김수영은 시작 노트에서 "〈폐허에 폐허에 눈이 내릴까〉로 충분히 〈폐허에 눈이 내린다〉의 숙망을 달했다"고 말했다. 눈이 내리는 현재와 눈이 내릴 미래가 "혼용되어도 좋다"[71]는 그의 말은 '내린다'와 '내릴까'의 구분을, 시간의 흐름을 무화시키는 시의식이 반영이라고 해도 좋을 것이다. '내린다'라는 현재의 현상과 '내릴까'라는 미래의 예측이 팽팽하게 균제되어 있는 이 시에서 김수영은 어느 것 하나를 확정하지 않는다. 김수영의 부정의식은 리듬에도 반영되어 산술적인 소리 단위의 균형을 이루었다. 의미 역시 '내린다'와 '내릴까'가 만들어내는 리듬에 의해 운동한다. 내리는 눈과 내릴 눈이 서로를 견제한다. 김수영은 현재 속에서 미래를 본다. 멈춤을 모르는 리듬 속에서 주체의 운동을 느낀다. 텍스트에 '나'는 존재하지 않지만 '나'의 사유가 운동하는 양상은 감지된다. '눈'은 '나'의 운동을 대변하는 존재인 것이다. 끝없이 쏟아질 듯한 눈이 내린다. 시인은 눈의 움직임을 바라보며 '나'의 사라짐을 목격한다. 눈의 운동 리듬이 '나'의 리듬이 된다. '나'는 사라지지만 운동은 더욱 격렬해진다. 움직임의 주체는 '나'가 아니다. '눈'이 움직인다. '눈'을 바라보는 시인이 '눈'이 된다.

푸른 하늘을 制壓하는
노고지리가 自由로웠다고
부러워하던
어느 詩人의 말은 修正되어야 한다

自由를 위해서
飛翔하여 본 일이 있는
사람이면 알지

---

71) 『전집 2』, 303면.

노고지리가
무엇을 보고
노래하는가를
어째서 自由에는
피의 냄새가 섞여 있는가를
革命은
왜 고독한 것인가를

革命은
왜 고독해야 하는 것인가를

―「푸른 하늘을」 전문

 1연이 한 문장이고, 2연에서는 "자유를 위해서 ~ 사람이면 알지 ~ 를" 구문이 반복된다. 3연에서는 2연의 서술어 '알지'의 목적절이 반복된다. 동사 '알지'의 목적절이 반복되면서 리듬을 형성하는 이 시에서 '알지'의 목적절은 모두 네 개이다. 이 중 "혁명은/왜 고독한 것인가를"은 2연에 나오고, 이것은 3연에서 "왜 고독해야 하는 것인가를"로 변형된다. 한 행 안에서 반복에 의해 형성되는 리듬 이외에 초행적 반복으로 리듬을 만들어내는 김수영 특유의 리듬 형성 방법이 드러나는 시이다.
 4·19 후에 씌어진 이 시에서 김수영은 '혁명'의 속성을 언급하고 있다. 1연에서 김수영은 노고지리가 푸른 하늘과 맺는 관계를 말한다. 이어서 노고리지를 보면서 자유를 생각하던 어느 시인의 말을 떠올린다. 자유를 만끽할 수 있는 노고지리가 하늘을 제압할 수도 있다고 생각하고 있는 김수영은 자유의 가치에 대해, 자유를 얻기 위해 필요한 희생에 대해 생각한다. 혁명이 가져다준 자유가 존재한다면, 그 자유

가 오히려 혁명을 '제압'할 수도 있지 않냐고 되묻는다. '푸른 하늘'을 날아다니는 노고지리의 자유가 '제압'과 부딪치면서 김수영의 생각을 드러낸다.[72)]

이러한 1연의 전제를 잇고 있는 2연의 조건절은 "자유를 위해서/비상하여본 일이 있는/사람이면"이다. 혁명에 참여해본 사람들이라면 당연히 알아야 할 것들이 있다. 자유를 획득하기 위해 얼마나 많은 희생이 있었던가를 그들은 알고 있다. 자유를 실현시킨 혁명이 "왜 고독한 것인가를" 알고 있다. 혁명이 고독하다는 사실을 알고 있기에 혁명에 참여했던 사람들은 혁명의 가치를 더욱 확장시켜야 한다. 우리들 모두는 "혁명은/왜 고독해야 하는 것인가를" 알아야 한다. 김수영은 생각한다. 혁명은 반드시 '고독해야 한다.' 혁명에는 완결이 있을 수 없다. 자유를 쟁취했다면 더 많은 자유, 더 큰 자유를 위해 다음 혁명을 생각해야 한다. 혁명으로 얻은 자유가 자유의 상징인 창공을 제압한다면 다시 혁명이 일어나야 한다는 것, 더 많은 피를 요구하는 자유를 지키기 위해 혁명을 성찰해야 한다는 것, 혁명은 성공하고 실패하는 것이 아니라 끊임없이 다른 혁명으로 대체되는 것임을 김수영은 말한다.

혁명이라는 제재가 '나'의 출현 없이 시가 되었다. 발화의 주체 '나'는 사라졌다. 혁명에 대한 집단적 언술이 리듬을 형성하고, 반복에 의해 운동하며 의미를 파생시킨다. 당대의 집단성이 투영된 화자 '나'는 드러나지 않는다. 시인은 시의 배면에 은폐되고, '나'의 서술적 경향은 사라진다. 행 배치에 의해 1연의 긴 문장이 분절되고, 이것은 2연에서 리듬을 만들어내는 반복으로 바뀐다. 리듬이 부각되면서 사라진

---

72) 남진우(「미적 근대성과 순간의 시학 연구」, 중앙대 박사논문, 2000, 91면)는 노고지리를 "자유를 위해 비상해본 일이 있는 특정한 사람에 대한 은유"로 본다.

'나'는 복수 화자가 되고, 집단화된 화자 '나'의 발화는 시의 청자와 독자를 시에 끌어들인다. 4·19 혁명을 시의 문맥에 개입시키면서 이 시의 리듬은 사회 전체의 리듬으로 확장된다. 혁명에 대해 사유하는 시에 김수영 개인을 명백하게 드러내는 인칭 '나'가 사라졌다. 고독해야 하는 혁명을 '나'뿐만 아니라 우리 모두 성찰해야 하기 때문이다.

> 요 詩人
> 勇敢한 詩人
> ―소용없소이다
> 산 너머 民衆이라고
> 산 너머 民衆이라고
> 하여둡시다
> 民衆은 영원히 앞서 있소이다
> 웃음이 나오더라도
> 눈 내리는 날에는
> 손을 묶고 가만히
> 앉아 계시오
> 서울서
> 議政府로
> 뚫린
> 國道에
> 눈 내리는 날에는
> 〈빽〉차도
> 지프차도
> 파발이 다 된
> 시골 버스도

맥을 못 추고
맴을 도는 판이니
답답하더라도
답답하더라도
요 詩人
가만히 계시오
民衆은 영원히 앞서 있소이다
요 詩人
勇敢한 錯誤야
그대의 抵抗은 無用
抵抗詩는 더욱 無用
莫大한
妨害로소이다
까딱 마시오 손 하나 몸 하나
까딱 마시오
눈 오는 것만 지키고 계시오…….

―「눈」 2연 ⟨1961. 1. 3⟩

짧게 끊어지는 행이 리듬을 만들어낸다. 화자는 "요 시인"이라는 호칭을 써서 시인과 시를 얕잡아본다. 화자는 1연에서 시인에게 "이제 저항시는/방해"가 된다고 말한다. 저항시를 쓸 필요가 없다고 말한다. "이제 영원히/저항시는/방해로소이다"라고 말하는 화자는 저항시의 필요성을 완강하게 거부한다. 화자는 시인에게 쏟아지는 눈을 보라고 말한다. "저 펄펄/내리는/눈송이를 보시오"라는 화자의 말이 부연된다. 화자는 한 어절을 한 행으로 발화하여 의미를 강조한다. 화자의 명령은 토막토막 분절되어 청자에게 명확하게 전달된다. 화자는 시인에게 온 천지를 가늘 채우는 눈을 보라고 명령한다. 행 분절에 의해 휴지가 연속된다. 휴지에 의해 눈 내리는 순간이 클로즈업된다. 지금 "하늘을/묶는/허리띠 모양으로/맴을 도는/눈송이"가 눈앞에 있는 듯하다.

2연에서 화자는 다시 "요 시인/용감한 시인"을 호명한다. 화자에게 시인은 여전히 비판해야 할 대상이다. 화자는 3행에서 줄표(―)를 사용한다. 화자의 주관적 가치 판단이 개입된다. "소용없소이다"라는 화자의 판단은 이 시의 비판적 의도를 뚜렷하게 드러낸다. 저항시를 쓰는 시인에게 화자는 '민중'을 화제로 삼아 말을 건다. "산 너머 민중이라고/산 너머 민중이라고/하여둡시다"면서 화자는 '너'가 시로 쓰는 민중이 과연 무엇이냐고 묻는 듯하다. 화자는 청유의 대상 '너'에게 답한다. "민중은 영원히 앞서 있소이다." 화자의 답에 듣는 저항시인이 웃는다. 그러자 화자는 "웃음이 나오더라도/눈 내리는 날에는/손을 묶고 가만히/앉아 계시"라고 청자에게 명령한다. 눈 내리는 날에는 손을 묶어두고 시는 쓰지 말 것을 권한다. 화자는 눈 내리는 날의 풍경을 시에 끌어들인다. "서울서/의정부로/뚫린/국도에" 눈이 내리고 있다. 교통이 마비되었다. 소통이 되지 않는다. 길은 시원하게 뚫려 있는데 눈 때문에 교통되지 않는다. 혁명이 이루어져 자유롭게 시를 쓸 수 있는 길이 열렸지만 시의 자유를 여전히 획득하지 못하고 있는 상황을 화자는 떠올린다. 화자는 "요 시인"에게 말한다. "답답하더라도/답답하더라도/요 시인/가만히 계시오." 민중은 진정한 저항을 통해 혁명을 이루어냈는데, 저항의 의미도 모르고 저항시를 쓰고 있는 시인들에게 화자는 다시 한번 "민중은 영원히 앞서 있소이다"라고 설명한다. "용감한 착오"라고 비판한다. 이런 상황에서 "그대의 저항은 무용/저항시는 더욱 무용"하고 "막대한/방해"가 된다. 저항시를 써대고 있는 시인들의 행태를 비아냥거리는 화자는 이렇게 권고한다. "까딱 마시오 손 하나 몸

하나/까딱 마시오/눈 오는 것만 지키고 계시오."

김수영은 교통이 두절된 상황을 맞이했다. 김수영은 내리는 눈을 보면서 저항시와 저항시인을 언급한다. 화자는 분명 김수영이지만 '나'는 등장하지 않는다. '나'는 제거되고 비인칭 화자가 발화한다. '나'의 말은 청자 즉 저항시인에게 가르침이 되어야 한다. 김수영은 그러나 저항시인이 자신의 말을 받아들이지 않을 것을 알고 있다. 명령하면서, 청유하면서, 권고하면서 김수영은 저항시인에게 가만히 있으라고, 침묵하라고 계도한다.[73]

김수영은 전하고자 하는 의미를 짧게 분절된 시행으로 표현했다. 매 행을 새겨 읽어야 한다. '나'가 소거되면서 리듬이 강조되고, 강조된 리듬은 시 전체를 지배한다. '나'가 사라지면서 의미의 집단성이 강화되고, '나'가 사라지면서 리듬이 전면에 떠오른다. 김수영의 시에서 주체 '나'가 시에서 은폐되는 경우 화자는 복수화되어 집단성을 획득한다. 동시에 리듬이 시의 주도적인 장치로 부각된다. 리듬에 의해 시는 운동한다.

    넓적다리 뒷살에
    넓적다리 뒷살에
    알이 배라지
    손에서는
    손에서는
    불이 나라지

---

[73] 이 시에서 화자 '나'가 사라진다고 해서 청자에 대한 화자의 명령이 일방적이라는 뜻은 아니다. 화자가 명령하는 대상 '요 시인'에 화자 자신, 김수영 자신도 포함시킬 수 있을 것이다. 이 경우 이 시는 강연호의 지적대로 '빈정거림의 어조'를 통해 화자의 '무력감과 왜소함'(앞의 글, 166면)을 표현하는 시로, 김영희(앞의 글, 47면)가 지적한 '화자 자신을 객관화하여 자신에게 명령하고 대화'하는 의도가 투영된 시로 읽을 수 있다.

수챗가에 얼어빠진
수세미모양
그 대신 머리는
온통 비어
움직이지 않는다지
그래도 좋아
그래도 좋아

大邱에서
大邱에서
쌀난리가
났지 않아
이만하면 아직도
革命은
살아 있는 셈이지

百姓들이
머리가 있어 산다든가
그처럼 나도
머리가 다 비어도
인제는 산단다
오히려 더
착실하게
온몸으로 살지
발톱 끝부터로의
下剋上이란다

넓적다리 뒷살에

넓적다리 뒷살에

알이 배라지

손에서는

손에서는

불이 나라지

온몸에

온몸에

힘이 없듯이

머리는

내일 아침 새벽까지도

아주 내처

비어 있으라지……

―「쌀난리」 전문

    화자 '나'의 발화가 청자 '너'에게 구어체 형식으로 전달된다. 시 전체가 반복되는 구문의 연속으로 구성되어 있다. 이 시에는 '나'라는 언급이 한 번 나온다. 화자 '나'의 지표가 등장하기는 하지만 나의 발화 주체 속성은 희박하다.

    1연 초반부의 "넓적다리 뒷살에/넓적다리 뒷살에/알이 배라지/손에서는/손에서는/불이 나라지"는 4연과 수미쌍관을 이룬다. 반복되는 이 구절은 1연에서 3연까지의 시 전개를 마무리하면서 전체 시의 내용을 강조하는 역할을 맡는다. 뒷다리에 알이 배고 손에서는 불이 날 정도로 바쁘게 사는 동안 머리가 텅 비어버린다 해도 화자는 좋다고 말한다. 노동 때문에 생각할 겨를조차 없어도 좋다는 것이다. "그래도 좋아/그래도 좋아"를 반복하면서 '좋다'를 강조하는 화자의 태도가 이러한 의미에 힘을 싣는다. 2연에서 화자는 "대구에서/대구에서" 쌀난리가 일어났다는 사실을 환기시킨다. 화자는 대구의 쌀난리가 혁명의 연속 과정이라고 생각한다. 대구의 쌀난리를 일으킨 백성들이 머리로 계산해서 혁명을 일으켰다고 생각하는 것은 오산이다. 화자는 대구의 백성들처럼 "머리가 다 비어도/인제는" 살 수 있다고 자신한다. 머리가 비어버리자 "오히려 더/착실하게/온몸으로 살" 수 있게 되었다고 말한다. 이러한 인식이 바로 화자가 생각하는, '나'의 하극상임이 드러난다. 잘못된 것이 있으면 하극상이라도 일으켜서 잘못을 바로잡아야 한다는 적극적 사고의 결과로 대구의 쌀난리가 혁명이 되고, 하극상이 긍정적 가치로 역전된다. 4연에서 화자는 노동의 고단함을 나타내는 "넓적다리 뒷살에 ~ 불이 나라지" 구문을 반복한다. 다리에 알이 배고 손에서는 불이 날 정도의 힘겨운 노동에 온몸의 힘이 빠졌다. 머리는 비어도 좋다고 생각한다. 온몸의 움직임이 빚어낸 피로라면, 그 피로가 머리를 비우게 만든다면 기꺼이 받아들일 수 있다고 화자는 생각한다. "머리는/내일 아침 새벽까지도/아주 내처/비어 있으라지"라고 말하는 화자의 완강한 태도가 느껴진다.

　김수영은 의도적으로 한 행에 두 호흡 단위 이하를 배치하고 있다. 행은 빨리 읽히고 행 배치에 의해 고려된 휴지는 길다.[74] 토막난 리듬이 율독의 흐름을 방해하는 대신 의미의 강조가 이루어진다. 김수영은 이 시에서 '나'를 극도로 은폐시키고 있다. '나'가 나오는 3연 3행 부분에서도 화자 '나'는 간접적 발화를 사용하여 자신의 입장을 뚜렷

---

74) 이 시의 리듬이 "경쾌한 노동의 활력"을 드러낸다고 박수연(「김수영 시 연구」, 충남대 박사논문, 1999, 136면)은 말했다. 그는 노동의 소중함을 깨달으면서 민중에 대한 믿음을 획득하게 된 김수영이 삶에 여유를 갖게 되었기 때문에 이와 같은 리듬을 시로 표현할 수 있었다고 한다.

하게 드러내지 않는다. '~단다'는 화자가 이미 알고 있는 것을 객관화하여 청자에게 일러줄 때 사용되는 종결어미이다. '나'의 발화가 지니는 주관성을 희석시키고 청자에게 친근함을 불러오는 장치는 이뿐이 아니다. 집단적 특성을 획득한 김수영의 발화는 리듬에 의해 청자에게 더욱 가깝게 다가간다. 리듬은 언중들이 지니고 있는 시간의 일정한 흐름을 상기시킨다. 리듬은 반복되는 시간 단위에 의해 집단 구성원 모두가 체감하는 시간 흐름의 보편적인 질서로 확장된다. 리듬이 강화되자 발화 주체 '나'가 은폐된다. '나'는 시의 이면에 잠복하고 집단이 나타난다. '나'의 발화는 '우리'의 발화로 변환되어 객관성을 확보한다. 이중적이고 모호하여 난해하던 의미는 단일하게 집중되어 명확해진다. 의미는 리듬에 의해 강조되고, 리듬의 운동성에 의해 의미는 집단 전체가 받아들일 수 있는 동적 특성을 지니게 된다. 김수영의 산문적인 다른 시들과 변별되는 지점이라고 할 수 있겠다.

> 나무뿌리가 좀더 깊이 겨울을 향해 가라앉았다
> 이제 내 몸은 내 몸이 아니다
> 이 가슴의 動悸도 기침도 寒氣도 내 것이 아니다
> 이 집도 아내도 아들도 어머니도 다시 내 것이 아니다
> 오늘도 여전히 일을 하고 걱정하고
> 돈을 벌고 싸우고 오늘부터의 할 일을 하지만
> 내 생명은 이미 맡기어진 생명
> 나의 秩序는 죽음의 秩序
> 온 세상이 죽음의 價値로 변해 버렸다
>
> 익살스러울 만치 모든 距離가 단축되고
> 익살스러울 만치 모든 질문이 없어지고

모든 사람에게 告해야 할 너무나 많은 말을 갖고 있지만
세상은 나의 말에 귀를 기울이지 않는다

이 無言의 말
이 때문에 아내를 다루기 어려워지고
자식을 다루기 어려워지고 친구를
다루기 어려워지고
이 너무나 큰 어려움에 나는 입을 봉하고 있는 셈이고
무서운 無誠意를 자행하고 있다

이 無言의 말
하늘의 빛이요 물의 빛이요 偶然의 빛이요 偶然의 말
죽음을 꿰뚫는 가장 무력한 말
죽음을 위한 말 죽음에 섬기는 말
고지식한 것을 제일 싫어하는 말
이 萬能의 말
겨울의 말이자 봄의 말
이제 내 말은 내 말이 아니다

―「말」 전문

　'나'의 소거가 리듬의 강화를 가져오는 앞의 시들과 다르게 이 시는 '나'가 쓰이면서도 리듬이 부각된다. 화자 '나'는 자신이 처한 상황을 시의 전반부에 제시한다. 서술어 '아니다'의 목적구들이 반복되면서 리듬이 형성된다. 이러한 반복은 3, 4연에서 동일 통사 구조의 연속으로 강력한 리듬을 만들어낸다. 반복에 의해 리듬이 형성되는 부분에서 '나'가 사라진다. 시인의 존재가 사라지면서 리듬의 운동성이 강화

되고, 이 부분에서 시인의 발화는 집단의 발화가 지니는 객관성을 확보한다.

　1연 첫 행에서 김수영은 이 시의 배경을 제시한다. "나무 뿌리가 좀더 깊이 겨울을 향해 가라앉았다." 겨울이 깊어졌다. "이제 내 몸은 내 몸이 아니다." 김수영은 겨울이 깊어지면서 더욱 굳어버린 자신의 몸을 발견한다. 나무 뿌리가 겨울을 향해 깊이 가라앉듯이 김수영은 내면으로 깊게 침잠한다. 몸이 가져다 주는 아픔이 아픔으로 느껴지지 않는다. 가슴의 울렁거림도, 기침도, 한기도 "내 것이 아니다." 뿐만 아니라 "집도 아내도 아들도 어머니도 다시 내 것이 아니다." 겨울의 침묵을 발견하자 자신을 둘러싸고 있는 모든 것들이 자신에게서 멀어지고 있음을 느낀다. 가족도, 통증도 자신의 것이 아닌 듯한데 여전히 삶은 흘러간다. "오늘도 여전히 일을 하고 걱정하고/돈을 벌고 싸우고 오늘부터의 할 일을 하지만" 김수영에게 자신의 생명은 남에게 맡겨진듯이 여겨진다. 삶의 주체인 '나'를 확인할 수 없게 되자 "온 세상이 죽음의 가치로 변해버렸다." "나의 질서는 죽음의 질서"라고 받아들이자 "익살스러울 만치 모든 거리가 단축되고/익살스러울 만치 모든 질문이 없어지"는 상황에 놓이게 된다. '나'를 잊게 되자 세상과의 거리가, 관계의 벽이 사라진다. '나'와 타자의 경계가 허물어진다. 침묵 앞에서 김수영은 비로소 진정한 소통의 완성을 경험한다. "모든 사람에게 고해야 할 너무나 많은 말을 갖고 있지만/세상은 나의 말에 귀를 기울이지 않는다." 세상과 사물과 소통할 수 있는 계기가 침묵이라는 것을 다른 이들에게 알리고 싶지만 아무도 김수영의 말을 듣지 않는다. 소통했다는 사실과 소통할 수 있는 방법을 전파해야 하는데 그 누구도 들으려 하지 않는다. 새로운 단절이 생긴다.

　3연부터 연속되는 반복 구문들은 이러한 상황에 처한 김수영의 긴

박한 내면을 담아낸다. 알려야 하는데 알릴 수 없는 "무언의 말" 때문에 "아내를 다루기 어려워지고/자식을 다루기 어려워지고 친구를/다루기 어려워"진다. 이 말 때문에 '나' 아닌 다른 대상들을 '다루기 어려워진다.' "이 너무나 큰 어려움에 나는 입을 봉하고 있는 셈"이고 "무서운 무성의를 자행하고 있다"고 김수영은 스스로를 비판한다. 세상이 다루기 어려워지는 것은 김수영에게 그다지 큰 문제가 아닌 듯하다. 그 어려움을 어렵다고 받아들인 채 또 다른 침묵에 빠져든 자신의 상황을 그는 무섭게 비판한다. '무서운 무성의를 자행'한다는 구절에서 김수영의 자기 비판은 빛난다.

그러나 4연에서 김수영은 자신이 자행하고 있는 '무서운 무성의'가 더욱 높은 가치로 상승될 때가 언제인지를 안다고 한다. 진정한 침묵이 필요함을 그는 알고 있다. "나무 뿌리가 좀더 깊이 겨울을 향해 가라앉았"듯이 자신에게도 더 깊고 둔중한 침묵이 필요하다는 것이다. "이 무언의 말"이 "하늘의 빛이요 물의 빛이요 우연의 빛이요 우연의 말/죽음을 꿰뚫는 가장 무력한 말/죽음을 위한 말 죽음에 섬기는 말/고지식한 것을 제일 싫어하는 말"이라는 부분에서 말없는 말이, 할 수 없는 말이, 곧 침묵이 어떤 가치를 지니는가를 알 수 있다. 죽음의 질서에 수긍하는 주체 '나'를 거부하고 고정되지 않는 '우연'의 가치를 획득하는 말, 바로 "만능의 말"이 깊어진 "겨울의 말이자" 다가올 "봄의 말"임을 김수영은 깨닫는다.[75]

죽음에서 생명으로 전이되는 자연의 질서가 있다. 인위적인 힘이 필요없다. 겨울 같은 무언의 말이 봄 같은 무언의 말이 될 때를 기다리겠다는 김수영은 겨울의 침묵을, 말없음을 견딜 수 있는 의지를 갖게

---

75) '우연'을 '죽음'과 관련시켜 해석해야 한다는 김종철의 견해가 있다(「시적 진리와 시적 성취」, 『김수영 전집 별권』, 91면 참조).

되었다. "이제 내 말은 내 말이 아니"기 때문이다. 리듬에 의해 의미 주체가 급격하게 확장된다. 뚜렷했던 '나'의 존재가 리듬이 강화되고 빨라지는 부분에서는 사라진다. '나'의 사라짐과 리듬의 상관관계를 3, 4연의 리듬 강화 현상에서 목격하게 된다. 1, 2연의 명백한 화자 '나'는 3, 4연에서 리듬의 배면에 은폐되었다가 마지막 행에서 다시 등장한다. 리듬이 강화되자 '나'는 복수화되어 집단적 특성을 획득한다. 김수영의 시에서 리듬은 '나'를 은폐시키고 화자의 집단적 특성을 부각시키는 장치이다.

의자가 많아서 걸린다 테이블도 많으면
걸린다 테이블 밑에 가로질러놓은
엮음대가 걸리고 테이블 위에 놓은
美製 磁器 스탠드가 울린다

마루에 가도 마찬가지다 피아노 옆에 놓은
찬장이 울린다 유리문이 울리고 그 속에
넣어둔 노리다케 반상 세트와 글라스가
울린다 이따금씩 강 건너의 대포소리가

날 때도 울리지만 싱겁게 걸어갈 때
울리고 돌아서 걸어갈 때 울리고
의자와 의자 사이로 비집고 갈 때
울리고 코 풀 수건을 찾으러 갈 때

三八線을 돌아오듯 테이블을 돌아갈 때
걸리고 울리고 일어나도 걸리고

앉아도 걸리고 항상 일어서야 하고 항상
앉아야 한다 피로하지 않으면

울린다 詩를 쓰다 말고 코를 풀다 말고
테이블 밑에 신경이 가고 탱크가 지나가는
沿道의 음악을 들어야 한다 피로하지
않으면 울린다 가만히 있어도 울린다

美製 陶磁器 스탠드가 울린다
방정맞게 울리고 돌아오라 울리고
돌아가라 울리고 닿는다고 울리고
안 닿는다고 울리고

먼지를 꺼내는데도 책을 꺼내는 게 아니라
먼지를 꺼내는데도 유리문을 열고
육중한 유리문이 열릴 때마다 울리고
울려지고 돌고 돌려지고

닿고 닿아지고 걸리고 걸려지고
모서리뿐인 形式뿐인 格式뿐인
官廳을 우리집은 닮아가고 있다
鐵條網을 우리집은 닮아가고 있다

바닥이 없는 집이 되고 있다 소리만
남은 집이 되고 있다 모서리만 남은
돌음길만 남은 難澁한 집으로

기꺼이 기꺼이 변해 가고 있다

―「의자가 많아서 걸린다」 전문

 같은 현상이 반복되면서 집안이 어떻게 변해 가는가의 과정이 반복과 시행 엇붙임에 의해 상세하게 설명되고 있다. 화자 '나'는 드러나지 않는다. 이 시의 반복은 시의 처음부터 끝까지 지속된다. 제목인 "의자가 많아서 걸린다"는 시의 출발점이 된다.
 1연 첫 행의 '걸린다'는 2행에서 반복된다. 1행의 테이블은 2행에서 반복되고, 이는 3행의 '걸린다'의 원인이 된다. 다시 2행의 테이블은 3행에서 반복되면서 공간에 변화가 생긴다. 테이블 밑에서 위로 공간이 이동되고 '걸린다'가 다시 4행에서 반복된다. 4행의 마지막에서 반복 서술어 '울린다'가 제시된다. 이후에 '울린다'의 목적 대상이 길게 나열되면서 시가 진행된다. 1연에서 7연까지 울리는 대상이 열거되고, 8연과 9연에서는 울리는 것이 많은 우리집의 변화가 제시된다.
 1연 끝에 제시된 서술어 '울린다'는 2연 2행에서 '찬장, 유리문, 그 속에 넣어둔 노리다께 반상세트와 글라스'를 목적어로 삼는다. '울린다'는 시행 엇붙임에 의해 3연으로 이어진다. "강 건너의 대포소리가 // 날 때도 울리지만" '걸어갈 때, 돌아서 걸어갈 때, 의자와 의자 사이로 비집고 갈 때, 코 풀 수건을 찾으러 갈 때'도 울린다. 집안이 무엇인가에 의해 움직거린다. 의자가 많아서 자꾸 걸리는 상황이 4연에서 반복된다. 피로해야 집안의 울림을 느끼지 않는다. "피로하지/않으면 울린다 가만히 있어도 울린다." 걸리고 울리는 상황이 반복된다. 1연 끝 행의 "미제 자기스탠드가 울린다"가 6연 첫 행에서 다시 반복되면서 화자는 사물들이 울리는 이유를 제시한다. 그것들은 화자에게 "돌아가라 울리고 닿는다고 울리고/안 닿는다고 울"린다. 닿아도 울리고 안 닿아도 울린다. 모든 것들이 행동과 상관없이 울린다. 7연은 이러한 상황을 구체적으로 보여준다. "먼지를 꺼내는데도" 유리문이 울리고, 울려진다. "닿고 닿아지고 걸리고 걸려"진다. 다가가면 닿고, 가만히 있는데 다가와 걸린다. 나의 움직임이 울림과 걸림의 원인이 되고, 나의 부동도 그것의 원인이 된다. 인과를 구분할 수 없는 상황, 반복되는 일상이 '우리집'을 "형식뿐인 격식뿐인/관청"으로 보이게 만든다. 빠져나갈 수 없게 철조망이 집을 감싸고 있는 듯하다. 연속되는 철조망의 무늬와 반복되는 일상의 이미지가 유사하다. 일상에 포위된, 감옥처럼 철조망 쳐진 우리집이 "바닥이 없는 집이 되고 있다." 우리집은 "난삽한 집으로/기꺼이 기꺼이 변해 가고 있"는 것이다.

후기로 갈수록 김수영의 시에는 시행 엇붙임 기법이 많이 사용된다. 더불어 화자 '나'의 등장 경우가 현저하게 줄어든다. 이 시에서는 시행 엇붙임과 반복이 결합되어 리듬의 흐름과 분절이 전체 시의 리듬으로 확장된다. 시행 엇붙임에 의해 대부분의 행이 네 호흡 단위로 균형을 이룬다. 행과 행 단위, 연과 연 단위로 반복되는 구절들에 의해 리듬은 한 행과 한 연 안에서 발생하는 단일한 양상을 넘어선다. 연과 연 단위로 확장된 반복에 의해 리듬이 의미와 일치된다. 반복되는 일상 생활이 리듬과 결합하여 벗어날 수 없는 강제로 느껴진다. 원인과 결과가 혼합되고, 능동과 피동이 뒤섞인다. 무엇이 주체이고 무엇이 대상인지 분간되지 않는다. 사물이 주인이 되고 사람이 사물의 대상이 된다. 이러한 삶의 양태를 운동하는 리듬이 반영한다. 행과 행, 연과 연으로 이어지는 리듬이 시행 엇붙임에 의해 단절되었다가 연속된다. 단속이 이어지면서 리듬은 삶의 운동 양태를 흡수한다. 형식과 격식뿐인 삶이 "닿고 닿아지고 걸리고 걸려"지는 상황이 리듬에 의해 구체적인 이미지로 변화된다. '철조망'을 닮아가는 우리집이라는 핵심 이미지가 무리없이 도출되는 이유 또한 리듬에 있다.

꽃을 주세요 우리의 苦惱를 위해서
꽃을 주세요 뜻밖의 일을 위해서
꽃을 주세요 아까와는 다른 時間을 위해서

노란 꽃을 주세요 금이 간 꽃을
노란 꽃을 주세요 하얘져가는 꽃을
노란 꽃을 주세요 넓어져가는 소란을

노란 꽃을 받으세요 원수를 지우기 위해서
노란 꽃을 받으세요 우리가 아닌 것을 위해서
노란 꽃을 받으세요 거룩한 偶然을 위해서

꽃을 찾기 전의 것을 잊어버리세요
  꽃의 글자가 비뚤어지지 않게
꽃을 찾기 전의 것을 잊어버리세요
  꽃의 소음이 바로 들어오게
꽃을 찾기 전의 것을 잊어버리세요
  꽃의 글자가 다시 비뚤어지게

내 말을 믿으세요 노란 꽃을
못 보는 글자를 믿으세요 노란 꽃을
떨리는 글자를 믿으세요 노란 꽃을
영원히 떨리면서 빼먹은 모든 꽃잎을 믿으세요
보기 싫은 노란 꽃을

—「꽃잎 2」전문

비슷한 말들의 반복과 열거로 구성된 이 시를 소리 내어 읽는 경우 언어의 물질적 특성이 도드라진다. 같은 말이 반복되면서 시는 매우 빠르게 읽힌다. 시를 다 읽고 난 후에는 모든 의미가 휘발되고 마치 속도만이 텍스트에 남아 있는 듯이 여겨진다.[76] 반복에 의해 획득된 속도 때문에 이 시의 리듬은 주술적인 느낌을 들게 한다.[77] 리듬에 의해 획득된 주술성은 시의 산란된 의미를 더욱 분산시킨다. 주술의 언어들은 대개가 아무런 의미를 지니고 있지 않다.[78] 소리의 물질성에 의존하는 주술의 언어들은 시니피에 없는 언어, 시니피앙으로만 이루어진 언어이다. 시니피에로만 이루어진 언어는 없고 시니피앙만으로 이루어진 언어는 존재한다. 따라서 이 시를 무엇인가에 대한 김수영의 염원이 너무나 강렬하여 자신도 모르는 사이에 주체의 외면으로 떠밀려 나간 언어들이 리듬으로 연결된 작품이라고 할 수도 있을 것이다. 「꽃잎 2」가 의미 파악의 부하로부터 벗어날 수 있는 가능성이 없는 것은 아니다.

　　이 작품의 난해함은 "의미의 결합을 불가능하게 만드는 비약적인 서술구조" 때문에 발생한다고 할 수 있다.[79] '꽃'은 무슨 의미인지, 반복되는 '노란 꽃'은 대체 어떤 꽃을 말하는 것인지 시의 맥락만 가지고는 전혀 알 수 없다.[80] 연작의 첫째 시, 셋째 시와 연관이 있다고도 보기 힘들다. '노란 꽃'이 시어로 등장하는 두 편의 시 「반달」과 「미역

---

76) 정현종(「詩와 행동, 추억과 역사」, 『김수영 전집 별권』, 221면)은 김수영 시의 속도감에 대해 다음과 같이 말한다. "읽고 나서 받은 가장 강한 느낌은 그의 작품이 갖고 있는 속도이다. 이 속도감이 어느 정도냐 하면 속도 자체가 작품의 주요 내용이며 또한 형식을 결정하고 있는 것 같은 느낌이 들 정도이다."
77) 서우석, 「金洙暎:리듬의 희열」, 『김수영 전집 별권』, 179면 참조.
78) 우리가 익숙하게 들어온 주문 '수리수리마수리'나 영어의 'abracadabra'에는 아무런 의미가 없다. 주문은 사물의 소리를 본뜬 의성어도 아니다.
79) 조영복, 「김수영 시의 난해성과 구조」, 『한국 현대시와 언어의 풍경』, 태학사, 1999, 155면.

국」에서도 '노란 꽃'은 특별한 의미를 지니지 않는다.[81]「꽃잎 2」의 '노란 꽃' 역시 실제로 존해하는 꽃인지, 정말로 꽃의 색깔이 노란색인지 전혀 알 수 없다. "김수영 시의 '꽃'은 이미 꽃 그 자체는 아니다."[82] '노란 꽃'이 자리잡고 있는 위치에 '파란' 꽃을 넣는다 해서 의미가 바뀌거나 모르던 의미가 파악되지도 않는다.

  1연에서 화자는 자신에게 꽃을 달라고 말한다. 1연의 '꽃을 주세요'의 주체는 타인이고, 꽃을 받을 사람은 화자 '나'이다. 반복되는 서술어 '주세요' 다음에는 자신이 왜 꽃을 받아야 하는지 그 이유가 제시된다. 2연에서 화자는 '노란 꽃'을 달라고 말한다. 역시 꽃을 주는 행위의 주체는 타인이다. 2연의 서술어 '주세요' 다음 구절은 모두 '노란 꽃'의 성질을 설명한다. 노란 꽃은 금이 갔고, 하얘져가고 있고, 넓어져가고 있다. 3연의 동작 주체는 1, 2연과 다르다. 화자가 누구인지 혼란이 생긴다. 서술어 '받으세요'의 등장 때문에 3연의 행위 주체는 누가 누구인지 분간되지 않는다. 문맥상 앞 연처럼 주체가 화자인 경우 화자가 타인에게 '노란 꽃'을 받으라고 말하는 경우가 성립되고, 타인이 주체인 경우 이 시는 3연에서 갑자기 행위와 발화의 주체가 바뀌는 혼란한 시가 된다. 3연에서 시작된 혼란 때문에 4, 5연의 행위와 그 발화 주체 역시 1, 2연의 '나'인지 불분명하다. 따라서 5연에 등장하는 주어 '나'조차도 시의 발화자 '나'인지, 타인으로 전도되어 발화의 주체가 바뀐 '나'인지 불명확하다.

---

80) 이 시가 언어의 기의에 초점을 두기보다 기표에 초점을 두어야 하는 작품이라는 점을 김현승은 다음과 같이 설명했다. "시인은 이미지의 선택에 전혀 질서나 상식의 구애를 받지 않는다. 감각의 손에 잡히는 대로 끌어내어다 이미지의 단층을 쌓아 나간다."(김현승, 앞의 글, 65면)
81) "〔…중략…〕九月中旬 茶나무는 거의/내 키만큼 자라나고 노란 꽃도 이제는/보잘것없이 되었는데도"(「반달」). "풀 속에서는 노란 꽃이 지고 바람소리가 그릇 깨지는"(「미역국」). 이 두 시에서 '노란 꽃'은 시인이 직접 본, 살아 있는 노란색 꽃을 의미한다.
82) 이은정, 앞의 책, 155면.

김수영은 발화의 주체를 분명하게 설정하고 있지 않다. 말을 바꾸면 청자는 시인 김수영이자 독자 김수영이다. 여기서 발화자 '나'나 청자 '너'가 아닌 제3자인 '그'가 시의 문맥에 끼어들 여지가 발생한다. 연과 연 사이에 내용의 유기적 연결이 빈약하기 때문에 연 구분이라는 형식적 표지에는 그만큼의 틈이 있다고 할 것이다. "'나'란 '나'와 반대되는 듣는 사람, '너' '그' '그것'이 없으면 생각될 수 없"다. 마찬가지로 "'자아'에 대한 인식은 '비아(非我)'라는 개념을 나타내는 '너'와 대비되었을 경우에만 가능하다."[83] 하지만 이 시에 '나―너'의 대립은 존재하지 않는다. '나'와 '너'는 뒤섞여 있어 분간할 수 없다.

　　이 시에서 '나'와 '너'의 경계선은 뭉개져 있다. 주체와 객체가 한 덩어리로 뭉쳐 있는 이러한 상황은 김수영의 분열된 내면을 드러내는 양상일 수도 있고, 김수영이 주체와 객체, '나'와 타자 사이의 분열된 관계를 전복하기 위해 채택한 방법적 장치일 수도 있다. 발화의 주체는 물론 동작의 주체까지 알 수 없는 혼돈 상태에 이른 「꽃잎 2」의 언어들은 기표와 기의의 대응 관계에서도 벗어난다.[84] 발화자의 목소리는 지워진다. 이미지는 더 이상 존재하지 않으며, 오로지 언어가 있다. 이 시에는 언어의 물질성만이 남아 있다.

　　그러나 의미 관계를 파악할 수 없게 만드는 내용의 해체에도 불구하고 이 작품을 시로 만드는 요소는 서우석에 의해 지적되었듯이 규칙

---

83) Anika Lemaire, 『자크 라캉』, 이미선 역, 문예출판사, 1998, 95면.
84) 가변적인 기표와 기의의 관계는 일차적으로 소쉬르의 '자의성'을 의미한다. 소쉬르의 자의성이 기표와 기의의 대응 관계에 있어 고정된 기의와 이에 대응되는 기표의 자율적 질서라는 의미로 사용되었다는 점은 널리 알려진 사실이다. 다 자란 수컷 소를 한국어로 '황소'라고 부르고, 영어로는 'ox', 독일어로는 'Ochs'라고 부른다는 소쉬르의 예시는 이러한 관계를 설명하고 있다. 기표와 기의의 가변성은 고정된 하나의 기의에 서로 다른 기표가 대응한다는 점을 지적하는 개념이면서, 동시에 하나의 기표에 하나의 기의가 대응된다는 기표―기의 관계의 필연성을 설명하는 개념이라는 점도 지적되어야 한다.

적인 소리 배열의 형식, 즉 리듬이다. 리듬은 의미를 넘어서는 주술성을 부여한다. 리듬은 해체의 동력으로 작용하면서 동시에 최소한의 통일성을 시에 부여하고 있다.

일반적으로 말할 때, 예술작품은 보편적인 것과 특수한 것의 통일체로 규정된다. 비록 예술작품이 이해할 수 없을 정도에 다다랐기 때문에 이러한 보편적이고 특별한 것으로 이루어진 통일성이 없다고 하는 경우에도 통일성은 다양한 예술의 역사에서 각각 다른 시기 동안 광범위하게 변화된 방법으로 획득되었을 것이다. 유기적인 예술작품에서 보편적이고 특수한 것의 통일성은 매개없이 만들어진다. 반면에 아방가르드 예술작품이 포함되는 비유기적 작품들의 경우 통일성은 매개된다. [···중략···] 아도르노는 바르게 지적한다 : "가장 극단적인 부조화와 불협화음을 주장하는 예술조차도 그것의 요소들은 통일성을 이룬다. 통일성이 없다면, 그런 예술은 부조화를 만들어낼 수도 없었을 것이다." 아방가르드 예술가들의 작품은 (다다이스트 예술가들이 그러한 의도를 지녔던 것처럼) 유기적인 예술작품을 특징화하는 부분과 전체의 관계인 특별한 종류의 통일성을 제외하고는 통일성을 부정하지 않는다.[85]

---

85) Generally speaking, the work of art is to be defined as the unity of the universal and the particular. Although the work of art is not conceivable if this unity is not present, unity was achieved in widely varying ways during different periods in the history of art. In the organic (symbolic) work of art, the unity of the universal and the particular is posited without midiation; in the nonorganic (allegorical) work to which the works of the avant-garde belong, the unity is a mediated one. (···) Adorno correctly emphasizes:"Even where art insists on the greatest degree of dissonance and disharmony, its elements are also those of unity. Without it, they would not even be dissonant." The avant-gardiste work does not negate unity as such (even if the Dadaists had such intentions) but a specific kind of unity, the relationship between part and whole that characterizes the organic work of art(Peter Bürger, *Theory of the Avant-garde*, trans. Michael Shaw, University of Minnesota Press, Minneapolis, 1984, p.56.).

전위적인 작품들은 작품의 표면 맥락에서는 통일성을 찾을 수 없고, 해체된 혹은 비유기적 양상의 이면에 통일성이 존재한다. 세잔느가 "나는 인상주의를 가지고 박물관의 예술처럼 단단하고 지속적인 것을 만들기를 원했다"고 말했을 때,[86] 세잔느의 그림에는 모든 "자연은 공, 원뿔, 원통으로 처리되어야" 한다는 원칙이 존재했다.[87] 세잔느가 '모티프'라고 불렀던 전체성은 사물을 분석하고 재현해내는 틀로 그가 선택한 몇 가지 기본적인 형태를 포함하는 대상을 말하는데, 이것은 세잔느의 모든 그림을 설명하는 '내적인 통일성'으로 기능한다.[88]

김수영의 경우, '내적 통일성'은 리듬이다. 의미 접근을 거부하는 김수영의 시이지만 일반적 서정시의 통일성과는 다른 차원에서 김수영은 시를 조직한다. 리듬은 의미의 바깥에서 언어의 물질적 특성을 통제한다.

'나'는 리듬이 강화되는 시에서 그 출현 빈도가 현저하게 줄어든다. '나'가 소거된 시의 경우 주술성을 획득하여 의미를 파악할 수 없는 전위적 면모를 드러내기도 하지만, 이 때에도 리듬은 김수영의 시의 내적 통일성으로 작용한다. '나'의 소거와 더불어 강화되는 리듬은 김수영 시의 화자를 복수화시킨다. 또한 김수영 시의 운동 기제인 리듬은 고정되지 않는 김수영 시의 의미를 현재화한다. 리듬에 의해 시의 의미는 현재의 관점을 획득한다. 고정되지 않는 시적 의미의 동력원으로 리듬은 김수영 시의 의미를 '나'에서 복수 주체 '우리'로 전이시킨다.

---

86) Gilles Deleuze, 『감각의 논리』, 하태환 역, 민음사, 1995, 151면.
87) Emile Bernard, 앞의 책, 94면.
88) Maurice Merleau-ponty, 『현상학과 예술』, 오병남 역, 서광사, 1983, 199면 참조.

2) 리듬:生成과 '온몸'의 형식

　김수영의 시에는 산문성이 강한 시가 있고, 강력한 리듬이 작동되는 시가 있다. 끝없는 부정의 운동을 펼쳐보이는 김수영의 시에서 리듬은 시의 음악성을 부각시키는 역할 이외에 김수영의 사유가 지니고 있는 운동의 형식으로 작동된다. 「사랑의 變奏曲」이 지니고 있는 리듬을 파악해본다. 의미 맥락뿐만 아니라 리듬의 전개 양상의 고찰로도 이 시의 미적 성취도를 알 수 있다.

　　　욕망이여 입을 열어라 그 속에서
　　　사랑을 발견하겠다 都市의 끝에
　　　사그러져 가는 라디오의 재갈거리는 소리가
　　　사랑처럼 들리고 그 소리가 지워지는
　　　강이 흐르고 그 강 건너에 사랑하는
　　　암흑이 있고 三월을 바라보는 마른 나무들이
　　　사랑의 봉오리를 준비하고 그 봉오리의
　　　속삭임이 안개처럼 이는 저쪽에 쪽빛
　　　산이

　　　사랑의 기차가 지나갈 때마다 우리들의
　　　슬픔처럼 자라나고 도야지우리의 밥찌끼
　　　같은 서울의 등불을 무시한다
　　　이제 가시밭, 덩쿨장미의 기나긴 가시가지
　　　까지도 사랑이다

　　　왜 이렇게 벅차게 사랑의 숲은 밀려닥치느냐

사랑의 음식이 사랑이라는 것을 알 때까지

난로 위에 끓어오르는 주전자의 물이 아슬
아슬하게 넘지 않는 것처럼 사랑의 節度는
열렬하다
間斷도 사랑
이 방에서 저 방으로 할머니가 계신 방에서
심부름하는 놈이 있는 방까지 죽음 같은
암흑 속을 고양이의 반짝거리는 푸른 눈망울처럼
사랑이 이어져가는 밤을 안다
그리고 이 사랑을 만드는 기술을 안다
눈을 떴다 감는 기술―불란서혁명의 기술
최근 우리들이 4·19에서 배운 기술
그러나 이제 우리들은 소리내어 외치지 않는다

복사씨와 살구씨와 곶감씨의 아름다운 단단함이여
고요함과 사랑이 이루어놓은 暴風의 간악한
信念이여
봄베이도 뉴욕도 서울도 마찬가지다
信念보다도 더 큰
내가 묻혀 사는 사랑의 위대한 도시에 비하면
너는 개미이냐

아들아 너에게 狂信을 가르치기 위한 것이 아니다
사랑을 알 때까지 자라라
人類의 종언의 날에

너의 술을 다 마시고 난 날에
美大陸에서 石油가 고갈되는 날에
그렇게 먼 날까지 가기 전에 너의 가슴에
새겨둘 말을 너는 都市의 疲勞에서
배울 거다
이 단단한 고요함을 배울 거다
복사씨가 사랑으로 만들어진 것이 아닌가 하고
의심할 거다!
복사씨와 살구씨가
한번은 이렇게
사랑에 미쳐 날뛸 날이 올 거다!
그리고 그것은 아버지 같은 잘못된 시간의
그릇된 瞑想이 아닐 거다

—「사랑의 變奏曲」전문

이 시의 리듬을 만들어내는 중요한 기법은 시행 엇붙임이다. 의미의 흐름을 방해하는 행 배치가 리듬을 형성한다. 고려된 리듬은 시행의 자연스러운 율독이 발생시키는 의미의 편안한 이해를 방해하지만 시 전체의 리듬이 만들어내는 속도는 이 시의 의미와 리듬의 상관성, 이미지와 리듬의 상관성을 드러내고 있다.

1연의 첫 의미 단위는 '욕망이여 입을 열어라 그 속에서 사랑을 발견하겠다'이다. 한 문장을 김수영은 "욕망이여 입을 열어라 그 속에서/사랑을 발견하겠다"고 행 배치하였다. 호출된 욕망의 '그 속'이 강조되고, 동시에 그 속에 있는 '사랑'에 초점이 주어진다. 다음 문장은 '도시의 끝에 ~ 소리가 사랑처럼 들리고'이다. 이 문장은 "도시의 끝에/사그러져가는 라디오의 재갈거리는 소리가/사랑처럼 들리고"로 배치되었다. 도시의 '끝'과 재갈거리는 '소리'가 '사랑'처럼 들린다는 의미가 강조된다. 행이 바뀌면서 발생하는 휴지는 각각의 전후 문맥을 분리시키면서 독자의 집중을 불러일으킨다. 문장이 끊기지는 않지만 의미 단위가 바뀌는 다음 구절들이 연속된다. '그 소리가 지워지는 강이 흐르고, 그 강 건너에 사랑하는 암흑이 있고, 3월을 바라보는 마른 나무들이 사랑의 봉오리를 준비하고, 그 봉오리의 속삭임이 안개처럼 이는 저쪽에 쪽빛 산이' 있다. 배치된 의미 단위 넷은 수식구와 피수식구가 분리되어 있고, 주부와 술부 사이에 큰 휴지가 있다. "그 소리가 지워지는/강이 흐르고 그 강 건너에 사랑하는/암흑이 있고 삼월을 바라보는 마른 나무들이/사랑의 봉오리를 준비하고 그 봉오리의/속삭임이 안개처럼 이는 저쪽에 쪽빛/산이∥"로 구성되어 있다. 각 행이 네 마디로 구성되지만 의미 단위는 두 개씩이고, 이들은 각각 앞 행과 뒤 행의 의미와 연결된다. 한 행 안에서 이들은 빠르게 읽힌다. 연쇄와 분절이 연속된다. 의미 단위의 분절이 휴지를 발생시켰고, 각 의미 단위의 연쇄 지점이 한 행에 배치되었다. 한 행이 네 호흡 단위로 일정하게 배치되어 전체적으로 통일감을 준다. 진행되는 한 행에서는 빠르지만 행과 행을 넘어갈 때는 느려지는 리듬이다. 1연의 리듬은 마지막 행에서 다음 연으로 이어진다. "쪽빛/산이∥사랑의 기차가 지나갈 때마다 우리들의/슬픔처럼 자라"난다.

　이러한 시행 엇붙임에 의한 리듬의 배분은 일정한 호흡 단위의 균형을 유지한다. 네 호흡 단위를 기본으로 하여 세 단위와 다섯 단위가 적절히 배분된다. 3연의 시행 엇붙임은 4연으로 이어진다. 4연의 리듬은 좀더 복잡한 양상을 보인다. 2연에 제시된 시의 주제 '사랑'이 3연을 지나 4연에서 '열렬하다'로 귀결된다. "사랑의 절도는/열렬하다"에 이르기까지 리듬은 유려하게 흐른다. 김수영은 '열렬하다'를 한 행으로 처리하여 그 의미를 강조한다. 또 리듬의 변화를 시도한다. 사랑에 집중된 의미와 리듬은 "간단도 사랑"이라는 구절에서 반복 강조되면서 잠깐 느려진다. 드러난 사랑의 양상을, 사랑이 변주되는 양상을 김수영은 다시 빠른 리듬으로 제시한다. '사랑이 이어져가는 밤'의 이미지는 빠른 리듬에 실려 전개된다. "이 방에서∨저 방으로∨할머니가∨계신 방에서/심부름하는 놈이 있는∨방까지∨죽음 같은"에서 '이 방에서'의 네 음절로 구성된 한 호흡 단위의 반복과 다음 행의 다섯 음절과 네 음절의 한 호흡 단위가 비교된다. 네 호흡 단위와 세 호흡 단위를 구성하는 음절 수가 17 대 16이다. 따라서 '심부름하는 놈이 있는 방까지 죽음 같은'은 상대적으로 빠르게 읽힌다. 리듬은 다음 행에서 더욱 빨라진다. "암흑∨속을∨고양이의∨반짝거리는∨푸른 눈망울처럼"으로 읽히는 이 구절에서 '암흑'은 앞 행 '죽음 같은'과 의미가 이어지기 때문에 뒤의 '속을'과는 호흡이 분리된다. 한 행을 구성하는 호흡의 수가 다른 행에 비해 하나 더 많다. 사랑의 흐름을 표현하는 움직임의 이미지가 리듬의 빠르기와 상응하는 구절이다. 이러한 흐름은 '그리고'를 기점으로 변화한다. 접속사 '그리고'에서 의미의 전환이 이루어지는데, 이때 리듬은 앞의 빠르기를 유지하다가 "눈을 떴다 감는 기술―불란서혁명의 기술"에서 명확한 휴지 기능을 드러내는 줄표에 의해 현저하게 느려진다. 출렁대는 리듬은 다음 연으로 이어진다.

  5연 첫 행은 앞 연의 리듬보다 더욱 빠르다. 열거되는 명사들의 연속이 읽는 속도를 증가시킨다. 빠르게 연속되는 2행의 의미 흐름은 3행의 "신념이여"로 분절되었다가 4행에서 빨라진다. 사랑의 흐름이 '신념'으로 귀결되는 순간 리듬은 잠시 멈추었다가 다른 의미로 전이되면서 다시 빨라진다. '신념'이 다시 반복되는 5행은 3행보다 빠르고, 6행은 5행보다 빠르지만, 7행은 느려진다. 호흡 단위에 따라 5연을 분절해본다.

복사씨와∨살구씨와∨곶감씨의∨아름다운 단단함이여 (4)

고요함과∨사랑이 이루어놓은∨暴風의∨간악한 (4)

信念이여 (1)

봄베이도∨뉴욕도∨서울도∨마찬가지다 (4)

信念보다도∨더∨큰 (3)

내가∨묻혀 사는∨사랑의∨위대한 도시에∨비하면 (5)

너는∨개미이냐 (2)

  행 말미에 병기된 호흡 단위의 수는 율독의 빠르기가 될 수 있다. 빨라졌다 느려지는 현상이 리듬의 구조를 형성한다. 이 시의 제목에 왜 '변주'가 들어 있는가를 일러주는 의미심장한 지표라고 할 수 있다. 리듬의 율동은 감정이 고조되는 6연에서도 앞 연과 비슷한 양상을 보인다. 많은 호흡 단위 행(1행)과 적은 호흡 단위 행(8행, 11~13행)이 번갈아 제시된다. 빠르게 읽히는 행(1행) 다음에 느린 행(3행)이 온다. 느린 행은 반복(2행, 3행)되고, 한 행을 구성하는 음절 수는 증가(3~6행)된다. 출렁이는 리듬은 감정과 의미의 상승적인 흐름과 병행되어 마침내 "사랑에 미쳐 날뛸 날이 올 거다!"에서 절정을 맞이한다. 「사랑의 變奏曲」은 리듬이 김수영의 감정과 의식의 흐름을 어떻게 반영하는가를 예증한다.

  구어를 사용하고 있는 다음 시는 전체 연이 각 4행으로 이루어져 있다. 시행 엇붙임과 반복에 의해 리듬이 발생한다. 김수영 후기 시의 특징이라고 할 수 있는 시행 엇붙임과 구어의 활용에 의해 생성되는 리듬은 「元曉大師」가 지니고 있는 비판 의식을 강렬하게 상승시킨다.

  聖俗이 같다는 元曉大師가

텔레비에 텔레비에 들어오고 말았다
배우 이름은 모르지만 大師는
大師보다도 배우에 가까웠다

그 배우는 食母까지도 싫어하고
신이 나서 보는 것은 나 하나뿐이고
元曉大師가 나오는 날이면
익살맞은 어린 놈은 活劇이 되나 하고

조바심을 하고 食母 아가씨나 가게
아가씨는 연애가 되나 하고
애타하고 元曉의 염불 소리까지도
잊고—罪를 짓고 싶다

돌부리를 차듯 서투른 元曉로
분장한 놈이 돌부리를 차고 풀을
뽑듯 罪를 짓고 싶어 罪를
짓고 얼굴을 붉히고

罪를 짓고 얼굴을 붉히고—
聖俗이 같다는 元曉大師가
텔레비에 나온 것을 뉘우치지 않고
春園 대신의 原作者가 된다

宇宙時代의 마이크로웨이브에 탄
元曉大師의 敏活性 바늘 끝에

묻은 罪와 먼지 그리고 模倣
술에 취해서 쓰는 詩여

텔레비 속의 텔레비에 취한
아아 元曉여 이제 그대는 낡지
않았다 他動的으로 自動的으로
낡지 않았고

元曉 대신 元曉 대신 마이크로가
간다 〈제니의 꿈〉의 허깨비가
간다 연기가 가고 연기가 나타나고
魔術의 元曉가 이리 번쩍

저리 번쩍 〈제니〉와 大師가
왔다갔다 앞뒤로 좌우로
왔다갔다 웃고 울고 왔다갔다
파우스트처럼 모든 象徵이

象徵이 된다 聖俗이 같다는 元曉
大師가 이런 機械의 영광을 누릴
줄이야 〈제니〉의 덕택을 입을
줄이야 〈제니〉를 〈제니〉를 사랑할 줄이야

긴 것을 긴 것을 사랑할 줄이야
긴 것 중에 숨어 있는 것을 사랑할 줄이야
저절로 이루어지는 것이 긴 것 가운데

있을 줄이야

그것을 찾아보지 않을 줄이야 찾아보지
않아도 있을 줄이야 긴 것 중에는
있을 줄이야 어련히 어련히 있을
줄이야 나도 모르게 있을 줄이야

—「元曉大師」전문

    1연에서 김수영은 원효대사가 주인공인 텔레비전 드라마를 보고 있다. 김수영은 시행 엇붙임 기법을 적극적으로 사용한다. 행과 행, 연과 연으로 이어지는 시행의 배치에 의해 의미가 연결되는 부분들의 호흡이 분리된다. 3연에서 김수영은 줄표를 사용하여 자신의 견해를 시에 삽입시킨다. 그는 "죄를 짓고 싶다." 삽입된 자신의 견해를 시작으로 하여 이어지는 4연에서 김수영은 서투르게 분장하고서 서투르게 연기하고 있는 배우처럼 "죄를 짓고 싶어/죄를 짓"는 상태에 도달하고 싶어 한다. 견해는 반복되면서 다음 연으로 이어진다. "죄를/짓고 얼굴을 붉히고//죄를 짓고 얼굴을 붉히고—"에서 김수영은 초행적 반복을 사용하여 자신이 생각하는 죄가 무엇인지를 언급한다. '성속이 같다'는 원효대사가 텔레비전 연속극에 나온다. 통속적인 재미와 흥미를 불러일으키는 대상으로 원효대사는 타락했다. 원작의 의미는 사라지고 훼손되었다. 죄를 짓고 얼굴을 붉힐 줄 모르는 세상이 되었다. 김수영은 자신이 그런 죄를 짓고 싶어한다. 5연 첫 행의 줄표 이후로 김수영은 다시 드라마 원효대사로 돌아간다.
    다음 연에서 우주시대의 드라마에 등장하는 원효대사의 허황된 민활성을 김수영은 비판한다. 원작을 왜곡시키고, 원작자의 의도를 거세시키고, 원효대사의 높은 정신을 말살해버린 드라마의 "죄와 먼지와 모방"을 답습하고 있는 듯한 자신의 시를 "술에 취해서 쓰는 시"라고 김수영은 비판한다. "텔레비 속의 텔레비에 취한/아아 원효여 이제 그대는 낡지/않았다 타동적으로 자동적으로/낡지 않"은 것이다. 원효는 죽었지만 드라마의 원효는 마이크로웨이브에 수신되는 전파처럼 민활하게 세상을 오가고 있다. "원효 대신 원효 대신 마이크로가/간다." 김수영은 반복을 사용하여 실제의 원효대사와 드라마의 원효대사를 비교한다. "마술의 원효가 이리 번쩍//저리 번쩍"한다. 연과 연 사이에 시행 엇붙임이 사용되었다. 왜곡된 원효를 시행 엇붙임과 반복 기법을 사용하여 김수영은 9연에서 강조한다. "대사가/왔다갔다 앞뒤로 좌우로/왔다갔다 웃고 울고 왔다갔다"한다. 뚜렷한 리듬에 의해 "성속이 같다는 원효/대사"가 누리는 "기계의 영광"이 부각된다. "모든 상징이//상징"이 되는 과정이 뚜렷해진다. 텔레비전의 드라마에 나오는 원효대사는 미국의 드라마 〈제니의 꿈〉에 나오는 주인공 '제니'와 구분되지 않는다. 미국 문화와 한국 문화의 차이가 없다. 원효와 제니 둘 다 드라마의 주인공에 지나지 않는다. 성속이 같은 원효대사가 성속이 다른 제니를 사랑한다. 이러한 김수영의 비판 의식은 "대사가 이런 기계의 영광을 누릴/줄이야 〈제니〉의 덕택을 입을/줄이야 〈제니〉를 〈제니〉를 사랑할 줄이야"에서 확연하게 드러난다. 원효대사가 제니와 같아질 줄 몰랐다는 의미를 강조하기 위해 김수영은 '~줄이야'를 행의 맨 처음에 배치시켜 강조하고 있다. '~줄이야'의 연쇄는 10연으로 이어진다. '~ 사랑할 줄이야'와 '~ 있을 줄이야'가 반복되면서 김수영의 비판은 계속된다. 비판적 의도로 사용된 '~ 줄이야'가 반복되면서 모르고 있었던 사실을 깨닫는 과정이 부각된다. 10연부터 내용이 바뀐다. 드라마에서 비롯된 비판의 흐름이 반복에 의해 자연스럽게 자신에 대한 비판으로 전이된다.

연속극처럼 이어지는 일상의 연속을 자신이 사랑하게 될 줄 몰랐다고 김수영은 말한다. 길고 긴 일상에 "숨어 있는 것을 사랑할 줄"을 몰랐다고 김수영은 고백한다. 길게 이어지기 때문에 자신도 모르는 사이에 "저절로 이루어지는 것"이 있을 줄 몰랐다고 한다. 그러한 것을 김수영은 찾아보지 않았다. 자신을 반성하면서 새로운 의미를 찾아낸 김수영은 11연에서 다시 비판의 초점을 전환시킨다. 자신을 포함하여 다시 연속극의 세계, 성속이 같은 일상의 세계를 비판한다. "찾아보지/않아도 있을 줄"을 몰랐던 것이다. "긴 것 중에는/있을 줄"을 몰랐고, "어련히 어련히 있을/줄"을 몰랐던 김수영은 "나도 모르게 있"었던 그것을 발견한다. 타락한 가치에 대한 자각이, 타락의 원인을 따져보는 자세가 필요하다. 저절로 이루어지는 것을 자각해야 하고, 저절로 이루어지는 것들을 인식하지 못하는 삶의 근원을 철저하게 반성해야 한다. '나도 모르게 있'는 것들을 '나'가 알게 되기까지 '나'에게 무엇이 필요한가를 김수영은 따져본다. 일상과 삶에 숨어 있는 질서, 배후의 동력을 파악하기 위해 투철한 비판의 자세를 견지해야 한다. 쉬지 않고 반성해야 한다.

  이 시의 리듬은 끝없는 자기 비판의 반복을, 정신의 역동성을, 김수영의 철저한 부정의식을 반영한다. 내용과 형식이 온몸을 이루어 운동한다.

    風景이 風景을 반성하지 않는 것처럼
    곰팡이 곰팡을 반성하지 않는 것처럼
    여름이 여름을 반성하지 않는 것처럼
    速度가 速度를 반성하지 않는 것처럼
    拙劣과 수치가 그들 자신을 반성하지 않는 것처럼
    바람은 딴 데에서 오고
    救援은 예기치 않은 순간에 오고

絶望은 끝까지 그 자신을 반성하지 않는다

——「絶望」 전문[89]

　　이 시의 기본 문장은 '~이 ~을 반성하는 않는 것처럼 절망은 끝까지 그 자신을 반성하지 않는다'이다. 기본 문장을 제외한 6, 7행의 의미가 다른 행과 비교된다. 전체 9행 중에서 일곱 번 반복되는 '반성'이 있고, 나머지 두 문장은 '오고'가 반복된다. 시 전체가 반복에 의해 연속된다.[90]

　　반복되는 문장의 주체는 '풍경, 곰팡, 여름, 속도, 졸렬, 수치'이다. 열거된 명사 여섯의 통일적 특성을 찾아내기란 어렵다. 환유 연쇄가 리듬을 형성하는 예이다. 연쇄에 의해 인접성을 획득한 명사들은 반성하지 않는 대상이라는 공통점으로 묶인다. 스스로를 반성하지 않는 순간 "바람은 딴 데서 오고/구원은 예기치 않은 순간에 오고" 절망은 또다른 절망으로 변화된다. 구원과 절망이 한 대상의 두 국면이 된다. 절망에서 벗어날 수 없음을 자각하는 순간 구원은 '예기치 않게' 찾아온다. 그런데 동시에 또다른 절망이 시작된다. 반복이 만들어낸 리듬이 '절망'에 집중된다. 문장 구조가 다른 7행의 '구원'과 반복되는 문장구조이지만 "끝까지 그 자신을"로 변주된 마지막 8행의 '절망'이 부각된다. 예기치 않은 순간에 구원이 찾아오지만 구원은 곧 다른 절망에 의해 대체된다. 그리고 그 절망은 반성을 모른다. 반성을 모르기에 반성하지 않고, 반성하지 않기에 절망하지도 않는다. 절망은 무한하게 반복된다. 절망이 반복되고 순환된다는 사실을 김수영은 자각했다. 인식의 리듬이, 절망의 운동 양상이 리듬과 일치한다.

---

[89] 1962년에 씌어진 같은 제목의 다른 시가 있다. 이 시는 1965년 작품이다.
[90] 이 시의 반복과 비약을 '말장난'과 '의식의 분열'로 보는 견해가 있다(염무웅,「김수영론」,『김수영 전집 별권』, 145면).

반복되는 문장인 1행부터 4행은 a로, 같은 반복이지만 이 행보다 긴 행인 5행을 a´로, '오고'가 반복되는 6, 7행을 b와 b´로, 마지막 행을 a˝로 치환하는 경우 이 시의 구조가 명확하게 드러난다. 여기에 시 행의 길이를 표시하기 위해 기본 문장 a를 1로, 가장 긴 행 a´를 3으로, a˝를 2로, 가장 짧은 행 b를 -2로, b´를 -1로 표시해본다.

    A   a/a/a/a/a´/b/b´/a˝
    B   1/1/1/1/3/-2/-1/2

반복에 의해 형성되는 리듬은 A에서, 길이에 의해 형성되는 리듬은 B에서 확인된다. 이러한 구조는 읽기의 속도에 적용된다. 기준에서 시작하여 길어졌다가 급격하게 짧아지는 구조가 다시 길어지는 과정이다. 구조와 속도가 대응된다. 김수영의 사유는 리듬과 상응한다. 끝없는 반성의 과정을 깨달은 김수영의 시적 인식은 리듬에도 반영되어 사유의 운동에 형식을 부여한다. 무한한 생성 운동의 형식 장치가 리듬인 것이다. '온몸'의 시학을 형식으로 담보하는 리듬의 역할은 김수영의 마지막 시「풀」에서 더욱 두드러진다.

김수영의 마지막 시「풀」에 대한 평가는 크게 둘로 나뉜다. 민중에 초점을 두는 해석자들은 "풀을 민중의 상징으로, 비를 몰고 오는 동풍은 외세의 상징으로 본다."[91] 이와 반대되는 해석으로 "풀을 단순한 상징, 알레고리의 상태에 떨어진 상징으로 보게 하는 대신에, 삶에 대한 여러 형태의 접근을 가능케 하는, 여러 양태의 상징적 해석을 가능케 하는 동력"으로 이해할 수 있다는 견해가 있다.[92]

---

91) 정남영,「김수영의 시와 시론」,『김수영 다시 읽기』, 프레스 21, 2000, 243면.
92) 김현,「웃음의 체험」,『김수영 전집 별권』, 207면. 같은 견해를 표하는 이숭원(「김수영 시정신의 지향점」,『20세기 한국시인론』, 국학자료원, 1997, 323면)의 글이 있다.

'풀'이 민중을 상징한다는 견해에는 분명 동의할 수 있는 요소[93]가 있음에도 불구하고 소위 '민중주의자들'의 평가는 "시와 역사의 창조가 근원적으로 서로 통한다는 생각을 중심"에 두고 있으며, 시를 평가할 때 "역사 현실의 관계들을 제거해버린 어떤 중립적인 공간에서 그 시들의 의미를 찾는 것은" "김수영으로부터 가장 멀어지는 길"이라는 극단적인 판단에 근거를 두고 있다.[94] 이러한 견해에는 '목적론적' 의도 하에 문학 작품을 단일한 의미망으로 끌어들이려는 의도가 다분히 들어 있다고 볼 수 있다. "서정시의 내용이 그 자신 특유의 주관의 힘에 의해 객관적으로 발언될 수 있다"고 할 때,[95] 시를 단일한 의미의 영역으로 끌어들임으로써 시의 자율성을 무시하고 문학을 어떤 목적—구체적으로 '역사의 창조'—의 수단으로 여기는 이러한 문학관은 도구적이라는 평가를 피할 수 없다. '풀'의 상징성 자체는 문제가 아니다.[96] 고착된 시선, 문학작품이 지닌 의미의 다양성을 무시한다는 데 문제가 있다. '풀'이 민중의 '상징'이라면 그것이 '민중'이 아닐 수 있는 여지 또한 충분하다.[97] '풀'이 민중이라고 직접 언급하는 부분은 시의 어느 곳에서도 찾을 수 없기 때문이다.[98]

---

93) 「풀」을 민중적 요소를 상징하는 알레고리로 파악하는 방법에는 문제가 있으나 '民草'라는 명사에서 보듯이 '풀'이 민중의 상징으로 쓰이는 일상 어법 때문에 '풀'을 민중으로 볼 수 있는 전거가 존재하는 것도 사실이다. 또한 「거대한 뿌리」, 「가다오 나가다오」에서 김수영이 제시한 민중 구성원의 내용을 볼 때, 민중의 구체적 형상이 '풀'로 상징되어 표현된 것으로 보는 견해에는 타당한 면이 없지 않다.
94) 정남영, 앞의 글, 246면.
95) Theodor W. Adorno, 「詩와 社會에 대한 강연」, 『아도르노의 文學理論』, 김주연 역, 민음사, 1997, 19면.
96) 「풀」을 7·80년대 민중시와 비교하면서 '풀'이 "민초로서의 짓밟힘, 민생, 약자, 민중, 민서 등의 상징성을 갖는다"는 김춘수의 견해도 있다(김춘수·박진환 공저, 「김수영 「풀」」, 『한국의 문제시·명시 해설과 감상』, 자유지성사, 1998, 229~234면 참조).
97) 정종진은 민중의 시각에서 벗어날 때 획득되는 「풀」의 의미 확장을 적절하게 지적한다. "그러나 민중적 의미만을 고집하지 않을 때 「풀」은 절묘한 음악성이나 다양한 상징성을 확인할 수 있게 된다. 특히 절묘한 음악성이 상징성을 더욱 보강시켜 시적 분위기를 매혹적이게 한다."(『한국현대시, 그 감동의 역사』, 태학사, 1999, 471면)

풀이 눕는다
비를 몰아오는 동풍에 나부껴
풀은 눕고
드디어 울었다
날이 흐려서 더 울다가
다시 누웠다

풀이 눕는다
바람보다도 더 빨리 눕는다
바람보다도 더 빨리 울고
바람보다 먼저 일어난다

날이 흐리고 풀이 눕는다
발목까지
발밑까지 눕는다
바람보다 늦게 누워도

---

98) 신경림도 이와 비슷한 맥락에서 '풀'을 민중의 알레고리로 해석하는 독법에 반대하고 있다. "모든 잔가지를 쳐낸 압축된 풀의 이미지가 되풀이에 의해 더 선명하게 부각되면서, 풀의 풋풋하고 끈질긴 생명력이 독자를 압도하는 점을 주목할 필요가 있을 것이다. 여기서 풀을 민중의 알레고리로 해석하는 독법이 판을 치게 되었고, 7·80년대의 상황과 맞물리면서 마침내 풀은 민중시의 보편적인 화두가 되었다. 그러나 풀은 어디까지나 풀로 읽어야지 관습화된 상징으로 읽을 때 시는 자칫 속화된다."(「김수영—앞을 향하여 달리는 살아 있는 정신」, 『신경림의 시인을 찾아서』, 우리교육, 1998, 337면)
오세영 역시 「풀」의 민중적 함의를 부정한다. '풀'이 민중일 경우, '바람'이 "독재 세력을 표상하는 알레고리"가 되어야 하지만, 비를 몰아오는 동풍이 독재 세력이 될 수는 없기 때문에, '풀'을 민중이라고 볼 수 없다고 한다. (「우상의 가면—김수영론」, ≪현대시≫ 2005. 1월, 72면 참조) 오세영은 이 글에서 김수영이 "참여시의 대부로 추앙될 수 있었던 이유"였던 「풀」의 참여시적 요소를 격렬하게 부정한다. 김수영의 참여시적 우상화를 올바르게 비판하고 있지만, 그는 인정하든 인정하지 않든 그동안의 연구 성과에 의해 확인된 김수영 시의 긍정적 측면 자체를 부정하고 있다.

> 바람보다 먼저 일어나고
> 바람보다 늦게 울어도
> 바람보다 먼저 웃는다
> 날이 흐리고 풀뿌리가 눕는다
>
> ―「풀」 전문

　　김수영 시의 주요 창작 기법인 반복과 열거는 「풀」에서도 쓰이고 있다.[99] 반복은 「풀」 전체의 구성 원리라고 할 수 있다. "얼핏 보기에 이 시는 '바람/풀' '눕는다/일어선다' '먼저/늦게' '운다/웃는다'와 같은 대립적 의미를 갖는 요소들의 이항대립에 의해 그 의미론적 긴장을 얻고 있는 듯이 보인다."[100] 중첩되는 반복 요소 중에서 이 시의 반복은 "바람/풀의 명사적 대립보다는 넓은 의미의 동사의 움직임에 더 강조가 주어"지고 있다.[101]

　　반복되는 단어나 이미지는 반복된다는 그 사실 때문에 처음과 동일한 의미를 지닐 수 없다.[102] "첫 행의 '풀이 눕는다'의 표현에서 마지막 행의 '풀뿌리가 눕는다'라는 표현에 이르는 의미론적 전화 과정"이 이 시의 이해 과정에서는 매우 중요하다는 판단은 타당하다고 할

---

[99] 김수영 시의 반복과 열거에 대해서는 다음 논문을 참조. "김수영의 시에서 형태소 반복은 수많은 시에서 실현되고 있으며 그의 시의 속도감은 형태소 반복으로 나타난 현상이다."(김혜순, 앞의 글, 138면) 김수영 시에서 반복은 "동일한 낱말이나 시행의 반복뿐만 아니라 형태소, 어구, 어절, 종결어미 등에 이르기까지 다양하게 나타난다."(강연호, 앞의 글, 133면) 반복과 열거 기법은 김수영의 "초기시에서 후기시에 이르기까지 폭넓게 나타나"는 특징이다.(한명희, 「김수영 시의 기법」, 『전농어문연구』 제10집, 1998, 248면) 김수영은 반복을 시의 기법으로 적극적, 의도적으로 사용하여 "새로운 기술"의 하나로 완성한다.(황동규, 「정직의 空間」, 『김수영 전집 별권』, 123면) 김수영의 시에서 반복과 열거는 초기시 「孔子의 生活難」에서 마지막 시 「풀」까지 지속적으로 사용된다.
[100] 김기중, 「윤리적 삶의 밀도와 시의 밀도」, 『김수영 다시 읽기』, 프레스 21, 2000, 213면.
[101] 김현, 앞의 글, 210면.
[102] Terry Eagleton, 『문학이론입문』, 김명환 역, 창작과비평사, 1995, 145면 참조.

수 있다.[103]

반복에 의해 형성된 시의 리듬은 일회성을 초월하는 보편적 특성을 지닌다.[104] 반복되는 단어와 동일한 구문 구조의 열거에 의해 확립된 이 시의 리듬은 '2음보'이다.[105] 반복에 의해 이 시는 리듬의 주술성을 획득한다.[106] "너무 많은 반복의 구조 때문에" 반복은 이 시의 의미소들을 숨게 만든다. 숨겨지다 못해 의미의 변별과 대립이 무화되고 더 나아가 의미 자체가 휘발되는 경우도 존재한다.[107] 중첩되는 리듬 때문에 이 시는 빠르게 읽힌다. 속도는 대립적 어휘들의 반복에도 영향을 미친다. 대립이라는 의미 자질을 독자는 파악하지 못할 정도이다. 리듬만이 "화살처럼 빨리 와서 영혼 속에 꽂힌다." 김수영의 "예리한 마음의 힘은 수없이 많은 빠른 화살이 되어 날아와 박힌다. 애초에 그 화살들이 어떠한 思惟, 어떠한 반성의 분화구에서 폭발되어 나온 것인지를 짐작해볼 여유도 주지 않고 정확하게 온다." 김수영이 지닌 "팽팽한 에너지의 알 수 없는 덩어리가 현실의 깊은 곳에서 순식간에 폭발하여 날아드는 속도" 때문에 리듬은 주술 단계에 이르게 된다.[108]

어휘들의 의미는 반복되는 리듬의 물리적 특성에 의해 의미의 많은 부분을 상실하게 된다. "소리의 반복이란 다시 말하면 리듬이 기표의

---

103) 김기중, 앞의 글, 213면.
104) 리듬이 지니는 보편적 특성을 김우창은 다음과 같이 언급했다. "리듬의 특징인 규칙성은 바로 그(객관성-인용자) 증거이다. 규칙성은 일시적인 사물을 초월하여 이데아의 항구성을 가진 존재의 특성이다."(「시의 리듬에 관하여」, ≪세계의문학≫, 1999 봄, 213면)
105) '2음보'에 대한 논의로는 김현, 서우석, 김기중의 글을 들 수 있다.
106) 「풀」이 민중을 상징하는 단순한 알레고리로만 수용될 수는 없다는 견해를 김준오에게서도 볼 수 있다. 그는 풀을 "삶의 움직임의 과정을 보여주는 '상징동력'으로 느끼게 하는" 이유로 "주술적 리듬, 그 음악적 성격의 개입"이라고 밝힌다(『詩論』 4판, 삼지원, 1997, 202면 참조).
107) 서우석, 「리듬의 희열」, 『김수영 전집 별권』, 183~184면 참조.
108) 김화영, 「未知의 모험·기타」, 『김수영 전집 별권』, 131~132면.

차원에서 일어나는 현상임을 말해주는 것이며, 언어의 물질성에 기대고 있다는 말이 된다. 이러한 반복은 곧 시에서 소리(기표)가 지배소가 되는 대신에 의미(기의)가 종속요소임을 시사한다."[109] 리듬이 주술적 특성을 지니게 될 때, 반복되는 의미는 "언어나 기호의 체계 속에 존재하는 것이 되기 전에 대상화"되어 형식이라는 "객관화의 기제"에 영향을 받게 된다.[110] 리듬의 객관성은 리듬이 지니는 공동체적 성격, 즉 보편성을 일컫는다. 김수영이 의도했건 안했건 '속도'는 대립되는 동사들의 의미를 약화시킨다. "실상 우리가 사용하는 언어, 그 언어 속에서 일차적으로 파악되는 의미라는 것, 즉 씌어진 시는 사실 '우주로케트가 벗어버리는 투겁'에 지나지 않는 것일지도 모른다."[111]

대립되는 '눕는다/일어난다'의 의미 자질이 약화되었을 때, 풀이 지니는 일반적 상징에 의해 풀을 민중으로 보는 목적론적 해석의 타당성은 많은 부분 상실될 수밖에 없다.[112] 일반적 상징에 의해, 단어의 기의에 의존하여 시의 의미를 파악하는 단순한 과정에 의해서는 「풀」의 민중적 특성이 획득되지 않는다. '눕는다'로 시작해서 '풀뿌리가 눕는다'로 끝나는 이 시를 민중주의적 시각으로는 제대로 해석할 수가 없다.[113] 이 경우 네 번 반복되는 '울다'와 한 번 제시되는 '웃다'의 의미 변화는 어떻게 해석해야 하는지가 문제이다.

화자가 풀밭에 서 있다. 풀밭에 서서 화자는 불어 오는 동풍을 느끼고 있고, 바람에 흔들려 눕고 있는 풀을 보고 있다.[114] 화자는 풀의 움

---

109) 금동철, 「'풀'의 미학, 그 허무주의」, ≪서정시학≫, 2000 봄, 192면.
110) 김우창, 앞의 글, 217면.
111) 김화영, 앞의 글, 133면.
112) 2, 3연의 '눕는다/일어난다'의 대립 주체 '풀'과 '바람'의 관계가 반드시 대립된다고 볼 는 없다는 이희중(『기억의 지도』, 하늘연못, 1998, 224~225면 참조)도 이러한 목적론적 해석에 반대하고 있다.
113) 이와 같은 견해는 이은정(앞의 글, 423면)을 참조할 것.

직임을 정밀하게 파악하고 있다.[115] 풀은 바람에 따라 누웠다가 일어나는 동작을 반복하고 있다.

　1연 첫 행에서 풀은 동풍이 불기 때문에 눕는다. 풀은 누워서 드디어 울음을 터뜨린다. 부사 '드디어'를 통해 풀이 이제껏 울음을 참아 오다가 바람이 불어 눕게 되자 울기 시작했다는 점을 알 수 있다. 5행에서 풀은 "날이 흐려서 더 울"고 있다. 울음의 강도는 더욱 강해진다. 울음을 참아왔지만 결국 울음을 터뜨릴 수밖에 없는 암담한 상황이 펼쳐진다. 1행만 현재이고 나머지 행은 모두 과거시제이다. 이전에도 풀은 바람 때문에 눕거나 울었다는 사실이 유추된다.

　2연에서 풀은 또 눕는다. 시간은 다시 현재이다. 현재의 풀은 바람이라는 외부 상황과 비교되고 있다. 바람과 풀 사이에는 인과 관계 이외에 '더 빨리', '먼저'라는 부사와 '~보다'라는 비교격 조사에 의해 행위의 선후관계가 설정된다. '눕다/일어나다'는 대립 요소가 비교에 의해 강조된다.

　돌연한 리듬(2행의 '발목까지')은 풀이 눕는 행위를 강조한다. 발목과 발밑이라는 구체적인 지칭에 의해 풀이 눕는 행위는 더욱 비극적으로 느껴진다. 왜 '발목까지'라는 한 호흡이 2행에 돌연 제시되었는가 하는 문제가 제기된다. 풀이 점점 더 낮게 눕고 있는 상황을 뚜렷하게 인식하게 된 화자의 충격이 시의 리듬에 균열을 일으켰다고 볼 수 있

---

114) 화자가 풀밭 한가운데에 서 있다는 시의 정황에 대한 김기중의 견해에 필자는 동의한다. 2연에 제시되는 풀의 동태가 "선험적인 관념이 억지로 주입된 부조리한 이미지며 그에 따라 「풀」의 의미 공간은 관념과 체험의 진실성 사이에서 날카롭게 균열되어 있는 것은 아닌가 하는" 그의 문제 제기는 이 시가 리얼리즘 시각과 모더니즘 시각 사이에서 얼마나 첨예하게 대립되는 해석을 낳고 있는가에 대한 구체적인 증거가 된다(김기중, 앞의 글, 214~216면 참조).
115) "'발목까지' '발밑까지' 눕는다는 설명은 영화의 클로즈업 장면을 보듯이 풀과 신발만이 화면에 가득찬 정경을 우리에게 보여 주고 있는 듯하다"는 서우석(앞의 글, 185면)의 글과 비슷한 견해를 표명하는 조영복(앞의 글, 1999, 149면)의 지적은 화자가 풀밭에 서 있다는 점을 전제로 한다.

다. 마지막 행에서 풀은 '풀뿌리'까지 눕는다. 충격적 결말을 예비하는 부분이 바로 2행의 리듬이다. 한 번 쓰인 리듬은 전체 리듬의 변박으로 작용한다. 이 부분 때문에 다른 시행들이 더욱 강조된다. 여기서 문제가 되는 구절은 '~까지'이다. '~까지'를 '~까지도'로 읽을 수 있다. 이 경우 '발목'과 '발밑'의 소유주는 풀이다. 풀의 발목도 발밑도 눕는다는 의미가 된다. 풀뿌리가 눕는 마지막 행의 비극적 상황과 연관시킬 때, 이러한 해석은 풀이 눕는 행위의 정도가 더욱 심화된다는 의미 전이를 확실하게 보여준다. 그러나 풀뿌리가 눕는다는 구절이 논리적으로 잘 설명되지 않는 것처럼 풀의 발밑이 눕는다는 해석 또한 논리적으로 의미를 설명하기가 매우 힘들다. 화자가 풀밭에 서 있다. 풀이 화자의 발목까지, 발밑까지 눕고 있어 현실의 고통이 더욱 가중되고 있다고 파악하는 방법에 무리가 덜한 것으로 판단된다.

4행부터 원인과 결과에 대응되는 바람과 풀은 더욱 선명한 비교 관계에 놓인다. '늦게'와 '먼저'에 의해 원인인 바람과 결과인 풀의 행위에는 전도가 이루어진다. 울던 풀이 "바람보다 먼저 웃는다." 마지막 8행에서 시 전체의 상황은 다시 반복된다. "날이 흐리고 풀뿌리가" 다시 '눕는다.'

눕고 일어나고 울고 웃는 행위는 풀뿐만 아니라 바람에게도 적용된다. 바람도 눕고 일어나고 울고 웃고 있다. 비교격 조사 '~보다'에 의해 바람과 풀은 같은 행위를 하고 있고, 두 동작 사이에 선후 관계가 설정된다는 사실이 드러난다. 같은 동작을 하고 있는 두 대상의 선후 판단은 대상의 분열을 인정하고 있다는 뜻이다. '늦게'와 '먼저'에 의해 두 동작 주체의 의미 대립은 더욱 강조된다. "바람보다 늦게 누"운 풀이 "바람보다 먼저 일어"난다. 풀은 "바람보다 늦게 울"기 시작한다. 그런데 풀은 바람보다 먼저 '웃는다.' 논리적인 의미 흐름이 '일어나다'와 '웃다'라는 동사에 의해 부정된다. '늦게'와 '먼저'라는 부사의 의미 또한 부정된다. 바람과 풀의 동일한 동작 사이에 설정된 선후 관계 역시 부정된다. 풀은 바람과는 대립되는 동작으로 서술되고 있다.

반복은 4~7행의 의미 간극을 메운다. 반복은 대립되는 대상의 의미 분열을 모호하게 한다. 마지막 행의 초행적 반복이 이러한 역할을 담당한다. 1연 첫 행의 "풀이 눕는다"와 동일한 문법 구조를 지닌 마지막 행의 초행적 반복 구절 "풀뿌리가 눕는다"는 시의 의미를 '풀이 눕는다'로 폐쇄시킨다. 단어들의 의미 차이를 부정하는 결과를 낳는다. 결국 풀과 바람의 눕고 일어나고 울고 웃는 동작과 비교에 의해 제시된 두 대상의 선후 관계는 약화된다.

3연 8행에서는 풀이 눕지 않고 풀의 존재 근원인 '뿌리'가 눕는다는 비극적인 상황이 제시된다. 풀이 눕지 않고 "풀뿌리가 눕는다." 존재의 근원인 뿌리마저 누워버리므로 이제까지 이해된 풀과 바람의 관계를 다시 설정해야 한다. "바람보다 늦게 울"지만 "바람보다 먼저 웃는" 풀의 웃음이 낙관적인 웃음이 될 수 없다. "바람보다 늦게 누워도/바람보다 먼저 일어나"는 풀의 동작 또한 부정될 수밖에 없다. 시를 읽을 때 이러한 의미 대립의 약화 과정을 눈치 채기 힘든 이유는 반복에 의해 형성된 리듬의 속도가 의미 맥락을 따라가기 힘들 정도로 빠르기 때문이다.

무당이 굿할 때 외우는 주문은 의미 없는 물리적 음성에 가깝다. 주문의 대부분은 의미 없는 음절의 반복으로 이루어진다. 사물놀이의 반복되는 리듬 또는 테크노 음악의 프로그래밍된 리듬 반복은 환각 상태를 불러일으키기도 한다. 「풀」에서도 "리듬에 의해 생기는 최면"은 '눕다/일어나다', '울다/웃다'의 대립되는 의미를 파악할 수 없게 한다.[116] 3연 끝 행의 초행적 반복에 의해 발생되는 의미의 원환적 회

---

116) 서우석, 앞의 글, 181면 참조.

귀는 대립되는 의미를 무화시킨다. '울음=웃음'이 된다. 이에 대응하여 '눕는다/일어난다' 역시 확연히 구별되는 서로 다른 두 동작이나 상태가 아니라 하나의 동작이나 하나의 상태의 두 측면을 의미한다. 이 융합이 김수영이 도달한 정신의 경지라고 할 수 있다. '눕다'의 의미는 굴복이 아니다. "풀이 누워도 웃을 수 있게 된 자의 웃음이 아니라 오히려 지극한 슬픔이 느껴"지는 웃음이 슬픔의 극한에서 터져 나온다.[117] 시인은 반복되는 리듬에 실어 주술적으로 그것을 표현했다. 웃음과 울음이 공존하는 상태에서 '나―너'의 구별, '주체―객체'의 구별은 희미해진다. 관찰자, 화자 '나'는 사라지고 '풀'이라는 기표만이 바람에 떠돈다.

리듬의 보편성은 "분명하게 설명할 수 없는 방식으로 개인이나 공동체의 삶의 근본에 관계된다."[118] 「풀」의 감동은 대립되는 의미 전이뿐만 아니라 리듬의 주술성에도 있다. 과거와 미래를 영원한 현재에 묶어두는 "리듬은 시간의 형식이다." 시의 리듬이 "개인과 집단의 구분을 초월"하듯이 「풀」의 리듬은 의미의 대립적 구분을 초월한다.[119]

해소된 대립의 터전에 자유가 찾아온다. 김수영은 풀뿌리까지 누워야 하는 상황을 수용할 수밖에 없었고, 그래서 울음을 터뜨린다. 이전까지의 방식으로는 자유를 획득할 수 없었으므로, 이성으로는 반복되는 운명을 이해할 수 없었으므로, 다시 부정하기 위해 존재의 뿌리까지 누워야 하는 상황에 김수영은 도달했다. 새로운 전환점에서 터뜨리는 그의 울음은 대립을 초월한다. 그것은 대상을 향하는 외재적 초월과 주체를 지향하는 내재적 초월을 아우르고 다시 한번 부정으로 나아가는 복수적인 초월의 울음이다.

---

117) 성민엽, 「김수영의 「풀」과 『논어』」, ≪서정시학≫ 2000년 봄, 165면.
118) 김우창, 앞의 글, 206면.
119) 김우창, 앞의 글, 221면.

반복되는 운명에 대한 두려움과 불안, 그리고 그 안의 평정까지 포착하는 원융의 순간에 「풀」의 울음과 웃음은 공존한다. 반복되는 운명을 인식한 상태에서 울음과 웃음의 경계는 분간되지 않는다. "수동적·소극적 동작에서 점차로 능동적·적극적 동작에로 변화"[120]하는 '풀'이지만 다시 시작해야 하는 운명을 인식한 순간 「풀」의 '비애'[121]는 다시 시작된다.

　패배하더라도 다시 시작할 수밖에 없는 운명의 반복을 김수영은 감내한다. 운명이 반복되듯이 김수영이 추구한 혁명 또한 영원히 반복될 수밖에 없다.[122] 김수영의 시가 항상 새롭게 여겨질 수 있는 이유, "매번 다시 시작되고 無에서 시작되는 이유"[123]는 리듬이라는 물질적, 신체적 요소의 힘 때문이다. 김수영의 리듬은 "단어와 문장의 리듬이자, 감성과 정신의 리듬 나아가 삶과 현실의 리듬을 대변"한다.[124] 리듬은 연속성 위에서만 형성된다. 움직여야만 리듬이 생성된다.[125] 수평적으로 진행되는 리듬은 결코 멈추거나 끊어지지 않는다.

---

120) 천이두, 『한의 구조 연구』, 문학과지성사, 1993, 223면.
121) 「풀」이 지니는 '비애의 정조'는 최동호의 『현대시의 정신사』(열음사, 1985) 51면을 참조할 것.
122) 유재천, 「시와 혁명」, 『김수영 다시 읽기』, 프레스21, 2000, 108면 참조.
123) 김화영, 앞의 글, 133면.
124) 문광훈, 앞의 책, 55면.
125) "「풀」은 고정된 본질 대신에 운동과 변화가 가득 찬, 어떤 특별한 고정점도 없으므로 무한한 운동을 가능하게 하는 '힘의 세계'를 지향"하는 작품이라는 강웅식(『해석의 갈등―김수영의 풀 다시 읽기』, 청동거울, 2004, 97면)의 평가는 리듬에 의해 생성되는 「풀」의 부단한 운동성을 강조하는 이 책의 관점과 같은 맥락에 놓여 있다.

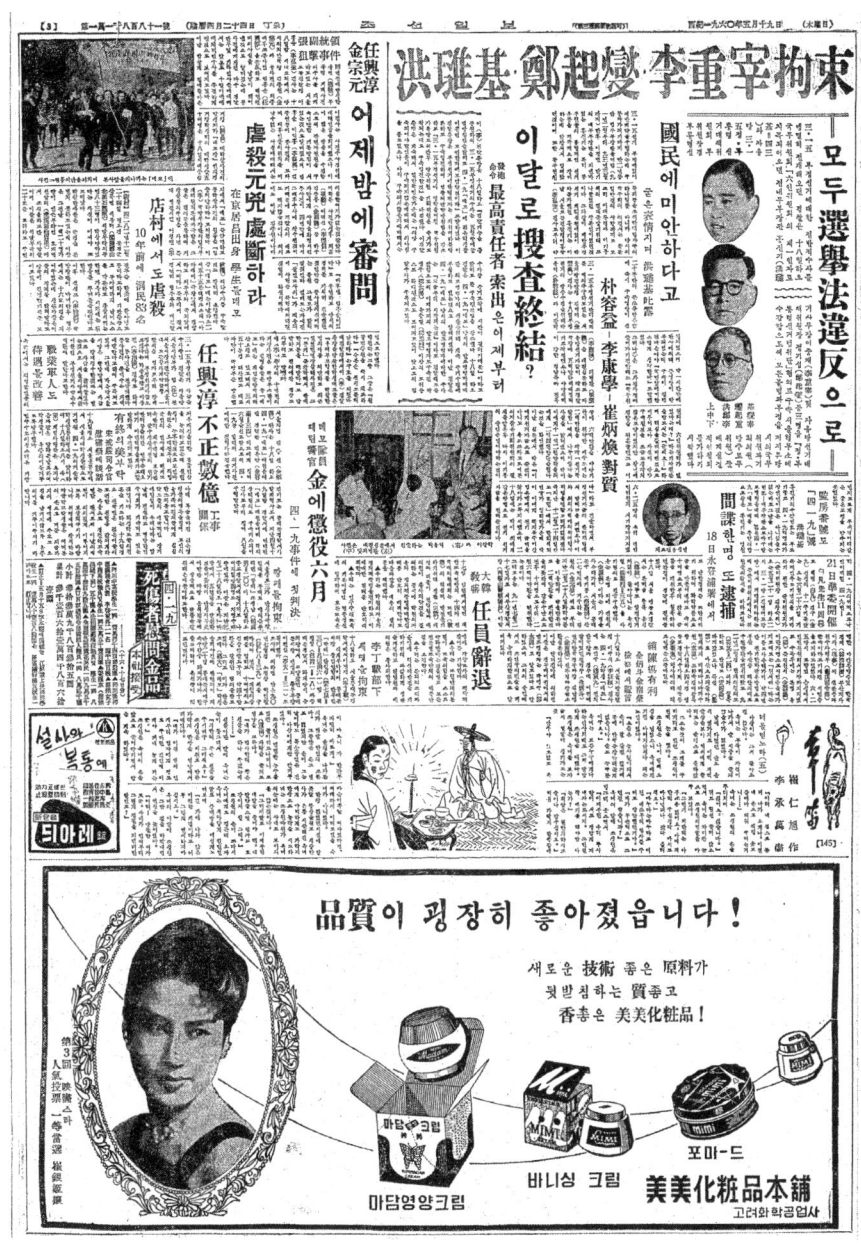

1960년 5월 19일자 조선일보 기사

서둘지 말라 나의 빛이여
오오 人生이여

災殃과 不幸과 格鬪와 靑春과
千萬人의 生活과
그러한 모든것이 보이는 밤
눈을 뜨지 않은 땅속의 버레같이
아둔하고 가난한 마음은 서둘지 말라
애타도록 마음에 서둘지 말라
節制여
나의 귀여운 아들이여
오오 나의 靈感이여

曠野

이제 나는 曠野에 드러누어도
時代에 뒤떠러지지 않는 나를 發見하였다
너무나 많은 羅針盤이여
時代의 智慧

「광야」 발표 지면

밤이 산등성이를 넘어 내리는 새벽이면
모기의 떼처럼
詩人이 쏟고 죽을 汚辱의 歷史
　　그러나 오늘은 山 보다도
　　그것은 나의 肉體의 隆起

이제 나혼 曠野에 드러누어도
共同의 運命을 물을수 있다
詩人이 恍惚하는 時間 보다도 더 맥없는 時間이 어디 있느냐
逃避하는 친구들
良心도 가지고 가라 休息도——
우리들은 다같이 산등성이를 내려가는 사람들
　　그러나 오늘은 山 보다도
　　그것은 나의 肉體의 隆起

曠野에 와서 어떻게 드러누을 줄을 알고 있는
나는 너무나도 악착스러운 夢想家
粗雜한 天地여

〈잔디〉의 模倣者여
여치의 나래 밑의 고단한 밤잠이여
「時代에 뒤떨어 지는것이 무서운게 아니라
어떻게 뒤떨어 지느냐가 무서운것」이라는 죽음의 잠자대여
그러나 오늘은 山 보다도
그것은 나의 肉體의 隆起

채소밭 가에서

기운을 주라 더 기운을 주라
江바람은 소리도 고웁다
기운을 주라 더 기운을 주라
다리야가 움직이지 않게
기운을 주라 더 기운을 주라
무성하는 채소밭 가에서
기운을 주라 더 기운을 주라
돌아오는 채소밭 가에서
기운을 주라 더 기운을 주라
바람이 너를 마시기 전에

설사의 알리바이

金洙暎

설사제를 먹어도 설사가 막히지 않는다   시작하기 위해서다 性도 倫理도 약이

하룻동안 겨우 막히다가 다시 뒤가 들먹들먹한다   되지 않는 머리가 불을 토한다

꾸루룩거리는 배에는 푸른 색도 흰 색도 敵이다   여름이 끝난 壁 저쪽에 서있는 낯선 얼굴

배가 모조리 설사를 하는 것은 머리가 설사를   가을이 설사를 하려고 약을 먹는다

「설사의 알리바이」 발표 지면

性과 倫理의 악을 먹는다 꽃을 거두어들인다

괴로움과 괴로움의 履行이다 우리의 行動

文明의 하늘은 무엇인가로 채워지기를 원한다

이것을 우리의 詩로 옮겨놓으려는 생각은

나는 지금 規制로 詩를 쓰고 있다 他意의 規制

단념하라 괴로운 설사

아슬아슬한 설사다

言語가 죽음의 벽을 뚫고 나가기 위한

괴로운 설사가 끝나거든 입을 다물어라 누가

숙제는 오래된다 이 숙제를 노상 방해하는 것이

보았는가 무엇을 보았는가 일체 말하지 말아라

性의 倫理와 倫理의 倫理다 중요한 것은

그것이 우리의 증명이다

제4장
결론

　김수영 시의 수사학을 구성하는 범주는 세 가지였다. 명령법, 환유, 리듬 이상의 셋을 이 책은 각각 '遂行, 轉移, 運動'으로 범주화하여 김수영 시의 수사를 구성하는 요소로 설정하였다.

　명령법은 화자가 누군가에게 행동을 요구하는 서법이다. 명령하는 자와 명령을 수행하는 자가 있다. 움직임을 김수영 시의 핵심 특징으로 파악할 때, 김수영 시의 명령법이 주목되는 이유는 명령법이 화자와 청자뿐만 아니라 시인과 독자의 행동을 요구하기 때문이다.

　인접성에 의해 횡축으로 전이되는 환유는 이곳에서 저곳으로 이동하는 시적 전개의 동력이 된다. 환유는 반복·열거와 병행된다. 김수영의 시 전체에서 반복과 열거는 연속성을 발생시키는 중요한 기법으로 사용되었기 때문에, 이러한 기법이 환유와 어떤 관계를 이루어 김수영의 시를 구성하는가에 대한 논의는 김수영의 시가 지니고 있는 운동성을 설명하는데 유용하다.

　리듬은 김수영 시의 움직임을 더욱 확장시킨다. 리듬은 언술의 수사적 특성을 포괄하면서 물리적 특성을 부각시키는 개념이다. 리듬은 시를 잘 읽게 만드는 음악적 특성을 부여하는 것은 물론이고 시의 의미에도 큰 영향을 미친다. 김수영의 시에서 리듬은 환유라는 의미 전달 체계로 전이되어 시의 구성 원리로 상승한다. 리듬은 이 구성 원리를 포괄하면서 김수영 시의 의미 형성에 영향을 미친다. 과감하게 산문을 시에 도입한 김수영에게 리듬은 시를 산문에 떨어지지 않게 만드는 중요한 장치였다. 산문적인 김수영 시의 대척점에 놓인 상대적으로 길이가 짧은 시에서 리듬은 전면에 노출된다. 리듬은 시어의 의미를 분산시켜 모호함과 난해함을 배가시키기도 하고, 의미를 강조하기도 한다.

김수영의 시의 움직임에는 형식적 메커니즘이 있다. 이를 규명하기 위해 이 책은 첫째 명령에 의한 자발적 이동, 이에 따라 끝없는 이행으로 변화를 유도하는 두 번째 메커니즘 환유, 셋째 이동의 형식 양태인 리듬에 주목했다. 특정한 언술 형태인 명령문과 시의 주도적 비유인 환유 그리고 이 둘을 보편성으로 묶어내는 리듬은 순차적으로 작동하지 않는다. 명령을 통해 김수영의 시는 이동을 시작하고, 환유를 매개 삼아 수평적으로 확장된다. 실행된 환유가 마무리되고 다른 환유로 새롭게 전이되는 결절 단위들은 리듬으로 수렴된다.

2장에서는 구체적인 시 분석을 통해 김수영 시의 수사적 특성을 귀납적으로 검증하였다. 명령법은 대상에게 행동을 요구하는 김수영 시의 특유한 장치였다. 이 과정에서 명령법이 행동의 대상인 '너'뿐만이 아니라 명령의 주체인 '나'의 행동도 요구하는 김수영 시의 양상이 확인되었다. 행동의 수행 대상을 확대시키는 김수영 시의 명령법은 시 텍스트의 의미 생산에 참여하고 있는 대상들에게 遂行을 요구하는 수사적 장치이다.

김수영 시의 환유는 반복과 열거에 의해 진행된다. 열거되면서 언어는 다른 대상으로 이동하고, 반복되면서 언어는 다른 의미로 전이되고 대체된다. 대상들을 사실적으로 지시하는 환유의 특성이 드러나는 것이다. 환유에서 부분은 다른 어떤 부분으로 대체될 수 있다. 환유의 '전체'는 부분과 부분을 유기적으로 통합시키지 않는다. 환유는 끝없이 이동한다. 부분과 부분의 대체 양상으로 전개되는 김수영의 환유는 의미를 확장시키고 나아가 否定的 사유를 드러내는 수사로 기능한다.

리듬 양상 고찰 과정에서 김수영 시의 리듬이 산술적 균형을 이루고 있음을 확인할 수 있었다. 김수영 시의 리듬 형성에 사용된 주요 기법은 행 단위의 동일 어휘 반복, 조사의 반복, 이미지와 모티프의 반복, 구조의 반복 등이었다. 시행 엇붙임 기법 역시 김수영 시의 리듬을 강화시키는 중요한 장치였다.

3장에서는 시와 수사적 특성의 관계를 검토하였다. 이를 위해 김수영의 산문에서 遂行, 轉移, 運動이라는 각각의 특성이 시에 어떻게 적용되는가를 살펴보았다. 자신의 시와 자신을 참여와 불온과 전위로 이행시키기 위해 김수영은 명령법을 사용한다. 변화의 촉발 지점이자 구체적인 행동의 출발점인 명령법을 통해 김수영 시에서 화자와 청자, 시인과 독자, 주체와 타자는 동시성을 획득한다. 명령법은 복수화된 주체를 형성하고, 주체 사이의 경계를 허물어 김수영의 시를 행동으로 이끄는 수사였다.

환유는 '인접성, 연속성, 대체' 개념으로 요약된다. 환유는 인접성과 연속성을 기반으로 하여 움직임의 연쇄를 촉발하는 수사적 장치이다. 멈추지 않는 시적 사유의 운동 양식인 환유는 부분과 부분의 대체를 통해 시의 경직된 이념화를 거부하는 김수영 시의 특성을 설명한다. 시의 구체적인 해석에서 밝혀진 바와 같이 김수영 시의 환유는 고정된 의미를 거부하는 김수영 시학의 장치이다. 확정된 의미를 부정할 뿐만 아니라 다시 새로운 부정을 지향하는 환유에 의해 김수영의 시는 '이곳에서 저곳'으로, '나에서 너'로, '현재에서 미래'로 전이된다. 멈추지 않고 움직이는 시적 사유의 수사인 환유는 김수영 시의 역동성을 드러내는 핵심 장치이다.

리듬은 언술의 수사적 특성을 포괄하면서 언술의 물리적 특성을 부각시킨다. 반복과 열거에 의해 형성되는 리듬은 환유라는 의미 전달 체계로 전이되어 시의 구성 원리로 상승한다. 리듬은 이 구성 원리를 포괄하면서 김수영 시의 의미 형성에 영향을 미친다. 산문을 과감하게 시에 도입하여 시를 쇄신시켰던 김수영에게 리듬은 시를 산문에 떨어지지 않게 만드는 중요한 장치였다. 산문적인 김수영 시의 대척점에는 강력한 리듬에 의해 씌어진 시들이 있었다. 이러한 경향의 시에서 리듬은 시의 전면에 노출되어 시어의 의미를 분산시키거나 모호함과 난해함을 배가시키는 역할을 담당했다. 리듬은 가장 김수영답지 않은 시로 평가받는 「풀」의 의미 해석에 기여할 뿐만 아니라, 「풀」과 비슷한 구조로 짜여 있는 다른 짧은 시들 그리고 난해시로 여겨지는 시들의 의미 파악에 중요한 기능을 담당한다.

김수영 시의 주도적 화자 '나'는 리듬이 강화되는 시에서 그 출현 빈도가 현저하게 줄어든다. '나'가 소거되면서 리듬이 강조되고, 강조된 리듬은 시 전체를 지배한다. '나'가 사라지면서 의미의 집단성이 강화되고, '나'가 사라지면서 리듬이 전면에 떠오른다. 김수영의 시에서 주체 '나'가 시에서 은폐되는 경우 화자는 복수화되어 집단성을 획득한다. 리듬은 김수영 시의 의미를 '나'에서 '우리'로 전이시킨다.

김수영 시의 리듬은 기의에 상응하는 기표를 거부한다. 리듬은 언어의 물질적 특성을 강조한다. 김수영 시의 운동성을 드러내는 리듬은 고정되지 않는 김수영 시의 의미를 현재화한다. 리듬에 의해 시는 움직인다. 리듬은 끝없이 새로운 의미를 생성해내는 김수영 시의 동력원이자 그것을 작동시키는 온몸의 형식이며 실체이다.

참고 문헌

1. 기본 자료

『김수영 전집』 1·2·별권, 민음사, 1981.
『김수영 전집』 개정판, 민음사, 2003.

2. 국내 논저

1) 평론 및 논문
강연호. 「김수영 시 연구」, 고려대 박사논문, 1995.
_____. 「김수영의 시 「사랑의 변주곡」 연구」, 『현대문학이론연구』 제12집, 1999.
강영기. 「김수영 시에 나타난 현실 인식의 양상」, 『영주어문』, 영주어문학회, 1999.2.
_____. 「김수영 시와 김춘수 시의 대비적 연구」, 제주대 박사논문, 2003.
강웅식. 「김수영의 시의식 연구」, 고려대 박사논문, 1997.
_____. 「김수영 문학 연구사 30년, 그 흐름의 방향과 의미」, 『작가연구』 제5호, 새미, 2003.

_____ 「한국 모더니즘 문학의 한 양상―김수영을 중심으로」, 『작가연구』 제16호, 새미, 2003.
_____ 「언어의 윤리와 시의 완성」, 『새로 쓰는 한국시인론』, 상허학회 편, 백년글사랑, 2003.
_____ 「자기 촉발의 힘에 이르는 길」, ≪작가세계≫, 2004 여름.
강은교. 「김수영 시의 모티브 연구」, 『김수영 다시 읽기』, 프레스21, 2000.
강현국. 「김수영 시에 나타난 현실 참여의 특성 연구」, 경북대 석사논문, 1978.
_____ 「김수영 작품 속에 나타난 매저키즘적 충동」, 『달구문학』 제2호, 1981.
강희근. 「김수영 시 연구」, 『우리 시문학 연구』, 예지각, 1983.
고미영. 「은유와 환유의 상보적 관계」, 경희대 석사논문, 1988.
고봉준. 「김수영 문학의 근대성과 전통」, 『한국문학논총』 제30집, 2002.
구모룡. 「도덕적 완전주의」, ≪조선일보≫, 1981. 1. 13~21.
구중서. 「4·19혁명과 한국문학」, 『한국문학과 역사의식』, 창작과비평사, 1985.
권영민. 「진실한 시인과 시의 진실성」, ≪문예중앙≫, 1981 겨울.
권영진. 「김수영론―김수영에 있어서의 자유의 의미」, 『숭실대논문집』 제11집, 1981. 9.
권오만. 「김수영 시의 기법론」, 『한양어문연구』 제13집, 1995.
_____ 「김수영 시의 고백시적 경향」, 『김수영 다시 읽기』, 프레스21, 2000.
권택영. 「언어의 수사성」, ≪세계의문학≫, 1989 가을.
권혁웅. 「한국 현대시의 시작방법 연구」, 고려대 박사논문, 2000.
_____ 「한줌의 시」, ≪파라21≫, 2003 겨울.
_____ 「김수영 시의 계보」, ≪작가세계≫, 2004 여름.
금동철. 「'풀'의 미학, 그 허무주의」, ≪서정시학≫, 2000 봄.
기춘호. 「김수영의 시세계」, 『충북문학』 제6집, 1981.
김광엽. 「한국현대시의 공간 구조 연구」, 서강대 박사논문, 1994.
김 현. 「자유와 꿈」, 『거대한 뿌리』, 민음사, 1974.
김경숙. 「실존적 이성의 한계인식 혹은 극복 의지」, 『1960년대 문학연구』, 민족문학사연구소 현대문학분과 편, 깊은샘, 1998.
김경애. 「김수영 시 연구―화자·청자의 변모양상을 중심으로」, 연세대 석사논문, 2000.

김규동.「모더니즘의 역사적 의의」,≪월간문학≫, 1975. 2.
_____.「寅煥의 화려한 蹉跌과 洙暎의 疎外意識」,≪현대시학≫, 78.11.
김기중.「윤리적 삶의 밀도와 시의 밀도」,『김수영 다시 읽기』, 프레스21, 2000.
김동환.「김수영의 시적 주제―4·19 이후 시를 중심으로」,『선청어문』 제13호, 1982. 11.
김명수.「김수영과 나」,≪세계의문학≫, 1982 겨울.
김명인.「김수영 시의 〈현대성〉 인식에 관한 연구」, 인하대 박사논문, 1994.
_____.「그토록 무모한 고독, 혹은 투명한 비애」,≪실천문학≫, 1998 봄.
_____.「급진적 자유주의의 산문적 실천」,『작가연구』제5호,·1998.
_____.「한 시인의 뜨거웠던 삶에 바치는 각고의 헌정」,≪실천문학≫, 2001 겨울.
_____.「왜 아직 김수영인가―90년대 김수영 연구의 문제」,≪문예미학≫ 제9호, 2002. 2.
김병걸.「김수영의 시와 문학정신」,≪세계의문학≫, 1981 겨울.
김삼숙.「김수영 시의 전위적 성격 연구」,『태릉어문연구』, 서울여대 국어국문학회, 1999. 7.
김상익.「〈이 달의 문제작〉 김수영,「현대식 교량」」,≪주간한국≫, 1965. 7. 4.
김상적.「언어의 온몸―김수영론」,≪창작과비평≫, 1999 겨울.
김상환.「물신과 아우라」,≪세계의문학≫, 2000 겨울.
김소영.「김수영과 나」,≪시인≫, 1970. 8.
김수이.「김춘수와 김수영의 비교 연구:주제와 기법의 대응관계를 중심으로」, 경희대 석사논문, 1992.
_____.「거대한 피로, 미완의 혁명」,≪황해문화≫, 1998 가을.
김승희.「김수영의 시와 탈식민주의적 반(反)언술」,『김수영 다시 읽기』, 프레스21, 2000.
_____.「젠더 시스템 속의 자유인의 한계」,≪포에지≫, 2001 가을.
김시태.「50년대와 60년대 시―김수영과 김광협을 중심으로」,≪시문학≫, 1975. 1.
김영수.「거대한 뿌리」,『한국문학 그 웃음의 미학』, 국학자료원, 2000.
김영무.「김수영의 영향」,≪세계의문학≫, 1982 겨울.
김영옥.「김수영 시에 나타난 부정의식」,『숙대원우논총』 제13집, 1995.
김용직.「새로운 시어의 혁신과 그 한계」,≪문학사상≫, 1974. 1.

김용희.「김수영 시에 나타난 분열된 남성의식」,『한국시학연구』제4호, 한국시학회 편, 2001.
김영희.「김수영 시의 언술 특성 연구」, 고려대 석사논문, 2003.
김우창.「시의 리듬에 관하여」,≪세계의문학≫, 1999 봄.
김유중.「김수영 시의 모더니티(1)」,『국어국문학』제119호, 국어국문학회 편, 1997.
_____.「김수영 시의 모더니티(2)」,『관악어문연구』제25호, 서울대 국문과, 2000.
_____.「김수영 시의 모더니티(3)」,『국어국문학』제134호, 국어국문학회 편, 2003.
_____.「김수영 시의 모더니티(4)」,『제37회 한국어문학회 자료집』, 2003.
김윤식.「시에 대한 질문방식의 발견」,≪시인≫, 1970. 8.
_____.「모더니티의 파탄과 초월」,≪심상≫, 1974. 2.
_____.「김수영 변증법의 표정」,『김수영 전집 별권』, 민음사, 1983.
_____.「김수영 문학이 이른 곳」,『황홀경의 사상』, 홍성사, 1984.
_____.「모더니티와 소시민성」,『근대시와 인식』, 시와시학사, 1992.
김윤태.「4·19혁명과 민족 현실의 발견」,『민족문학사강좌(하)』, 민족문학사 연구소 편, 창작과비평사, 1995.
_____.「4·19혁명과 김수영 신동엽의 시」,『한국 현대시와 리얼리티』, 소명출판, 2001.
김인환.「한 정직한 인간의 성숙 과정」,≪신동아≫, 1981. 11.
김재용.「김수영 문학과 분단 극복의 현재성」,≪역사비평≫, 1997 가을.
_____.「분단현실과 민족시의 방향」,≪시와사람≫ 1998 여름.
김정석.「敵의 존재에 대한 현상학적 고찰」,『인문학연구』제32집, 숭실대 인문과학연구소, 2002. 12.
김정환.「벽의 변증법—김수영론」,≪창작과비평≫, 1998 겨울.
_____.「이중의 불행을 시의 동력으로」,≪실천문학≫, 1999 겨울.
김정훈.「김수영 시 연구—주제의식을 중심으로」, 한양대 석사논문, 1986.
김종윤.「김수영론—정직성과 비극적 현실인식」, 연세대 석사논문, 1983.
_____.「김수영 시 연구」, 연세대 박사논문, 1987.
김종철.「시적 진리와 시적 성취」,≪문학사상≫, 1973. 9.

_____.「첨단의 노래와 정지의 미―김수영의「폭포」」, ≪문학사상≫, 1976. 9.
김주연.「한국 현대시의 일반적 상황」, ≪창작과비평≫, 1967 가을.
_____.「교양주의의 붕괴와 언어의 범속화」, 『김수영 전집 별권』, 민음사, 1983.
김준오.「우리시와 아방가르드」, ≪현대시사상≫, 1994 가을.
김지하.「풍자냐 자살이냐」, ≪시인≫, 1970. 8.
김춘수.「전통과 반전통의 전개 양상」, ≪현대문학≫, 2002. 3.
김춘식.「김수영의 초기시:설움의 자의식과 자유의 동경」, 『작가연구』제5호, 1998.
김치수.「「풀」의 구조와 분석」, 『한국대표시평설』, 문학세계사, 1983.
김 현.「시와 시인을 찾아서―김수영 편」, ≪심상≫, 1974. 5.
김현경.「충실을 깨우쳐준 시인의 혼」, ≪여원≫, 1968. 9.
_____.「임의 시는 강변의 불빛」, ≪주부생활≫, 1969. 9.
김현균.「네루다를 사랑하는 시인들―김수영, 김남주, 정현종, 그리고 신현림」, ≪현대시학≫, 2002. 4.
김현승.「김수영의 시사적 위치와 업적」, ≪창작과비평≫, 1968 가을.
김혜순.「김수영 시 연구」, 건국대 박사논문, 1993.
_____.「문학적『장자』와 김수영의 시 담론 비교 연구」, 『김수영 다시 읽기』, 프레스21, 2000.
_____.「김수영의 시가 김수영의 언어를 말하다」, ≪포에지≫, 2001 가을.
김효곤.「김수영의「사랑의 변주곡」연구」, 『국어국문학』제33집, 1996.
김홍규.「김수영론을 위한 메모」, ≪심상≫, 1978. 1.
나희덕.「김수영 시에 있어서 '전통'의 문제」, 『배달말』제29호, 2001. 12.
남기택.「불완전한 현실과 전복된 꿈―이상과 김수영 시를 중심으로」, 『어문연구』제29집, 어문연구학회 편, 1997. 12.
_____.「김수영과 신동엽 시의 모더니티 연구」, 충남대 박사논문, 2003.
남진우.「미적 근대성과 순간의 시학 연구」, 중앙대 박사논문, 2000.
노대규.「시의 언어학적 분석―김수영의「눈」을 중심으로」, 『매지논총』제3집, 1987.
노용무.「김수영 시 연구―자기 부정과 자기 긍정을 중심으로」, 『어문연구』제104호, 한국어문교육연구회 편, 1999.
노 철.「김수영 시에 나타난 정신과 육체의 갈등 양상 연구」, 『어문논집』제36호,

　　　　1997.
_____. 「김수영과 김춘수의 시작 방법 연구」, 고려대 박사논문, 1998.
_____. 「김기림의 모더니즘과 김수영의 모더니티」, 『민족문학사연구』, 2000. 6.
_____. 「모더니즘 시 교육에 관한 연구―김수영을 중심으로」, 『국제어문』 제28집, 2003. 9.
동시영. 「김수영의 "新歸去來 3. 등나무" 분석」, 『한양어문』 제15집.
모윤숙. 「중환자들」, ≪현대문학≫, 1968. 8.
문혜원. 「타자에의 지향과 언어의 실험성」, ≪한국문학≫, 1997 겨울.
_____. 「아내와 가족, 내 안의 적과의 싸움」, 『작가연구』 제5호, 1998.
_____. 「김수영 시에 대한 실존론적고찰」, 『우리말글』 제23집, 2001.12.
박남희. 「자유의 시적 변용과 삶의 형식―김수영론」, 『숭실어문』 제17집, 2001.6.
박수연. 「전근대에서 근대로, 근대에서 다른 근대로」, ≪실천문학≫, 1999 가을.
_____. 「「꽃잎」 언어적 구심력과 사회적 원심력」, ≪문학과사회≫, 1999 겨울.
_____. 「김수영 시 연구」, 충남대 박사논문, 1999.
_____. 「꽃의 의미」, ≪포에지≫, 2001 가을.
_____. 「1960년대의 시적 리얼리티 논의」, 『한국언어문학』, 2003.6.
_____. 「김수영 해석의 역사」, ≪작가세계≫, 2004 여름.
박순원. 「김수영 시의 화자와 대상의 관계 양상 연구」, 『어문논집』 제49호, 2004.
박영호. 「문학전통의 계승과 변용」, ≪문학과창작≫, 2001.9.
박윤우. 「1950년대 모더니즘 시의 '부정성' 연구」, 서울대 박사논문, 1998.
박재열. 「환유로의 길트기」, ≪현대시≫, 2000. 4.
박주현. 「김수영 문학에 나타난 내면적 자유 연구?」, 서울대 박사논문, 2003.
박지영. 「김수영의 '눈'과 '풀'론」, 『반교어문연구』, 2001.
_____. 「김수영 시 연구―시론의 영향 관계를 중심으로」, 성균관대 박사논문, 2002.
_____. 「김수영 시에 나타난 '자연'과 '몸'에 관한 사유」, 『민족문학사연구』 제20호, 2002.
_____. 「김수영의 초기 시에 끼친 영미 시론의 영향」, 『김수영』, 새미, 2003.
박철석. 「김수영론」, ≪현대시학≫, 1981.3.
백낙청. 「역사적 인간과 시적 인간」, ≪창작과비평≫, 1977 여름.

.「김수영의 시세계」,「참여시와 민족문제」,『김수영 전집 별권』, 민음사, 1983.
서우석.「시와 리듬―김수영:리듬의 희열」, ≪문학과지성≫, 1978 봄.
서익환.「김수영 시 연구」,『논문집』제25집, 한양여자대학, 2002.2.
서준섭.「한국 현대시와 초현실주의」, ≪문예중앙≫, 1993 봄.
선우휘.「작가와 평론가의 대결」, ≪사상계≫, 1968.2.
성민엽.「김수영의「풀」과『논어』」, ≪현대문학≫, 1999.5.
손종업.「캘리포니아에 저항하기―대안으로서의 제3세계적 상상지리」,『탈식민지의 텍스트, 저항과 해방의 담론』, 이회, 2003.
송기섭.「온몸으로 쓴 시의 내면」,『한국현대문학의 도정』, 새미, 1999.
　　　　.「감정과 의식의 화해―김수영론」, ≪한국시문학≫ 제10집, 창조문학사, 2000.11.
송명희.「김수영론」, ≪현대문학≫, 1980.8.
송재영.「시인의 시론」, ≪문학과지성≫, 1976 봄.
신상철.「김수영의 시 연구」,『인문논총』, 경남대 인문과학연구소, 1999.12.
신주철.「김수영 시의 시적 장치 연구」, 한국외국어대 석사논문, 1996.
　　　　.「김수영 시의 아이러니 연구」, 한국외국어대 박사논문, 2002.
안수길.「양극의 조화」, ≪현대문학≫, 1968.8.
안수진.「모더니즘 시의 부정성 형성 연구―박인환과 김수영을 중심으로」, 서울대 석사논문, 1997.
양명수.「은유와 구원」,『은유와 환유』, 한국기호학회 편, 문학과지성사, 1999.
양억관.「김수영 시 연구―동력화된 이미지 분석을 중심으로」, 경희대 석사논문, 1985.
양희철. 김수영의 시「풀」의 해석과 평가」,『국제문화연구』제19집, 청주대 국제협력연구원, 2001.
엄성원.『한국 모더니즘 시의 근대성과 비유 연구』, 서강대 박사논문, 2001.
여태천.「김수영 시 연구」, 고려대 석사논문, 2000.
　　　　.「김수영 시의 시어 특성 연구」, 고려대 박사논문, 2005.8.
연용순.「김수영 시 연구―주제, 시어, 수사적 기교를 중심으로」, 중앙대 석사논문, 1985.

염무웅.「김수영론」,《창작과비평》, 1976 가을.
_____.「김수영과 신동엽」,『이 땅의 사람들』, 뿌리깊은나무, 1978.
오규원.「한 시인과의 만남」,『김수영 전집 별권』, 민음사, 1983.
오문석.「김수영의 시론 연구」, 연세대 박사논문, 2002.
오세영.「우상의 가면―김수영론 1~3」,《현대시》, 2005.1~3.
오성호.「김수영 시의 '바로보기'와 '비애'」,『현대문학이론연구』제15집, 2001.
오정환.「현대 한국시에 나타난 민중의식」, 동아대 석사논문, 1980.
오형엽.「김수영 시론과 박용철 시론의 관련성 연구」,『어문연구』제39집, 어문연구학회 편, 2002.8.
_____.「김춘수와 김수영 시론 비교 연구」,『한국문학이론과비평』제16집, 한국문학이론과 비평학회 편, 2002.9
_____.「시학과 수사학」,『어문논집』49호, 2004.
위홍석.「김수영 시의식 연구」, 성균관대 석사논문, 1991.
유성호.「타자 긍정을 통해 '사랑'에 이르는 도정」,『작가연구』제5호, 1998.
유 정.「김수영 애도」,《현대문학》, 1968.8.
유재천.「김수영의 시 연구」, 연세대 박사논문, 1986.
_____.「시와 혁명」,『김수영 다시 읽기』, 프레스21, 2000.
유종호.「시의 자유와 관습의 굴레」,《세계의문학》, 1982 봄.
유중하.「달나라에 내리는 눈」,《실천문학》, 1998 여름.
_____.「하나에 둘로―김수영 그 이후」,《창작과비평》, 1999 가을.
_____.「김수영과 4·19 : 사랑을 만드는 기술」,《당대비평》, 2000 봄.
윤난홍.「김수영 시의 현실인식 연구」,『어문연구』제113호, 한국어문교육연구회 편, 2002 봄.
윤여탁.「1950년대 한국 시단의 형성과 참여시의 잉태」,『문학과 논리』제3호, 태학사, 1993.
_____.「시적 실천으로서의 '참여시'에 대한 평가」,《문학사상》, 1999.6.
이 중.「김수영 시 연구」, 경원대 박사논문, 1994.
이건제.「김수영 시의 변모 양상 연구」, 고려대 석사논문, 1990.
이경덕.「사물의 시선과 알리바이」,《실천문학》, 1998 가을.
이경수.「시에 있어서의 정보의 효용과 한계」,《세계의문학》, 1977 봄.

이경수.「한국 현대시의 반복 기법과 언술 구조―1930년대 후반기의 백석·이용악·서정주 시를 중심으로」, 고려대 박사논문, 2002.
이경희.「김수영 시의 언어학적 구조와 의미」, 『이화어문논집』 제8집, 1986.
이기성.「1960년대 시와 근대적 주체의 두 양상」, 『1960년대 문학연구』, 민족문학사연구소 현대문학분과, 깊은샘, 1998.
_____.「고독과 비상의 시학」, 『작가연구』 제5호, 새미, 1998.
이민호.「현대시의 담화론적 연구」, 서강대 박사논문, 2000.
이부영.「시와 무의식의 창조성―김수영의 시 서론」, ≪현대시사상≫, 1989 겨울.
이성복.「진실에 대한 열정」, ≪세계의문학≫, 1982 겨울.
이숭원.「김수영론」, ≪시문학≫, 1983.4.
_____.「김수영 시정신의 이원성과 그 계승」, 『초록의 시학을 위하여』, 청동거울, 2000.
이승훈.「김수영의 시론」, ≪심상≫, 1983.3.
_____.「역사성과 서정성이 만나는 양식」, ≪문학사상≫, 1985.4.
_____.「김수영의 시론」, 『한국 현대시론사』, 고려원, 1993.
_____.「우리시에 나타난 전위성」, ≪현대시≫, 1993.9.
_____.「1950년대의 우리 시와 모더니즘」, ≪현대시사상≫, 1995 가을.
이어령.「서랍 속에 든 '불온시'를 분석한다」, ≪사상계≫, 1968.3.
이영섭.「김수영 시 연구」, 연세대 석사논문, 1977.
_____.「金洙暎의「新歸去來」연구」, 『연세어문학』, 제18집.
이유경.「김수영의 시」, ≪현대문학≫, 1973.6.
이은봉.「김수영 시에 나타난 '죽음' 연구」, 숭전대 석사논문, 1981.
_____.「김수영의 시와 죽음」, 『실사구시의 시학』, 새미, 1994.
이은정.「김춘수와 김수영 시학의 대비적 연구」, 이화여대 박사논문, 1992.
이종대.「김수영 시의 모더니즘 연구」, 동국대 박사논문, 1993.
_____.「김수영의 시론 연구」, ≪한국문학연구≫ 제18집, 동국대학교 한국문학연구소, 1995.
이 중.「김수영 시 연구」, 경원대 박사논문, 1995.
이형권.「김수영의 시적 자의식 문제」, 『어문연구』 제34집, 2000.12.
이혜승.「김수영 시 연구―텍스트의 생성과 의미를 중심으로」, 서강대 석사논문,

2000.
이홍자. 「김수영 시 연구―시의 화자와 시인의 의식을 중심으로」, 서울대 석사논문, 1989.
임진수. 「은유와 환유―라캉의 이론을 중심으로」, ≪현대비평과이론≫, 1996 봄.
임홍배. 「시와 혁명―김수영 후기시의 난해성 문제」, ≪창작과비평≫, 2003 겨울.
장명국. 「김수영 시 연구」, 『한국어문학연구』 제8집, 한국외대 한국어문학연구회, 1997.
장석원. 「김수영 시에 나타난 '산문성'의 의의」, 『어문논집』 제44집, 2001.10.
_____. 「김수영 시의 '반복' 연구」, 『한국근대문학연구』, 2001 하반기.
_____. 「김수영 시의 '새로움' 연구」, 『한국시학연구』 제8호, 한국시학회, 2003.5.
장석주. 「현실과 꿈―김수영론」, 『언어의 마을을 찾아서』, 조형, 1979.
_____. 「시어의 발생과 그 기원」, ≪시와반시≫, 2003 겨울.
장인수. 「김수영 시 연구―'나'의 단독성과 주체성을 중심으로」, 성균관대 석사논문, 2001.
전경아. 「김수영 시의 환유구조 연구」, 강원대 석사논문, 2003.
전봉건. 「〈사기〉론―김수영 시인에게 부쳐」, ≪세대≫, 1965.2.
전상기. 「김수영의 육체성과 현대성」, 『두명 윤병로 교수 정년기념 국어국문학논총』, 태학사, 2001.
_____. 「「판문점의 감상」을 둘러싼 현대시의 문제들」, 『민족문학사연구』 제20호, 2002.6.
정과리. 「현실과 전망의 긴장이 끝간 데」, 『김수영』, 지식산업사, 1981.
정남영. 「김수영의 시와 시론」, ≪창작과비평≫, 1993 가을.
_____. 「바꾸는 일 바뀌는 일 그리고 문학」, ≪창작과비평≫, 1996 겨울.
_____. 「바꾸는 일 바뀌는 일 그리고 김수영의 시」, ≪실천문학≫, 1998 겨울.
_____. 「언어적 다의성, 문학적 사유방식, 그리고 김수영의 「꽃잎(二)」」, 『문예미학』 제9호, 2002.2.
정영호. 「김수영론」, ≪월간문학≫, 1987.6.
정현덕. 「김수영 시의 풍자 연구」, 경기대 박사논문, 2003.
정현선. 「모더니즘 시의 문화교육적 연구―이상과 김수영을 중심으로」, 서울대 석사논문, 1995.

정의진.「김수영과 시의 유토피아 Ⅰ」,≪세계의문학≫, 2002 겨울.
정재찬.「김수영론」,『1960년대 문학연구』, 문학사와 비평연구회 편, 예하, 1993.
정현기.「김수영론」,≪문학사상≫, 1989.9.
정효구.「김수영 시에 나타난 사랑」,『20세기 한국시와 비평정신』, 새미, 1997.
조강석.「김수영 시에 나타난 시간의식 연구 근대성과의 관계를 중심으로」, 연세대 석사논문, 2001.
조남현.「우상의 그늘」,≪심상≫, 1978.10.
조달곤.「자유의 이행으로서의 김수영 시론」,『어문학』제75호, 한국어문학회 편, 2002.2.
조명제.「김수영 시 연구」, 우석대 박사논문, 1994.
_____.「도발적 상상력과 늘푼수의 미학」,『한국 현대시의 정신논리』, 아세아문화사, 2002.
조영복.「김수영, 반여성중의에서 반반의 미학으로」,『여성문학연구』제6호, 2001.12.
조은수.「김수영 시에 나타난 낭만성 연구」, 연세대 석사논문, 1990.
조창환.「60년대 시의 비평적 성찰」,≪현대시≫, 1985.6.
조현일.「김수영의 모더니티관에 관한 연구」,『작가연구』제5호, 1998.
채광석.「설 자리, 갈 길」,『민중문학론』, 성민엽 편, 문학과지성사, 1984.
채상우.「냉혹한 영원성 김수영론」,『한국문학연구』제25집, 2002.12.
최동호.「김수영의 문학사적 인식」,『작가연구』제5호, 1998.
_____.「김수영의 시적 변증법과 전통의 뿌리」,≪문학과의식≫ 40호, 1998 여름.
_____.「동양의 시학과 현대시 유가 철학과 김수영의 '풀'」,≪현대시≫, 1999.9.
_____.「김수영과 부자유친」,≪작가세계≫, 2004 여름.
최두석.「김수영의 시세계」,『인문학보』제23집, 강원대 인문과학연구소, 1997.
_____.「현대성과 참여시론」,『한국 현대시론사 연구』, 문학과지성사, 1998.
_____.「김수영의 시세계」,『김수영 다시 읽기』, 프레스21, 2000.
최미숙.「한국모더니즘의 글쓰기 방식에 관한 연구」, 서울대 박사논문, 1997.
최원식.「'리얼리즘'과 '모더니즘'의 회통」,『현대한국문학 100년』, 민음사, 1999.
최유찬.「시와 자유와 '죽음' 김수영론」,『리얼리즘 이론과 실제비평』, 두리, 1992.
최지현.「우리나라 근대주의의 두 가지 양상 1」,『인문과학연구』, 서원대 인문과학

연구소, 2000.2.
최하림.「60년대 시인의식」,『현대문학』, 1974.10.
최현식.「'곧은소리'의 요구와 탐색」,『작가연구』제5호, 1998.
＿＿＿＿.「꽃의 의미」,≪포에지≫, 2001 가을
하정일.「김수영, 근대성 그리고 민족문학」,≪실천문학≫, 1998 봄.
한계전.「전후시의 모더니즘적 특성과 그 가능성」,≪시와시학≫, 1991 봄, 여름.
한명희.「김수영 시에서의 고백시의 영향」,『전농어문연구』제9집, 1997.2.
＿＿＿＿.「김수영 시의 기법」, 서울시립대『전농어문연구』제10집, 1998. 2.
＿＿＿＿.「김수영 시에 나타나는 여성에 대하여」,『전농어문연구』제11집, 1999.2.
＿＿＿＿.「김수영의 시정신과 시 방법론 연구」, 서울시립대 박사논문, 2000.
＿＿＿＿.「새로운 문학, 전위의 문학을 향하여」,≪작가세계≫, 2004 여름.
한수영.「'일상성'을 중심으로 본 김수영 시의 사유와 방법 (1)」,『작가연구』제5호, 1998.
＿＿＿＿.「'일상성'을 중심으로 본 김수영 시의 사유와 방법 (2)」,≪시문학≫, 2001.5.
한원균.「'구멍'과 '우물'의 시학」,≪문학사상≫, 2000.2.
한정희.「김수영 전기시 연구 이미지의 변환과정을 중심으로」, 고려대 석사논문, 1993.
허소라.「김수영론」,『한국현대작가연구』, 유림사, 1983.
허윤회.「모더니티의 여적(餘滴)」,『민족문학사연구』제21호, 2002.12.
＿＿＿＿.「시와 운명 김수영의 시를 중심으로」,『반교어문연구』, 1999.12.
홍기돈.「현대의 순교와 부활하는 사랑」,≪작가세계≫, 2004 여름.
홍사중.「탈속의 시인 김수영」,≪세대≫, 1968.7.
홍   의.「'자유'에의 뜨거움과 차가움」,『고황논집』제27집, 2000.12.
황동규.「정직의 공간」,『달의 행로를 밟을지라도』, 민음사, 1976.
＿＿＿＿.「시의 소리」,『사랑의 뿌리』, 문학과지성사, 1976.
황의조.「김수영 시의 '존재론' 혹은 현상학정 현대성」,≪서평문화≫, 2000.12.
황정산.「김수영 시론의 두 지향」,『작가연구』제5호, 1998.
＿＿＿＿.「김수영 시의 리듬 시행 엇붙임과 의미의 상호변환」,『김수영』, 새미, 2003.
황헌식.「저항과 좌절」,≪시문학≫, 1973.6.

황현산.「이와 책 젊은 김수영의 초상」, ≪현대시학≫, 1999.10.
_____.「난해성의 시와 정치」,『말과 시간의 깊이』, 문학과지성사, 2002.
_____.「모국어와 시간의 깊이」,『말과 시간의 깊이』, 문학과지성사, 2002.
황혜경.「김수영 시의 아이러니 연구」, 이화여대 박사논문, 1998.

2) 단행본

강웅식.『시, 위대한 거절』, 청동거울, 1998.
_____.『해석의 갈등 김수영의 풀 다시 읽기』, 청동거울, 2004.
고성환.『국어 명령문에 대한 연구』, 역락, 2003.
구모룡.『제유의 시학』, 좋은날, 2000.
금동철.『한국 현대시의 수사학』, 국학자료원, 2001.
김명인.『김수영, 근대를 향한 모험』, 소명출판, 2002.
김명인·임홍배 편『살아 있는 김수영』, 창비, 2005.
김상환.『해체론 시대의 철학』, 문학과지성사, 1996.
_____.『풍자와 해탈 혹은 사랑과 죽음』, 민음사, 2000.
_____.『니체, 프로이트, 맑스 이후』, 창작과비평사, 2002.
김승희 편.『김수영 다시 읽기』, 프레스21, 2000.
_____.『현대시 텍스트 읽기』, 태학사, 2001.
김우창.『궁핍한 시대의 시인』, 민음사, 1978.
김욱동.『은유와 환유』, 민음사, 2000.
김윤배.『온몸의 시학, 김수영』, 국학자료원, 2003.
김윤식·김현,『한국문학사』, 민음사, 1973.
김인환.『한국문학이론의 연구』, 을유문화사, 1987.
_____.『상상력과 원근법』, 문학과지성사, 1993.
_____.『언어학과 문학』, 고려대학교 출판부, 1999.
_____.『기억의 계단』, 문학과지성사, 2001.
김준오.『현대시의 환유성과 메타성』, 살림, 1997.
김춘수·박진환.『한국의 문제시·명시 해설과 감상』, 자유지성사, 1998.
김　현.『상상력과 인간/시인을 찾아서』, 문학과지성사, 1993.
김혜순.『김수영』, 건국대학교 출판부, 1995.

문광훈. 『시의 희생자 김수영』, 생각의 나무, 2002.
박덕규. 『시인 열전』, 청동거울, 2002.
박성창. 『수사학』, 문학과지성사, 2000.
_____. 『수사학과 현대 프랑스 문화이론』, 서울대학교 출판부, 2002.
박우수. 『수사적 인간』, 민, 1995.
_____. 『수사학과 문학』, 동인, 1999.
박현수. 『모더니즘과 포스트모더니즘의 수사학』, 소명출판, 2003.
백대웅. 『인간과 음악』, 이론과실천, 1988.
백운복. 『현대시의 논리와 변명』, 국학자료원, 2001.
서우석. 『시와 리듬』, 문학과지성사, 1993.
신경림. 『신경림의 시인을 찾아서』, 우리교육, 1998.
양태종. 『수사학 이야기』, 동아대 출판부, 2000.
오규원. 『현대시작법』, 문학과지성사, 1990.
오세영. 『20세기 한국시인론』, 월인, 2005.
_____. 『우상의 눈물』, 문학동네, 2005.
이경수. 『한국 현대시와 반복의 미학』, 월인, 2005.
이미순. 『한국 현대시와 언어의 수사성』, 국학자료원, 1997.
이숭원. 『20세기 한국시인론』, 국학자료원, 1997.
이은정. 『현대시학의 두 구도 김춘수와 김수영』, 소명출판, 1999.
이희중. 『기억의 지도』, 하늘연못, 1998.
_____. 『현대시의 방법 연구』, 월인, 2001.
정원용. 『隱喩와 換喩』, 부산:新知書院, 1996.
정종진. 『한국현대시, 그 감동의 역사』, 태학사, 1999.
조영복. 『한국 현대시와 언어의 풍경』, 태학사, 1999.
천이두. 『한의 구조 연구』, 문학과지성사, 1993.
최동호. 『現代詩의 精神史』, 열음사, 1985.
_____. 『디지철 문화와 생태시학』, 문학동네, 2000.
_____. 『한국현대시사의 감각』, 고려대학교 출판부, 2004.
최성침. 『물의 모험 김수영의 시』, 아세아문화사, 2000.
최하림 편저. 『김수영』, 문학세계사, 1993.

한명희. 『김수영 정신분석으로 읽기』, 월인, 2002.
황정산 편. 『김수영』, 새미, 2002.

3. 국외 논저

Adorno, Theodor W. 『아도르노의 文學理論』, 김주연 역, 민음사, 1997.
Austin, J. L. 『말과 행위』, 김영진 역, 서광사, 1992.
Bakhtin, Mikhail. 『프랑수아 라블레의 작품과 중세 및 르네상스의 민중문화』, 이덕형·최건형 역, 아카넷, 2001.
Bakhtin, Mikhail·Vološinov, V.N. 『바흐찐이 말하는 새로운 프로이트』, 송기한 역, 예문사, 1998.
Barthes, Roland. 「옛날의 수사학」, 『수사학』, 김성택 역, 문학과지성사, 1985.
─────────. 『롤랑 바르트가 쓴 롤랑 바르트』, 이상빈 역, 강, 1999.
─────────. 『이미지와 글쓰기 롤랑 바르트의 이미지론』, 김인식 편역, 세계사, 2000.
─────────. 『텍스트의 즐거움』, 김희영 역, 동문선, 1999.
Benveniste, Emile. 『일반언어학의 제문제』, 황경자 역, 민음사, 1992.
Bernard, Emile. 『세잔느의 회상』, 박종탁 역, 열화당, 1999.
Bürger, Peter. *Theory of the Avant-garde*, trans. Michael Shaw, University of Minnesota Press, Minneapolis, 1984
Cattell, N. R. 『언어학의 이해』, 김인환 역, 홍성사, 1978.
Chardin, Pierre Teihard de. 『인간 현상』, 양명수 역, 한길사, 2000.
Clark, Katerina & Holquist, Mike. 『Mikhail Bakhtin』, 강수영·이득재 역, 문학세계사, 1993.
Crosswhite, James. 『이성의 수사학』, 오형엽 역, 고려대 출판부, 2001.
Eagleton, Terry. 『문학이론입문』, 김명환 역, 창작과비평사, 1995.
Eco, Umberto. 『기호학 이론』, 서우석 역, 문학과지성사, 1985.
Freud, Sigmund. 『예술과 정신분석』, 정장진 역, 열린책들, 1998.
─────────. 『창조적인 작가와 몽상』, 정장진 역, 열린책들, 1998.

Gasset, Jose Ortega y.『예술의 비인간화』, 박상규 역, 미진사, 1991.
Genette, Gerard.「줄어드는 수사학」,『수사학』, 문학과지성사, 1985.
Hassan, Ihab.「포스트모더니즘의 개념 정립을 위하여」,『포스트모더니즘의 이해』, 이충무 역, 문학과지성사, 1990.
Hegel, G.W. Friedrich.『헤겔미학 I 』, 두행숙 역, 나남, 1997.
Jakobson, Roman.『문학 속의 언어학』, 신문수 편역, 문학과지성사, 1989.
_____.『일반언어학 이론』, 권재일 역, 민음사, 1989.
Lakoff, Goerge & Johnson, Mark.『삶으로서의 은유』, 노양진·나익주 역, 서광사, 1995.
Lefebvre, Henri.『현대 세계의 일상성』, 박정자 역, 세계일보사, 1992.
Lemaire, Anika.『자크 라캉』, 이미선 역, 문예출판사, 1998.
Levinson, Stephen C.『화용론』, 이익환·권경원 역, 한신문화사, 1992.
Lotman, Jurij.『詩 텍스트의 분석;詩의 구조』, 유재천 역, 가나, 1987.
Man, Paul De. Blindness & Insight, University paperbacks, London, 1983.
Merleau-ponty, Maurice.『현상학과 예술』, 오병남 역, 서광사, 1983.
Mey, Jacob L.『화용론』, 이성범 역, 한신문화사, 1996.
Moulton, William G.·Mackinnon, A. R.『언어의 구조』, 김인환 역, 종로서적주식회사, 1982.
Reboul, Olivier.『수사학』, 박인철 역, 한길사, 1999.
_____.『언어와 이데올로기』, 홍재성·권오룡 역, 역사비평사, 1995.
Richards, I. A.『수사학의 철학』, 박우수 역, 고려대학교 출판부, 2001.
Ricoeur, Paul.『텍스트에서 행동으로』, 박병수·남기영 편역, 아카넷, 2002.
Saussure, Ferdinand De.『일반언어학 강의』, 최승언 역, 민음사, 1990.
Schleifer, Ronald. Rhetoric and Death The Language of Modernism and Postmodernism Discourse Theory, Illinois Univ. Press, 1990.
Schrift, Alan D.『니체와 해석의 문제』, 박규현 역, 푸른숲, 1997.
Searle, John R.『정신, 언어, 사회』, 심철호 역, 해냄, 2000.
Todorov, Tzvetan.『상징의 이론』, 이기우 역, 한국문화사, 1995.
Wheelwright, Philp E..『은유와 실재』, 김태옥 역, 문학과지성사, 1982.

White, Hayden. 『19세기 유럽의 역사적 상상력』, 천형균 역, 문학과지성사, 1991.
Whitehead, A. N. 『과학과 근대세계』, 오영환 역, 서광사, 1989.